역주 목은시고

역주 목은시고

⑫

여운필 · 성범중 · 최재남

圖書出版 月印

•범 례•

1. 작품 번호

각 작품에는 고유번호를 부여하여 다른 작품과 구별되도록 하며, 이 번호는 색인 등의 작업에 활용한다. 부여 형식은 다음과 같다.

'**-**-***-**'

이 때 맨 앞의 두 숫자는 역주 시집의 책 번호, 두 번째의 두 숫자는 원래 『목은시고』의 권 번호, 세 번째의 세 숫자는 『목은시고』의 권별 작품 일련번호를 나타내고, 마지막의 두 숫자는 큰 제목 아래 소제목을 가진 작품에서 소제목의 일련번호를 나타낸다. 따라서 마지막의 두 숫자는 특별한 경우에만 부여되는 것이다. 예를 들어, '01-02-082'는 역주 시집 1책(v.1)에 실린 것으로, 『목은시고』 권2의 82번째 작품임을 나타낸다. 2책(v.2)에 실린 권3의 43번째 작품 「한산팔영(韓山八詠)」 중 첫 번째인 〈숭정사 바위의 소나무(崇井巖松)〉의 작품 번호는 '02-03-043-01'이다.

2. 작품 제목

작품 제목은 번역문을 먼저 드러내 보이되 마지막의 구두점은 찍지 않았으며, 원시 제목은 행을 바꾸어 실었다.

예, 〈공주에서 일찍 떠나다〉
〈公州早發〉

또 번역시의 제목은 대개 완전한 문장 형식(예, 〈공주에서 일찍 떠나다〉)이나 명사형 구문(예, 〈숭정사 바위의 소나무〉)을 원칙으로 하였으나, 부득이한 경우에는 부사형 구문(예, 〈느낌이 있어〉 〈길을 가다가〉 등)을 사용하기도 하였다.

범례

3. 작품 수

한 제목에 1수의 작품이 있는 경우에는 별도로 작품 수를 표시하지 않았다.

같은 제목에 2수 이상의 작품이 있는 경우에 원시에 몇 수라고 표시되어 있을 때에는 그대로 표시하였다.

예, 〈전시 후 스스로 읊다. 2수〉
〈殿試後自詠二首〉

그리고 같은 제목에 2수 이상의 작품이 있는데도 그 수가 제목에 표시되지 않은 경우에는 제목의 번역문 끝에 (○수)라고 표시하였다.

예, 〈과거에 급제하고 느낌이 있어(3수)〉
〈登科有感〉

4. 글자 크기

작품 제목은 12포인트의 진한 글자, 본문은 10.3포인트의 보통 글자, 주석은 8.5포인트, 인용문은 9.3포인트의 보통 글자를 사용하였다. 다만 『목은시고』의 작품 제목이나 본문에 실린 세주(細註)는 다같이 * 표시를 한 다음 9.3포인트의 작은 글자로 표시하였다.

5. 번역문과 원시의 배치

번역문은 한시 1구를 1행으로 번역하고, 원시는 2구를 1행으로 배치하되, 번역문과 원시 사이에는 1행의 공백을 두었다.

6. 한자어의 표기

번역문에 나오는 한자어는 '한자(漢字)', '대한민국(大韓民國)'과 같이 한글을 노출하고 한자는 ( ) 속에 표기하였다. 그러나 주석에서는 '漢字', '大韓民國'과 같이 한자를 직접 노출시켰다. 또 한시는 『목은시고』에서 '〃'를 사용한 첩어(疊語)라 하더라도 '處〃', '日〃', '年〃'과 같이 표기하지 않고 '處處', '日日', '年年'으로 표기하였다.

7. 연도의 표시

연도는 연호(年號)나 묘호(廟號) 등을 노출하고 서기는 ( )에 넣어 '태종 2년(1402)', '갑오년(1894)' 등과 같이 표시하였다.

8. 주요 약호의 표시

책　표시 : 『 』　예) 『논어(論語)』
편목 표시 : 「 」　『논어(論語)』「학이(學而)」
작품 표시 : 〈 〉　〈행로난(行路難)〉

9. 작품의 통계

각 역주 시집에는 목차 뒤에 그 책에 수록된 〈권별 수록 작품 통계표〉를 실어 작품의 시체별 현황을 한 눈에 살펴볼 수 있도록 하였다. 다만 1제 아래 시체가 다른 시 두 수 이상이 있을 경우, 제수는 첫째 수의 시체를 따랐다.

목 차

▀ 목은시고 권지삼십오(牧隱詩藁 卷之三十五)•271

홍주의 우거에 이르러서, 아침밥을 먹고 나니 매우 덥기에 배를 강에 띄웠는데, 부인의 배도 왔기에 술을 조금 마시고 저물녘에 마침내 헤어졌다. 이 날 현판서와 용산의 신판서 또한 술과 음식을 가지고 왔는데, 홍주를 전별하기 위함이었다. 3수(明日送竹菴不及 同朴判書到權洪州所寓 朝飡訖 熱甚 舟浮江中 夫人舡亦來小酌 向晩乃別 是日玄判書龍山辛判書亦以酒食來 餞洪州也 三首) / 425

12-35-149 이튿날 피곤하여 누워서 나지막하게 읊다(明日困臥微吟) / 427

12-35-150 기탄의 긴 다리에서 전사로 돌아가는 장원 박판서를 보내다(歧灘長橋 送判書朴壯元還歸田舍) / 427

12-35-151 유월 초이렛날에 강동년과 현인장께 부치다(六月初七日 寄姜同年玄隣長) / 428

12-35-152 열나흗날에 찾아오신 군수께 사례드리다(十四日 謝郡守來訪) / 429

12-35-153 열엿샛날에 문생 서양근이 돗자리 넉 장을 보내왔기에 이를 짓고, 아울러 전날에 어떤 승통을 모시고 찾아온 것을 사례하다(2수)(十六日 門生徐楊根送凉席四張 作此幷謝前日携一僧統來訪) / 430

12-35-154 여흥군수가 배를 끌고와서 함께 뱃놀이를 하자고 늙은이를 초대하였는데, 강 가운데에서 사방을 돌아보니 즐길 만하였다. 흥겨워서 물을 거슬러 올라가서 노자암에서 조금 머물다가, 배를 돌려 물결을 따라 내려오니 정말 상쾌하였다. 진한 술을 마시고 생선을 먹으면서, 한 사람은 불고 한 사람은 감상하니 참으로 흥미가 넉넉하였다. 저녁에 누각 위로 돌아오니 신선의 놀이를 하고서 집에 돌아온 듯하였기에, 이튿날에 붓을 잡아 기록하다(驪興守 挐舟來邀老夫同泛

·권별 수록 작품 통계표·

※ 권33 수록 작품

<table>
<tr><th colspan="3">區分 / 詩體</th><th>題數</th><th>首數</th><th>備考</th></tr>
<tr><td rowspan="5">근체시</td><td rowspan="3">절구</td><td>5언</td><td>4</td><td>4</td><td></td></tr>
<tr><td>6언</td><td>1</td><td>1</td><td></td></tr>
<tr><td>7언</td><td>27</td><td>37</td><td></td></tr>
<tr><td rowspan="2">율시</td><td>5언</td><td>29</td><td>32</td><td></td></tr>
<tr><td>7언</td><td>59</td><td>63</td><td></td></tr>
<tr><td rowspan="2">고체시</td><td colspan="2">5언</td><td>6</td><td>6</td><td></td></tr>
<tr><td colspan="2">7언</td><td>2</td><td>2</td><td></td></tr>
<tr><td colspan="3">합계</td><td>128</td><td>145</td><td></td></tr>
</table>

※ 권34 수록 작품

<table>
<tr><th colspan="3">區分 / 詩體</th><th>題數</th><th>首數</th><th>備考</th></tr>
<tr><td rowspan="4">근체시</td><td rowspan="2">절구</td><td>6언</td><td>1</td><td>3</td><td></td></tr>
<tr><td>7언</td><td>19</td><td>33</td><td></td></tr>
<tr><td rowspan="2">율시</td><td>5언</td><td>11</td><td>11</td><td></td></tr>
<tr><td>7언</td><td>38</td><td>41</td><td></td></tr>
<tr><td rowspan="2">고체시</td><td colspan="2">5언</td><td>5</td><td>5</td><td></td></tr>
<tr><td colspan="2">7언</td><td>6</td><td>6</td><td></td></tr>
<tr><td colspan="3">합계</td><td>80</td><td>99</td><td></td></tr>
</table>

※ 권35 수록 작품

詩體 \ 區分			題數	首數	備考
근체시	절구	5언	19	22	
		6언	3	5	
		7언	79	115	1제는 7절 1, 5율 1
	율시	5언	22	25	
		7언	35	37	
고체시	5언		9	10	
	7언		3	3	
합계			170	215	

목은시고 권지삼십삼
牧隱詩藁 卷之三十三

12-33-001 중추절 날 초저녁에 구름이 끼었더니 한밤중에는 달이 낮처럼 밝은데 후회한들 어찌 미치랴? 내년을 기다리기로 하다(2수)
12-33-001 中秋初夜陰 而中夜月明如晝 悔之何及 姑待來年

구름이 짙어서 서쪽 동산으로 가려 하지 않았는데
달게 꿈꾸며 어찌 달빛이 문에 가득할 줄을 알았으랴?
베개 위에서는 하나의 마음이 하늘과 땅처럼 넓은데
시 속에서는 양쪽 살쩍이 눈과 서리처럼 무성하네.
옥토끼[1]는 흐릿하게[2] 약 방아를 찧고
은빛 물결은 반짝거리며[3] 술통에 뜨네.
진솔한 모임을 특별히 열지 못함을 안타까워하노라니
백년의 세월[4]이 달리는 시내와 같네.

---

1) 玉兎는 달 속에 있다는 전설상의 흰 토끼로 달을 가리킨다.
2) 依依는 희미한 모양, 분명치 않은 모양이다.
3) 炯炯은 번쩍이는 모양, 환한 모양이다.
4) 光景은 光陰과 같은 말로 세월을 비유한다.

陰濃不擬赴西園　　酣夢那知月滿門
枕上一心天地闊　　詩中雙鬢雪霜繁
依依玉兎弄藥杵　　炯炯銀波浮酒尊
恨不特開眞率會　　百年光景似川奔

옛날에 항아(姮娥)[5]는 시끄러움을 잘 피하더니
구천(九天)[6]에는 바람과 이슬이 흔적 없이 깨끗하네.
뜬 구름이 갑자기 가림은 서로 해치려는 듯한데
늘그막에 무료함은 또한 매우 원통하다네.
봉후(封侯)되지 못한 이광(李廣)[7]에게 나는 스스로 부끄러워하는데
스스로 만족한 자방(子房)[8]은 세상사람 중에 누가 높이는가?
다행히 국화를 보러 높은 산에 오를 약속이 있으니
늘그막에 조용히 임금님의 은혜에 보답하리.

萬古姮娥善避喧　　九天風露淨無痕
浮雲忽掩如相祟　　老境無聊亦甚冤
李廣不封吾自愧　　子房知足世誰尊

5) 姮娥는 神弓 羿(예)의 아내로 남편이 西王母한테 얻은 불사약을 훔쳐 먹고 달로 도망갔다고 하므로 달의 異稱으로 불린다.
6) 九天은 하늘의 중앙과 八方의 하늘, 또는 하늘의 가장 높은 곳으로 하늘을 가리킨다.
7) 李廣은 西漢의 무장으로 文帝 때에 匈奴를 치는 데 공이 있어 郎騎常侍가 되고 武帝 때에 北平太守가 되었는데, 활을 잘 쏘았으므로 흉노가 飛將軍이라 부르며 두려워하여 수년 동안 北平 오른쪽으로는 들어오지 않았다. 흉노와 70여회나 싸워 공을 세웠으나 운수가 기박하여 封侯되지 않았다. 뒤에 大將軍 衛青을 따라 흉노를 치다가 길을 잃어 문책당하게 되자 스스로 목을 찔러 죽었다.
8) 子房은 張良의 字이다. 韓의 재상가 출신으로 韓이 멸망하자 秦나라에 복수하려다가 실패하고 漢 高祖를 도와 留侯에 봉해졌다. 高祖가 太子를 폐하려 하자 商山四皓를 천거하여 태자를 인도하게 함으로써 태자가 경질되지 않게 한 뒤 은거하였다.

黃花幸有登高約　　　　晩景從容答聖恩

12-33-002 유항[9] 선생이 나를 불러 함께 쌍청[10] 안공을 찾아가서 밤에 이야기나 나누자고 하였으나 눈병 때문에 사양하고서 1수를 짓다

12-33-002 柳巷先生邀僕同訪雙淸安公夜話 以眼疾辭 因題一首

병든 몸이라 노천의 누대[11]에 앉기 어려운데다가
초의 불꽃[12]도 응당 안화(眼花)[13]를 싫어하리.
쌍청정(雙淸亭) 위에는 술이 승수(澠水)[14]와 같으리니
옥술잔에는 은 두꺼비[15]가 빠질 것을 부질없이 상상해 보네.

病骨難於坐露臺　　　　燭花應與眼花猜
雙淸亭上如澠酒　　　　空想銀蟾浸玉杯

12-33-003 〈곡주신루기〉[16]를 쓰고서 짓다

---

9) 柳巷은 고려 말의 문신 韓脩(1333~1384)의 호이다.
10) 雙淸은 고려 말기의 문신 安宗源(1325~1394)의 정자 이름이다. 그는 자가 嗣淸, 호가 雙淸堂으로 按廉使·司憲侍史 등 여러 내외직을 거쳐 벼슬이 判門下府事에 이르고 興寧府院君에 봉해졌다. 謚號는 文簡이다.
11) 露臺는 露天의 누대나 돈대이다.
12) 燭花는 초의 불꽃, 또는 초의 심지가 타면서 만드는 꽃 모양의 물체이다.
13) 眼花는 눈 앞에 불똥 같은 것이 어른어른하는 증세이다.
14) 澠水(승수)는 漢溱水라고도 하는데, 중국 山東省 臨淄縣의 서북쪽에 있는 하천이다. 『春秋左氏傳』 昭王 12년조에 "有酒如澠 有肉如陵"이라는 구절이 있다.
15) 銀蟾은 전설 속의 달에 산다는 은 두꺼비로 달의 異稱이다.
16) 〈谷州新樓記〉는 『牧隱文藁』 권3에 실린 〈谷州公館新樓記〉를 가리키는데, 이 글은 황해도 谷山知州였던 목은의 문생인 尹商發이 낡은 공관을 고치고 새로 작은 정자를 짓고 이임한 다음, 후임으로 온 金承貴가 확장하여 지은 新樓에 대해 지은

12-33-003 作谷州新樓記 因題

곡주(谷州)[17]는 수많은 산 속에 숨겨져 있는데
구불구불하게 뱀이 가듯이 길이 통하네.
늙은 나무와 검은 연기는 형세가 고아하고
날리는 폭포[18]와 푸른 절벽은 그림과 같네.
한 구역의 화려한 공관은 평지에 있고
백 자의 새 누각은 허공에 기대어 있네.
순리(循吏)[19]의 열전에 오를 재주가 없음을 매우 부끄러워하면서
억지로 뭉툭해진 붓[20]으로 작은 힘을 들여 기록하네.

谷州藏在萬山中　　詰曲蛇行道路通
老木蒼煙形勢古　　飛泉翠壁畫圖同
一區華館當平地　　百尺新樓倚半空
頗愧無才傳循吏　　强拈敗筆錄微功

12-33-004 출타하려고 하다
12-33-004 欲出

출타하려고 아이종을 불러 길이 말랐는지 살피게 하고 나서
다시 흐트러진 머리털을 빗질하며 의관을 가다듬네.
맑은 경치 속에 하늘과 땅은 깨끗하고 고운데

기문이다.
17) 谷州는 황해도 谷山의 옛 이름이다.
18) 飛泉은 瀑布이다.
19) 循吏는 법을 준수하며 열심히 근무하는 관리이다.
20) 敗筆은 오래 써서 끝이 뭉툭해진 붓이다.

싸늘한 새벽 기운에 바람과 햇살이 맑고 아름답네.
다만 붉은 하늘에서만 봉황이 뛰놂이 아니니
모름지기 푸른 대나무에도 난새가 잘 머묾을 알아야 하리.
몸 의탁함을 스스로 다행스러워하는데 거처가 어찌 누추하랴?[21)]
당시에 기자(箕子)[22)]는 구한(九韓)[23)]을 교화하였다네.

欲出呼僮候路乾　　更梳蓬鬢整衣冠
乾坤淨麗秋容淡　　風日淸姸曉氣寒
不獨赤霄偏躍鳳　　須知翠竹好停鸞
托身自幸居何陋　　箕子當年化九韓

12-33-005 유대언[24)] 부인 원씨의 만사
12-33-005 柳代言夫人元氏挽詞

21) 居何陋는 거처가 어찌 누추하겠느냐는 뜻이다. 『論語』 「子罕」에 孔子가 九夷에 살려고 하니 어떤 사람이 누추한 곳인데 어떻게 하시겠느냐고 걱정을 하자 공자가 "군자가 그곳에 산다면 무슨 누추함이 있겠느냐?(君子居之 何陋之有)"라고 하였다는 일화가 있다.
22) 箕子는 중국 殷나라의 賢人으로 姓이 子, 이름이 胥餘이다. 殷朝 말기에 紂王의 叔輩로서 子爵에 봉해지고 箕나라를 세웠으므로 보통 箕子라고 일컫는다. 周 武王이 殷을 멸망시킨 다음 해 그에게 天道에 대해 물으니, 그가 洪範九疇로써 답하였는데, 洪範은 기자의 口傳에 의하여 후세에 글로 기록되었다고 한다. 한편 伏生의 『尙書大傳』에는 "周의 武王이 갇혀 있던 箕子를 석방하였는데 기자가 그 석방을 탐탁하게 여기지 않아 朝鮮으로 도망갔다. 이에 무왕이 朝鮮侯로 봉하였다."라고 기록하였다. 平壤의 箕林里에 墓와 祠堂이 있다.
23) 九韓은 신라의 이웃에 인접하여 있었던 아홉 나라를 가리킨다. 日本·中華·吳越·乇羅(또는 托羅)·鷹遊·靺鞨·丹國·女眞(또는 女狄)·穢貊으로 善德女王 14년(645)에 경주에 세운 黃龍寺 九層塔은 이들 아홉 나라의 침해를 누르기 위해 세운 것이라 한다.
24) 代言은 고려 후기에 王命의 出納과 宿衛 및 軍機와 관련한 政事를 맡았던 密直司의 관직으로 承宣이라 불리기도 하였다.

북원(北原)[25]의 원씨(元氏)는 대성(大姓)[26]이고
서해(西海)[27]의 유씨(柳氏)는 명가(名家)이네.
일찍이 홀로 되어 심신이 괴로웠지만
많은 자손으로 벌열(閥閱)[28]이 빛났다네.
가로지른 산에는 새벽해가 뜨는데
살랑이는 바람에 아침놀이 흩어지네.
여강(驪江)[29] 가로 머리를 돌려 보니
비끼어 있는 길 하나가 아득하네.[30]

北原元大姓　　西海柳名家
早寡身心苦　　多孫閥閱和
山橫浮曙日　　風細散朝霞
回首驪江上　　迢迢一路斜

12-33-006 기쁨을 기록하다
12-33-006 志喜

근래에 판삼사사를 그만두었는데
또 순군만호부(巡軍萬戶府)[31]의 벼슬을 면하네.
기심을 잊은 고요한 마음으로 비로소 날마다 행하고

---

25) 北原은 北原京의 준말로 신라 때 五小京의 하나였던 原州를 가리킨다.
26) 大姓은 世家, 大族이다.
27) 西海는 黃海道의 고려시대 이름이다.
28) 閥閱은 공적을 써서 문에 거는 榜으로 왼쪽에 건 것이 閥이고 오른쪽에 건 것이 閱이며, 門閥을 가리키기도 한다.
29) 驪江은 京畿道 驪州 지역을 흐르는 漢江을 가리킨다.
30) 迢迢는 먼 모양, 아득한 모양이다.
31) 巡軍萬戶府는 捕盜・禁亂 등의 일을 맡던 관아로서 忠烈王 때에 설치한 司平巡衛府를 恭愍王 때에 개칭한 이름이다.

얽매임이 없는 가벼운 몸으로 문득 하늘에서 노네.[32)]
죄수를 심문할 때에는 감히 참된 사정을 드러냈다고 보장하랴?
봉록을 지급받음에는 참으로 본연의 베풂에 주밀하기 어려웠네.
의기양양하게 위세를 드러냄을 부끄러워하거니와
흰 머리로 달리면서 땀을 듬뿍 흘렸다네.

判三司事近來休　　又免巡軍萬戶侯
心靜忘機爲日用　　身輕無累便天游
問囚敢保眞情見　　給祿誠難本敷周
愧殺揚揚逞威勢　　白頭奔走汗交流

12-33-007 경상도를 안렴하러 나가는 여총랑의 시권에 짓다

***이름은 칭[33)]이다**

12-33-007 題呂摠郎出按慶尙道詩卷 *名稱

동남쪽 지방에서는 민막(民瘼)[34)]이 심한데
가을이라서 초목이 시들어 떨어지리.
그대가 한창 뜻이 날카로움을 기꺼워하나니
내가 시름이 느긋하게 풀어지도록 해 주시게나.
곳곳에서 연기가 마룻대에서 피어나는데

32) 天游는 자연에 놓아 맡김, 또는 허공에서 노닒이다.
33) 呂稱(1351~1423)은 고려 말, 조선 초의 문신으로 자가 仲父, 호는 樗谷이며, 본관은 咸陽이다. 고려 말에 禮部試에 급제하여, 司憲府糾正·全羅道按廉使·典法摠郎·公州牧使·羅州牧使 등을 지냈고, 조선 개국 후에 判閤門事·參知議政府事를 지내고, 太宗 4년(1404) 謝恩使로 明나라에 다녀왔으며, 開城留後司留後·刑曹判書를 지냈다. 1414년 知議政府事로 다시 명나라에 다녀온 뒤 사직하여 은거하였다. 시호는 靖平이다.
34) 民瘼은 백성들의 弊害이다.

고을마다 달빛은 다락에 가득하리.
옛 사람은 놀면서 즐겼을 따름인데
누가 다시 풍류를 이으리요?

民瘼東南甚	蕭條草木秋
喜君方銳意	使我得寬憂
處處煙生棟	州州月滿樓
古人行樂耳	誰復繼風流

12-33-008 유항[35]이 비석에 글씨를 쓰러 가는데 나는 몸이 피곤하여 모실 수 없었다. 구슬퍼하면서 여덟 구절을 읊다
12-33-008 柳巷書碑去 僕以身困不得陪侍 悵然吟成八句

칙명을 받들어 신도비(神道碑)[36]에 글씨를 쓰러 가는데
몽염(蒙恬)이 만든 붓[37] 한 자루만이 따른다네.
산천이 깨끗하고 고우니 마음은 얽매임이 없고
난봉(鸞鳳)이 빙빙 날아다니니 형체는 절로 기이하네.
온 세상사람 가운데 늙은이를 용납할 사람이 없는데
오직 공(公)만이 새 시에 화답하도록 나에게 허용한다네.
떨어져 있으면 하루가 삼추(三秋)인 듯하니

---

35) 柳巷은 고려 말의 문신 韓脩(1333~1384)의 호이다.
36) 神道碑는 무덤 앞이나 무덤으로 가는 길목에 세운 비석으로 내용은 대개 亡者의 생애에 관한 사항을 정리한 것으로, 보통 무덤의 남동쪽에 남쪽을 향하여 세우는데, 2품 이상의 관원들에게 세우는 것이 허용되었다.
37) 恬筆은 蒙恬筆의 준말로 붓을 가리킨다. 『天中記』 권38에는 옛날 글씨가 있은 이래로 붓은 응당 있었을 터인데도 蒙恬이 붓을 만들었다고 하는 이유에 대해, 崔豹의 『古今注』에 따르면 秦나라의 장군 몽염은 마른 나무로 대롱을 만들어, 사슴털로 기둥을 만들고 양털로 껍질을 만든 붓인 秦筆을 가리킨다고 하였다.

저는 나귀를 재촉하고[38] 약한 몸을 버티며 문득 쫓아가야 하리.

奉勅去書神道碑　　一枝恬筆獨相隨
山川淨麗心無累　　鸞鳳翱翔體自奇
擧世無人容老物　　唯公許我和新詩
分離一日三秋似　　策蹇扶衰便往追

12-33-009 녹봉을 주다(2수)
12-33-009 頒祿

양부(兩府)[39]의 위계와 봉군(封君)의 명망이 높은데
특별히 쌀을 내려주시어 특이한 은택을 보이시네.
오늘날에도 문치를 숭상하여[40] 한창 교화를 높이시는데
어느 해에나 늙은이를 봉양하고 말을 구하시리요?[41]
비록 신선한 술[42]이 빈객들에게 미치지는 못하더라도
반드시 배를 부르게 할 음식[43]이 아손(兒孫)들을 살림을 알겠네.
다만 시위소찬(尸位素餐)[44]을 마음 속으로 부끄러워하면서
앉아서 여강(驪江) 언덕에 있는 마을을 상상해 보네.

兩府封君位望尊　　特頒白米示殊恩

38) 策蹇은 策蹇驢의 준말로 절뚝거리는 나귀에게 채찍을 가하는 것으로, 도구가 남보다 불리하고 행동이 느린 것을 비유한다.
39) 兩府는 고려시대의 中書省과 密直司의 合稱이다.
40) 右文은 文治를 崇尙함이다.
41) 乞言은 훈계가 될 만한 말을 구함이다.
42) 鮮醲(濃・穠)은 신선하고 맛있는 술이나 음식이다.
43) 厭飫는 음식을 배부르게 먹음, 만족함이다.
44) 尸素는 尸位素餐의 준말로 지위를 차지하고 녹을 받으면서 職事를 다하지 않음을 말한다.

右文此日方崇化　　養老何年更乞言
縱欠鮮醲及賓客　　須知饜飫在兒孫
只因尸素心懷恥　　坐想驪江岸上村

늘그막에도 붉은 마음으로 임금님을 받들거늘
어찌 일찍이 밥 한 그릇 먹는 사이에라도 감히 은혜를 잊었으랴?
뱀에 얽매여서[45] 병이 되어도 덕을 높일 줄 알아야 하고
늙음은 여우가 의심하는 듯하니[46] 말을 함부로 하지는 않네.
과거에 오른 자식이 둘[47]뿐임을 매우 한탄하지만
배움에 나아간 손자가 여럿임을 오히려 기뻐하네.
우리 집안에서 지킬 바는 얼음과 황벽나무[48]뿐이거니와
그윽한 집이 고요하여 시골과 아주 비슷하네.

白髮丹心奉至尊　　何曾一飯敢忘恩
病成蛇執知崇德　　老似狐疑不放言
稍恨登科唯二子　　猶欣就學有諸孫
吾家所守氷兼蘗　　寂寂幽居大類村

12-33-010 돌아갈 것을 생각하다

45) 蛇執은 뱀에 대한 집착으로 『風俗通』 「怪神」에 나오는 蛇影杯弓의 고사를 가리킨다. 後漢의 杜宣은 술잔에 비친 활 그림자를 뱀으로 알고 술을 마신 뒤에 흉복통이 일어나 온갖 방법을 동원하여 치료했으나 낫지 않다가 뒤에 그것이 활 그림자였다는 사실을 알자 곧 병이 나았다고 한다.
46) 狐疑는 여우처럼 잘 의심하는 것이다.
47) 二子는 牧隱의 두 아들로서 禮部試에 급제한 둘째 種學과 셋째 種善을 가리킨다. 맏아들인 種德은 급제하지 못한 사실을 가리킨다.
48) 氷蘗은 飮氷食蘗(얼음물을 마시고 황벽나무의 껍질을 먹음)의 준말로 冰蘗이라고도 하며, 추위와 가난으로 괴로워도 마음을 굳게 지켜 변함이 없음을 비유한다.

12-33-010 思歸

새소리는 사람의 마음을 기쁘게 하고
새벽창은 맑은 햇빛을 머금네.
향을 사르고 오뚝하게 앉아 있노라니
마른 몸에는 솜옷이 어울리네.
얼굴을 씻고 빗질을 할 생각도 없이
다만 지난날의 그릇됨을 부끄러워하네.[49]
문득 거취를 결정하고 싶지만
움직이려다가 도리어 머뭇거리네.[50]
백이숙제(伯夷叔齊)도 아닌 사람이
누가 서산(西山)[51]에서 고사리를 꺾었으랴?
강동(江東)으로 돌아간 사람[52]이 있었거늘
하물며 벌써 농어가 살져 있음에랴?
멈출 곳에서 멈추고 세상을 따르지 않으리니
세상길에는 위기가 많다네.

---

49) 이 구절은 『淮南子』 「原道訓」에 나오는 "거백옥은 나이 쉰 살에 49년 동안의 그릇됨을 알았다.(蘧伯玉年五十 而知四十九年之非)"라는 대목을 변용한 것이다.

50) 依違는 可否나 방향을 결정하지 못하고 머뭇거리는 모양이다.

51) 西山은 山西省 永濟縣 남쪽에 있는 산으로 首陽山이라고도 한다.

52) 江東歸客은 강동지방으로 돌아간 사람이라는 뜻으로 晉나라 江東 출신의 張翰을 가리킨다. 그는 吳 출신으로 글을 잘 지어 당시에 '江東步兵'이라 불리었는데, 賀循과 함께 都城으로 갔지만 천하가 분분해지자 "나는 본래 산림의 사람이라서 세상에서 바랄 것이 없다."라고 같은 고을 출신의 顧榮에게 말하니 그도 같은 생각이라고 했다. 마침 가을바람이 이는 것을 보자 吳中의 菰菜와 순채와 농어회를 생각하면서, "인생은 뜻에 맞게 사는 게 중요한데, 어찌 수천 리 밖의 객지에서 宦路에 얽매여 명성과 작위를 구하리요?(人生貴得適志 何能羈宦數千里以要名爵乎)"라고 하고 마침내 고향으로 돌아갔다고 한다.

鳥聲悅人意	曉窓含淸暉
焚香兀然坐	瘦體宜綿衣
無心盥以櫛	只愧前日非
便欲決去就	欲動還依違
人非夷與齊	孰採西山薇
江東有歸客	況今鱸魚肥
止止莫趨世	世路多危機

12-33-011 길창군[53]을 모시고 칠원[54] 시중을 뵙다
12-33-011 陪吉昌君 謁漆原侍中

칠원(漆原)은 이제 고로(故老)[55]인데
팔순의 연세에도 더욱 강건하시네.
햇살이 비치니 환한 빛이 뜨고
바람이 부니 술의 향기가 흩어지네.
신선의 집이 천상의 세계는 아니지만
부처의 경계는 곧 서방의 정토라네.
동자[56]가 자주 모퉁이에 앉는[57] 것은

53) 吉昌君은 權適(1307~?)의 封號인데, 그는 『高麗史』 「世家」에서 忠肅王 17년에 判事, 忠穆王 즉위년에 判密直司使, 8년에 贊成事, 恭愍王 14년에 僉議贊成事를 지낸 것이 확인된다.

54) 漆原은 尹桓(1304~1386)의 封號이다. 본관은 漆原, 謚號가 忠孝인데, 忠惠王 때 代言을 지내고, 忠肅王 복위 1)에 海島에 유배되었으나 元나라로 도망하여, 1340년에 충혜왕이 복위되자 同知密直이 되어 元으로부터 行省의 관직을 받았다. 忠定王 1년(1349) 漆原府院君에 봉해지고, 恭愍王 때 贊成事·左政丞·門下侍中·監春秋館事를 禑王 때 문하시중에 올랐다.

55) 故老는 나이가 많고 덕이 있는 사람이다.

56) 童子는 목은 자신을 가리킨다.

57) 隅坐는 자리 모퉁이에 앉음이다.

데려다 주신 길창군(吉昌君)의 덕택이라네.

漆原今故老　　八秩更强康
日照浮光氣　　風來散酒香
仙家非上界　　佛境卽西方
童子頻隅坐　　提携荷吉昌

12-33-012 엎드려 듣자니 다음 달에 어가가 남경[58]으로 가신다고 하는데, 신 색은 맡은 직책[59]이 없어서 호종하는 반열에 있을 길이 없기에 슬퍼하면서 읊다

12-33-012 伏聞來月駕幸南京 臣穡無官守 末由在扈從之列 悵然吟成

국운의 흥함과 쇠함을 헤아림이 정교하여
태평시대의 상서로운 기운[60]이 남경(南京)에 있다고 하네.
여러 사람들은 모두 분사(分司)[61]로 가기를 바라는데
오로지 나는 호가(扈駕)[62]하여 떠나갈 길이 없네.
우뚝 솟은 화산(華山)[63]은 궁궐을 안으려 하고
널따란 한수(漢水)[64]는 성을 에워싸려 하리.
인화(人和)와 지리(地利)에 천시(天時)까지 갖추어졌으니[65]

---

58) 南京은 고려의 南京, 즉 漢陽이다.
59) 官守는 관리로서 마땅히 해야 할 직책이다.
60) 佳氣는 상서로운 기운, 아름다운 풍광이다.
61) 分司는 중앙에 있는 官衙의 사무를 나누어 맡기기 위하여 다른 곳에 따로 설치한 관아이다.
62) 扈駕는 임금이 탄 수레를 扈從하거나 그렇게 하는 사람을 말한다.
63) 華山은 三角山의 옛 이름이다.
64) 漢水는 漢江이다.
65) 이 구절은 『孟子』 「公孫丑 下」에 나오는 "天時는 地利만 못하고 地利는 人和만 못

어찌 은하수가 갑병(甲兵)을 씻어 주기를 기다리리요?[66]

國運興衰算得精　大平佳氣在南京
群賢摠望分司去　獨我無由扈駕行
屹屹華山將抱闕　滔滔漢水欲環城
人和地利天時具　何待銀河洗甲兵

12-33-013 임동년[67]이 밭에서 나는 여러 가지 채소를 보내왔기에 절구를 지어 놀리다(2수)
12-33-013 任同年以園中諸菜見遺 絶句爲戲

늙은 하녀가 문에서 한 말[68]이 허황하지 않아서
수염이 많은 임공을 불러 포상서(匏尙書)[69]라 하였다네.
이제 또 나의 턱뼈를 빠지게 하려고[70]
어느 곳의 농부가 채소를 보내오는가?

老婢應門語不虛　髥任喚作匏尙書
如今更使吾頤脫　何處園丁送菜蔬

하다.(孟子曰 天時不如地利 地利不如人和)"라고 한 孟子의 말을 변용한 것이다.

66) 이 구절은 杜甫의 시 〈洗兵行〉의 마지막 연 "어찌하면 장사를 얻어 은하수를 끌어와서, 갑병을 씻어 길이 쓰지 않게 할까?(安得壯士挽天河 淨洗甲兵長不用)"라는 대목을 변용한 것이다.

67) 任同年은 06-16-166 〈同年任希座 以匏見惠〉, 07-20-133 〈謝任同年携酒見訪 *名希座〉로 보아 목은의 監試同年인 任希座를 가리킨다. 그는 忠肅王 원년(1341)의 監試에서 목은과 같이 급제했는데, 『牧隱詩藁』에 의하면 농사를 지으면서 목은에게 박·햅쌀·채소 등을 보낸 것이 확인된다.

68) 應門은 문에서 손님을 접대함이다.

69) 匏尙書는 任希座의 별칭으로 그가 목은에게 박을 보내준 데서 나온 말인 듯하다.(06-16-166 〈同年任希座 以匏見惠〉 참조)

70) 脫頤는 입을 크게 벌리고 웃을 때 턱뼈가 빠지는 것으로 크게 웃음을 비유한다.

듣건대 교외의 거처가 보현원(普賢院)[71]에서 가깝다고 하는데
가을이 깊으면 게 잡는 등불[72]이 시냇가 가까이 간다네.
병든 몸이라 찾아가지 못하지만
앉아서 생각하노라니 성의 남쪽에는 달빛이 하늘에 가득하리.

聞說郊居近普賢　　秋深蟹火傍溪邊
病軀不得相尋去　　坐想城南月滿天

12-33-014 옴
12-33-014 疥

풍토가 문득 달라지니
심신이 어찌 편안할 수 있으랴?
기(氣)의 운행이 순조롭지 못한 듯하여
피부의 때[73]가 문득 서로 간섭하네.
새의 발톱으로 긁어도 오히려 무딘데
거북의 털을 깎으려니[74] 더욱 어렵네.
밤새도록 눈이 근심스레 잠들지 못하고
간으로 들어가는 피[75]가 막힐까 두려워하네.

---

71) 普賢院은 경기도 長湍 남쪽 25리에 있던 院이다.
72) 蟹火는 게를 잡을 때 쓰는 등불이다.
73) 膚受는 피부에 낀 때로서 讒毁하는 말을 비유하기도 한다.
74) 刮毛龜背는 거북이 등에서 털을 깎아 내는 것으로 노력만 할 뿐 효과가 없음을 가리킨다. 蘇軾의 〈東坡八首〉 시 중 8번째 수에 "거북이 등에서 털을 깎으니, 어느 때에나 모전을 이루랴?(刮毛龜背上 何時得成氈)"라는 대목이 있다.
75) 血歸肝은 피가 간으로 흘러 들어가는 것인데, 『黃帝內經素問』 권3에 "사람이 누우면 피가 간으로 흘러 들어가게 되는데, 눈은 피를 받아서 볼 수 있게 되고, 발은 피를 받아서 걸을 수 있게 되고, 손바닥은 피를 받아서 잡을 수 있게 되고, 손가락은 피를 받아서 잡을 수가 있게 된다.(人臥血歸於肝 肝受血而能視 足受血而

風土乍云異　　身心何得安
氣行如不順　　膚受便相干
鳥爪爬猶鈍　　龜毛刮更難
終宵耿無夢　　恐阻血歸肝

12-33-015 엄천사[76]에 머무는 혜생 승통[77]을 전송하다
12-33-015 送惠生僧統住嚴川

선비와 승려가 서로 비난한 지 오래인데
내가 홀로 친밀함을 누가 알리요?
자취는 비록 불자(佛子)[78]가 되었지만
마음은 인륜(人倫)을 버리지는 않네.
세월 속에 훤당(萱堂)[79]이 고요하고
구름이 덮인 산에는 감우(紺宇)[80]가 새롭다네.
강론하고 나서 때때로 정성(定省)[81]하리니
풍속이 순박한 데로 되돌아 갈 것을 상상하네.

儒釋相非久　　誰知我獨親
跡雖爲佛子　　心不廢人倫
歲月萱堂靜　　雲山紺宇新

能步 掌受血而能握 指受血而能攝)"라는 대목이 있다.

76) 嚴川寺는 경남 咸陽郡 嚴川의 북쪽 언덕에 있던 절이다.

77) 僧統은 敎宗의 最高法階로서 大僧統으로 불리기도 했는데, 王師나 國師가 될 자격이 부여되었다.

78) 佛子는 菩薩·佛戒를 받은 사람이다.

79) 萱堂은 옛날에 어머니가 거처하던 北堂의 뜰에 원추리를 심었던 데서 연유하여 어머니를 가리킨다.

80) 紺宇는 紺園과 같은 말로 절·寺刹이다.

81) 定省은 昏定晨省의 준말로 아침저녁으로 부모의 안부를 물어 살핌이다.

講餘時定省　　風俗想還淳

12-33-016 환암[82]에게 부쳐 드리다. *주필[83]이다
12-33-016 寄呈幻菴 *走筆

늘그막에는 서로 만나기 어려운데
덧없는 삶이라 자유롭지 못하네.[84]
어찌 평소의 약속[85]을 어길 수 있으랴?
또한 차마 청아한 놀이를 저버리랴?
세월은 흐르는 물과 같은데
강산은 저문 가을이 되려 하네.
공께서 석장(錫杖)을 날리기[86]를 아끼지 않으신다면
나 또한 조각배[87]에 오르리.

垂老難相會　　浮生不自由
可能違素約　　而忍負淸遊
歲月如流水　　江山欲暮秋
公無靳飛錫　　我亦上扁舟

12-33-017 유밀직[88]이 경사[89]로 가는데, 색은 마침 몸이 피곤

---

82) 幻菴은 고려 말의 승려 混修(1320~1392)의 法號이다. 그는 大禪師 繼松에게서 중이 懶翁에게 道要를 물었으며, 禑王 9년(1383)에 國師를 지냈다.
83) 走筆은 빠른 속도로 글을 짓거나 글씨를 쓰는 것이다.
84) 自由는 자기가 주인이 되어 제한과 구속을 받지 않는 것이다.
85) 素約은 옛 약속이다.
86) 飛錫은 錫杖을 날린다는 뜻으로 중이 각지를 돌아다님을 비유한다.
87) 扁舟는 쪽배로서 통나무를 파서 만든 작은 배를 가리킨다.
88) 密直은 고려시대 왕명의 출납과 궁중의 宿衛·軍機 등에 관한 일을 맡아보던 관아인 密直司, 또는 밀직사의 정3품 관직인 밀직제학의 약칭인데, 柳密直은 〈柳南

하여 능히 교외에서 전별할 수 없기에 1수를 읊다
12-33-017 柳密直赴京 稽適身困不克郊餞 吟成一首

조정에 들어가서[90] 천자에게 일찍이 이름이 알려지더니
또 금릉(金陵)[91]을 향하여 표문(表文)을 받들고 가시네.
옛날부터 대신은 험난함을 구제하는[92] 데 능하고
지금의 만사는 이룬 것을 지킴[93]에 달렸다네.
넓은 바다에 물결이 고요한데 하늘은 얼마나 넓은가?
해 돋는 골짜기[94]에 구름이 걷히면 해는 또 새로 뜨네.
정료위(定遼衛)[95] 길을 지나가면 기쁜 빛이 많으리니
사해(四海)가 같은 수레와 문자[96]로 태평을 함께 한다네.

京來訪 *珣(sic.玽)〉·〈送柳密直出尹南京〉(『牧隱詩藁』 권22)으로 보아 柳玽(1335~1398)를 가리킨 듯하다. 柳玽(1335~1398)는 고려 말·조선 초의 문신으로 本貫은 晉州이다. 禮部試에 급제한 뒤 監察御史가 되고, 右司議大夫·慶尙道按廉使·右散騎常侍·密直副使 등을 지내고, 恭讓王 원년(1389) 藝文館大提學이 되고, 楊廣道都觀察使로 재직 중 1392년에 조선 개국으로 유배되었다가 다시 등용되어 完山府尹·政堂文學·參贊門下府使에 이르러 原從功臣이 되었다. 조선 太祖 4년(1395) 正朝使로 명나라에 갔다가 表箋文에 무례한 문자가 있다는 이유로 억류당하였으나 본국으로부터 晉山君에 봉해졌다. 이듬해 겨울 귀국하여 藝文春秋館大學士가 되고 淸白吏에 올랐다. 諡號는 靖平이다. 그는 牧隱의 丈人인 花原君 權仲達의 외손이므로 목은에게는 처조카가 되는데, 그에 대한 작품으로 『牧隱詩藁』 권21에 〈送柳密直出尹南京〉이 있다.

89) 京師는 중국 明나라의 수도인 金陵을 가리킨다.
90) 入朝는 속국이나 외국의 사신이 천자를 알현하는 일로 여기에서는 元나라에 갔던 일을 가리킨다.
91) 金陵은 江蘇省 南京 부근의 지명으로 明의 처음 首都이다.
92) 濟險은 險阻함을 뛰어넘음, 위기를 극복함이다.
93) 持盈은 이룬 업적을 보전하고 지킴이다.
94) 暘谷은 해가 뜨는 곳인데, 여기에서는 고려를 가리킨다.
95) 定遼衛는 明나라가 遼陽에 설치한 행정기구로서 定遼都衛라고도 하는데, 恭愍王 20년(1371)에 元나라의 遼陽行省平章政事 劉益이 투항하자 행성을 폐지하고 설치하였다. 禑王 원년(1375)에 遼東都指揮使司〔遼東都司〕로 개편하여 중앙의 左軍都督府에 소속시켰다.

入朝天子早知名　又向金陵奉表行
自古大臣能濟險　於今萬事在持盈
滄溟浪靜天何闊　暘谷雲收日更新
道過定遼多喜色　車書四海共昇平

12-33-018 서쪽 이웃의 아들[97] 판서가 술과 음식을 올렸는데, 공이 나를 부르기에 자리를 함께 하여[98] 취하고 배가 불러서 돌아오다
12-33-018 西隣乃子判書進酒食 公召僕侑座 醉飽而歸

자애로움과 효성이 서로 만나니
간난과 위험은 심하지 않네.
맛있는 요리는 비자나무 소반에 쌓여 있고
좋은 술은 금술잔에 가득하네.
처마 끝으로 산의 경치가 들어오고
뜰의 구석에서는 해의 그림자가 옮겨가네.
취하여 돌아와서 크게 감격하거니와
다행히 태평한 시절을 만났다네.

慈孝交相處　艱危未甚時
嘉殽堆棐案　美酒滿金巵
簷際山光入　庭隅日影移

96) 車書는 수레와 문자로서 文化이다. 『中庸』에 "지금의 천하는 수레는 바퀴를 같이 하고, 글은 문자를 같이 하며, 행실은 윤리를 같이 한다.(今天下 書同文 行同倫)." 라는 대목이 있다.
97) 乃子는 '그 사람의 아들'이라는 뜻이다.
98) 侑座는 陪坐와 같은 말로 자리를 함께 하며 모시는 것이다.

醉歸多感激　　　　幸値大平期

12-33-019 느낌이 있어
12-33-019 有感

새벽창 가에서 읊조림을 두려워할 만하니
기와지붕에 가을 서리가 흠씬 내렸네.
바깥에서는 참새가 지저귀고
안에서는 아이가 시끄럽네.
살쩍이 눈 같은 늙은이는
천군(天君)[99]의 존엄을 찬양하네.[100]
모든 이치를 분명히 분석하고
큰 근원을 널리 궁리하네.[101]
움직임과 고요함이 있음을 본디 아는데
붙잡아야 보존되는 이치[102]를 새로 점검해 보네.
사물마다 하나의 태극(太極)이 있어서[103]

---

99) 天君은 사람의 마음을 가리키는데, 『荀子』「天論」의 "마음은 가운데 빈 곳에 자리잡고 다섯 가지 감각기관을 다스리는데 이를 천군이라고 이른다.(心居中虛 以治五官 夫是之謂天君)"라는 대목에서 연유한다.

100) 對越은 對揚과 같은 말로 讚頌에 답하여 감사함을 뜻하며, 제왕이 天地의 神靈에게 제사함을 가리키기도 한다.

101) 浩浩는 광대한 모양이다.

102) 操則存은 마음은 붙잡으면 보존된다는 뜻으로 『孟子』「告子 上」의 "(마음은) 붙잡으면 보존되고 놓으면 잃어서 나가고 들어옴이 일정한 때가 없으며 그 방향을 알 수 없는 것이 오직 사람의 마음일 것이다.(操則存 舍則亡 出入無時 莫之其鄕 惟心之謂與)."라고 한 대목에서 유래한다.

103) 이 구절은 朱熹가 『朱子語類』에서 말한 "사물마다 하나의 태극이 있고, 사람마다 하나의 태극이 있다.(物物有一太極 人人有一太極)"라고 한 대목을 인용한 것인데, 이것은 宋代 性理學의 주요한 이론인 理一分殊說을 李穡이 수용하고 있음을 보여준다. 理一分殊說은 세계 만물 모두를 관장하는 보편적인 법칙[理一]이 개별적인

건곤(乾坤)의 문으로 이따금 들어가네.

曉窓吟可畏　　瓦上秋霜繁
外面鳥雀噪　　內間童稚喧
老翁鬢如雪　　對越天君尊
明明分衆理　　浩浩窮大原
素諳動有靜　　新檢操則存
物物一太極　　往入乾坤門

12-33-020 나는 절로
12-33-020 我自

나는 절로 가을의 흥취가 넉넉한데
누가 장차 밤에 함께 노닐랴?
달이 밝으니 술을 마시기에 좋고
산이 좋으니 누각에 오를 만하네.
조각조각 구름은 엷은데
세월은 물이 흐르는 듯하네.
도정절(陶靖節)[104]을 불쌍히 여길 만하니
조화[105]를 따르며 죽어감[106]을 탄식하였다네.

계기를 통해 분화되어 나감으로써〔分殊〕, 구체적인 사물이나 현상의 특수 법칙이 된다는 朱熹의 이론이다.

104) 靖節은 東晉 末의 시인 陶潛(365~427)의 謚號이다.

105) 乘化는 천지자연의 조화를 따르는 것인데, 陶淵明은 〈歸去來辭〉에서 "애오라지 조화를 따라 죽음으로 돌아가나니, 천명을 즐길 뿐 무엇을 의심하랴?(聊乘化以歸盡 樂夫天命復奚疑)"라고 했다.

106) 行休는 점점 죽음에 가까워짐을 뜻한다. 休는 死의 뜻이다. 陶潛의 〈歸去來辭〉에 "만물이 때를 만남을 부러워하며, 나의 삶이 운행을 멈추게 됨을 느꺼워하네.(羨萬物之得時 感吾生之行休)"라는 구절이 있다.

我自饒秋興　誰其共夜遊
月明宜對酒　山好可登樓
葉葉如雲薄　光陰與水流
可憐陶靖節　乘化歎行休

12-33-021 서쪽 이웃에게 받들어 드리다(3수)
12-33-021 奉呈西隣

한바탕 꿈을 꾸고 나니 희고 붉은 꽃[107]들이 한창인데
막 녹음이 가득해지니 성에는 꾀꼬리소리가 가득하네.
남쪽창은 어둑하고 짙은 구름에 비는 내리지 않는데
책상 위의 농서(農書)[108]에는 먼지가 끼었네.

白白朱朱一夢餘　滿城黃鳥綠陰初
密雲不雨南牕暗　床上塵栖種樹書

도당(都堂)[109]에서 그저 따르기만 하여[110] 부끄러움이 넘치는데
임금을 부질없이 걱정함은 또 처음과 같네.
썩은 선비는 어느 날에나 생각이 느긋해지랴?
이제까지 글을 읽기를 좋아한 것을 매우 한탄하네.

---

107) 白白朱朱는 희고 붉은 꽃들이 활짝 핀 모양이다. 韓愈의 시 〈感春〉에 "새벽에 온갖 꽃이 핀 숲에 갔더니, 붉은 꽃과 흰 꽃이 함께 피어 있네.(晨遊百花林 朱朱兼白白)"라는 연이 있다.
108) 種樹書는 씨앗을 뿌리는 일에 관련된 서적, 곧 農書이다.
109) 都堂은 고려 후기에 宰樞가 政事를 의논하는 合議機關이자 百官을 總令하고 庶事를 관장하던 最高政務機關이다.
110) 唯唯는 남의 뜻을 거스르지 않고 굽실거리는 모양, 또는 可否를 결단하지 못하는 모양이다.

唯唯都堂愧有餘　　　憂君閑念又如初
腐儒何日寬懷抱　　　恨殺從前嗜讀書

비 그치자 강 가에서 도롱이를 쓴 어부를 상상하지만
몸소[111] 실천함은 다만 벼슬을 그만둠에 달렸으리.
하늘의 뜻[112]이 나를 따라 줄지 알지 못하기에
날마다 점치는 책에서 찾아 보네.

江上漁簑想雨餘　　　身親只在掛冠初
未知天意從吾否　　　日日搜求卜筮書

12-33-022 느낌이 있어
12-33-022 有感

가정(稼亭)[113]께서 남기신 몸이라고는 나만 남아 있는데
하늘이 내리신 세 아들[114]은 또 혼례를 마쳤다네.
어찌 양대(兩代)[115]가 전할 문장을 지녔으랴?
다만 여러 자손들에게 남겨 줄 청백(淸白)[116]을 가졌다네.
엄숙한 하늘의 모습 아래 가을 경치는 깨끗한데
따스한 햇살 속에 새벽빛은 분명하네.
만물은 생성하기를 끝내 멈추지 않으니
하늘[117]이 생겨나게[118] 함이 위대하도다.

---

111) 身親은 몸소, '스스로 직접'의 뜻이다.
112) 天意는 天心과 같은 말로 하늘의 뜻 또는 임금의 뜻이다.
113) 稼亭은 牧隱의 부친 李穀(1298~1351)의 號이다.
114) 三男은 세 아들로서 목은의 아들인 種德·種學·種善을 가리킨다.
115) 再世는 兩代를 뜻한다.
116) 淸白은 淸廉과 潔白이다.

稼亭遺體獨吾存　　天賜三男又畢婚
豈有文章傳再世　　只將淸白遺諸孫
秋容淨麗天容肅　　曉色分明日色溫
萬物生成終不已　　大哉資始有乾元

12-33-023 회포를 기술하다
12-33-023 述懷

나는 동파(東坡)[119] 시를 사랑하는데
호탕한 기운이 속세[120]를 벗어났네.
이제까지 읊기를 그치지 않거니와
아침에는 조금 웃었다네.[121]
'바라건대 자식들 혼사를 다 마치면
손을 잡고 명산에서 노닐고 싶네.'[122]라고 하였네.
이 구절은 나를 위해 읊은 듯한데
마음 속[123]이 환해지네.[124]
명산은 곳곳에 있어
새가 나는 바깥에 운무(雲霧)에 싸인 산[125]이 나를 부르네.

---

117) 乾元은 하늘의 도, 또는 天德의 시초이다.
118) 資始는『易經』「乾」에 나오는 말로 만물이 하늘의 힘을 빌려서 발생하거나 개시함을 말한다.
119) 東坡는 北宋의 문인 蘇軾(1036~1101)의 호이다.
120) 塵寰은 塵世와 같은 말로 '이 세상', '속세'이다.
121) 破顔은 얼굴을 펴고 웃는 것이다.
122) 이 연은 蘇軾의 시 〈游淨居寺〉의 "십년 동안 명산에서 노니느라, 스스로 산 속에서 입을 옷을 지었다네. 바라건대 자식들 혼사를 다 마치면, 손을 잡고 푸른 산허리에서 늙고 싶네.(十載游名山 自製山中衣 願言畢婚嫁 攜手老翠微)"라는 대목을 변용한 것이다.
123) 心目은 마음과 눈, 속마음이다.
124) 瞭然은 환하고 분명한 모양이다.

푸른 봉우리는 절로 높고 낮은데
흰 구름은 때때로 갔다가 돌아오네.
세속의 얽매임이 다 없어졌으니
몸은 가벼워 걸릴 게 없네.
낙엽을 모아 백석(白石)[126]을 구우리니
어찌 양쪽 살쩍이 희끗해짐을 근심하리요?
다만 염려하는 것은 조물주가
사람들에게 아낌이 많음이네.
바라는 것을 결국 들어 주지 않으면
나를 더욱 병들게 하리.
제쳐두고 다시는 말하지 않으면서
장차 심신을 한가롭게 하리.

我愛東坡詩　　豪氣超塵寰
至今吟不休　　朝來微破顔
願言畢婚嫁　　携手遊名山
此句爲我發　　瞭然心目間
名山在在是　　鳥外抽煙鬟
靑嶂自高下　　白雲時往還
世累已遣盡　　身輕無所關
拾葉煮白石　　何憂雙鬢斑
但念造物者　　於人多所慳

125) 煙(烟)鬟은 부녀자의 아름다운 머리털인데, 雲霧에 싸인 봉우리를 비유한다.
126) 白石은 옛날에 신선이 구워서 먹었다고 전해지는 음식인데, 후에는 道家에서 修鍊하는 典實로 차용되었다. 葛洪의 『神仙傳』 〈白石先生〉에, "늘 백석을 구워서 양식을 삼고, 인하여 백석산에 가서 살았다.(常煮白石爲糧 因就白石山居)"라는 대목이 있다.

志願果遂否　　益使吾痌瘝
置之勿復道　　且放神心閑

12-33-024 아이들이 서쪽 이웃의 밤을 주워 왔기에 짓다
12-33-024 兒童拾西隣栗 因題

서쪽집의 알밤이 동쪽 집에 떨어지니
이른 아침[127]에 아이들의 웃고 떠드는 소리가 시끄럽네.
앉아서 놀리는 하얀 속살은 모아 놓은 눈인 듯하고
벗기고 남은 붉은 껍질은 날리는 놀과 비슷하네.
쓸쓸한 두보(杜甫)의 정원이 양을 기름을 부러워할 만하고[128]
머나먼 재아(宰我)의 사당에서 몸을 떪을 부끄러워할 만하네.[129]
늙은이가 할 일이 없음을 스스로 비웃지만
급히 도리어 화롯불에 넣으려니 더욱 군침이 도네.[130]

西家栗子落東家　　童稚淩晨笑語譁
坐玩素肌疑聚雪　　剝殘丹殼似飛霞
杜園寂寂牧堪羡　　宰社遙遙戰可羞
自笑老翁無所事　　旋添爐火更磨牙

---

127) 淩晨은 이른 아침이다.
128) 이 구절은 杜甫가 "秦州에서 나그네살이를 할 때, 땔나무를 짊어지고 상수리와 밤을 따서 自給하였다.(客秦州 負薪採橡栗自給)"라는 『新唐書』 권201, 「文藝 上」, 〈杜甫〉의 내용을 차용한 것이다.
129) 이 구절은 宰我가, 祠堂에 대해 물은 魯 哀公에게 "하우씨는 소나무를 심고, 은나라 사람들은 잣나무를 심고, 주나라 사람들은 밤나무를 심었는데, 말하자면 백성들을 전율하도록 한 것입니다.(夏后氏以松 殷人以栢 周人以栗 曰使民戰栗)"라고 대답하였다고 하는 『論語』 「八佾」의 내용을 변용한 것이다.
130) 磨牙는 어금니를 날카롭게 가는 것으로 먹을 것을 움키려는 모습을 나타낸다.

12-33-025 엎드려 주상 전하께서 동쪽 교외에서 성렴[131]하시는 날을 맞았으나, 신 색은 병으로 따를 수 없기에 1수를 읊다

12-33-025 伏值主上殿下省斂東郊 臣穡病不能從 吟成一首

남쪽 들녘[132]의 어려움이 임금님의 마음을 아프게 하기에[133]
늦가을에 동쪽 교외에서 성렴(省斂)을 하신다네.
호(虎)가 절하면[134] 문폐(文陛)[135]에서 칭송을 들음이 생각나는데
매가 날며[136] 우림(羽林)[137]을 빛냄에는 희망이 끊어졌네.
하늘에 닿는 많은 벼는 넓은 들판에 펼쳐지고
해를 가리는 조각구름[138]은 옅은 그늘로 장난하네.
마침 병기를 잘 다스려야[139] 할 때이니

---

131) 省斂은 君王이 가을에 순시함을 뜻하는데, 『孟子』「梁惠王 下」에 "봄에 경작하는 것을 살펴서 부족함을 돕고, 가을에 거두는 것을 살펴서 부족한 것을 돕는다.(春省耕而補不足 秋省斂而助不給)"라는 대목이 있다.

132) 南畝는 남쪽 들녘으로 『詩經』「國風」〈七月〉에 "정월에는 보습을 잡고, 2월에는 발을 든다. 우리 며느리와 아이를 데리고, 저 남쪽 들녘에서 들밥을 먹네.(三之日于耜 四之日擧趾 同我婦子 饁彼南畝)"라는 대목이 있다.

133) 軫心은 마음을 아프게 함이다.

134) 虎拜는 신하가 帝王을 뵙는 것으로 周 宣王 때 召穆公[이름이 虎]이 淮夷의 亂을 평정한 공으로 山川과 토지를 하사받자 소목공이 稽首拜謝한 데에서 유래한 말이다. 『詩經』「大雅」〈江漢〉에 "호가 절하며 머리를 숙여, 천자의 만수를 빌었네.(虎拜稽首 天子萬年)"라는 연이 있다.

135) 文陛는 궁궐의 전각과 계단으로 조정을 비유한다.

136) 鷹揚은 姜太公이 뒤에 周나라에 벼슬하여 殷나라를 칠 때 牧野 싸움에서 매처럼 위세를 떨친 것을 가리키는 말이다. 『詩經』「大雅」〈大明〉에 "태사 상보가 있어, 매처럼 떨치네.(維師尙父 時維鷹揚)"라는 구절이 있다.

137) 羽林은 천자를 수비하던 군사이다.

138) 斷雲은 片雲, 조각구름이다.

139) 克詰은 다스림에 능한 것을 뜻하는데, 『書經』「立政」에 "능히 군복과 무기를 다스려서 우임금의 자취에 오르도록 하십시오.(克詰爾戎兵 以陟禹之迹)"라는 대목이 있다.

다시 훈풍(薰風)[140]이 순(舜)임금의 거문고에 들어가기를 기다리네.

南畝艱難軫上心　　東郊省斂屬秋深
頌思虎拜呈文陛　　望絶鷹揚耀羽林
多稼際天鋪廣野　　斷雲遮日弄輕陰
政當克詰戎兵際　　更待薰風入舜琴

12-33-026 병이 많아서
12-33-026 多病

병이 많으니 소원[141]함을 달게 여기는데
쇠로한 나이에는 물러나 쉬어야 옳으리.
풀이 거친 고향[142]에는 저녁녘이고
구름이 끊어진 바닷가의 산에는 가을이라네.
붓과 벼루로 애오라지 서로 기대지만
대소쿠리의 밥과 표주박의 물을 근심할 것이 못 된다네.
다만 약물이 없음을 안타까워하여
창졸간에 남에게서 구한다네.

多病甘疏慢　　衰年可退休
草荒鄕井暮　　雲斷海山秋
筆硯聊相托　　簞瓢不足憂

140) 薰風은 東南風, 淸明風이다. 『孔子家語』「辯樂」에 옛날 舜임금이 다섯 줄 거문고를 탈 때 南風의 시를 지어 "남풍의 훈훈함이여, 우리 백성의 화를 풀 만하도다. 남풍이 때에 맞음이여, 우리 백성의 재물을 풍부하게 할 것이로다.(南風之薰兮 可以解吾民之慍兮 南風之時兮 可以阜吾民之財兮)"라고 읊었다고 했다.
141) 疏慢은 疏遠, 怠慢이다.
142) 鄕井은 故鄕, 또는 고향 사람이다.

只憐無藥物　　倉卒向人求

12-33-027 엎드려 교외의 행궁에는 날씨가 개어서 임금님의 마음이 기쁘시고, 무신들이 날뛰면서 한 가지 기예를 바칠 것을 상상하면서, 신 색은 앓는 가운데 1수를 읊다
12-33-027 伏想郊宮天晴 聖心怡悅 武臣踊躍 思獻一技 臣穡病中唫成一首

남쪽창 앞에서 씻고 빗질하는 머리가 흰 늙은이가
문득 두 눈으로 행궁(行宮)[143]을 바라보네.
돋은 해가 임금님의 수레[144]를 비출 것을 이미 아는데
날리는 구름이 푸른 하늘에 점찍는 것은 보이지 않네.
무리를 나눈 하급 무관[145]은 한창 기예를 드러내고
반열을 압도하는 현임 재상[146]은 함께 충성을 받들리.
임금님의 얼굴에 기쁜 빛이 있음을 시신(侍臣)들이 서로 알리는데
누가 〈장양부(長楊賦)〉[147]를 배워 말이 공교로운가?

盥櫛南窓白髮翁　　便將雙目望行宮
已知出日臨黃屋　　不見飛雲點碧空
分隊材官方獻技　　押班時宰共推忠

---

143) 行宮은 行在와 같은 말로 임금이 순행 중에 일시 머무는 곳이다.
144) 黃屋은 임금이 타는 수레의 자루가 긴 양산으로 임금의 존칭으로 쓰인다.
145) 材官은 武卒, 차출되어 파견한 하급 武官이다.
146) 時宰는 현임 재상, 또는 그 당시의 재상이다.
147) 〈長楊賦〉는 漢의 揚雄이 지은 賦로서 황제가 사냥할 때 머물던 長安 부근의 長楊宮을 제재로 하여 궁실의 宏麗함과 물류의 풍성함, 武夫의 용맹을 빌려 왕실의 명성과 권위를 顯示한 것인데, 장양궁에 맹수가 번성함과 군사의 용맹스러움을 극도로 묘사함으로써 황제를 諷諫한 작품이다.

侍臣相報天顔喜　　　　誰學長楊賦語工

12-33-028 얼마 지나지 않아 구름이 하늘에 가득하더니 성근 비 몇 방울이 내리기에 신은 매우 두려워하였으나, 몇 각[148]이 지난 뒤에 햇살이 구름을 뚫고 나오기에 매우 기뻐서 또 읊다

12-33-028 未幾雲滿天 有疏雨數點 臣甚恐 數刻日光穿漏 喜甚又吟

하늘의 마음 씀은 아득하여 알기 어려운데
금세 사이에 흐리고 개니 변화가 기이하네.
빗방울이 오락가락하고 또 번개가 치더니
햇살이 구름을 뚫어 구름이 움직이는 것이 보이네.
때에 맞추어[149] 성렴(省斂)하시니 근심이 한창 은성(殷盛)하고
갖춘 기물[150]로 주방에 채우니[151] 예가 어긋나지 않네.
모든 사람에게 흔쾌하게 기쁜 빛이 있으리니[152]
늙은 신하는 흥을 타서 홀로 시를 읊조리네.

天公用意杳難知　　　　頃刻陰晴變化奇
雨點去來仍電掣　　　　日光穿漏見雲移

148) 一刻은 약 15분의 시간이다.
149) 及時는 때에 맞추는 것이다.
150) 備物은 儀節이나 제사에 소용되는 器物을 가리킨다.
151) 充庖는 주방에 채워서 먹게 함이다. 『禮記』「王制」에 "천자와 제후는 사고가 없으면 한 해에 세 번 사냥을 하는데, 첫째는 바른 고기로 제사를 드리기 위함이고, 둘째는 손님을 접대하기 위함이며, 셋째는 임금의 주방에 채워서 먹기 위함이다.(天子諸侯無事則歲三田 一爲乾豆 二爲賓客 三爲充君之庖"라는 대목이 있다.
152) 이 구절은 「孟子」「梁惠王 下」의 "모두 몹시 기뻐하는 빛을 띠고(擧欣欣然有喜色)"라는 대목을 변용한 것이다.

及時省斂憂方殷　　備物充庖禮不虧
擧有欣欣然喜色　　老臣乘輿獨吟詩

12-33-029 송산[153]으로 가는 길에
12-33-029 松山道中

말을 타고 산꼭대기에 올라가니
구름으로 오르는 비탈이 매우 위태롭네.
비록 구슬을 굴리던 날[154]은 아니지만
오히려 죽순을 꺾던 때보다는 낫네.
우주는 장막을 걷은 것 같고
여염은 바둑알을 펼쳐 놓은 듯하네.
회포가 있은들 누구에게 말하랴?
다만 나의 사사로움을 위함이 아니라네.

騎馬登山頂　　緣雲坂甚危
雖非丸走日　　猶勝筍采時
宇宙如褰幙　　閭閻似布棋
有懷誰與語　　不獨爲吾私

12-33-030 안죽성[155]을 만나다

153) 松山은 開京의 鎭山인 松嶽山의 다른 이름이다.
154) 坂上走丸은 비탈 위에 공을 굴리는 것으로 형세를 타고 일이 쉽게 해결되는 것을 비유하며, 『漢書』 〈蒯通傳〉의 "변방 성의 모든 장수가 서로 아뢰기를, '범양령이 먼저 내려가서 자신이 부자가 되고 귀하게 되면,' 반드시 서로 거느리고 항복할 것이니, 마치 비탈 위에 공을 굴리는 것과 같을 것이다.(邊城皆將相告曰 范陽令先下而身富貴 必相率而降 猶如坂上走丸也)"라는 대목에서 유래한다.
155) 竹城은 지금의 경기도 안성군 이죽면에 있던 현인데, 竹城君은 安克仁(1325~

12-33-030 遇安竹城

흰 머리에 창백한 얼굴의 두 병든 늙은이가
곡봉(鵠峯)[156]의 높은 곳에서 문득 서로 만나네.
나이는 비록 높고 낮아서 분별되지만
기미(氣味)[157]는 옅음과 짙어서 섞을 길이 없네.
남쪽의 강과 바다에서는 큰 들판이 이어지고
좌우의 소나무와 삼나무에서는 산들바람이 이네.
늘그막에 시절을 가장 근심함을 누가 알리요?
하나는 나의 사사로움을 위함이지만 아홉은 공공을 위함이라네.

白髮蒼顏兩病翁　　鵠峯高處忽相逢
年齡縱是分高下　　氣味無由雜淡濃
江海西南連大野　　松杉左右起微風
誰知老境憂時最　　一爲吾私九爲公

12-33-031 소나무 아래에서 음복하다
12-33-031 松下飮福

두 아들이 집에서 빚은 술은 빛깔과 향기가 같은데
천연의 순수한 맛에 얼굴이 펴지려[158] 하네.
아손(兒孫)들에게 나누어 주어 복과 경사를 퍼뜨리고

1394)의 封號이다. 그의 본관은 竹州[竹山]이고, 恭愍王妃 定妃의 부친으로 竹城君에 봉군되었다. 東京都兵馬使・右常侍・同知密直・右文館大提學 등을 역임하고 禑王 3년(1377)에 知貢擧가 되어 成石璘 등을 뽑았다.

156) 鵠峯은 開京에 있는 松嶽山의 다른 이름으로 鵠嶺이라고도 한다.
157) 氣味는 風趣・情調이다.
158) 逞容은 얼굴을 펴는 것이다.

때때로 바라보노라니 밝은 햇살이 푸른 소나무에 비치네.

兩郞家釀色香同　　醇味天然欲逞容
分與兒孫流福慶　　時看白日照靑松

12-33-032 광평[159] 영문하[160] · 권길창[161] · 정월성[162] · 강평장[163] · 이광양[164] · 김동산[165] · 조임[166] 밀직[167]을 모시고 동문[168] 밖에서 어가를 맞이하고 돌아와서 홀로 읊다

12-33-032 陪廣平領門下權吉昌鄭月城康平章李光陽金洞山趙密直琳 迓駕東門外 歸而獨詠

남쪽 교외에서 이틀 밤을 머무실[169] 때에 딱따기[170]를 울리는데

159) 廣平은 廣平府院君 李仁任(?~1388)의 封號이다.
160) 領門下는 고려시대 門下府의 으뜸 벼슬인 領門下府事의 약칭으로 恭愍王 8년(1369)에 領都僉議를 고친 이름인데, 禑王 때에는 判門下府事로 고쳤다.
161) 權吉昌은 吉昌君 權適(1307~?)을 가리킨다.
162) 鄭月城은 여말의 무신 鄭暉를 가리킨다. 본관은 慶州로 恭愍王 5년(1356)에 西北面兵 역임한 것을 비롯하여 樞密院副使 · 同知樞密院事 · 東北面兵馬使 등을 지냈다.
163) 平章事는 고려시대 中書省 · 門下省의 정이품 벼슬이다. 忠烈王 2년(1275)에 贊成事로 고쳤다가, 恭愍王 9년(1360)에 다시 平章事로 고쳤다. 康平章은 권32 〈七月七日 (후략)〉에서 載寧君의 封號를 받은 사실이 확인된다.
164) 李光陽은 光陽府院君 李茂方을 가리킨다.
165) 洞山은 강원도 양양군 현남면 동산리 지역에 있던 현이다.
166) 趙琳(?~1408)은 고려 말, 조선 초 문신으로 고려 말에 예부시에 급제한 뒤 여러 관직을 거쳐 銀川君에 봉해졌다. 禑王 12년(1386) 한양도원수 겸 한양부윤을 지냈고, 우왕 14년에는 密直司使로 明에 다녀왔다. 개국 후에 開國原從功臣이 되고 冊封奏請使로 명에 가서 태조를 權知高麗國事에 봉한다는 명 황제의 조서를 받아오기도 하였다. 시호는 康昭이다.
167) 密直은 고려시대 왕명의 출납과 궁중의 宿衛 · 軍機 등에 관한 일을 맡아보던 관아인 密直司, 또는 밀직사의 정3품 관직인 密直提學의 약칭이다.
168) 東門은 개경의 동문, 즉 宣人門을 가리킨다.

하급 무관[171]들은 달리며 부딪치느라고 새벽이 되었으리.
도성의 사람들은 돌아오는 기마를 보고자 발돋움하여 바라보고
나라의 원로들은 시중드는 서생을 이끌고서 달려가서 영접하네.
종고(鍾鼓)[172]와 우모(羽旄)[173]로 즐거움을 만들고[174]
산천과 일월로 태평한 시대를 그려내네.
다만 들판[175]에 가을의 결실이 적음을 안타까워하나니
쌀을 구걸하는[176] 글씨가 정밀하지 못할 것을 미리 걱정하네.

信宿南郊虎柝鳴　　材官馳突及天明
都人跂望瞻廻騎　　國老趨迎引侍生
鍾鼓羽毛生悅豫　　山川日月寫昇平
只憐壟畝稀秋實　　乞米先愁字不精

12-33-033 쇠잔한 삶
12-33-033 殘生

쇠잔한 삶이라 온갖 일이 돌아감만 못 한데
강과 바다는 처량하고 초목이 드무네.

---

169) 信宿은 이틀 밤을 묵는 것으로 二三日을 가리킨다.
170) 虎柝은 옛날 야경을 돌 때 울리던 딱따기를 가리키는데, 모양이 호랑이를 닮았으므로 虎柝이라고 한다.
171) 材官은 武卒, 차출되어 파견한 하급 武官이다.
172) 鍾鼓는 옛날의 禮樂器로 鍾과 북이다. 『詩經』「周南」〈關雎〉에서는 "幽閑한 숙녀는, 종고로 즐긴다.(窈窕淑女 鐘鼓樂之)"라고 하였다.
173) 羽旄는 노래하고 춤출 때 손에 들던 꿩의 깃털과 소의 꼬리, 또는 꿩의 깃과 소의 꼬리로 장식한 帝王의 깃발을 가리킨다.
174) 悅豫는 즐거워함, 유쾌함이다.
175) 壟畝는 田野, 밭둑, 耕作을 뜻한다.
176) 乞米는 남에게 쌀을 빌리기 위해 보내는 서신인데, 唐나라의 書法家 顔眞卿이 李太保에게 보낸 乞米帖이 유명하다.

수많은 골짜기와 산[177]들은 깊어서 숨을 만하고
맑은 바람과 밝은 달은 맑아서 서로 따르네.
안인(安仁)[178]이 어찌 족히 가을의 흥취를 알랴?
정절(靖節)[179]은 원래 지난 일의 그름을 깨달을 수 있었네.[180]
서리와 이슬이 천지에 가득하고 소나무와 국화는 고요한데
스스로 늘그막에도 기심(機心)을 잊지 못함을 안타까워하네.

殘生萬事不如歸　江海凄涼草木稀
萬壑千岩深可隱　淸風明月淡相隨
安仁豈足知秋興　靖節元能悟昨非
霜露滿天松菊靜　自憐垂老未忘機

12-33-034 주동년[181]에게 부치다
12-33-034 寄朱同年

서림(西林)[182]은 매우 얕고 곡주(谷州)[183]는 깊은데

---

177) 萬壑千巖(岩)은 산봉우리와 산골짜기가 극히 많은 것을 형용하는데, 『世說新語』 「言語」에 나오는 會稽의 경치를 묘사한 “천 개의 바위는 빼어남을 다투고, 만 개의 계곡은 흐름을 다툰다.(千巖競秀 萬壑爭流)”라는 구절에서 유래한 말이다.
178) 安仁은 晉나라 潘岳(247~300)의 字이다. 武帝 때 <藉田賦>로 이름을 떨쳤으나 사람들의 질투로 10년 동안 은둔하였으며, 중앙의 관료가 되었지만 출세에 뜻이 없어 조용한 생활을 원하였으나 孫秀의 모함으로 처형되었다. 그는 〈秋興賦〉 등의 작품을 남겼고, 아내의 죽음을 애도한 〈悼亡詩〉가 유명하다.
179) 靖節은 陶潛(365~427)의 諡號이다.
180) 이 구절은 陶潛의 〈歸去來辭〉에 나오는 “진실로 길을 잃었으나 멀리 벗어나지는 않았으니, 지금이 옳고 지난날이 글렀음을 깨닫네.(寔迷途其未遠 覺今是而昨非)”라는 대목을 변용한 것이다.
181) 朱同年은 공민왕 2년(1353) 5월 禮部試의 동년 朱印成을 말하는 듯하다.
182) 西林은 충청도 舒川의 다른 이름이다.
183) 谷州는 황해도 谷山의 옛 이름이다.

늘그막에는 사방 한 치의 마음을 편안하게 하고 싶네.
아직도 고향 산천[184]이 늘 꿈에 들어오는데
다만 바람과 달 때문에 매번 읊조리게 된다네.
당년에는 빼어난 발걸음[185]이 그림자를 머무르지 않았는데
오늘은 슬픈 현악기 소리를 감상하는 이가 누구인가?
나는 병이 들어서 발탁[186]을 도울 길이 없는데
머리는 흰데 바람[187]이 옷깃을 채우네.

西林甚淺谷州深　　垂老欲安方寸心
尙有鄕山長入夢　　只因風月每成吟
當年逸足不留影　　此日哀弦誰賞音
我病未由相汲引　　颯然衰髮滿衣襟

12-33-035 신운길 판사[188]를 곡하다
12-33-035 哭辛判事云吉

소년시절에 처음으로 서로 알고서
수금(水金)[189] 마을을 왕래하였네.
백성을 다스림[190]에는 은택을 퍼뜨리고[191]

---

184) 鄕山은 故鄕의 산인데, 흔히 고향을 가리킨다.
185) 逸足은 걸음이 대단히 빠름, 혹은 빨리 달리는 말이다.
186) 汲引은 물을 끌어 올리거나 물길을 끌어 들이는 것으로 인재의 천거・발탁을 비유한다.
187) 颯然은 바람이 시원하게 부는 모양, 또는 그 소리이다.
188) 判事는 고려시대 都僉議使司・門下府・典客寺 등 諸寺司의 으뜸 벼슬로 품계는 종1품에서 종3품까지이다.
189) 水金은 개경에 있던 마을 이름인 듯하다. 09-26-042 〈將謁熙菴大司徒 出柳洞入水金巷口 而馳過崇教寺 踰西嶺 (下略)〉으로 보아 목은이 살던 柳洞에서 그다지 멀지 않은 곳임을 알 수 있다.

벗을 사귐[192]에는 빼어난 인재를 다하였네.
노국(魯國)[193]의 향기는 이제 사라졌는데
공주(公州)의 비단은 이미 옷을 말랐다네.[194]
뜻은 컸으나 신세가 촉급하였는데
흘러가는 물은 끝내 되돌리기 어렵다네.

少也始相識　　水金閭往來
牧民流惠澤　　取友盡英材
魯國香今歇　　公州錦已裁
意長身世促　　流水竟難廻

12-33-036 메기[195]를 보내준 동북면순문사[196] 장자온[197]에게 답하다

190) 牧民은 帝王이나 守令이 백성을 다스림이다.
191) 流澤은 恩德을 流布함이다.
192) 取友는 벗을 가려서 취함, 벗을 사귐이다.
193) 魯國은 恭愍王의 妃였던 魯國公主를 가리키는 듯하다. 元의 종실 魏王의 딸로 1349년에 大君으로 入元中이던 恭愍王과 혼인하여 나중에 왕비가 되었는데, 공민왕 14년(1365)에 難産으로 발병하여 이듬해 2월에 죽자, 왕이 정사를 돌보지 않고 지나치게 애도하여 魂祭를 지내거나 화려한 影殿을 지었다.
194) 裁錦은 지방관이 되어 고을을 다스림을 뜻하는데, 이 구절은 辛云吉이 公州의 수령으로 선정을 베푼 사실을 가리키는 듯하다.
195) 年魚는 메기를 가리킨다. 메기는 봄에 태어나고 여름에 자라며, 가을에 쇠약해져서 겨울에 죽는다고 하여 이렇게 부른다고 한다.
196) 巡問使는 고려시대와 조선 초기에 한 道의 軍務를 살피기 위하여 파견하던 임시 벼슬, 또는 그 사람으로 2품 이상인 경우에는 都巡問使라고 하였고, 3품 이하인 경우에는 순문사라고 하였다.
197) 張子溫(?~1388)은 여말의 문신으로 1364년에 元이 恭愍王을 폐위한 일을 해명하러 다녀온 뒤 上護軍이 되었고, 1368년 禮儀判書로서 吳王[朱元璋]을 방문하고, 禑王 즉密直使로 告訃承襲使로 명에 다녀오는 등 대명외교에 공이 많았고, 東北面巡問使를 거쳐 僉議贊成事로 謝恩使로 명에 갔다가 고려의 貢馬가 열등하다는 이유로 錦衣衛에 갇혀 옥사하였다.

12-33-036 荅張子溫東北面巡問使送年魚

병사와 말은 늘[198] 고요한데
메기는 끊이지 않고[199] 보내오네.
하얀 편지[200]는 눈에 비치어 볼 만한데
누추한 거리에는 이끼가 돋아나려고 하네.
기린의 뿔[201]과 같이 자취를 감추는데
표범의 태반[202]을 먹을 마음은 없네.
어느 때나 바닷가로 가서[203]
잠깐이나마 모시고 담소하리요?

兵馬常常靜　　年魚陣陣來
素書如映雪　　陋巷欲生苔
屛跡同麟角　　無心食豹胎
何時循海去　　談笑暫時陪

12-33-037 김좌윤[204]께서 함창[205]에서 오셨기에 기뻐서 기록하다

198) 常常은 恒常, '늘'의 뜻이다.
199) 陣陣은 끊임없이 이어진 모양이다.
200) 素書는 편지, 서찰을 뜻하는데, 雙鯉・素鯉・雙魚・鯉魚尺素・鯉素)라고도 한다. 이 말은 잉어 뱃속에 편지가 들어 있었다는 故事에서 유래하는데, 『古樂府』〈飮馬長城窟行〉에 "손님이 먼 곳에서 와서, 나에게 두 마리의 잉어를 주네. 아이를 불러 잉어를 삶으니, 그 속에 편지가 있네.(客從遠方來 饋我雙鯉魚 呼童烹鯉魚 中有尺素書)"라는 대목이 있다. 여기에서는 張子溫이 메기를 보내어 왔기에 한 말이다.
201) 麟角은 기린의 뿔로서 매우 희소하기 때문에, 얻기 어려운 인재나 사물을 비유한다.
202) 豹胎는 표범의 태인데, 코끼리의 胎와 함께 豹象之胎라 하여 옛날에 맛이 좋은 것으로 손꼽던 것이다.
203) 循海는 바닷가를 따라감이다.

12-33-037 金左尹自咸昌至 喜而志之

동이를 치며 부르는 노래[206]를 이미 끝내고
대궐로 나아가니 기쁨이 한창 새롭네.
허직(虛職)[207]이라서 끝내 녹봉이 없는데
온몸은 또 먼지에 더러워지네.[208]
서쪽 경사(京師)에서 장차 나그네가 된다고 하니
동쪽 바다에는 마침 사람이 없게 되리.
손을 잡으니 도리어 꿈결과 같은데
응당 자주 얼굴을 보게 되어야 하리.

鼓盆歌已闋　　赴闕喜方新
虛職終無祿　　渾身又染塵
西京將作客　　東海政無人
握手還如夢　　應須會面頻

12-33-038 이몽유[209] 동년이 들르다
12-33-038 李同年夢游來過

204) 左尹은 고려시대 三司의 종3품 벼슬, 또는 鄕職 16階 가운데 제11階의 벼슬이다. 金左尹은 〈流沙亭記〉(『牧隱文藁』 권1)에서 兄이 글을 부탁했다고 한 것으로 보아 목은의 外從兄弟인 듯하다.

205) 咸昌은 慶尙道 尙州牧에 있는 지명으로 목은의 外族이 살던 곳이다.

206) 鼓盆歌는 동이를 두드리며 노래하는 것으로 아내의 죽음을 비유한다. 이 말은 『莊子』「至樂」에서 "장자가 아내가 죽었을 때 혜자가 위로하니 장자는 다리를 뻗고 앉아서 동이를 두드리며 노래하였다.(莊子妻死 惠子弔之 莊子則方箕踞鼓盆而歌)"라는 데에서 유래한다.

207) 虛職은 官銜만 있고 직무가 부여되지 않는 관직으로 散職이라고도 한다.

208) 染塵은 먼지에 물듦, 속세에 물듦이다.

209) 李夢游는 牧隱의 辛巳年(1341) 監試 同年인 듯하다.

동년(同年)이 이미 새벽별처럼 드문데
또 푸른 산[210]으로 들어가는 가을빛을 보네.
그대가 혹시 문을 찾아오면 내가 매우 기쁘니
나에게 비록 술이 없더라도 그대는 돌아가지 않으리.
흐릿하고[211] 멈칫거리다 보니[212] 몸은 또 늙어 버리고
소란스럽고[213] 어지럽다 보니[214] 자취가 그릇되었네.
부귀는 하늘에 달렸거늘 누구에게 더욱 인색하랴?
흰 머리로 손을 잡고 석양빛 속에 서 있네.

同年已似曉星稀　　又見秋光入翠微
君或過門吾甚喜　　我雖無酒子休歸
悠悠唯唯身將老　　擾擾紛紛迹也非
富貴在天誰更靳　　白頭携手立斜暉

12-33-039 이천[215]의 전답에 대해 따지는 자가 있기에
12-33-039 伊川田有爭者

나는 늘그막에 산 속의 돌밭을 가져서
온 집안[216]이 입에 풀칠을 한 지 이미 여러 해라네.
문득 들으니 척원(戚畹)[217]이 나의 경계를 침범한다는데

---

210) 翠微는 푸른 산이다.
211) 悠悠는 흐릿하고 어지러운 모양으로 悠悠忽忽과 같은 말이다.
212) 唯唯는 可否를 결단하지 못하는 모양이다.
213) 擾擾는 시끄러운 모양, 소란한 모양이다.
214) 紛紛은 번잡한 모양, 어지러운 모양이다.
215) 伊川은 강원도 서북부에 위치한 고을로, 고려 顯宗 9년(1018)에 동주에 소속되었다가 후에 감무를 두었던 곳이다.
216) 闔家는 온 집안이다.
217) 戚畹은 중국 長安에 있던 마을로 戚里라고도 한다. 漢나라 때 天子의 姻戚이 여

높이 드러누워 있으니 병상에서 저 하늘에 호소하네.
만약 은혜와 사랑[218]을 내리시면 참으로 다행스럽거니와
혹시 힘으로 빼앗김[219]을 당하더라도 또한 마땅하네.
맹광(孟光)[220]은 구구한[221] 뜻을 알지 못하고
잔소리하며[222] 문을 닫고 앞을 보지 않네.

我老山中有石田　　闔家糊口已多年
忽聞戚畹侵吾界　　高臥病床呼彼天
若賜恩憐眞幸也　　儻蒙豪奪亦宜焉
孟光不識區區意　　誚訕關門不向前

12-33-040 우습다
12-33-040 可笑

우습게도 병이 많은 늙은이가
이른 아침[223]에 작은 청총마를 채찍질하네.
흰 모래밭 길을 향해 달려가서
문에 가까이 가서 큰 사람[224]을 뵈었다네.

기에서 산 데서 연유하여 外戚을 가리킨다.

218) 恩憐은 은혜를 베풀고 불쌍히 여김인데, 王安石의 〈與王子醇書〉에 "아무개는 오랜 동안 관직의 일을 비운데다가 피로와 병으로 스스로 지탱하지 못하였는데 다행스럽게 은혜와 사랑을 입어서 무거운 짐을 벗게 되었습니다.(某久曠職事 加以疲病不能自支 幸蒙恩憐 得釋重負)"라는 대목이 있다.

219) 豪奪은 힘에 기대어 강제로 빼앗는 것이다.

220) 孟光은 남편을 매우 공경하여 擧案齊眉 故事를 남긴 後漢의 문인 梁鴻의 妻인데, 여기에서는 목은의 아내를 가리킨다.

221) 區區는 분주하게 힘을 다하는 모양이다.

222) 誚訕은 꾸짖고 헐뜯음이다.

223) 凌晨은 早朝, 즉 이른 아침을 가리킨다.

224) 鉅公은 天子・王公大臣・巨匠 등을 뜻하는데, 여기에서는 戚畹 즉 外戚을 가리

서서 말하며 진심[225]을 쏟아내고
돌아오노라니 아침해가 붉네.
시고 쓰림이 온몸[226]에 두루 퍼지는데
좌우에서는 아이들이 시끄럽네.
흥취가 일어나면 붓에 기대는데
푸른 산으로 돌아가고 싶은 마음이 짙다네.
문으로 오는 흰 구름과
조각마다 거센 바람[227]을 따르고 있네.

可笑多病翁　　凌晨鞭小驄
馳向白沙道　　傍門參鉅公
立談倒肝肺　　歸來朝日紅
酸辛遍支體　　左右喧兒童
有興寓於筆　　青山歸意濃
白雲忽當戶　　片片隨長風

12-33-041 보법사[228]에 차린 원재[229]의 칠재[230]에 가다
12-33-041 赴圓齋七齋于報法寺

킨다.

225) 肝肺는 진심・마음이다.

226) 支體는 身體 전체, 또는 四肢를 가리킨다.

227) 長風은 먼 데서 불어오는 거센 바람이다.

228) 報法寺는 開京 근처의 末訖山에 있던 절이다. 고려 太祖의 왕비 柳氏가 자기 집을 절로 만들었다가 그 뒤 廢寺된 것을, 忠惠王 때 尹侍中이 禪源法蘊과 함께 중건한 것이다.

229) 圓齋는 고려 말의 문신 鄭樞(1333~1382)의 號이다.

230) 七齋는 七七齋, 즉 四十九齋로서 사람이 죽은 지 사십구일이 되는 날에 올리는 재이다.

세교(世交)[231]가 원재(圓齋)에 이르러 시들어 버리니
늘그막에 뒤숭숭해져서[232] 일을 하지 못하네.[233]
쓸쓸한 도성 남쪽에서 생각은 끝이 없는데
푸른 산벼랑에 한 줄기 향불 연기가 퍼지네.

世交零落到圓齋　　老境悠悠事不諧
寂寞城南無限意　　香煙一縷碧山崖

12-33-042 종학[234] 부령[235]이 송경에서 술과 음식을 싣고 와서 대접하다

12-33-042 種學副令 自松京載酒食來餉

둘째 아들이 추위를 무릅쓰고 어버이에게 절하는데
두 강[236] 가의 관도(官道)는 깨끗하여 먼지가 없네.
술은 방울진 이슬과 같아서 향기가 더욱 아름답고
밥은 연잎 위의 구슬[237]과 같아서 몸이 절로 조화로워지네.
만약 충성으로 옮겨 군왕의 직무를 기우려고[238] 하면

---

231) 世交는 대대로 사귀어 온 交分이다.
232) 悠悠는 아득한 모양, 종잡을 수 없는 모양이다.
233) 不諧는 이루지 못함이다.
234) 李種學(1361~1392)은 고려 말의 문신으로 이색의 둘째 아들이며 자는 仲文, 호는 麟齋이다.
235) 副令은 고려시대 典校寺·典儀寺·宗簿寺 등 諸寺司의 次官으로 품계는 정4품에서 종4품이며, 少監·少卿·少尹과 같은 관직이다.
236) 兩江은 고려시대에 개경의 동쪽과 서쪽에 있는 두 강인 臨津江과 禮成江을 가리킨다.
237) 蓮珠은 연잎에 맺힌 구슬방울, 즉 연잎에 맺힌 이슬을 뜻하는 듯하다.
238) 補袞은 天子의 過失을 메우는 것으로 재상의 자리를 가리킨다. 『詩經』「大雅(蕩之什)」〈蒸民〉에 "천자에게 모자라는 덕이 있으면 중산보가 반드시 이를 메우리.(袞職有闕 維仲山甫補之)"라는 구절이 있다.

모름지기 먼저 뜻을 길러 떳떳한 윤리를 아름답게 해야 하리.
한 잔 술에 문득 조금 취기를 드러내노라니
눈 속에서 문득 호탕한 봄기운이 돌아온다네.

仲子淩寒拜兩親　兩江官道淨無塵
酒如滴露香尤美　飯似蓮珠體自均
若欲移忠裨袞職　須先養志美彝倫
一杯便見微醺處　雪底俄廻浩蕩春

12-33-043 자은사[239]의 도실[240]과 쌍청[241] 안공과 유항[242] 한공이 남쪽 교외에서 떠남을 전송해 주시다[243]

12-33-043 慈恩都室雙淸安公柳巷韓公餞行南郊

사문(斯文)[244]의 골육(骨肉)들이 근래에는 드물어졌거니와
다행히 자은사(慈恩寺)의 스님과 함께 함은 유독 처음인 듯하네.
도성 밖의 길에서 함께 송별의 자리[245]를 펼친 것은
물 가의 집에서 서적[246]을 펼쳐 보기[247] 위함이라네.
뜬 구름과 시든 잎을 누가 서로 돌아보랴?

239) 慈恩寺는 開京의 高麗洞에 있던 고려 시대 法相宗 계통의 사찰이다.
240) 都室은 불교 종파의 최고지위에 있는 사람 중의 하나를 가리키는 듯하다.
241) 雙淸은 고려 말기의 문신 安宗源(1325~1394)의 정자 이름이다. 그는 자가 嗣淸, 호가 雙淸堂으로 按廉使・司憲侍史 등 여러 내외직을 거쳐 벼슬이 判門下府事에 이르고 興寧府院君에 봉해졌다. 謚號는 文簡이다.
242) 柳巷은 고려 말의 문신 韓脩(1333~1384)의 호이다.
243) 이때에 목은은 楊州로 내려왔다.
244) 斯文은 儒學者들이 儒學을 부를 때 쓰는 말로 '이 學問', '이 글'이라는 뜻이다.
245) 祖筵은 멀리 가는 이를 전송하는 酒席이다.
246) 經卷은 經書, 또는 經文을 적은 두루마리를 가리킨다.
247) 披經은 책을 펼쳐 봄, 문서를 뒤적여 봄이다.

〈유수(流水)〉와 〈고산(高山)〉[248]에 나는 미치지 못한다네.
아득한 인정세태[249]는 이미 두루 맛보았지만
도정(道情)[250]은 아직 거칠고 허탄하여 매우 부끄러워하네.

斯文骨肉近來疏　　幸與慈恩獨似初
共敞祖筵城外路　　欲披經卷水邊廬
浮雲敗葉誰相顧　　流水高山我不如
世味悠悠嘗已遍　　道情深愧尙荒虛

12-33-044 동강[251]에서 밤에 읊다
12-33-044 東江夜吟

화산[252] 권공 · 민개성[253] · 권밀직[254] · 권가원[255] · 민자복[256] · 민중

---

248) 〈流水〉와 〈高山〉은 伯牙가 연주했던 악곡의 이름이다. 『列子』「湯問」에 다음과 같은 이야기가 있다. 伯牙는 春秋時代에 거문고를 잘 타던 사람으로 백아가 거문고를 타면서 뜻을 높은 산에 오르는 데 두면(志在登高山), 鍾子期는 말하기를 "좋구나, 태산과 같이 양양하구나(善哉 洋洋兮若泰山)"라 하고, 뜻을 흐르는 물에 두면(志在流水), 종자기는 말하기를, "좋구나, 강하와 같이 양양하구나.(善哉 洋洋兮若江河)"라 하여, 백아가 생각하는 바를 종자기가 반드시 알아들었다고 한다.
249) 世味는 세상의 맛, 世態人情이다.
250) 道情은 수도하는 사람의 凡俗을 초탈한 情操이다.
251) 東江은 개경의 동쪽에 있는 臨津江을 가리킨다.
252) 花山은 權適(1307~?)의 封號이다. 吉昌府院君 權準의 아들로 『高麗史』「世家」에서 忠肅王 17년(1330)에 判事, 忠穆王 즉위년(1344)에 判密直司使, 恭愍王 8년(1359)에 贊成事, 恭愍王 14년(1365)에 僉議贊成事를 지낸 것이 확인되고, 처음에 花山君에 봉해졌다가 다시 吉昌君에 봉해졌으며, 恭愍王이 權瑨 등에게 시해되자 從孫인 瑨과 가깝다고 하여 權鏞·權鎬 등과 함께 遠州에 유배되었고, 謚號는 原靖이다.
253) 閔開城은 목은의 바로 윗 同壻인 閔璀을 가리킨다.
254) 密直은 고려시대 왕명의 출납과 궁중의 宿衛·軍機 등에 관한 일을 맡아보던 관아인 密直司, 또는 밀직사의 정3품 관직인 密直提學의 약칭이다.
255) 可遠은 여말선초의 문신 權近(1352~1409)의 자이다.

립[257]·중리[258]·권총·권집경[259]이 동강에 모여 전송하였는데, 간 뒤에 피곤하여 누웠다가 한밤중에 깨어 1수를 읊다

花山權公閔開城權密直權可遠閔子復閔中立中理權總權執經會餞于東江 旣去困臥 旣覺夜半 吟成一首

강 가의 인가가 강물에 가까우니
초가들이 물빛 속에 서로 이어져 있네.
연기가 나지 않는 굴뚝에다 벽은 엉성하고 창은 깨어졌는데
비바람만 막으면 된다고 누가 말하였던가?[260]
이제까지 이미 서리와 이슬에 옷을 매우 적셨기에
병든 몸은 겹이불을 덮는 데 익숙하네.
다만 몸이 피곤한 탓에 푹 잘 수 있었기에
새벽녘에는 정신이 맑아져서 속세의 인연을 잊었다네.
명교(名敎)[261]를 얕보기 때문이 아니요

---

256) 子復은 閔安仁(1343~1398)의 字로 本官은 驪興이며, 漬(1248~1326)의 증손이고 璿의 아들이다. 1374년 급제하여, 禑王 3년(1377)에 通禮門祗侯·禮儀摠郎을 거쳐 典法摠郎을 역임했다.

257) 閔中立은 여말의 문신으로 본관은 驪興, 漬의 증손, 瑾〔權仲達의 셋째 사위〕의 장남으로 恭愍王 23년에 禮部試에 등제하여 侍郎을 지냈다.

258) 閔中理는 여말선초의 문신으로 본관이 驪興, 瑾의 아들, 中立의 아우로 摠郎 등을 지냈으며, 牧隱에게는 姨姪이 된다.

259) 權執經은 여말의 문신으로 목은의 맏처남인 權嗣宗의 아들이다.

260) 이 구절은 隋나라의 王通이 權臣인 楊素에게서 벼슬살이를 권유받았을 때 거절하면서 한 말인 "저에게는 선친이 남겨 주신 오두막이 있어 풍우를 막을 수 있고, 척박한 전답이 있어 죽을 마련할 수 있고, 글을 읽고 도를 말하니 스스로 즐길 만합니다. 바라건대 公道를 밝히고 몸을 바르게 하여 천하를 다스림으로써 시절을 평화롭게 하고 풍년을 들게 하시면, 통이 받은 것이 많을 것이므로 벼슬하기를 바라지 않습니다.(通曰 通有先人之弊廬 足以庇風雨 薄田足以具饘粥 讀書談道 足以自樂 願明公正身 以治天下 使時和年豐 通也受賜多矣 不願仕也)"(『通鑑總類』 권15하, 「隋王通教授於河汾之間」)라고 한 데에서 인용한 것이다.

261) 名教는 인륜의 명분을 밝히는 가르침, 즉 儒教이다.

도의(道義)를 탐닉한 탓이 아니라네.
마음의 근원이 밝아서 조그만 얽매임도 없는데
다만 안타까운 것은 금세[262] 먼지가 이르는 것이네.
어린 종[263]들의 시끄러운 소리 속에 경서 읽은 소리가 섞이는데
물결이 막 불어나고 하늘은 밝아지려 하네.
앞길이 험함을 알지 못하고 높은 소리로 읊조리거니와
여울을 올라감은 가파른 산을 오름과 흡사하다네.

江上人家傍江水　草屋相連水光裏
壁疏窓破突不黔　誰云足庇風雨耳
邇來霜露已霑衣　病骨慣於重擁被
只因身困得酣眠　向曉魂清忘世緣
不是蔑名敎　不是耽道義
淡然心源無寸累　只恨須臾塵垢至
家童喧嘩雜經聲　潮水方張天將明
高吟不知行路難　上瀨酷似登崢嶸

12-33-045 날이 밝을 무렵[264]에 배를 타서 인녕나루[265]에 정박하여 조수가 돌아오기를 기다리다가 바람이 일기에 하루를 머물다

12-33-045 天明登舟 泊引寧渡待潮廻 風作 留一日

262) 須臾는 片刻·短時間이다.
263) 家童(僮)은 집에서 부리는 어린 사내종이다.
264) 天明은 하늘이 밝을 무렵이다.
265) 引寧渡는 경기도 豊德郡의 德水縣에 있던 나루로서 引月串이라고 불리던 곳이다.(『新增東國輿地勝覽』 권13, 「豊德郡」 '山川條' 참조)

풍백(風伯)[266]은 어찌하여 시끄러운가?
조물주[267]는 반드시 가엾게 여기시리.
고요히 앉아 마음을 가라앉히고[268] 비니
끝내 큰 시내를 건넘이 이로우리.[269]

風伯胡然作鬧　　天公必也相憐
靜坐冥心有禱　　終當利涉大川

12-33-046 초아흐렛날에 해가 한낮이 되려고 할 무렵에 순풍에 배를 띄웠는데, 암곶[270]에 이르러도 해는 아직 지지 않았다

12-33-046 初九日日將午 順風發船 至岩串 日未入

가벼운 배에 바람이 빠르니 또한 유쾌하고
잠깐 사이에 산이 진마(陣馬)[271]처럼 일제히 도네.
금세 암곶에 돛을 내렸는데
이제부터 앞길이 순탄할 것[272]을 말없이 기뻐하네.

風急舟輕亦快哉　　山如陣馬一時廻

---

266) 風伯은 바람을 맡은 신, 곧 風神을 가리킨다.
267) 天公은 하늘을 擬人化한 표현으로서 조물주를 가리킨다.
268) 冥心은 마음을 가라앉히고 골똘히 생각함, 속념을 없애고 마음을 고요하게 함이다.
269) 利涉大川은 큰 시내를 건넘이 이롭다는 뜻으로 『周易』의 卦辭에 여러 차례 나오는 말이다.
270) 岩串은 開城의 서쪽 禮成江 가에 있던 마을 이름이다.
271) 陣馬는 敵陣을 깨뜨리는 말로 매우 빠르게 前進하는 물건을 비유한다.
272) 順境은 뜻한 일이 마음먹은 대로 잘 진행되어 가는 경우, 또는 일이 순조롭게 되어 가는 환경이다.

落帆岩串須臾頃　　默喜從今順境來

12-33-047 독포[273]의 바위 아래에서 묵다
12-33-047 宿禿浦岩下

물 옆에 있는 시골 마을이 그림과 같아서
늙은이는 마땅히 청아한 놀이를 읊어야 하리.[274]
뱃사공들은 앞길이 험하다고 다투어 말하는데
취함과 버림은 만 가지로 다름[275]을 분명히 안다네.

傍水村居似畫圖　　老翁吟嘯當淸娛
舟人爭說前途險　　取舍明知有萬殊

12-33-048 이튿날 반연에서 자고 또 다음날에는 도미원 앞에서 잤는데, 물이 얕아서 배가 올라가지 못하기 때문이었다
12-33-048 明日宿飯淵 又明日宿都迷院前 以水淺舟不上也

물이 얕아 배를 끌기가 매우 어려운 형세이기에
늙은이가 편안히 앉아 있은들 감히 마음이 편안하랴?
머물러 있자니[276] 발을 다친 것과 같지만[277]

---

273) 禿浦는 경기도 廣州 북쪽 11리의 渡迷津 하류, 楊州의 동쪽 67리 지점에 있던 포구이다.

274) 吟嘯는 시를 읊거나 노래를 부르는 것이다.

275) 取舍萬殊는 취함과 버림은 사람들마다 다르다는 뜻으로 王羲之의 〈蘭亭記〉의 "취함과 버림은 만 가지로 다르고, 조용하고 시끄러움은 같지가 않네.(取舍萬殊 靜躁不同)"라는 대목에서 유래한다.

276) 逗遛는 머물러 떠나지 않음이다.

277) 이 구절은 『禮記』「祭義」에 나오는 曾子의 제자 樂正子春의 고사를 변용한 것이다. 악정자춘이 당에서 내려가다가 그 발을 다쳐서 몇 달 동안 나가지 못하고도

밀고 끄노라면[278] 고통이 간까지 들어가리.
지척인데도 만리나 되는 듯이 길을 두려워하는데
처량한[279] 짧은 해가 또 장대 세 개쯤 남았네.[280]
본래 성질을 참고 지켜야 더 증진될 수 있기에[281]
잠시 봉창[282] 앞에서 다시 갓을 바로 쓰네.

水淺牽舟勢甚難　　老翁安坐敢心安
逗遛似是傷於足　　推挽知其痛入肝
咫尺畏途如萬里　　蒼涼短晷又三竿
由來忍性能增益　　且向蓬牕更整冠

12-33-049 남정당[283]의 별서에서 묵다
12-33-049 宿南政堂別墅

오히려 근심하는 빛이 있어서, 제자가 그 까닭을 물었더니 증자에게서 효를 이루기 위해서는 부모님이 물려주신 몸을 소중히 간직해야 한다고 배웠다고 대답하였다.

278) 推挽은 뒤에서 밀고 앞에서 끎으로 운송하는 것을 비유한다.

279) 蒼涼은 싸늘함, 처참함이다.

280) 三竿日은 해가 대나무 장대 세 개 길이쯤 남은 때라는 말로 늦은 오후를 가리킨다.

281) 忍性增益은 천성을 참고 지켜서 부족한 점을 증진시켜 주는 것인데, 『孟子』「告子 下」의 "하늘이 장차 큰 책임을 이 사람에게 내리실 때에는 반드시 그 마음과 뜻을 괴롭게 하며, 그 힘줄과 뼈를 수고롭게 하며, 몸과 살을 주리게 하며, 몸을 궁핍하게 하여 그 할 바를 거슬러 어지럽힌다는 것이니, 마음을 움직이고 성품을 참아서 그 능하지 못한 것을 더 증진시켜 주는 것이다.(天將降大任於是人也 必先苦其心志 勞其筋骨 餓其體膚 空乏其身 行拂亂其所爲 所以動心忍性 曾益其所不能)라는 孟子의 말에서 유래한다.

282) 蓬牕(窓)은 밖에 쑥이 나 있는 창이다.

283) 政堂은 고려시대 中書門下省의 종2품 관직인 政堂文學의 약칭인데, 여기에서 南政堂은 南時佐(?~1387) 商議를 가리키는 듯하다.

며칠 동안 배 안에서 묵다가
오늘밤에는 온돌 위에서 자네.
편안함과 위태로움은 곳마다 나타나는데
마름과 젖음도 때에 따른다네.
빽빽한 산에서는 구름이 골짜기에서 피어나고
맑은 서리 속에 달빛은 하늘에 가득하네.
한적하여 속세의 취향이 줄어드니
문득 신선과 같아질까 두렵네.

數日舟中宿　　今宵突上眠
安危隨處見　　燥濕逐時便
山密雲生谷　　霜淸月滿天
悠然少塵趣　　便恐似神仙

12-33-050 독포에서 달빛을 타고 광나루[284]에 이르러 묵다
12-33-050 自禿浦 乘月到廣津宿

독포(禿浦)의 모래톱[285]에 어두운 빛이 찾아드니
먼 산과 평평한 들판의 형세가 구불구불하네.[286]
뱃사람이 닻줄을 풀고[287] 물을 따라 내려가는데
양주(楊州)[288]에 달이 밝으니 시를 읊기에 좋네.

---

284) 廣津은 광나루로 경기도 廣州 서쪽 18리 禿浦 하류에 있던 나루이다.
285) 沙頭는 모래여울 주변, 모래섬 주변이다.
286) 逶迤는 구불구불한 모양이다.
287) 解纜은 묶어 놓은 닻줄을 푸는 것으로 배가 출발함을 뜻한다.
288) 楊州는 지금의 경기도 楊州와 議政府 지역에 있던 府이다.

禿浦沙頭瞑色來　　　遠山平野勢逶迤
舟人解纜隨流下　　　月白楊州恰得詩

12-33-051 득무포[289]에 이르러 기슭에 내려서 남경[290]의 동쪽 마을인 왕심[291]의 민가에서 묵었다. 이튿날에 행궁[292]에 가서 숙배[293]하고 돌아오는 길에 읊다. 시월 열이튿날이다
12-33-051 到得務浦下岸　宿南京東村旺心民舍　明日詣行宮肅拜 歸途有詠 十月十二日也

신경(新京)[294]은 웅장하고[295] 경기[296]는 장엄한데
기화(氣化)[297]의 움직임에는 절로 기밀이 있다네.
깊은 계책을 가진 재상은 주정(周鼎)[298]이 정하고
성대한 덕을 지닌 임금님께서는 순의(舜衣)[299]를 드리우시네.[300]
한강(漢江)이 바깥에서 방어하니 물줄기는 맑게 흐르고
백악(柏岳)[301]이 중간에서 높으니 푸른 산[302]이 높다랗네.

---

289) 得務浦는 현재의 서울 성동구 옥수동에 있던 포구로 두무포(豆毛浦)라고도 하였다.
290) 南京은 고려의 南京, 즉 漢陽이다.
291) 旺心은 현재의 서울특별시 성동구 往十里를 가리킨다.
292) 行宮은 行在와 같은 말로 임금이 순행 중에 일시 머무는 곳이다.
293) 肅拜는 관리가 임금의 은혜에 감사하여 공손하게 절을 하는 것이다.
294) 新京은 새로 옮길 도읍지를 말하는데, 여기에서는 漢陽을 가리킨다.
295) 翼翼은 정제된 모양, 장엄하고 웅장한 모양이다.
296) 邦畿는 帝王의 都城 부근의 지역, 곧 京畿·畿內를 뜻한다.
297) 氣化는 陰陽之氣의 변화로 世事의 변천을 비유한다.
298) 周鼎은 周나라 때 국가에 전해지던 九鼎으로 寶器를 비유한다.
299) 舜衣는 舜임금의 의상이다. 『周易』「繫辭傳 下」에 "黃帝와 堯舜은 옷깃을 드리우고 앉아 있어도 천하가 다스려졌다.(黃帝堯舜 垂衣裳而天下治)"라는 대목이 있다.
300) 垂衣는 垂衣裳과 같은 말로 의복의 제도를 정하여 천하에 禮를 보임을 말하며, 帝王이 賢人을 임용하여 덕으로 백성을 다스림으로써 나라가 잘 다스려지게 함을 비유한다.

흰 머리의 병든 신하는 참으로 다행으로 여기기에
붓을 뽑아서 햇빛을 모아 빛을 보태려 하네.

新京翼翼壯邦畿　　氣化推移自有機
宰相深謀周定鼎　　君王盛德舜垂衣
漢江外禦流淸駃　　柏岳中尊聳翠微
白髮病臣眞萬幸　　抽毫攢日欲增輝

12-33-052 반밀직[303]이 선온[304]을 가지고 와서 하사하기에, 이튿날에 궁궐에 가서 은혜에 감사드리고 돌아와서 짓다
12-33-052 潘密直賚宣醞來賜 明日詣內謝恩 歸而有作

병든 몸이 시고 떫음을 또 어찌 말하랴?
문득 좋은 술을 하사하시는 임금님의 은혜를 입었네.
목석이 아닐 뿐 다만 미천한 목숨을 보전할 뿐인데
건곤과 같은 성대한 은덕을 어찌 갚으랴?
하늘의 뜻[305]에 순종하니 해와 달이 밝디밝고
나라의 형세가 높으니 의관(衣冠)[306]들이 끊이지[307] 않네.
직분이 노래를 읊음에 있지만 정신의 힘이 줄었으니
바야흐로 벼슬을 그만두고[308] 강 가의 마을에 드러눕고 싶네.

---

301) 柏岳은 北嶽山을 가리킨다.
302) 翠微는 산의 푸른 기운, 그것이 있는 산허리의 幽深한 곳이다.
303) 密直은 고려 시대 왕명의 출납과 궁중의 宿衛·軍機 등에 관한 일을 맡아보던 관아인 , 또는 밀직사의 정3품 관직인 密直提學의 약칭이다. 潘密直은 禑王의 수양아들이었던 潘福海(?~1388)를 가리키는 듯하다.
304) 宣醞은 임금이 신하에게 술을 내려주는 것, 또는 그 술이다.
305) 天心은 天意와 같은데, 하늘의 뜻 또는 임금의 뜻이다.
306) 衣冠은 의관을 차린 벼슬아치나 선비를 말한다.
307) 袞袞은 끊이지 않는 모양이다.

病軀酸澁更何言　　忽被君王賜上樽
只保微生非木石　　那酬盛德似乾坤
明明日月天心順　　袞袞衣冠國勢尊
職在詠歌精力少　　乞身方欲臥江村

12-33-053 이날 우영공[309]과 박영공이 술을 가지고 오고, 이날 밤에는 남경의 부윤[310]과 판관[311]이 와서 음식을 대접하다

12-33-053 是日禹令公朴令公携酒來 是夜南京尹與判官來餉

중서성(中書省)의 재상[312]들이 같이 왕림하신 뒤에
부(府의) 관리[313]들이 막 찾아오시네.
술잔과 접시[314]가 참으로 어지럽게 흩어지고[315]
인정과 흥취는 매우 한가하고 여유롭네.[316]
스스로 돈을 짊어지고 학을 탔는지[317] 의아하게 여기는데

308) 乞身은 乞退·乞骸骨과 같은 말로 관료가 辭職을 청하는 것이다.
309) 令公은 贊成事와 節度使를 일컫는 말이다.
310) 府尹은 고려시대 지방행정 단위의 하나인 府의 우두머리 관직으로 開城·平壤·漢陽·慶州에 두었으며 종2품 또는 정3품이었다.
311) 判官은 고려시대의 지방관직으로 牧·都護府·留守營 등 주요 지방관아의 속관이며 품계 이상이다. 成宗 8년(989)에 동북면과 서북면에 병마판관을 두었고, 995년에는 西京에 설치하였으며, 文宗 때에는 南京과 牧·都護府·都督府·防禦鎭·州·郡에 두었다.
312) 宰省은 中書省의 宰相이다.
313) 府官은 州府의 長官, 즉 지방의 장관이다.
314) 杯盤은 술잔과 접시, 술상이 갖춰진 잔치를 가리킨다.
315) 錯落은 뒤섞이는 것이다.
316) 容與는 매인 데가 없이 한가롭고 편안하다는 뜻이다.
317) 纏錢鶴은 돈을 묶어 차고 학을 탄다는 것으로 揚州駕鶴·揚州鶴의 고사를 원용한 표현이다. 이 고사는 蘇軾의 〈綠筠軒詩註〉에 나오는 다음 고사에서 유래하여 모든 세속적 욕망을 한 몸에 다 모으려 함을 비유한다. 옛날에 사람들이 모여 각각

누가 칼을 두드리며 밥상에 물고기가 없다고[318] 노래하였던가?
취하여 쾌락하게 잠자리에 들었지만
또 화서(華胥)를 꿈꾸지는 않는다네.[319]

宰省俱臨後　府官同訪初
杯盤眞錯落　情興儘容與
自訝纏錢鶴　誰歌彈鋏魚
醉來聊就枕　不復夢華胥

12-33-054 부추[320]가 왕경으로 돌아가다
12-33-054 副樞歸京

시골집을 구하여[321] 내가 돌아오기를 기다리다가

뜻을 말할 때에, 揚州刺史・富者・神仙이 되기를 바라는 사람들의 이야기를 들은 어떤 이가 허리에 돈 십만 관을 묶고, 학을 타고 양주로 올라가겠다고 하여 세 사람의 욕망을 겸하겠다고 하였다.

318) 彈鋏魚는 칼을 튕기며 밥상에 물고기가 없음을 노래하는 것으로『戰國策』「齊策」에 나오는 馮驩(諼)의 馮驩(生)彈鋏 고사에서 유래하여, 곤궁한 처지에 있으면서도 바라는 것을 얻으려고 하거나 권세가에게 기식함을 비유한다. 제나라의 풍환은 빈궁하고 곤핍하여 스스로 살 수가 없어서 맹상군의 문하에서 기식하게 되었는데, 맹상군이 무엇을 좋아하는지와 무엇을 할 수 있는지를 물으니 좋아하는 것도 할 수 있는 것도 없다고 하니, 좌우에서는 그를 채식으로 대접하였다. 얼마 뒤에 그 칼을 두드리면서 노래하기를, "장검아 돌아가자, 음식에 물고기가 없구나."라고 하니 맹상군이 물고기를 먹게 하였고, "장검아 돌아가자, 출타함에 수레가 없구나."라고 하니 맹상군이 수레를 주었으며, "장검아 돌아가자, 집을 위할 길이 없구나."라고 하니 맹상군이 그에게 노모가 있음을 알고 식용할 것을 주어 궁핍하지 않게 하니 다시는 노래하지 않았다고 한다.

319) 華胥夢은 낮잠을 자던 黃帝가 꿈속에 華胥氏[伏羲氏의 모친]의 나라에 갔다는『列子』「黃帝」의 고사에서 유래하여, 안락하고 화평한 이상향이나 夢境을 비유한다.

320) 副樞는 고려시대에 中樞院의 副使를 이르는 말인데, 여기에서는 목은의 장남 種德을 가리킨다.

왕경으로 돌아가서 또 집에서 모친[322]을 뵈려고 하네.
겨울을 보내자면 아내[323]가 없으면 안 될 텐데
자애로움과 효성이 함께 넉넉함은 세상에서 드물다네.

占得村家待我歸　　還京又欲覲庭闈
過冬不可無中饋　　慈孝俱豐世所稀

12-33-055 궐정[324]에 나아가서 문안드리고[325] 돌아오다
12-33-055 赴闕庭 起居而歸

바람이 흰 머리에 불어오니 참으로 처량한데[326]
야인의 흥취와 시인의 정감이 모두 넉넉하네.
궁궐에 나아가서 문안드림은 신하의 예절이거니와
남들은 긴 옷자락을 끈다고[327] 응당 비웃으리.

風吹白髮政蕭疏　　野興詩情摠有餘
赴闕起居臣子禮　　傍人應笑曳長裾

12-33-056 화산군[328]을 찾아갔다가 만나지 못하고 돌아오다

321) 占得은 차지하여 얻는 것이다.
322) 庭闈는 어버이가 계신 곳이다.
323) 中饋는 집안의 음식을 마련한다는 뜻으로 아내를 가리킨다.
324) 闕庭(廷)은 궁궐의 뜰이다.
325) 起居는 擧動·問安이다.
326) 蕭疎는 寂寞·凄凉이다.
327) 曳裾는 曳裾王門의 준말로 왕후의 문전에 옷자락을 땅에 끌면서 찾아다님을 뜻하는데, 王侯나 權貴의 문하에 食客을 있음을 비유하며, 『漢書』〈鄒陽傳〉에 나오는 "고루한 마음을 꾸미려고 하면, 어떤 王侯의 문엔들 긴 옷자락을 끌고 다닐 수 없으리요?(飾固陋之心 則何王之門不可曳長裾乎)"라는 구절에서 유래한다.

12-33-056 訪花山君 不遇而歸

양주(楊州)의 강 가에는 얕은 산이 환한데
사방을 둘러보면 아득히 지세가 평평하네.
한 필 말을 타고 출유함은 이제부터 시작인데
문에서 대답하는 이는 또 나의 문생(門生)[329]이네.
하늘이 나직한 해장전(海藏殿)[330]에서는 부모님을 그려 눈물짓고
햇빛이 비치는 교궁(郊宮)[331]에서는 임금님을 사랑하는 정에 젖네.
늘그막[332]에 함께 노는 것을 전혀 싫어하지 않으시는데
하물며 이제 낭묘[333]에서 기영(耆英)[334]을 존중하였음에랴?

楊州江上淺山明　　四顧茫茫面勢平
匹馬出游從此始　　應門還是我門生
天低海藏思親淚　　日照郊宮愛主情
危境同游殊不惡　　況今廊廟重耆英

---

328) 花山君은 權適(1307~?)의 封號이다. 吉昌府院君 準의 아들로 『高麗史』「世家」에서 忠肅王 17년(1330)에 判事, 忠穆王 즉위년(1344)에 判密直司使, 恭愍王 8년(1359)에 贊成事, 恭愍王 14년(1365)에 僉議贊成事를 지낸 것이 확인되고, 처음에 花山君에 봉해졌다가 다시 吉昌君에 봉해졌으며, 恭愍王이 權瑨 등에게 시해되자 從孫인 瑨과 가깝다고 하여 權鏞·權鎬 등과 함께 遠州에 유배되었고, 謚號는 原靖이다.

329) 門生은 門生은 과거에 급제한 사람들이 考試官에 대하여 자신을 일컫거나, 그 고시관 아래 급제한 사람을 가리키는 말인데, 여기에서는 權近을 가리키는 듯하다.

330) 海藏은 큰 바다의 용궁에 있다는 보물로 불경을 비유하는데, 여기에서는 절의 이름인 듯하다.

331) 郊宮은 임금이 犧牲을 잡아 하늘과 땅에 제사를 올리는 곳이다.

332) 危境은 늘그막, 老境이다.

333) 廊廟는 나라의 정치를 맡은 궁전으로 正殿 혹은 廟堂이라 한다.

334) 耆英은 나이가 많고 덕이 큰 사람을 부르는 말이다.

12-33-057 느낌이 있어(3수)
12-33-057 有感

태평한 시절이라 수많은 집을 새로 짓는데
백악(柏岳)[335]의 맑은 풍광이 푸른 하늘을 비추네.
병든 신하는 한 가지 일도 없음을 스스로 다행스러워 하기에
붓을 잡아[336] 연세 많은 분[337]을 칭송하기를 좋아한다네.

萬家新起大平煙　　柏岳晴光照碧天
自幸病臣無一事　　好將鉛槧頌高年

성대한[338] 상서로운 기운이 오색의 구름[339]에 둘러싸여 있는데
궁전 위에서 탕왕(湯王)의 그물을 걷으니[340] 한낮이 가깝다네.
다만 중원(中原)과 왕래가 적음을 한탄하는데
우리 조정은 바야흐로 중흥(中興)의 시절을 맞이하였네.

鬱葱佳氣擁非煙　　殿上開湯近午天
獨恨中原來往少　　我朝方值中興年

---

335) 柏岳은 北嶽山을 가리킨다.
336) 鉛槧은 옛날에 글을 쓰는 데 필요한 공구로서 납가루로 된 필기구와 나무판자로서 붓과 종이를 비유하며, 寫作・校勘・文章・典籍 등을 의미하기도 한다.
337) 高年은 나이가 많음, 늙은이이다.
338) 鬱葱은 기운이 성한 모양이다.
339) 非煙은 경사스러운 구름, 오색의 상서로운 구름으로 『史記』「天官書」의 "연기 같으면서도 연기가 아니고, 구름 같으면서도 구름이 아닌데 문채가 나면서 어지럽다.(若煙非煙 若雲非雲 郁郁紛紛)"라는 대목에서 유래한 말이다.
340) 開湯은 開湯網의 준말로 湯王이 어떤 사람이 그물을 사방에 치고 새를 잡는 것을 보고 삼면의 그물을 걷고 한 쪽만 치고서 새를 잡도록 한 데에서 유래하여 군왕의 刑政이 관대함을 비유한다.

조의(朝衣)[341]가 몇 번이나 임금님 향로의 연기에 물들었던가?
구차스럽게도 불린 돌로 하늘을 기우려고[342] 하였다네.
길이 부끄러워하노라, 정호(鼎湖)[343]의 용은 이미 떠났는데도
홀로 외로운 그림자를 끌고 남은 생애를 보내고 있음을.

朝衣幾染御爐煙　　鍊石區區欲補天
永愧鼎湖龍已去　　獨携孤影送餘年

12-33-058 서쪽 이웃이 숙직하러 나갔다가 집에 돌아왔다는 말을 듣다
12-33-058 聞西隣出直而歸家

궁중에서 여러 날 숙직하느라고[344] 긴 밤이 괴로우셨을 테니
충의(忠義)가 푸른 하늘[345]을 꿰뚫으려고 하네.
돌아와서 또 겨울을 대비할 계책을 내시는데
머리 위의 광음(光陰)[346]은 나는 새처럼 바쁘네.
군읍(郡邑)은 그득한 봉화로 시드는데[347]
국가는 성대한 기강으로 한가하다네.

---

341) 朝衣는 朝衫・朝服이라고도 하며, 관리의 예복에서 가장 화려한 正裝으로서 국가 경축일・설날・동지 등의 朝賀와 勅使의 迎接・進表 등의 의식에서 행사복으로 착용했다.

342) 鍊石補天은 女媧氏가 오색의 돌을 불려 푸른 하늘을 기운 것으로 힘을 다해 무너진 형세를 만회하거나 결점을 보완하는 것을 비유한다.

343) 鼎湖는 河南省 閿鄉縣의 荊山 밑에 있는 지명으로 옛날에 黃帝가 솥을 주조하자 용이 나타나 群臣・後宮 70여인과 함께 태우고 하늘로 올라간 곳인 데서 생긴 이름이며, 제왕・제왕의 죽음을 비유한다. 여기에서는 恭愍王의 죽음을 나타낸다.

344) 傫直은 관리가 官府에서 連日 宿直하는 것이다.

345) 蒼蒼은 푸른 하늘이다.

346) 光陰은 빛과 그림자, 해와 달로 세월을 비유한다.

347) 彫(凋)零은 零落, 凋落이다.

참으로 왕사(王事)[348]에 이바지하려고 힘쓰는 때를 만났으니
응당 홀로 물러나 숨은 이웃집 늙은이를 비웃으리라.

傫直宮中苦夜長　　欲將忠義徹蒼蒼
歸來又出禦冬策　　頭上光陰飛鳥忙
郡邑彫零烽燧遍　　國家閑暇紀綱張
政當努力供王事　　應笑隣翁獨退藏

12-33-059 여러 가지 흥취. 3수
12-33-059 雜興 三首

밭둑 사이의 물로 쌀을 일고
울타리 옆의 산에서 땔나무를 가져오네.
집이 가난해도 마음은 절로 즐거운데
병으로 물러나니 자취는 여전히 한가롭네.
고을의 수령은 간혹 음식을 보내어 위문하고[349]
이웃 늙은이는 때때로 왔다가 돌아가네.
느긋하게 열흘[350]을 보내니
호탕한 기운이 얼굴에 떠오르려고 하네.

淘米田間水　　搬柴籬畔山
居貧心自樂　　病退跡仍閑
邑宰或饋問　　隣翁時往還
悠悠度旬浹　　豪氣欲浮顏

348) 王事는 임금을 위하여 실천하는 나라의 일이다.
349) 饋問은 먹을 것을 보내는 것이다.
350) 旬浹은 열흘이다.

눈길을 다하여[351] 도성[352]을 바라보고
몸을 굽혀서[353] 궐정(闕庭)[354]에서 종종걸음을 치네.[355]
돌아오면서 황각(黃閣)[356]에 배알하고
물러나 드러누워서 금경(金經)[357]을 보네.
오래 성색(聲色)[358]을 잊고 있노라니
참으로 성령(性靈)[359]을 기를 수 있네.
때때로 문을 나와서 바라보니
하늘 끝에 몇 산봉우리가 푸르네.

縱目覽京邑　　鞠躬趨闕庭
歸來謁黃閣　　退臥閱金經
久已忘聲色　　眞堪養性靈
時時出門望　　天際數峯靑

둘러싼 모습[360]이 뜻이 있는 듯한데
마을의 집에서는 아침저녁으로 연기가 이네.
처마 곁에 엉기어 떠나지 않더니
벽을 뚫고 교묘하게 함께 오르네.
기운이 울적하니 마음은 불과 같고

351) 縱目은 눈길을 다하여 멀리 바라보는 것이다.
352) 京邑은 京師와 같은 말로 임금의 궁궐이 있는 곳이다.
353) 鞠躬은 몸을 굽힘이다.
354) 闕庭(廷)은 朝廷, 또는 京城을 가리킨다.
355) 趨는 종종걸음으로 걷는 것이다.
356) 黃閣(閤)은 宰相의 官署이다.
357) 金經은 귀중한 경전이다.
358) 聲色은 아름다운 말소리와 안색, 또는 음란한 음악과 女色이다.
359) 性靈은 정신·사상·정감 등 내면세계를 汎稱하는 말이지만, 여기서는 性情과 같은 뜻으로 쓴 것이다.
360) 繚繞는 오락가락하며 서성임, 둘러쌈, 옷소매가 날리는 모양이다.

눈동자가 어둑하니 눈물은 샘처럼 솟네.[361]
어찌하면 부엌을 멀리하고
신선처럼 태양의 정기를 마실까?[362]

繚繞似有意　　村家朝暮煙
傍簷凝不去　　透壁巧相緣
氣鬱心如火　　眸昏淚迸泉
何當遠廚竈　　嚥日似神仙

12-33-060 우연히 짓다
12-33-060 偶題

밝을 때에 두 그릇의 멥쌀밥을 먹고
어둑해지자 한바탕 잠을 자네.
분명한 저것[363]이 무슨 물건인가?
종잡을 수 없어서[364] 저 하늘을 부르네.

明銷兩粳飯　　暗爍一場眠
了了是何物　　悠悠呼彼天

12-33-061 새벽에 일어나니 가랑비가 내리다
12-33-061 晨興有微雨

361) 迸泉은 솟아오르는 샘물이다.
362) 嚥日은 수양법의 하나로 태양의 정기를 흡입하는 것인데, 여기에서는 龜嚥을 가리킨다. 龜嚥은 거북처럼 호흡을 調節하고 음식을 먹지 않음으로써 장생을 꾀하는 것을 이른다.
363) 了了는 사리를 분명히 아는 것, 분명한 것이다.
364) 悠悠는 종잡을 수 없는 모양이다.

저녁비가 처량하게[365] 옷을 적시려 하더니
산의 빛과 들판의 색깔이 모두 어렴풋해지네.
미리 새는 지붕을 근심하여 늘 우산을 받치고[366]
앉아서 외로운 마을을 마주하며 반쯤 사립문을 닫네.
형세는 고기 얻기를 생각하는 굶주린 매와 같은데
몸은 굴레를 견디지 못하는[367] 늙은 말과 같네.
어느 때에나 가서 푸른 도롱이[368]와 녹색 삿갓을[369] 차리랴?
머나먼 서쪽 변새로 흰 새가 날아가네.

晩雨蕭疎欲濕衣　　山光野色共熹微
預愁破屋常持傘　　坐對孤村半掩扉
勢似飢鷹思得肉　　身如老馬不任鞿
綠蓑靑蒻何時去　　西塞遙遙白鳥飛

12-33-062 밥을 먹고 앉아서 졸다가 깨어나서 짓다(2수)
12-33-062 食罷坐睡 覺而有作

아침에 흰 쌀밥을 또 배부르게 먹고[370]
시골의 정취가 유장하기에 다만 읊조리기만 하네.
시구를 지어도 끝내 청고(淸苦)[371]한 음률은 아닌데

---

365) 蕭疎는 寂寞·凄凉이다.
366) 이 구절은 蘇軾의 시 〈次韻朱光庭喜雨〉(『蘇東坡詩集』 권27)의 頸聯 "지붕이 새니 늘 우산을 받치고, 땔나무가 없으니 거문고를 태우려 하네.(破屋常持傘 無薪欲爨琴)"라는 표현을 차용한 것이다.
367) 不任은 견디지 못함이다.
368) 綠蓑는 어부가 걸치는 푸른 도롱이이다.
369) 靑蒻(篛·箬)은 푸른 댓잎으로 만든 삿갓이다.
370) 撑腸은 배부르게 먹는 것이다.
371) 淸苦는 청렴하게 곤궁을 견디어 내는 것이다.

담장에 기대어 또 낮잠[372]의 세계로 들어가네.
가랑비는 실실이 산색을 보내고
한가로운 구름은 조각조각 햇빛을 희롱하네.
꿈에서 깨고 나니 안계가 맑아짐을 가장 기뻐하는데
양주(楊州)의 강 북쪽에는 시골의 농막이 자그마하다네.

朝來白飯又撐腸　　只管吟哦野興長
得句竟非淸苦律　　倚墻還入黑甛鄕
絲絲小雨添山色　　片片閑雲弄日光
最喜夢廻淸眼界　　楊州江北小村庄

태평시대의 풍월은 사신(詞臣)[373]에게 맡겨지는데
무슨 죄로 홀로 나는 때를 얻지 못하는가?[374]
중원(中原)에 길이 막히니 절서(節序)[375]에 어둡고
동해(東海)에는 배가 오가지만 연진(煙塵)[376]이 캄캄하네.
노나라의 송[377]을 진술하려고 해도 다만 망령됨으로 돌아가는데
어찌 제(齊)나라의 피리[378]가 진짜와 섞이기를 또한 바라리요?

---

372) 黑甛은 낮잠을 뜻하는 북방의 俗語이다. 『詩人玉屑』「造語」〈點石化金〉에서는 남쪽 사람들은 술을 마시는 것을 軟飽라고 하고 북쪽 사람들은 낮잠을 자는 것을 黑甛이라고 한다고 하고, 蘇軾의 〈發廣州〉의 "석 잔의 술을 마신 뒤에, 한 번 낮잠을 잤네.(三杯軟飽後 一枕黑甛餘)"라는 구절을 인용하였다.

373) 詞臣은 문장으로 侍從하는 신하이다.

374) 不辰은 때를 얻지 못함이다. 『詩經』「大雅」〈桑柔〉에 "나는 태어남이 때를 만나지 못하여, 하늘의 심한 노여움을 만났네.(我生不辰 逢天僤怒)"라는 대목이 있다.

375) 節序는 節氣, 또는 절기의 순서이다.

376) 煙塵은 전쟁터에서 일어나는 연기와 먼지로 兵亂을 뜻한다.

377) 「魯頌」은 『詩經』 三頌의 하나로 모두 4편인데, 周의 成王이 周公과 伯禽을 魯에 봉하고, 周公이 왕실에 큰 공덕이 있다고 하여 제후국인데도 頌을 짓게 한 것이다.

378) 齊竽는 제나라의 피리라는 뜻으로 배우지 않아 기술이 없는 사람을 비유하는데,

흥취가 일면 문득 읊고 나면 곧 그만두거니와
헐뜯는 비평[379]은 뒷사람에게 맡기려네.

大平風月屬詞臣　何罪吾生獨不辰
路梗中原迷節序　舶交東海暗煙塵
欲陳魯頌徒歸妄　豈願齊竽復混眞
有興便吟吟便輟　譏評付與後來人

12-33-063 또 절구 1수를 짓다
12-33-063 又題一絶

처마 사이의 짧은 해그림자[380]가 시각을 좇아 움직이는데
문 밖의 바람은 싸늘하게 땅에 불어 휩쓰네.
꿈에 주공(周公)을 뵌 것[381]을 크게 다행스러워하거니와
중니(仲尼)께서는 당시에 자신의 쇠약함을 탄식하셨네.

簷間短景逐時移　門外風寒卷地吹
夢見周公眞大幸　仲尼當日嘆吾衰

『韓非子』「內儲說 上」의 다음 고사에서 유래한다. 齊나라의 宣王이 사람들에게 반드시 삼백 명이 함께 피리를 불게 했다. 南郭處士가 왕을 위하여 피리를 불기를 청하자, 宣王이 기뻐하면서 수백 명에게 먹을 것을 주었다. 宣王이 죽고 湣王이 즉위하여 한 사람 한 사람씩 듣기를 좋아하자, 處士는 달아났다.

379) 譏評은 헐뜯어 비난하는 것으로 惡評이다.

380) 短景은 해그림자가 짧은 것으로 길지 않은 낮이나 시일이 많지 않은 늘그막을 가리킨다.

381) 夢見周公은 꿈에 周公을 만나는 것으로 『論語』「述而」의 "공자께서 말씀하였다. '심히도 내가 노쇠하였구나. 오랫동안 나는 주공을 꿈에 보지 못하였다.'(子曰 甚矣 吾衰也 久矣 吾不復夢見周公)"라는 대목을 마음에 둔 표현이다.

12-33-064 자은사[382]의 도당[383]에 느낌이 있어
12-33-064 有感慈恩都堂

서쪽으로 우세군(祐世君)[384]을 찾고자 하는데
숨기에 좋은 바위골짜기는 찬 구름에 갇혀 있다네.
털수건과 실로 짠 신발 차림의 스님을 괴롭히겠지만
다만 가득한 잔[385]으로 매우 권함을 두려워한다네.

有意西尋祐世君　　藏宜岩壑鎖寒雲
氀巾絲履從師費　　只怕深杯勸十分

12-33-065 궁궐에 나아가서 문안드리고[386] 돌아오다(3수)
12-33-065 赴闕起居而歸

조회를 정지한다는 왕지가 내려지자 백관이 흩어지니
싸늘한 날에 궁궐의 뜰은 고요하네.
술을 하사하신 은혜를 입으니 홀로 매우 감격하면서도
다만 허리가 시려서 두 번 절하기가 어렵다네.

有旨停朝散百官　　宮庭寂寂午天寒
獨蒙賜酒心多感　　只是腰酸再拜難

382) 慈恩寺는 開京의 高麗洞에 있던 고려 시대 법상종 계통의 사찰이다.
383) 都堂은 堂頭와 같은 말로 禪寺의 우두머리, 곧 주지를 가리킨다.
384) 祐世君은 慈恩宗의 禪僧 宗林의 封號로 法號는 法泉이다.
385) 深杯는 채운 잔[滿杯]이다.
386) 起居는 擧動・問安이다.

비루한 사내는 병이 많아 이미 벼슬을 그만두었는데
추운 날씨를 겁내면서도 먼지 속을 달림을 부끄러워하네.
머리 위에는 안배[387]하시는 노련한 하늘이 있으니
나의 삶을 스스로 결단하기 어려움을 밝게 아시리.

鄙夫多病已休官　　　愧底趨塵怯歲寒
頭上安排老天在　　　明知自斷此生難

쇠잔한 목숨을 보존하고 기름을 조정[388]에 기대는데
해진 갖옷으로도 오히려 겨울추위를 막을 수 있으리.
사람을 만나면 부질없이 전원으로 돌아가는 즐거움을 말하지만
임금님을 그리워하느라고 갈 길의 어려움을 알지 못한다네.

保養殘生托縣官　　　弊裘猶足禦冬寒
逢人謾說歸田樂　　　戀主不知行路難

12-33-066 어제 박판서 계장[389]이 세상을 떠났다[390]는 소식을 듣고 새벽에 만사를 짓다
12-33-066 昨聞朴判書契長卽世 曉作挽詞

늙으신 초은(樵隱)[391] 문하(門下)에서 제삼인으로 급제하고
집안의 가르침에 훈도(熏陶)되어 정취[392]가 순일(純一)하였네.

387) 按排는 지혜를 짜내고 공력을 들임, 마음과 힘을 써서 이리저리 짜 맞춤이다.
388) 縣官은 朝廷·官部이다.
389) 契長(丈)은 계의 우두머리, 또는 동년배 사이에서 상대방을 높여 부르는 말이다.
390) 卽世는 사람이 죽어서 세상을 떠남이다.
391) 老樵는 樵隱 李仁復(1308~1374)을 높여서 부르는 말이다.
392) 氣味는 情趣의 뜻이다.

갑자(甲子)가 금방 바뀌자[393] 말자 숨을 거두니[394]
무진생(戊辰生)[395]은 뒤에 있으면서 홀로 수건을 적시네.
금거북을 풀어서 술을 바꾼[396] 정은 아직 두터운데
초에 눈금을 그어놓고 시를 지은[397] 자취는 이미 오래 되었다네.
곧장 하룻밤 내내 잠이 편안하지 못하거늘
〈해로가(薤露歌)〉[398]야 어찌 정신을 가질 수 있게 하랴?

老樵門下第三人　　家敎熏陶氣味醇
甲子更端俄屬纊　　戊辰居後獨霑巾
解龜換酒情猶渥　　刻燭題詩迹已陳
直得一宵眠不穩　　薤歌焉得有精神

12-33-067 즉석에서 짓다. 2수
12-33-067 卽事二首

앓은 뒤에 사는 곳을 안락와(安樂窩)[399]로 정하였는데

---

393) 更端은 글을 써 나가다가 줄이 끝나기 전에 새 줄을 잡아 쓰는 일인데, 여기에서는 甲子가 한 번 바뀜을 가리킨다.
394) 屬纊은 臨終 무렵에 고운 솜을 코나 입에 대어 보는 것으로 臨終을 가리킨다.
395) 戊辰年은 1328년으로 李穡의 生年이다.
396) 解龜換酒는 금거북을 풀어서 술과 바꾼다는 뜻인데 李白의 시 〈對酒憶賀監〉의 서문에 나오는 "태자빈객 하공은 장안의 자극궁에서 한 번 나를 보고는 나를 謫仙人이라고 부르면서, 금거북을 풀어서 술과 바꾸어 즐겼다.(太子賓客公 於長安紫極宮一見余 呼余為謫仙人 因解金龜換酒為樂)"라는 대목을 변용한 것이다.
397) 刻燭題詩는 초에 눈금을 그어놓고 시를 짓게 하여 그곳까지 타기 전에 지은 작품으로 우열을 정하던 詩作競爭의 慣行으로 刻燭賦詩라고도 한다.
398) 〈薤露歌〉는 樂府 相和曲의 이름으로 고대의 挽歌나 喪歌이다. 戰國時代 楚나라 屈原의 〈對楚王問〉에 그 이름이 보이고, 晋 崔豹의 『古今注』에 〈蒿里〉와 함께 喪歌의 하나로 실려 있다.
399) 安樂窩는 편안하고 즐거운 거처라는 뜻으로 北宋의 성리학자 邵雍의 거실 이름이지만, 여기에서는 시인 자신의 집을 가리킨다.

기력이 쇠약해져서 기르기 어려우니 어찌하고자 하는가?
문을 나서면 푸른 산빛이 눈에 가득한데
허공 바깥에는 새 한 쌍이 날아가네.

病後卜居安樂窩　　氣衰難養欲如何
出門滿眼靑山色　　空外一雙飛鳥過

밥 먹은 뒤의 낮잠[400]에 기운이 조금 평온해지는데
주인의 집에서는 낮닭 울음소리가 들리네.
붓을 뽑아 새로 지은 시를 지워버리고자 하노라니
또 서쪽창에 밝은 저녁햇살이 보이네.

攤飯眠來氣稍平　　主人家有午雞聲
抽毫欲掃新詩出　　又見西牕夕照明

12-33-068 씩씩한 종[401] *내석이다
12-33-068 豪奴 *內石也

굳세고 영리하던 종이 이제는 이미 늙어서 일을 할 수가 없는데
타향에서 떠돌며 사느라고 팔월의 파리[402]와 같았다네.

---

400) 攤飯은 식후에 자리를 펴는 것으로 낮잠을 가리킨다. 宋나라 陸游가 지은 〈春晚村居雜賦〉의 제5·6구의 "항아리에서 거품이 뜬 술을 가득 채워 글에 물을 대고, 침상에서 나비꿈을 꾸며 비스듬히 자려고 식후에 자리를 펴네.(澆書滿挹浮蛆瓮 攤飯橫眠夢蝶牀)"라는 연에 대하여, 스스로 주를 달아 "동파 선생은 새벽에 술을 마시는 것을 澆書라 하였고, 이황문은 낮잠을 攤飯이라고 하였다.(東坡先生謂晨飮爲澆書 李黃門謂午睡爲攤飯)"라고 한 데서 유래한다.

401) 豪奴는 强奴와 같은 말로 굳세고 영리한 종이다.

402) 八月蠅은 十月蠅과 같은 말로 추위를 만나 날 수 없는 사람을 비유하는데, 『朝野僉載』의 다음 고사에서 유래한다. 蘇味道와 王方慶이 함께 鳳閣侍郎이 되자, 어

어려움[403]을 호소하거늘 어찌 차마 들으랴?
짧은 처마에 비낀 햇살 속으로 아마 날아오르리.

豪奴今已老無能　　流寓他鄉八月蠅
告訴艱難那忍聽　　短簷斜日或飛騰

12-33-069 유염사가 술과 종이와 방석을 보내다
12-33-069 柳廉使惠酒紙席

방석은 나의 자리를 따뜻하게 하고
술은 나의 회포를 느긋해지게 하네.
종이는 작은 창을 밝혀서
내가 생나무처럼 굽고 꺾인 글씨[404]나마 쓰게 하네.
쓸 뜻은 절로 생기지만
또한 청재(淸齋)[405]에 바침이 좋으리.
사람의 삶에서 은혜와 사랑을 소중하게 여기면
세상의 도리가 어그러지지[406] 않으리.
내가 어찌 가난을 편하게 여긴다고 감히 말하랴?

떤 이가 張元一에게 두 사람 중 누가 나으냐고 물었더니, 원일이 "소는 구월에 서리를 만난 매와 같고, 왕은 시월에 언 파리와 같다.(蘇如九月得霜鷹 王如十月蠅被凍)"라고 하였다.

403) 艱難은 困苦·困難이다.

404) 屈折生柴는 글씨가 생나무처럼 굽고 꺾인 것으로 서툰 글씨를 가리키며, 元의 학자 虞集의 『道園學古録』에 수록된 吳나라 傅朋의 書法에 나오는 "노하여 힘줄과 핏줄을 뻗쳐서 생나무처럼 굽고 꺾인 글씨를 쓰는 모습(怒張筋脉 屈折生柴之態)"에서 연유하는데, "깊고 평온하며 단정하고 윤택한 글씨(深穩端潤)"에 상대되는 말이다.

405) 淸齋는 祭祀나 典禮를 행하기 전에 몸을 깨끗이 하고 마음을 고요하게 하여 誠意와 尊敬을 표시함이다.

406) 乖崖는 도리에 어긋남이다.

구차하게 얻음은 내가 배척하는 바라네.
다만 바라건대 풍속이 아름답게 되어
왕업이 회하(淮河)[407] 같이 됨이네.
만약 구조(耇造)[408]의 은덕을 내리신다면
봉황의 화락한 울음소리[409]를 들으리.[410]

席以煖我坐	酒以寬我懷
紙以明小窓	屈折吾生柴
用意自有在	亦足供淸齋
人生重恩愛	世道無乖崖
安貧吾豈敢	苟得吾所排
但願風俗美	王業如長淮
耇造德或降	鳳鳥聞喈喈

12-33-070 서쪽 이웃의 조판사가 아자길[411]을 가지고 왔는데, 천길이라고 부른다고 하다
12-33-070 西隣趙判事以阿剌吉來 名天吉

술 속의 날카로운 기운은 형체에 기대지 않거니와[412]

---

407) 長淮는 淮河의 별칭이다.
408) 耇造는 나이가 많은 사람, 老成한 사람이다.
409) 喈喈는 鳳凰이 우는 소리이다.
410) 이 연은『書經』「君奭」에서 周公이 召公에게 말한 "(하늘이 그대와 같은) 耇造의 恩德을 내리지 않으신다면, 우리는 봉황의 울음소리를 듣지 못하리.(耇造德不降 我則鳴鳥不聞)"라는 대목을 변용한 것이다.
411) 阿剌吉은 燒酒의 별칭으로 李時珍의『本草綱目』에 의하면 火酒를 阿剌吉酒라고 하는데, 元나라 때 그 주조법이 시작되었다고 한다.
412) 不依形은 형체에 기대지 않음을 뜻하는데, 蘇軾의 〈潮州韓文公墓碑〉에 浩然之氣를 만나면 고귀함·부강함·지혜로움·구변이 빛을 잃게 된다면서 그 까닭이

폭 내린[413] 가을 이슬처럼 밤이 되면 떨어지네.
늙은 청주종사(靑州從事)[414]가 웃을 만하거니와
오히려 위로 천성(天星)[415]에 상응한다고 하네.
연명(淵明)[416]이 만약 본다면 응당 깊이 탄복할 테지만
정칙(正則)[417]과 서로 만나면 어찌 홀로 깨어 있으랴?
반잔을 억지로 마시니 훈기가 뼈 속에 이르기에
표범가죽 깔개 위에서 금빛병풍에 기대어 있네.

酒中英氣不依形　　秋露溥溥入夜零
可笑靑州老從事　　猶誇上應在天星
淵明若見應深服　　正則相逢肯獨醒
强吸半杯熏到骨　　豹皮茵上倚金屛

12-33-071 일을 기록하다. 3수
12-33-071 紀事三首

"그것은 반드시 형체에 기대지 않고도 설 수 있기 때문이다.(其必有不依形而立)" 라고 한 데서 유래한다.

413) 溥溥은 이슬이 많이 내린 모양이다.

414) 靑州從事는 좋은 술을 가리킨다. 『世說新語』「術解」의 "桓公에게 술을 잘 가리는 主簿가 있어서 술이 있을 때마다 먼저 맛보게 하였는데, 좋은 것은 靑州從事라 했고, 나쁜 것은 平原督郵라 했다.(桓公有主簿 善別酒 有酒輒令先嘗 好者謂靑州從事 惡者謂平原督郵)"라는 데서 연유한 말이다.

415) 天星은 하늘의 별인데, 여기에서는 酒星을 가리킨다. 李白의 시 〈月下獨酌四首〉 중 제2수에 "하늘이 만약 술을 사랑하지 않았다면, 酒星이 하늘에 없었으리. 땅이 만약 술을 사랑하지 않았다면, 땅에는 응당 酒泉이 없었으리.(天若不愛酒 酒星不在天 地若不愛酒 地應無酒泉)"라는 대목이 있다.

416) 淵明은 東晉 말의 시인 陶潛(365~427)의 字이다.

417) 正則은 戰國時代 楚나라의 대부 屈原의 字이다. 『楚辭』 〈離騷〉에 "나를 이름하여 正則이라 하고, 자는 靈均이라고 하셨네.(名余曰正則 字余曰靈均)"라는 대목이 있다.

토끼띠 아들[418]은 가족을 가는 배에 맡겼더니
바람이 빠른 서강(西江)[419]에서 경쾌하게 물결을 거슬러 오르리.
다만 용산(龍山)[420]에 막혀서 오지 못하기에
차가운 날씨에 밤이 새도록 근심이 몰래 생기네.

兎郎家口寄行舟　　風急西江快遡流
只隔龍山來不得　　天寒一夜暗生愁

음식을 장만하기[421]가 어렵기에 늙은 아내에게 부끄러운데
좌소(左蘇)[422]로 남행[423]하실 때에도 또한 손을 잡아 이끌었다네.
이번에 또 서로 짝하여 오려고 하였는데[424]

---

418) 兎郎은 토끼띠인 卯年에 태어난 아들을 가리킨 것으로 辛卯生(1351)으로 보이는 長男 種德을 가리킨 듯하다. 蘇軾은 己卯生(1039)인 아우 轍(1039~1112)을 卯君이라고 한 점과 〈12-33-084 初八日 冬至也 韓淸城送豆粥幷蜜 副樞繼持至 府尹又送來〉에서 종덕을 가리키는 "더욱이 토끼띠 아들의 예쁜 며느리가 올린 음식을 맛보았으니(更啜兎郎佳婦饋)"라는 구절에서 알 수 있으며, 몰년(1388)만 알 수 있고 생년을 알 수 없었던 종덕의 생년을 짐작케 하는 단서이다. 소식은 〈出局偶書〉(『東坡詩集註』 권7)의 轉結句에서 "술잔을 기울여 마실 수 없어서, 묘군이 오기를 기다리네.(傾杯不能飮 待得卯君來)"라고 하였는데, 그 주석에서 "子由가 기묘년에 태어났기 났으므로 공은 卯君이라고 불린다.(子由已卯生 故公呼為卯君)"라고 하였다.

419) 西江은 開京 서쪽에 있는 禮成江의 별칭이다.

420) 龍山은 開京의 남쪽에 있는 龍岫(首)山의 略稱이다.

421) 主饋는 가정에 음식을 주관하는 여자를 말한다.

422) 左蘇는 고려에서 新京으로 삼았던 三蘇의 하나로서 진현의 북쪽에 있는 白岳山을 가리킨다. 공민왕 9년 도읍을 남경〔한양〕으로 옮기려고 친히 이 산에 거둥하여 땅을 살펴보고, 산 남쪽에 대궐을 지었는데 당시에 사람들이 新宮이라 하였다는 기록(『新增東國輿地勝覽』 권12, 장단도호부)과, 『高麗史』 권39, 共愍王 9年〔1360〕 秋七月 乙卯朔에 "왕이 白岳에 가서 천도할 땅의 지세를 보았다. 백악은 임진현 북쪽 5리에 있다."는 기사가 있다.

423) 南幸은 임금의 幸行이다.

424) 相伴은 짝함, 짝하여 따름, 同行함이다.

다만 연기에 그을린 초가가 낮음을 염려하네.

主饋艱難愧老妻　　左蘇南幸亦提携
如今又欲來相伴　　只念煙熏草屋低

'장안(長安)[425]은 바람과 눈 때문에 모습이 처참한데
오로지 남경(南京)[426]에는 꽃향기가 짙다네.'
이것은 경릉(慶陵)[427] 시대의 새 악부[428]인데
다행하게도 늙은 신하는 오늘 듣게 되었다네.

長安風雪慘愁容　　獨有南京花氣濃
此是慶陵新樂府　　老臣今日幸遭逢

12-33-072 일을 기록하다
12-33-072 紀事

늙은 아내는 내가 찬바람을 겁냄을 알고
솜 적삼을 지어서 보내니 따뜻하고 편안하네.
병든 몸이 자유롭지만 피부는 이미 주름지고

---

425) 長安은 중국 西安市 지역에 있었던 고을 이름으로 漢代부터 唐代까지 흔히 首都가 되었으므로 唐代 이후 都城의 통칭으로 쓰였다. 여기에서는 開京을 가리킨다.
426) 南京은 고려시대 三京의 하나인 漢陽을 가리키는데, 文宗 21년(1067)에 처음 설치되었다가 肅宗 9년(1104)에 다시 설치되었으며, 처음에 南京留守官을 두었고 忠烈王 34년(1308)에 漢陽府로 고쳤다.
427) 慶陵은 高麗 제25代王인 忠烈王의 陵號이다.
428) 新樂府는 새로 지은 樂府로 〈南京別曲〉을 가리킨다. 『高麗史』「樂志」 俗樂條 〈楊州〉의 "남녀가 봄을 만나 놀기 좋은 시절을 서로 즐기면서 노래를 불렀다.(男女方春好遊相樂而歌也)"라는 내용으로 보아, 양주 사람들이 봄의 꽃놀이 등에서 부른 속악가사인 듯한데, 南京이 양주임을 고려하면 〈楊州〉를 가리키는 듯하다.

올해에도 또 한해가 곧 저물려고 하네.[429)]
손님과 함께 산을 바라보노라니 지팡이를 짚을 만한데
스님을 찾아 눈을 무릅쓰노라니 말안장에 걸터앉음[430)]직하네.
우리 백성들 중에 얼어 죽는 사람이 없음을 볼 수 있다면
오경(五更)[431)]에 물시계소리 기다리기[432)]가 또한 어찌 어려우랴?

老妻知我畏風寒　　縫送綿衫煥且安
病骨自由皮已皺　　今年又是歲將闌
望山與客堪扶杖　　冒雪尋僧可跨鞍
得見吾民無凍者　　五更待漏亦何難

12-33-073 자은사의 도당을 장의사[433)]로 찾아가서 앞의 운을 사용하다

12-33-073 訪慈恩都堂于藏宜寺 用前韻

동쪽마을에서 기식(寄食)함은 임금을 아끼기 때문이요
서쪽고개로 승려를 찾으려고 또 구름을 뚫는다네.
세상의 인연과 도의 맛[434)]이 하나로 귀일하는 곳인데

---

429) 歲闌은 歲暮, 즉 한해가 저무는 때이다.
430) 跨鞍은 말안장에 걸터앉는 것으로 말 타는 것을 가리킨다.
431) 五更은 오전 세 시부터 다섯 시 사이의 시간으로 五夜라고도 한다.
432) 待漏는 물시계가 울림을 기다리는 것으로 백관이 아침 일찍 출근하여 參朝하는 시각까지 기다림이다. 五更待漏는 蘇軾의 시 〈薄薄酒〉에 나오는 "오경에 물시계 소리를 기다리느라 신발에 서리가 가득한 것은, 三伏에 해가 높이 솟을 때까지 서늘한 북쪽 창가에서 실컷 자는 것만 못하리.(五更待漏靴滿霜 不如三伏日高睡足北窓凉)"라는 대목에서 인용한 것이다.
433) 藏宜寺는 漢陽 彰義門 밖 즉 종로구 신영동에 있던 절로 신라 太宗武烈王 때 창건되었으며, 藏義寺·壯義寺라고도 한다.
434) 道味는 佛道에서 教義의 참된 뜻, 세상을 초월하여 벗어나려는 뜻, 문장의 내용과 文辭의 색채를 가리킨다.

연못 속에서 달그림자가 위와 아래로 나뉘네.

寄食東村爲愛君　　尋僧西嶺更穿雲
世緣道味同歸處　　上下池中月影分

12-33-074 이시중[435]을 찾아갔다가 만나지 못하고 돌아오다
12-33-074 訪李侍中 不遇而歸

이시중(李侍中)께서 남아서 송도(松都)를 지키시다가[436]
백악(柏岳)[437]의 행궁(行宮)[438]으로 임금님을 뵈러[439] 오셨네.
병이 많은 옥당(玉堂)의 늙은이를 안타까워하나니
궁벽한 곳이라 하풍(下風)[440]에 나아갈 길이 없네.
사직(社稷)[441]은 이미 천년 만에 나타난 성군[442]에게 돌아가고
의관(衣冠)[443]들은 모두 한 시대의 영웅으로 함께 귀부(歸附)하였네.
다시 일어남에는 확실히[444] 다른 방법이 있는 게 아니라서
장상(將相)[445]이 서로 사이좋게 지내야[446] 세도가 풍성해진다네.

---

435) 侍中은 고려시대에 門下省·都僉議使司·都僉議府·門下府에 두었던 종1품 벼슬로 시중만을 두거나 시중·수시중, 좌시중·우시중 체제로 운영되었다. 李侍中은 守侍中으로 開城留守를 겸하였던 李子松을 가리킨다.
436) 留守松都는 松都留守로서 留都侍中이었던 李子松이다.
437) 柏岳은 北嶽山을 가리킨다.
438) 行宮은 行在와 같은 말로 임금이 순행 중에 일시 머무는 곳이다.
439) 朝謁은 신하가 임금을 뵙는 것으로 朝見이라고도 한다.
440) 下風은 남의 아래에 있거나 그 영향이 미치는 처지에 있음을 겸손하게 이르는 말이다.
441) 社稷은 土地神과 穀食神인데, 옛날에 帝王이 社稷壇을 세워 이들에게 제사함으로써 국가의 안녕을 빈 데서 유래하여 국가를 뜻한다.
442) 千載聖은 천년에 한 번 나타날 만한 聖君으로 恭愍王을 가리킨다.
443) 衣冠은 文明과 禮教이다.
444) 的是는 분명함, 확실함이다.
445) 將相은 將帥와 宰相이다.

留守松都李侍中　　來朝柏岳謁行宮
自憐多病玉堂老　　僻處無由趨下風
社稷已歸千載聖　　衣冠共附一時雄
重興的是非他術　　將相交驩世道豐

12-33-075 정종지[447]가 그 아들[448] 응두를 데리고 풍성한 술과 음식을 가지고 와서 대접하고, 또 탑상을 선물로 주시다
12-33-075 鄭宗之携乃子應斗 盛酒饌來餉 且以床榻見遺

사문(斯文)[449]을 땅에 떨어뜨리지 않으려고
나의 벗이 용감하게 스승이 되었네.[450]
벼슬에서 쫓겨난[451] 지 이미 세월이 오랜데
임금과 뜻이 맞음[452]은 응당 때가 있어야 하리.
교분을 따지면 대대로 서로 두터운데
자식을 보니 예법에 어긋남이 없네.
또 진번(陳蕃)의 걸상[453]을 보내주니

---

446) 交驩은 서로 사이좋게 사귀며 즐기는 것이다.
447) 宗之는 麗末鮮初의 문신·학자인 鄭道傳(1337~1398)의 字이다. 호는 三峰이고 본관은 奉化이다. 云敬의 아들로 恭愍王 11년(1362)에 문과에 급제, 忠州司祿·通禮門祗候 등을 역임했다. 李成桂의 천거로 成均館大司成에 올라 이성계의 右翼으로 전제개혁을 단행하도록 건의하였고, 불교를 배척하고 구세력을 탄핵하여 조선건국의 기틀을 다졌다.
448) 乃子는 '그 사람의 아들'이라는 뜻이다.
449) 斯文은 儒學者들이 儒學을 부를 때 쓰는 말로 '이 學問', '이 글'이라는 뜻이다.
450) 爲師는 스승이 되었다는 뜻으로 鄭道傳이 成均館의 직책을 맡았음을 가리킨다.
451) 廢黜은 벼슬을 떼고 내침이다.
452) 遭逢은 賢臣이 明君을 만나 뜻이 맞음을 말하며 遭遇라고도 한다.
453) 陳蕃榻은 陳蕃이 매단 걸상으로 賢士를 예우함을 비유하는데, 『後漢書』〈徐穉傳〉에 군수로 있던 陳蕃이 다른 빈객은 접대하지 않으면서 徐穉에게만 특별히 매달아 놓았던 걸상을 내려서 앉도록 하였다 서치가 돌아간 뒤에는 다시 걸었다고 하는 고사에서 유래한다.

높이 걸어 두고 누구를 기다리기를 바라는가?

斯文不墜地　　吾友敢爲師
廢黜已多日　　遭逢應有時
論交世相厚　　見子禮無虧
更送陳蕃榻　　高懸欲待誰

12-33-076 어젯밤에 상당[454]공께 들렀다가 돌아와서 새벽에 읊다
12-33-076 昨夜過上黨公而歸 曉吟

하늘이 우리 무리가 풍류를 함께 하도록 하였기에
외롭게 지키는 절개로 서로 따른 지 이미 여러 해라네.
남경(南京)[455]으로 어가를 호종함을 매우 다행스럽게 여기는데
동쪽 마을에 이웃을 정하여[456] 또 고상하게 노네.
문장은 아직 한가한 속에서 빛지고 있는데
충의는 끝내 죽은 뒤에나 그치기를 바라네.
술을 얻으면 또 마땅히 촛불 잡고 놀기[457]에 힘써야 하나니
또 달리 나의 시름을 일으킬 만한 다른 일이 없다네.

天敎我輩共風流　　孤節相從已數秋

454) 上黨은 淸州의 옛 이름으로 淸州韓氏의 본관인데, 여기에서는 목은의 이웃에 사는 벗 韓脩를 가리킨다.
455) 南京은 고려시대 三京의 하나인 漢陽을 가리키는데, 文宗 21년(1067)에 처음 설치되었다가 肅宗 9년(1104)에 다시 설치되었으며, 처음에 南京留守官을 두었고 忠烈王 34년(1308)에 漢陽府로 고쳤다.
456) 卜隣은 이웃으로 택하는 것이다.
457) 秉燭은 秉燭遊, 또는 秉燭夜遊의 준말로 촛불을 잡고 논다는 뜻이다.

扈駕南京眞大幸　　卜隣東里又高游
文章尙負閑中債　　忠義終期死後休
得酒且當勤秉燭　　更無餘事惹吾愁

12-33-077 대사[458]가 두부를 구해 가지고 와서 대접하다
12-33-077 大舍求豆腐來餉

나물국에 흥미가 없어진 지 오래인데
두부는 비계를 자른 듯이 새롭네.
문득 성긴 치아에 좋음을 아는데
참으로 늙은 몸을 보양할 만하네.
농어와 순채[459]에서 월(越)나라의 나그네[460]를 생각하고
양락(羊酪)[461]에서 호(胡) 땅의 사람[462]을 상상하네.
우리나라에서는 이를 훌륭하게 여기나니
황천(皇天)[463]은 백성들을 잘 기른다네.

---

458) 大舍는 남의 맏아들이나 아들을 높여 부르는 말로 大公子・大少爺라고도 하는데, 여기에서는 시인 자신의 맏아들을 가리킨 듯하다.

459) 魚蓴은 농어와 蓴菜로 고향을 잊지 못하고 생각하는 정을 뜻하는데, 晉나라 때 張翰과 관련된 故事에서 유래한 말로 나온 말로 蓴菜鱸魚・蓴菜鱸膾라고도 한다. 『晉書』〈張翰傳〉에 의하면, 吳人 장한은 글을 잘 지어 당시 사람들이 '江東步兵'이라 불렀는데 왕성에 가서 벼슬을 하다가 나라가 어지러워지자 "나는 본래 山林間人이라, 세상에는 바랄 것이 없다."고 하면서 같은 고을 출신인 顧榮과 함께 가을 바람이 이는 것을 보자 吳中의 菰菜와 순채국과 농어회를 생각하고 "인생은 뜻에 맞게 사는 것을 귀하게 여기는데 어찌 능히 수천리나 멀리 떠나 벼슬하면서 명예와 벼슬을 구할 수 있겠는가?(人生貴得適志 何能羈宦數千里以要名爵乎)" 하고는 고향으로 돌아갔다고 한다.

460) 越客은 타향에서 나그네가 된 越나라 사람으로 흔히 고향을 떠나 객지에 사는 사람을 가리킨다.

461) 羊酪은 양젖의 굳기름으로 만든 음식이름이다.

462) 胡人은 漢族이 북쪽의 변경과 西域에 사는 이민족을 가리키는 말이다.

463) 皇天은 上帝, 造物主, 하늘이다.

菜羹無味久　　豆腐截肪新
便見宜疏齒　　眞堪養老身
魚蓴思越客　　羊酪想胡人
我土斯爲美　　皇天善育民

12-33-078 이호연[464]이 아들인 한림[465]을 데리고 술과 음식을 가지고 와서 밤에 돌아간 뒤에 읊다
12-33-078 李浩然携子翰林 以酒食來 入夜而歸 吟成

호연(浩然)의 호탕한 기운은 유림(儒林)을 덮는데
풍진에 길을 잃고[466] 곧장 오늘에 이른다네.
다만 사문(斯文)들이 있어서 은의가 남았기에
매번 편안한 때를 이야기하면 눈물이 옷깃을 적시네.
사귐을 따지면 나는 또 다른 사람에 비할 바가 아닌데
시구를 얻는 데는 누가 능히 그대와 읊조림을 함께 하랴?
소고기와 술[467]로 특별히 찾아오니 정이 더욱 소중한데
하물며 게다가 천금(千金)[468]까지 데리고 왔다네.

---

464) 浩然은 李集(1327~1388)의 字이다. 고려 말 문신으로 初名은 元齡, 號는 遁村이며, 廣州의 향리 唐의 아들이다. 恭愍王 4년(1355)에 禮部試에 급제하여 문장과 절의로 알려졌다. 辛旽 執權時에 永川으로 도망가서 숨어살다가, 辛旽 伏誅後 잠시 복직했으나 驪州 川寧縣에 내려가서 지냈다.

465) 翰林은 고려시대 翰林院·藝文館, 또는 거기에서 일하는 관료인데, 여기에서는 禑王 6년(1380년)의 禮部試에서 乙科 제2인으로 급제한, 李集의 장남 之直을 가리킨다.

466) 蹭蹬은 험한 길에 막혀서 가기 어렵거나 길을 잃는 것으로 세력을 잃는 것을 비유한다.

467) 牛酒는 소고기와 술로 옛날에 선물·犒勞〔음식으로 수고를 위로함〕·제사 등에 소용되던 물품이다.

468) 千金은 매우 귀중한 것인데, 여기에서는 천금 같은 아들〔千金之子〕을 가리킨다.

浩然豪氣蓋儒林　　蹭蹬風塵直至今
只有斯文恩義在　　每談迎日淚沾襟
論交我又非他比　　得句誰能與子吟
牛酒特過情更重　　携來況復是千金

12-33-079 어제 호연과 함께 제정[469]을 함께 찾아가기로 약속하다

12-33-079 昨與浩然 約同訪霽亭

노인[470]들은 모두 돌아가셨거늘[471]
하늘이 제정(霽亭) 한 분만은 남겨 두셨네.
풍도를 흠모함[472]은 다만 나뿐이었지만
달을 짝함[473]에는 계명성(啓明星)[474]처럼 하네.
강의 물은 비단 띠가 가로 놓인 듯하고
구름이 낀 산은 비단 병풍이 늘어선 듯하네.
서로 손잡고 평상 아래에서 배례드리면

---

469) 霽亭은 고려 말의 문신 李達衷(?~1385)의 호이다. 본관은 慶州, 자는 止中, 시호는 文靖이며, 등제하여 密直提學을 지내고 鷄林君에 봉해졌으며, 『霽亭集』을 남겼다.

470) 耆舊는 늙은이이다.

471) 彫(凋)零은 시들어 떨어지는 것으로 죽음을 비유한다.

472) 歆風은 바람을 쏘임 또는 風度를 전수받는 것으로 부모의 직접적인 훈도를 받음을 뜻한다.

473) 伴月은 달과 동반하는 것으로 長庚[저녁에 동쪽 하늘에 보이는 金星을 가리키는 말]이 달과 함께 가는 것을 가리킨다. 여기에서는 金星이 환한 달빛을 동반하여 하늘을 운행하듯이 牧隱이 霽亭 李達衷의 영향을 많이 받았음을 뜻한다. 邱濬의 칠언고시 〈丁夘歲 過采石 弔李白〉의 마지막에 "至人은 비록 죽었어도 정신은 없어지지 않나니, 옛날부터 長庚은 밝은 달을 짝하였다네.(至人雖死神不滅 終古長庚伴月明)"라는 연이 있다.

474) 啓明星은 새벽에 동쪽 하늘에 보이는 金星을 가리킨다.

비로소 내 마음이 편안할 수 있으리.

者舊彫零盡　　天留一靈亭
歆風唯小子　　伴月似明星
江水橫羅帶　　雲山列錦屛
相携拜床下　　始得我心寧

12-33-080 최원유[475] 계장[476]이 그 아들[477] 어사[478]를 데리고 술과 고기를 가지고 나에게 왔기에 한공[479] 댁에 가서 취하고 배가 부른 다음에 흩어지다
12-33-080 崔契長元濡 携乃子御史 以酒肉來僕 適韓公宅醉飽而散

맑은 술은 얻기가 쉽지 않고
큰 고깃덩이 또한 구하기 어렵다네.
궁핍한 거처가 싸늘하여 고요하고
짧은 햇살이 남아 있어서 기쁘네.
시의 명성은 보국(輔國)[480]과 가지런하고
남들의 명망[481]은 형주(荊州)[482]보다 무겁다네.

---

475) 崔元儒(濡)는 여말의 문신으로 『목은시고』에서 목은의 契長·契友로서 全州牧使·判書·判事를 지낸 사실이, 『埜隱逸稿』에서 持平·延安府使를 지낸 사실이 확인된다.
476) 契長(丈)은 계의 우두머리, 또는 동년배 사이에서 상대방을 높여 부르는 말이다.
477) 乃子는 '그 사람의 아들'이라는 뜻이다.
478) 御史는 監察御史의 준말로 고려시대에 御史臺 및 司憲府에 속했던 종6품의 관직이다. 관서의 명칭 변경에 따라 각기 監察史·監察內史·監察糾正 등으로 불렸다.
479) 韓公은 고려 말의 문인 柳巷 韓脩를 가리킨다.
480) 輔國은 나라를 보좌한다는 뜻인데, 唐의 詩人 崔輔國을 가리키는 듯하다.
481) 物望은 여러 사람이 우러러보는 名望, 또는 인재를 구할 경우의 물색 대상이다.

홀로 부끄러워하노라, 한산자(韓山子)[483]가
백척의 누각에서 높은 소리로 읊는 것을.

清樽非易得　大胾亦難求
寂寞窮居冷　懽忻短景留
詩名齊輔國　物望重荊州
獨愧韓山子　高吟百尺樓

12-33-081 한유항[484]과 함께 궁궐에 나아갔다가 여러 분들을 두루 방문하고 돌아왔다. 전날 밤에 조금 눈이 내렸다
12-33-081 同韓柳巷赴闕 回訪諸公而歸 前夜有微雪

근래에 옥촉(玉燭)[485]이 매우 조화롭지 않은들[486]
늙은 목은 선생이 어찌하리요?
소춘(小春)[487]이 이미 가까워서 조금 눈이 내렸으니
내년에는 크게 흉년이 들 것[488]을 근심하지 않네.
하늘이 나직한 보랏빛 문[489]에서는 금술잔을 기울이고

---

482) 荊州는 옛날 중국의 九州의 하나로 현재의 중국 湖南省・湖北省・四川省의 동남부・貴州省의 동북부・廣西省・廣東省의 북부의 連縣에 해당하는데, 李白의 〈與韓荊州書〉에서 唐의 韓朝宗이 일찍이 荊州長史를 맡은 것을 두고 당시 사람들이 推重하여 韓荊州라고 한 데서 유래한 말이다.
483) 韓山子는 본관이 韓山인 데서 영뉴한 李穡의 별칭이다. 그는 흔히 시문에서 韓山子・牧翁・牧老・牧隱이라고 칭하였다.
484) 柳巷은 고려 말의 문신 韓脩(1333~1384)의 호이다.
485) 玉燭은 사철의 기후가 고르고 해와 달이 훤히 비치는 것으로 太平盛世를 비유한다.
486) 乖和는 정상이 아님, 조화를 이루지 못함이다.
487) 小春은 음력 十月을 가리키는데, 晉 宗懍의 『荊楚歲時記』에 시월은 天氣가 화창하고 따뜻하여 봄날과 같으므로 小春이라고 하였다.
488) 大禾는 낟알이 많이 달린 좋은 벼이다.

해가 비치는 붉은 대문[490]에는 옥방울[491]이 빽빽하리.
스스로 웃노라, 백성을 근심하는 남은 버릇[492]이 있어서
늘 길흉[493]을 점치면서 긴 노래를 부름을.

年來玉燭頗乖和　　牧隱先生奈老何
已近小春微有雪　　不憂來歲大無禾
天低紫闥傾金斝　　日照朱扉簇玉珂
自笑憂民餘習在　　每占休咎發長歌

12-33-082 일을 기록하다(2수)
12-33-082 紀事

새벽에 종들이 춥다고 다투어 부르짖는데
또 홑옷뿐인 때를 만났으니 끝내 추운 시절을 보내기 어려우리.
묵은 솜과 짧은 무명옷에는 바람이 매섭고[494]
부서진 창과 성근 벽에는 밤이 기네.[495]
생계를 꾸림[496]에 기술이 없으니 누구를 허물하랴?
운명을 타고남이 같지 않아도 늘 자신을 위로한다네.[497]

---

489) 紫闥은 보랏빛의 宮廷의 작은 문으로 宮廷을 가리킨다.
490) 朱扉는 붉게 칠한 大門으로 대갓집을 가리킨다.
491) 玉珂는 말굴레에 다는 장식물로 주로 옥이나 조가비로 만들었다.
492) 餘習은 덜 고치고 남아 있는 버릇, 또는 불교에서 번뇌는 끊었으나 아직 남아 있는 世俗의 습관이다.
493) 休咎는 길흉 또는 복과 화를 말한다. 咎徵은 천벌의 징조로 임금의 악행에 대한 경계로서 일어나는 천변재이를 말한다.
494) 發發은 바람이 빠르게 부는 모양, 또는 빠른 바람소리를 형용한다.
495) 漫漫은 넓고 끝없는 모양, 길고 오랜 모양, 넓고 호탕한 모양이다.
496) 治生은 살림을 꾸림, 생계를 도모함이다.
497) 自寬은 스스로 마음이 풀리어 위로받음이다.

오히려 아침저녁으로 밥 짓는 연기가 읾을 다행스러워하거늘
하물며 친구들이 보낸 쟁반에 담긴 음식[498]을 아우름에랴?

曉來僮僕競呼寒　　又値衣單卒歲難
故絮短綿風發發　　破窓疏壁夜漫漫
治生無術是誰過　　賦命不同常自寬
尙幸炊煙朝暮起　　況兼親舊送盤飡

소년시절에 유학하러 연경(燕京)으로 달려가서
비록 간혹 집을 생각하였지만 또한 매우 가벼웠네.
늙고 병든 지금은 마땅히 홀로 자야 하는데
있든 없든 분수에 따라 함께 생계를 꾸린다네.
참으로 순경(順境)[499]이라서 마음에 걸림이 없음을 아는데
다행히 성세(盛世)[500]에 녹봉이 풍부한 때를 만났네.
또 밤새도록 맛있는 음식[501]을 먹어 길할 수 있으니
송축하는 노래[502]로 승평(昇平)에 보답하기를 바라네.

少年游學走燕京　　縱或思家亦甚輕
老病如今宜獨宿　　有無隨分共治生
固知順境心無累　　幸際昌辰祿以榮

---

498) 盤飡은 소반에 차려진 음식의 統稱이다.
499) 順境은 뜻한 일이 마음먹은 대로 잘 진행되어 가는 경우, 또는 일이 순조롭게 되어 가는 환경이다.
500) 昌辰은 盛世이다.
501) 中饋는 부인이 집안일을 관장하는 것으로 부인이나 아내를 가리키는데, 『周易』 「家人卦」 六二 爻辭에 "집에서 밥을 먹으니 마음을 곧게 가지면 길하다.(在中饋貞吉)"라는 대목이 있다.
502) 歌頌은 功德을 讚頌하는 노래이다.

更得終宵中饋吉　　　庶將歌頌答昇平

12-33-083 병풍에 짓다
12-33-083 題屛風

살구꽃 가지 위에 따뜻한 바람이 가벼운데
제비와 참새가 서로 좇으며 쪼아 먹다가 또 나네.
한가롭게 작은 병풍에 기대어 만족스럽지는 않은데
소춘(小春)이 시작되려 하니 따뜻한 볕이 좋다네.

杏花枝上暖風微　　　燕雀相隨啄又飛
閑倚小屛看不足　　　小春將動好陽暉

12-33-084 초여드렛날은 동지라서 한청성[503]이 팥죽과 꿀을 보내 왔는데, 부추[504]가 이어서 가지고 왔고 또 부윤[505]이 보내 왔다.
12-33-084 初八日 冬至也 韓淸城送豆粥幷蜜 副樞繼持至 府尹又送來

이웃의 늙은이가 죽을 보냄은 송경(松京)에 있을 때와 같거니와
부윤(府尹)이 보낸 것을 받으니 기쁘고 또 놀랍네.
더욱이 토끼띠 아들[506]의 예쁜 며느리가 올린 음식을 맛보았으니

503) 淸城은 淸州의 다른 이름으로 淸城君에 봉해진 韓脩를 가리킨다.
504) 副樞는 고려시대에 密直司의 副使를 이르는 말인데, 여기에서는 목은의 장남 種德을 가리킨다.
505) 府尹은 고려시대 지방행정 단위의 하나인 府의 우두머리 관직으로 開城·平壤·漢陽·慶州에 두었으며 종2품 또는 정3품이었다. 여기에서는 漢陽府尹을 가리킨다.

복어 무늬의 등[507]을 지닌 늙은 어버이의 마음을 알리.
우리의 풍습과 속세의 예법에서 인수(仁壽)[508]를 가깝게 하고
계절의 풍물[509]과 시로 된 주련(柱聯)[510]에서 태평을 그리네.
응당 남경(南京)[511]과 함께 고사(故事)로 삼을 텐데
어사의[512] 시골집 또한 이름이 전해지리.

隣翁送粥似松京 府尹得來喜且驚

---

506) 兎郞은 토끼띠인 卯年에 태어난 아들을 가리킨 것으로 辛卯生(1351)으로 보이는 長男 種德을 가리킨 듯하다. 蘇軾은 己卯生(1039)인 아우 轍(1039~1112)을 卯君이라고 한 점과 〈12-33-084 初八日 冬至也 韓淸城送豆粥幷蜜 副樞繼持至 府尹又送來〉에서 종덕을 가리키는 "더욱이 토끼띠 아들의 예쁜 며느리가 올린 음식을 맛보았으니(更啜兎郞佳婦饋)"라는 구절에서 알 수 있으며, 몰년(1388)만 알 수 있고 생년을 알 수 없었던 종덕의 생년을 짐작케 하는 단서이다. 소식은 〈出局偶書〉(『東坡詩集註』 권7)의 轉結句에서 "술잔을 기울여 마실 수 없어서, 묘군이 오기를 기다리네.(傾杯不能飮 待得卯君來)"라고 하였는데, 그 주석에서 "子由가 기묘년에 태어났으므로 공은 卯君이라고 불린다.(子由已卯生 故公呼為卯君)"라고 하였다.

507) 鮐背는 노인의 등에 생기는 복어의 무늬와 같은 斑點으로 長壽의 징표가 되는 것이다.

508) 仁壽는 仁德이 있고 수명이 긴 것을 말하는데, 『論語』「雍也」의 "지혜로운 자는 즐기고 어진 자는 장수한다.(知者樂 仁者壽)"라는 孔子의 말에서 유래한다. 『後漢書』〈東夷傳序〉에서는 "이는 근본이니, 말이 어질고 살리기를 좋아하는데, 만물은 땅에 근본을 두고 나온다. 그러므로 천성이 유순하고 도로 다스리기가 쉬워서 君子國과 不死國이 있기에 이르렀다.(夷者 柢也 言仁而好生 萬物柢地而出 故天性柔順 易以道御 至有君子不死之國)"라고 하였고, 이에 대하여 李賢은 '不死人이 交脛東에 살면서 피부색이 검고 수명을 누리고 죽지 않는다.'라고 주석하였다.

509) 節物은 계절마다 나타나는 風物과 景色이다.

510) 詩聯은 詩句를 쓴 柱聯을 가리킨다.

511) 南京은 고려시대 三京의 하나인 漢陽을 가리키는데, 文宗 21년(1067)에 처음 설치되었다가 肅宗 9년(1104)에 다시 설치되었으며, 처음에 南京留守官을 두었고 忠烈王 34년(1308)에 漢陽府로 고쳤다.

512) 班心은 조정의 반열에서 御史가 서는 자리인데, 蘇軾의 시 〈次韻張舜民自御史出倅虢州留別〉에 "번구의 일은 처량하게 이미 오랜 자취가 되었는데, 반심에서 우뚝하게 큰 몸뚱이를 드러내네.(樊口淒涼已陳迹 班心突兀見長身)"라는 연이 있다.

更啜兎郎佳婦饋　　可知鮐背老親情
鄕風俗禮稍仁壽　　節物詩聯寫大平
應與南京爲故事　　班心村舍亦傳名

12-33-085 이광 나연[513]이 와서 당반[514]과 술과 음식을 하사하다
12-33-085 李匡那衍 來賜唐飯酒食

소춘(小春)에 당반(唐飯)을 오활한 선비에게 하사하시는데
은혜와 영화가 바다 모퉁이까지 미침에 뛰면서 춤추네.
우물 바닥에서 일양(一陽)[515]이 움직이자 말자
인간세상에는 만물(萬物)이 벌써 기뻐하네.[516]
군신의 예악은 시절에 따라 흥성하였는데
부자[517]의 공명은 세월에 비추어 두드러지네.
임금님의 은혜는 골수까지 적셔서[518] 두 번 절하니
다만 이제는 강호에 이르는 꿈마저 없어진다네.

小春唐飯賜迂儒　　蹈舞恩榮洽海隅

513) 那衍은 蒙古語 noyan의 音譯으로 官吏·王公·長官을 뜻하는데, 나중에는 貴族의 通稱이 되었으며 那顔·那延이라고도 한다. 『고려사』 권135에 '李廣'이라는 인물이 '宦者'라고 2번 나오고, 권113의 〈崔瑩列傳〉과 권117의 〈鄭夢周列傳〉에도 '환자'라고 되어 있으며, 권115의 〈李穡列傳〉에는 '中使'라고 나오는 것으로 보아, 환관의 우두머리를 가리키는 듯하다.
514) 唐飯은 중국에서 보내 온 밥을 가리키는 듯하다. 唐나라 이래로 唐이라는 말은 우리나라에서 중국을 가리키는 의미로 사용되었다.
515) 一陽은 처음으로 陽氣가 생긴다는 뜻으로 冬至를 이르는 말인데, 음력 10월에 음기가 다하고 11월에 동지가 되어 양기가 처음으로 생기는 일을 一陽生·一陽來復이라고 한다.
516) 敷腴는 기뻐하는 모양이다.
517) 父子는 李穀과 李穡 부자를 가리킨다.
518) 醺骨은 천천히 물듦, 서서히 감염됨이다.

井底一陽才動盪　　人間萬物已敷腴
君臣禮樂隨時盛　　父子功名照世殊
再拜聖恩醺骨髓　　只今無夢到江湖

12-33-086 고풍[519]

12-33-086 古風

옛 사람은 되살아날[520] 수 없으니
이제는 국풍(國風)[521]이 아득하다네.
공자(孔子)는 한결같이 불우하고
일흔 제자[522]는 어질기만 하였네.
제(齊)나라와 노(魯)나라[523]는 도(道)에서 멀고
교외의 빈터에는 연기가 쓸쓸하네.
이미 천년이 지났는데도
해와 달처럼 하늘에서 빛난다네.
아, 나의 마음 속의 벗[524]들이
영원히 전해지기를 바라네.
사람의 삶에는 본래 운수가 있으니

---

519) 古風은 옛날의 風尙이다.

520) 可作은 죽은 사람이 되살아나는 것으로 九原可作이라고도 한다.

521) 國風은 나라의 풍속이다.

522) 七十은 七十弟子로서 孔子의 제자 가운데 六藝에 통한 사람의 대략적인 숫자를 가리킨다. 이 말은 『孟子』「公孫丑 上」에 처음으로 나타나는데, 『史記索隱』에서는 『孔子家語』를 인용하여 77인이라고 하고, 『文翁孔廟圖』에서는 72인이라고 한데서, 이것이 대략적인 숫자임을 짐작할 수 있다.

523) 齊魯는 齊나라와 魯나라를 가리키는데, 『論語』「雍也」에 나오는 "齊나라의 습속이 한 번 변하면 魯나라에 이를 것이요, 魯나라의 습속이 한 번 변하면 道에 이를 것이다.(子曰 齊一變 至於魯 魯一變 至於道)"라고 한 孔子의 말에서 유래한 말이다.

524) 心友는 서로 마음을 알아주는 친구이다.

도의에 얽매이지는 않는다네.
다만 내가 힘쓰기만 한다면
반드시 이치가 일상에 가까워지리.[525]

古人不可作　　國風今杳然
孔子一不遇　　七十徒爾賢
齊魯遠於道　　寂寞郊墟煙
至今千載下　　日月明在天
嗟嗟我心友　　庶以永厥傳
人生自有數　　道義無所牽
但當努吾力　　□至理常然

12-33-087 또 짓다
12-33-087 又題

해가 뜨면 동쪽창이 밝고
해가 지면 서쪽창이 어둡네.
흰 머리카락이 옷깃에 떨어지거니와[526]
날이 추워지면 문을 닫고 있으리.

日出東窓明　　日入西牕昏
白髮颯飄領　　嚴寒長閉門

12-33-088 궁궐에 가서 은혜에 감사드리고 돌아와서 짓다

525) 常然은 자연적인 성질·성격, 정상적인 상태이다.
526) 飄颯은 흔들려 떨어짐, 영락함이다.

12-33-088 詣內謝恩 歸而有作

익힌 고기[527]는 다만 자사(子思)[528]를 절하게 하였을 뿐인데[529]
누가 이제까지 빈사(賓師)[530]의 자리를 얻어 머무르고 있는가?
변변치 못한[531] 후학[532]은 참으로 다행스러워하나니
빼어나신[533] 선왕[534]께서 주신 것이라네.
세작(世爵)[535]에 봉해진 것은 운명임을 알겠거니와
경연(經筵)에서 순서에 따라 아뢸[536] 날은 또 어느 때이랴?
흰 머리로 앉아서 평생의 일을 생각해 보니
어찌하면 두기(斗箕)[537]와 같다는 허명을 피할 수 있으랴?

---

527) 鼎肉은 솥 속의 고기로서 熟肉을 가리킨다.

528) 子思는 전국시대의 유학자, 공자의 손자인 孔伋(기원전 483~402)의 자이다. 그는 衛에서 벼슬하다가 魯로 돌아와 穆公에게 賓師의 예를 받았다. 曾子에게 학문을 배워 맹자에게 전수함으로써 공자의 적통을 이었으며, 『중용』의 저자라고 한다.

529) 이 구절은 『孟子』 「萬章 下」에 나오는 魯나라의 穆公이 子思에게 자주 물으시고 자주 鼎肉을 보내 주었지만 자사는 좋아하지 않고, 마침내 심부름 온 이를 대문 밖으로 내치고 북면하여 머리 숙여 재배하며 고기를 받지 않는 까닭을 말하기를, "이제야 비로소 임금이 개나 말을 기르는 도로써 나를 대우함을 알았다."라고 하니, 이로부터 다시 심부름하는 이가 오지 않았다고 하는 고사를 변용한 것이다.

530) 賓師는 世子나 太子를 가르치는 스승인데, 여기서는 禑王의 書筵官을 맡고 있음을 가리킨다.

531) 區區는 조그마한 모양, 변변치 못한 모양이다.

532) 末學은 後學이다.

533) 穆穆은 언어 용모가 아름답고 盛한 모양이다.

534) 先朝는 前代의 조정으로 恭愍王代를 가리킨다.

535) 世爵은 世襲한 작위이다. 여기에서는 李穀을 이어서 아들인 李穡이 韓山君이라는 칭호를 계승하고 있음을 가리킨다.

536) 轉對는 百官이 순서대로 政事의 得失을 왕에게 上奏하는 것이다.

537) 斗箕는 별자리인 斗宿와 箕宿의 합칭으로 虛名을 비유하는데, 『詩經』 「小雅」 〈大東〉의 "남쪽에는 箕가 있지만, 까불 수 없네. 북쪽에는 斗가 있지만, 酒漿을 뜰 수 없네.(維南有箕 不可以簸揚 維北有斗 不可以挹酒漿)"라는 대목에서 유래한 말이다.

鼎肉徒令拜子思　至今誰得處賓師
區區末學眞多幸　穆穆先朝有所貽
世爵就封知是命　經筵轉對復何時
白頭坐念平生事　敢避虛名斗與箕

12-33-089 일찍 일어나다
12-33-089 早興

온돌이 뜨거우니 잠자리가 평온한데
창이 밝아지자 밥 소반을 올리네.
몸을 보양함에는 다른 방법이 없으니
성정을 따름은 다른 관점이 아니라네.
책과 칼로 사람이 늙으려 하는데[538]
강과 산에는 세월이 또 춥네.
나지막이 읊조리며 그윽한 흥을 부치는데
하늘 끝에는 길이 아득하게 펼쳐져 있네.[539]

突熱穩眠席　牕明進食盤
養身無異術　循性匪他觀
書劍人將老　江山歲又寒
微吟寄幽興　天際路漫漫

12-33-090 음악을 고열하다

538) 이 구절은 唐 高適의 시 〈人日寄杜二拾遺〉의 頷聯 "한 번 동산에 드러누운 지 삼십년인데, 책과 칼이 풍진 속에서 늙어 갈 줄을 어찌 알았으리요?(一卧東山三十春 豈知書劍老風塵)"라는 대목을 변용한 것이다.
539) 漫漫은 넓고 끝없는 모양이다.

12-33-090 閱樂

임인년(壬寅年)[540]에는 남쪽으로 가서 서원(西原)[541]에 있었는데
오늘은 양주(楊州)[542]에서 홀로 문을 닫고 있네.
송악의 구정[543]에는 팔관회[544]의 산대[545][546]를 세우고
옛날처럼 재주를 뽐내면[547] 수많은 사람들이 시끄러우리.

壬寅南行在西原　　今日楊州獨掩門
松岳毬庭八臺聳　　呈才依舊萬人喧

12-33-091 한청성[548]·권화산[549]과 함께 궁궐에 가서 문안드리니[550] 중관[551]이 나와서 술을 하사하시기에 절하고 마시고

540) 壬寅年은 恭愍王 11년(1362)이다.
541) 西原은 淸州의 옛 이름인데, 고려 조정은 신축년(1361)의 홍건적 침입으로 福州로 파천하였다가 尙州를 거쳐 淸州에 가 있었다.
542) 楊州는 지금의 경기도 양주와 議政府 지역에 있던 고을 이름이다.
543) 毬庭은 毬場과 같은 말로 擊毬를 하는 데 쓰는 큰 마당이다. 넓이는 제한이 없고 길이는 300미터쯤 되었다.
544) 八關會는 고려 태조 王建이 신라의 유풍을 계승하여 행한 土俗神에 대한 제사를 말한다. 매년 11월 15일에 행해졌으며 고려 말까지 계속되었는데, 본래 속인이 하루만이라도 엄숙히 八關齋戒를 지키기 위해 열린 법회였으나, 고려에 와서는 이에 그치지 않고 天神·山神·川神·龍神 등 여러 토속신에 대한 제사도 겸하면서 전몰장병의 명복을 비는 종합적인 종교 행사의 성격을 띠게 되었다.
545) 山臺는 산대놀음을 하기 위하여 대로변이나 산기슭에 차리는 임시무대로 山棚이라고도 한다. 『高麗史』「刑法志」에 忠宣王 2년에 御駕를 山臺에서 맞이하지 말라는 禁令이 나오고, 「禮志」〈嘉禮雜儀〉에 燃燈會 때 山臺樂人에게 花酒를 선사한다는 기록이 있는 것으로 보아, 八關會를 열 때에 많은 산대를 설치하여 歌舞雜戱를 공연하였을 것으로 보인다.
546) 八臺는 八關會의 山臺이다.
547) 呈才는 대궐 안 잔치에서 펼치는 춤과 노래이다.
548) 淸城은 淸州의 별칭으로 韓氏의 本貫인데, 韓淸城은 韓脩을 가리킨다.
549) 花山은 경상도 安東의 옛 이름으로 權氏의 本貫인데, 權花山은 權適을 가리킨다.

나서 돌아오다

12-33-091 同韓淸城權花山詣內起居 中官出賜酒 拜飮而歸

호종[552]하는 수많은 관리들이 대궐의 전각[553]을 둘러싸고 있는데
여러 군(君)들 가운데에는 다만 우리 세 사람만 보이네.
전각의 섬돌에 가까이 가니 푸른 하늘[554]이 가깝고
궁중의 술병에 나란히 절하니 흰 술[555]이 신선하네.
닷새 만에 한 번씩 조현하면서 흰 머리카락을 드날리니
삼한(三韓)[556]에는 만고에 푸른 봄기운이 양성되리.
태평시대의 기상을 누가 그림으로 그릴 수 있는가?
시 가운데 참되지 못한 것을 묘사함을 매우 부끄러워하네.

扈從千官擁紫宸　　諸君只見我三人
昵趨殿陛璇霄近　　聯拜宮壺玉露新
五日一朝飄白髮　　三韓萬古釀靑春
大平氣像誰能畫　　愧殺詩中寫不眞

12-33-092 청성이 악모[557]의 주년[558]을 맞이하여 송경으로 돌아가는데 병으로 바람을 쏘일 수 없기에 멀리 전송할 길

550) 起居는 擧動·問安이다.
551) 中官은 內侍府 관원의 총칭, 또는 임금의 內密한 사신이다.
552) 扈從은 임금의 행차를 따라가는 것이다.
553) 紫宸은 君王이 정사를 보는 宮殿인 正殿, 또는 쉬는 곳인 便殿을 가리킨다.
554) 璇(璿)霄는 푸른 하늘과 같은 말이다.
555) 玉露는 맑은 이슬방울로 좋은 술을 비유한다.
556) 三韓은 馬韓·辰韓·弁韓, 또는 高句麗·百濟·新羅로 우리나라의 별칭이다.
557) 岳母는 丈母인데, 韓脩는 權適의 사위이다.
558) 周年은 해마다 돌아오는 忌日인데, 여기에서는 一周年을 뜻한다. 이와 관련된 시로 10-27-121 〈吉昌君夫人洪氏挽詞〉가 있다.

이 없으므로 슬퍼하면서 1수를 짓다

12-33-092 清城以岳母周年 歸于松京 病不可風 無由遠送 悵然賦一首

새벽[559]에 말을 타셨으니 지금쯤 빨리 달릴 텐데[560]
이불을 뒤집어쓰고 있는 이웃 늙은이는 아직 일어나지 않는다네.
쇠약함과 건장함은 때가 있으니 누가 감히 뛰어넘으랴?
일어남과 앉음에 절도가 없어서 스스로 깊이 미워하네.
공(公)은 풍류스러워서 선조를 넘어섰다고 다들 말하는데
나는 냉담하여 승려와 같음을 바야흐로 알겠네.
며칠 동안 홀로 읊조리고 또 홀로 휘파람을 부는데
화산(華山)[561]은 층진 흰 구름 위로 높이 꽂혀 있네.

天明歸騎已飛騰　　擁被隣翁尙未興
衰壯有時誰敢越　　起居無節自深憎
風流共說公超祖　　冷淡方知我似僧
數日獨吟仍獨嘯　　華山高插白雲層

12-33-093 즉석에서 짓다

12-33-093 卽事

눈으로 자손[562]들이 점점 뜰을 채움을 보는데
늙은이의 양쪽 살쩍이 어찌 늘 검을 수 있으랴?

559) 天明은 하늘이 밝을 무렵, 즉 새벽이다.
560) 飛騰은 급히 날아오르는 것으로 빨리 달려감을 가리킨다.
561) 華山은 三角山의 옛 이름이다.
562) 兒孫은 살아 있는 사람이 그 '子孫'을 일컫는 말이다.

가난으로 배와 대추를 너희들에게 줄 수는 없는데
병 때문에 인삼과 복령으로 나를 지탱하여 편안하게 하네.
초 심지를 자르며 몇 번이나 밤비 소리를 들었던가?[563]
띠 정자를 얽어서 마침내 봄날의 별빛을 두르게 하고 싶네.[564]
뒷날 후손[565] 가운데 글자를 아는 사람이 있으면
나의 기행시를 읽으며 응당 눈물을 흘리리.[566]

眼見兒孫漸滿庭　　老翁雙鬢肯長靑
貧無梨棗與爾啖　　病以蔘苓扶我寧
剪燭幾回聞夜雨　　結亭終欲帶春星
雲來異日有識字　　讀我紀行應涕零

12-33-094 동가군 이광보[567]와 상장군[568] 이자안[569]이 왔는데 정

563) 이 구절은 唐나라 李商隱의 시 〈夜雨寄北〉의 轉・結句인 "어찌하면 함께 서쪽창가에서 촛불의 심지를 자르면서, 문득 巴山의 밤비 내리던 때를 이야기할까?(何當共剪西窓燭 却話巴山夜雨時)"라는 표현에서 轉句를 변용한 것이다.

564) 이 구절은 杜甫의 시 〈夜宴左氏莊〉의 頷聯 "땅 속의 물은 꽃길을 흐르고, 봄날의 별빛은 초당을 두르네.(暗水流花逕 春星帶草堂)"라는 대목을 변용한 것이다.

565) 雲來는 雲孫과 來孫으로 後孫의 범칭이다. 雲孫은 8대손이고, 來孫은 5대손이다.

566) 涕零은 눈물을 떨어뜨림, 눈물을 흘림이다.

567) 李光輔(甫)(?~1388)는 고려 말의 무신으로 禑王 3년(1377)에 判軍器監事로 龍津에 내려가서 전함을 만드는 일을 맡고, 1382년에는 司宰令으로 전함 축조의 책임자가 되었을 때 인부들을 심하게 독촉하여 원성을 샀다. 『고려사』에 의하면 그는 시정의 무뢰인으로서 우왕의 측근에서 비위를 잘 맞추어서 출세하였기 때문에 우왕이 축출당할 때 옥에 갇혀서 杖殺되었다. 이 시를 통하여 東嘉君에 봉해졌음을 알 수 있다.

568) 上將軍은 고려 중앙군의 최고 지휘관으로 二軍六衛에 각 1인씩 소속되어 8인의 상장군이 편제되어 있는데, 무반으로서는 최고의 품계인 정3품이다. 상장군 중에서도 응양군의 상장군은 특히 班主라 하여 무반 전체의 대표자 노릇을 하였던 것으로 보인다.

569) 子安은 여말의 문신 李崇仁(1347~1392)의 자이다. 호는 陶隱, 본관은 星州로 星山君 元具의 아들이다. 공민왕 11년(1362)에 병과로 급제한 뒤 進德博士로 성

종지[570]가 먼저 자리에 있었다. 차를 마시고 흩어지고 나서 홀로 앉아서 읊다

12-33-094 東嘉君李光輔 上將軍李子安來 鄭宗之先在席 啜茗而散 獨坐有詠

평소에 병이 있던 종지(宗之)는 얼굴빛에 기쁨이 있는데[571]
머리카락이 흰 동가군(東嘉君)은 다시 검어지기 시작하네.
호연지기를 기르는[572] 자안(子安)은 한창 의(義)를 모으고[573]
인(仁)을 행하는 목은(牧隱)은 바보와 같아지려고 하네.[574]

리학 교육에 힘썼다. 우왕 초 북원의 사신을 돌려보내라고 주청하였다가 유배되었으며, 해배된 뒤 右諫議大夫·密直提學을 거쳐 簽書密直司事가 되어 正使 李穡의 副使로 明에 사신으로 다녀왔다. 귀국 후 곧 탄핵당하여 유배되었고, 1392년에 정몽주의 일당으로 몰려 다시 유배되었으며, 조선조 개국 후에 杖流刑에 처해졌으나, 그를 미워한 鄭道傳이 보낸 黃居正에게 살해당하였다.

570) 宗之는 麗末鮮初의 문신·학자인 鄭道傳(1337~1398)의 字이다. 호는 三峰이고 본관은 奉化이다. 云敬의 아들로 恭愍王 11년(1362)에 문과에 급제, 忠州司祿·通禮門祗候 등을 역임했다. 李成桂의 천거로 成均館大司成에 올라 이성계의 右翼으로 전제개혁을 단행하도록 건의하였고, 불교를 배척하고 구세력을 탄핵하여 조선건국의 기틀을 다졌다.

571) 敷腴는 기뻐하는 모양이다.

572) 養氣는 『孟子』「公孫丑 上」에서 공손추가 맹자에게 浩然之氣에 대해 물었을 때 맹자가 답한 "그 기는 지극히 크고 지극히 강하며 곧게 길러 해침이 없으므로 하늘과 땅 사이에 가득 찬다. 그 기는 의와 도를 짝하는 것이고 이것이 없으면 주린다. 이것은 의를 모아서 생기는 것이요, 의가 엄습하여 취한 것이 아니다. 행함에 마음에 만족하지 않음이 있으면 주린다.(其爲氣也 至大至剛 以直養而無害 則塞於天地之間 其爲氣也 配義與道 無是 餒也 是集義所生者 非義襲而取之也 行有不慊於心則餒矣)"라는 말을 원용한 것이다.

573) 集義는 義를 모아 쌓는 것으로서 『孟子』「公孫丑 上」의 朱子注에 따르면 積善과 같다.

574) 如愚는 바보처럼 되는 것인데, 『論語』「爲政」의 "내가 回와 함께 종일 이야기를 하였으나 아무런 어김도 없어 어리석은 것 같더니, 물러가서 그 사생활을 살펴보니 그대로 행하니, 회는 어리석지 않도다.(子曰 吾與回 言終日 不違如愚 退而省其私 亦足以發 回也 不愚)"라고 한 孔子의 말에서 유래한 말이다.

한강 가에서 벗들이 모이니[575] 겨울이 반쯤 되려는데
송도(松都)에서 헤어진[576] 지는 달포가 이미 넘었네.
모이고 흩어짐은 본래 하늘이 준 것이거니와
또 어느 곳에서 함께 차를 마실까?

宗之素病色敷腴　　髮白東嘉再黑初
養氣子安方集義　　爲仁牧隱欲如愚
盍簪漢水冬將半　　分袂松都月已餘
聚散自來天所賦　　更於何處共茶甌

12-33-095 문생 하판사[577]가 진양[578]으로 돌아감을 고하다
12-33-095 門生河判事 告歸晉陽

인친(姻親)[579]이 국권을 잡은 지 십여 년인데
그대는 아직 판사(判事)의 줄에서 배회하네.[580]
하늘의 운수가 달려 있어 운명이거늘 어찌하랴?
흰 머리의 좌주(座主)는 몹소 안타깝게 바라보네.
고요한 강산에서 아마 눈을 만날 듯한데
쓸쓸한 촌락[581]에는 연기가 보이지 않으리.

575) 盍簪은 벗들이 모이는 것인데, 杜甫의 〈杜位宅守歲〉에 "모이는 벗들로 마판에서 말들이 시끄럽고, 늘어선 횃불은 숲에서 까마귀를 흩어 버리네.(盍簪喧櫪馬 列炬散林烏)"라는 연이 있다.
576) 分袂는 소매를 나눈다는 뜻으로 이별을 가리킨다.
577) 判事는 고려시대 都僉議使司·門下府·典客寺 등 諸寺司의 으뜸 벼슬로 품계는 종1품에서 종3품까지이다. 河判事는 河崙을 가리키는데, 그는 恭愍王 14년(1365, 乙巳年)에 李仁復이 知貢擧, 李穡이 同知貢擧를 맡았던 禮部試의 門生이다.
578) 晉陽은 경상남도 晉州의 옛 이름이다.
579) 姻親은 사돈인데, 여기에서는 河崙의 장인 李仁美의 형인 李仁任을 가리킨다.
580) 低回는 배회하는 것이다.

말 타고 행적을 기록함은 유자(儒者)의 일이니
시사(詩史)[582]로 전현(前賢)을 계승하여야 하리.

姻親秉國十餘年　　汝尙低回判事聯
命也奈何天數在　　白頭座主枉相憐
江山寂寞應逢雪　　墟落蕭條不見煙
鞍馬紀行儒者事　　要將詩史繼前賢

12-33-096 스스로 읊다
12-33-096 自詠

부상(扶桑)[583]의 서쪽 언덕에 사는 오활한 선비 하나가
일찍이 중원(中原)에서 달리더니 늘그막에는 바닷가에서 늙어가네.
밝고[584] 높음[585]은 우리 무리의 일이 아닌데[586]
분주하고[587] 시끄러움[588]은 누구의 떼거리인가?

---

581) 墟落는 村落이다.
582) 詩史는 시로 기술한 歷史라는 뜻인데, 『唐書』〈杜甫傳〉에서는 "杜甫는 時事를 잘 진술하여 愷切精深하였는데 천언만어에 이르러도 말이 조금도 쇠약해지지 않았으므로 시사라고 부른다.(甫善陳時事 愷切精深 至千言萬語 言不少衰 號稱詩史)"라고 하였고, 『詩人玉屑』에서도 "충분의 감격과 현인을 좋아하고 악인을 미워함이 한결같이 시에 나타나서, 그 시를 읽으면 그 시대를 알 수 있기에 학사대부들이 시사라고 일컫는다.(忠憤感激 好賢惡惡 一見於詩 讀之可以知世 學士大夫 謂之詩史)"라고 하였다.
583) 扶桑은 동쪽 바다의 해 돋는 곳에 있다는 神木, 또는 그 神木이 있는 곳이다.
584) 皦皦는 밝고 깨끗한 모양이다.
585) 嶢嶢는 높은 모양으로 성격이 강직함을 형용한다.
586) 이 구절은 『後漢書』 권91, 〈黃瓊傳〉의 "늘 듣자니, 높은 것은 이지러지기 쉽고, 희고 깨끗한 것은 더렵혀지기 쉽다.(常聞語曰 嶢嶢者易缺 皦皦者易汙)"고 하였다는 대목을 변용한 것이다.
587) 紛紛은 번잡한 모양, 어지러운 모양이다.
588) 擾擾는 시끄러운 모양이다.

조정의 의식[589]는 다만 참된 군자에게 달려 있는데
저자의 이익은 끝내 천한 사내[590]에게 돌아가네.
늘그막에도 나를 버리지[591] 못할 줄을 알기에
아득한[592] 강호를 정흥(情興)[593]으로 채우리.

扶桑西畔一迂儒　　曾走中原老海隅
皦皦嶢嶢非我輩　　紛紛擾擾是誰徒
朝儀只在眞君子　　市利終歸賤丈夫
白髮自知抛不得　　渺然情興滿江湖

12-33-097 시골집
12-33-097 村家

속세[594]를 따르다가[595] 시골에서 사는데
전대의 규모[596]을 살펴서 집을 얽었네.
네 모퉁이는 온전하여 입구(口) 자와 같고

---

589) 朝儀는 朝廷의 儀式이다.
590) 賤丈夫는 탐욕스럽고 비루한 사내인데, 『孟子』「公孫丑 下」의 "옛날에 시장이라는 것은 그 소유한 것으로써 없는 것을 바꾸는 곳이어서 有司가 다스릴 뿐이더니, 천한 사내가 있어서 반드시 높은 언덕에 올라가서 좌우를 바라보아 시장의 이익을 망라하였으므로 사람들이 모두 천하다고 여겼다.(古之爲市者 以其所有 易其所無者 有司者治之耳 有賤丈夫焉 必求龍斷而登之 以左右望而罔市利 人皆以爲賤)"라는 대목에서 유래한다.
591) 自棄는 스스로 뒤떨어짐을 달게 여기고 나아가기를 추구하지 않음을 뜻하는데, 『孟子』「離婁 上」에 "나의 몸은 仁에 살고 義를 따르지 않는 것은 자기를 버린다고 이른다.(吾身不能居仁由義 謂之自棄)"라는 글이 있다.
592) 渺然은 매우 아득하고 넓은 모양이다.
593) 情興은 興趣・재미이다.
594) 世上은 世間으로 인간세상, 속세를 가리킨다.
595) 從俗은 세속을 따름, 시속에 순종함이다.
596) 前規는 前代・前人의 規模이다.

가운데는 가늘어서 눈썹과 같네.
문은 산을 마주보게 하고
창은 달빛이 와서 엿볼 수 있게 하네.
나는 죽을 때까지 이곳에 살면서
응당 소가 시를 알도록 하여야 하리.

居鄕從世上　　結屋案前規
四角全如口　　中心細似眉
門從山作對　　牕可月來窺
我欲遂居此　　應教牛解詩

12-33-098 부계[597]에서 의례를 익히다
12-33-098 浮階習儀

해마다 동짓달의 중간[598]에는
임금과 신하가 뜻을 정성스럽게 하는 때라네.
차가운 날씨에 술맛을 보고
저무는 햇살[599]에 조정의 의례를 익히네.
이 나는 일찍이 홀(笏)을 잡았는데
그 누가 술잔을 다 비우지 않았으랴?
남경(南京)[600]에서 송악(松岳)을 바라보며

597) 浮階(堦)는 八關會에 쓰기 위하여 都校署에서 儀鳳門 동편의 섬돌 아래에 마련한 세 계단의 높은 섬돌이다.
598) 子之半은 子月의 중간이라는 뜻으로 冬至를 가리킨다. 明 蔡清 撰, 『易經蒙引』 권4상에 "대설은 子月(음력 11월)의 시작이요, 冬至는 子月의 반이다.(大雪子之初 冬至子之半)"라는 대목이 있다.
599) 日晏은 날이 저묾이다.
600) 南京은 고려시대 三京의 하나인 漢陽을 가리키는데, 文宗 21년(1067)에 처음 설

옛날을 생각하며 홀로 시를 읊조리네.

歲歲子之半　　君臣精意時
天寒嘗酒味　　日晏習朝儀
伊我曾拖笏　　其誰不盡巵
南京望松岳　　懷古獨吟詩

12-33-099 가랑비[601]에 회포를 기술하다(2수)
12-33-099 小雨述懷

성근 비가 대낮[602]에 뿌리는데
조각구름은 푸른 하늘에서 흘러가네.
산천이 갑자기 모습을 바꾸기에
대우(對偶)[603]로 또 시편을 이루네.
오랜 동안 마음에 얽매임이 없으니
갑자기 뼈가 신선[604]이 되려고 하네.
덧없는 삶에서 만족한 묘처를 얻는 것을
속인에게 전하기는 어렵다네.

疏雨洒白日　　片雲行碧天
山川忽改觀　　對偶又成篇

치되었다가 肅宗 9년(1104)에 다시 설치되었으며, 처음에 南京留守官을 두었고 忠烈王 34년(1308)에 漢陽府로 고쳤다.

601) 小雨는 잠시 오는 비, 이슬비, 가랑비이다.
602) 白日은 대낮이다.
603) 對偶는 대칭하는 字句를 써서 어세를 강하게 하는 효과를 얻고자 하는 문장 수사법의 하나이다.
604) 仙骨은 신선의 골격·자질이다.

久矣心無累	翛然骨欲仙
浮生得意處	難與俗人傳

뭇 영재들은 본래 호걸스러운데
두 기운(氣運)[605]이 또한 빼어나다네.
머리카락과 눈은 흰빛을 다투고
눈〔眼〕과 산은 푸른빛을 공유하네.
큰 허공은 물 기운[606]을 모으고
빠른 햇볕은 흐르는 번개를 좇네.
한 번 휘파람 불며 홀로 서 있노라니[607]
구름 끝에서 성근 빗방울이 떨어지네.

群材自豪傑	二氣亦英靈
髮與雪爭白	眼將山共靑
大空呑積水	迅景逐流霆
一嘯立於獨	雲端疏雨零

605) 二氣는 陰陽의 두 기운이다.

606) 積水는 쌓아서 모은 물이다.

607) 立於獨은 절대적인 독립의 경지에 서 있음인데, 『莊子』「田子方」의 "공자가 노자를 만나려고 했을 때 노자는 새로 머리를 감고 흐트러진 머리카락을 햇볕에 말리고 있었다. 그 때 노자가 꼼짝 않고 있는 모습이 사람과 같지 않았다. 공자는 때를 기다리고 있다가 잠시 후에 노자에게, '내가 홀린 것인가? 실제가 그러한가? 아까 선생의 형체는 우뚝이 마른 나무와 같아서 外物을 잊고 사람과 떨어져서 절대적인 독립의 경지에 서 있는 듯하였습니다.'라고 하니, 노자가 '나는 내 마음을 만물이 생겨나기 이전의 상태에 두고 있었습니다.'라고 하였다.(孔子見老聃 老聃新沐 方將被髮而乾 慹然似非人 孔子便而待之 少焉見曰 丘也眩與 其信然與 向者先生形體掘若槁木 似遺物離人獨也 老聃曰 吾遊心於物之初)"라는 일화에서 유래한다.

12-33-100 나무가 얼어붙다[608]
12-33-100 木氷

『춘추(春秋)』에는 재이(災異)[609]가 자못 서로 이어지는데[610]
성인의 붓은 오히려 나무가 얼어붙음을 분명히 기록하셨네.
옛날부터 천심(天心)[611]은 사람의 일에 달렸는데
중니(仲尼)[612]의 신령스러운 교화[613]는 어느 때나 일어나리요?
문득 나무와 숲이 흰 상복[614]처럼 보이더니
다시 갑옷과 투구[615]가 언덕[616]을 덮은 듯하네.
한가롭게 살며 사물을 영탄함이 뜻이 없지 않은데
온화한 기운이 상서로움에 이르도록 함은 누가 잘하는가?

春秋災異頗相仍　　聖筆明書尙木氷
自古天心在人事　　仲尼神化幾時興
乍見樹林爲縞素　　還如介冑被崗陵
閑居詠物非無意　　和氣致祥誰所能

---

608) 木氷은 비·눈·얼음 등이 나무에 붙어 추위를 만나 얼어붙은 것으로 『春秋』 成公 十六年條에 "春王 正月에 비가 내리고 나무가 얼어붙었다.(春王正月 雨木氷)"라는 기록이 있다.
609) 災異는 재난이 되는 해괴한 일, 天災와 地異이다.
610) 相仍은 서로 이어짐, 이어져서 끊이지 않음이다.
611) 天心은 天意와 같은데, 하늘의 뜻 또는 임금의 뜻이다.
612) 仲尼는 孔子의 자이다.
613) 神化는 聖王의 敎化나 神靈의 敎化·造化이다.
614) 縞素는 흰 빛깔의 喪服이다.
615) 介冑는 갑옷과 투구로 군복을 가리킨다.
616) 崗(岡)陵은 '如岡如陵'과 같은 말로 작은 언덕과 큰 언덕을 가리키며 신하가 임금의 만수무강을 빌 때에 쓰이며, 『詩經』 「小雅」 〈天保〉에 "산 같고 언덕과 같고, 작은 언덕과 큰 언덕 같네.(如山如阜 如岡如陵)"라는 구절이 있다.

12-33-101 일을 기록하다

12-33-101 紀事

뜨거운 물로 진흙을 개어 벽 틈을 메운 것은
다만 추워서 얼어붙은 종들의 근심스러운 얼굴 때문이네.
매우 광망(狂妄)[617]한 늙은이가 새 정자를 작게 지었는데
눈 온 뒤에 사방의 산을 바라보는 데에는 도리어 어울린다네.

熱水和泥補壁間　　只緣僮僕凍愁顔
老翁狂甚新亭小　　雪後還宜望四山

12-33-102 대회일[618]에

12-33-102 大會

빛과 그림자[619]는 빠르기[620]가 달리는 시내와 같은데
부계(浮階)[621]에서 헌수(獻壽)[622]한 지 이미 사년이라네.
어가를 호종하면서 남경(南京)[623]에서 애써 북쪽을 바라보노라니

---

617) 狂妄은 미친 사람처럼 아주 망녕된 것이다.
618) 大會는 八關會의 본 행사로 매년 음력 11월 15일에 치러졌다. 八關會는 高麗 太祖 王建이 新羅의 유풍을 계승하여 행한 土俗神에 대한 제사의례로 하루 전에 행하는 小會와 당일에 행하는 大會로 나뉘어 고려 말까지 계속되었다. 신라시대에는 속인이 하루만이라도 엄숙히 八關齋戒를 지키기 위해 열린 법회였으나, 고려에 들어와서는 이에 그치지 않고 天神・山神・川神・龍神 등 여러 토속신에 대한 제사와 전몰장병의 명복을 비는 의례까지 겸하게 되어 종합적 종교행사의 성격을 띠게 되었다.
619) 光陰은 빛과 그림자로 세월을 비유한다.
620) 袞袞은 바쁜 모양, 끊이지 않는 모양이다.
621) 浮階(堦)는 八關會에 쓰기 위하여 都校署에서 儀鳳門 동편의 섬돌 아래에 마련한 세 계단의 높은 섬돌이다.
622) 獻壽는 장수하기를 비는 술잔을 올리는 것이다.

꽃을 머리에 꽂고 귤을 품었던 일이 아직까지도 그립네.[624][625]

光陰袞袞似奔川　　獻壽浮階已四年
扈駕南京勞北望　　簪花懷橘尙依然

12-33-103 화산군[626] 권공과 전밀직[627] 이공과 함께 궁궐에 가서 문안드리고,[628] 도당[629]에서 부르기에 공사를 논의하고 나서 당식[630]을 차렸기에 배부르고 취하여 돌아오다

12-33-103 與花山君權公前密直李公詣內起居　都堂召議公事設堂食 醉飽而歸

궁궐에 가서 조현하는 예[631]를 닦노라니

---

623) 南京은 고려시대 三京의 하나인 漢陽을 가리키는데, 文宗 21년(1067)에 처음 설치되었다가 肅宗 9년(1104)에 다시 설치되었으며, 처음에 南京留守官을 두었고 忠烈王 34년(1308)에 漢陽府로 고쳤다.

624) 依然은 그리워하는 모양이다.

625) 이 구절은 07-20-102 〈大會日夜歸〉 세 번째 수에 나오는 "반청(飯廳)에서 하사하신 귤을 품고 꽃을 머리에 꽂는데, 덕택이 백성에게까지 뿌려진 것을 알겠네.(懷橘簪花賜飯廳 從知德澤酌生靈)"라는 대목을 회상한 것이다.

626) 花山君은 權適(1307~?)의 封號이다. 吉昌府院君 權準의 아들로 『高麗史』「世家」에서 忠肅王 17년(1330)에 判事, 忠穆王 즉위년(1344)에 判密直司使, 恭愍王 8년(1359)에 贊成事, 恭愍王 14년(1365)에 僉議贊成事를 지낸 것이 확인되고, 처음에 花山君에 봉해졌다가 다시 吉昌君에 봉해졌으며, 恭愍王이 權瑨 등에게 시해되자 從孫인 瑨과 가깝다고 하여 權鏞·權鎬 등과 함께 遠州에 유배되었고, 謚號는 原靖이다.

627) 密直은 고려시대 왕명의 출납과 궁중의 宿衛·軍機 등에 관한 일을 맡아보던 관아인 密直司, 또는 밀직사의 정3품 관직인 密直提學의 약칭이다.

628) 起居는 擧動·問安이다.

629) 都堂은 고려 후기에 宰樞가 政事를 의논하는 合議機關이자 百官을 總令하고 庶事를 관장하는 最高政務機關으로 都評議使司라고도 한다.

630) 堂食은 唐代에 관리가 政事堂에서 공식적으로 지급받은 음식, 또는 관청에서 제공하는 모든 음식이다.

듬성듬성한[632] 살쩍은 서리와 같네.
은혜를 입었기에 선온(宣醞)[633]에 절하고 나서
공사(公事)를 논의하려고 도당(都堂)에 모였네.
물에 빠진 것을 구제하려면 배와 노가 있어야 하고
기울어진 것을 부축하려면 마룻대와 들보가 필요하네.
천도(天道)가 있음을 분명히 알겠거니
나라의 원로[634]들은 아직도 건강하시다네.[635]

詣內修朝禮　　蕭蕭鬢似霜
蒙恩拜宣醞　　議事集都堂
救溺須舟楫　　扶傾要棟梁
明知天道在　　國老尙康强

12-33-104 달빛을 받으며[636] 돌아오다
12-33-104 乘月而歸

마장(馬場)[637]의 동쪽 끝이 양주(楊州)인데
아득한 큰 들판에는 달빛이 흐르네.
두 사람[638]의 행색이 멀어질 때까지 눈으로 전송하나니[639]

---

631) 朝禮는 參拜, 朝拜이다.
632) 蕭蕭는 머리털이 빠져서 듬성듬성한 모양이다.
633) 宣醞은 임금이 신하에게 술을 내려주는 것, 또는 그 술이다.
634) 國老는 나라의 元老이다.
635) 康强(彊)은 건강한, 안락하고 강건함이다.
636) 乘月은 달빛을 받음이다.
637) 馬場은 말을 키우는 牧場, 또는 말을 달려 馬術을 펼치거나 매어 두는 곳인데, 지금의 서울 馬場洞에 있었던 것을 가리킨 듯하다.
638) 二人은 12-33-103 시에 나오는 花山君 權適과 前密直 李公이다.
639) 目送은 작별할 때 멀리 떠나가는 사람이 보이지 않을 때까지 눈길로 전송하는

초라한 내 집 천장에 내 머리가 부딪침을 싫어하지 않는다네.[640)]

馬場東畔是楊州　　大野茫茫月影流
目送兩公行色遠　　不嫌吾屋打吾頭

12-33-105 빌리다[641)]
12-33-105 借得

작은 동이[642)]를 빌려서 화로로 삼는데
또 큰 독에는 조호(雕胡)[643)]를 갈무리하네.
여러 손자들은 대추와 밤을 번갈아 찾는데
늙은 나는 책과 그림을 대략 훑어보네.[644)]
이욕으로 다툼은 초(楚)와 한(漢)[645)]과 같은데
중화(中和)[646)]로 읍양(揖讓)[647)]함이 당(唐)과 우(虞)[648)]와 같네.

것이다.

640) 屋打頭는 矮屋打頭・結屋打頭의 준말로 집이 초라하고 누추하여 천장에 머리가 부딪치는 것을 뜻한다. 蘇軾의 시 〈戱子由〉(『東坡全集』 권3)에 "완구의 선생은 언덕처럼 키가 큰데, 완구의 학사는 배처럼 작네. 늘 머리를 숙이고 경사를 외다가, 문득 하품을 하거나 기지개를 켜면 천장에 머리가 부딪치네.(宛丘先生長如丘 宛丘學舍小如舟 常時低頭誦經史 忽然欠伸屋打頭)"라는 대목이 있다.

641) 借得은 남의 물건을 빌려서 가지는 것이다.

642) 童盆은 작은 동이를 가리키는 듯하다.

643) 雕(錮)胡는 苽(菰)米로서 포아풀과에 속하는 다년생 풀인 줄의 열매인데, 雕胡飯을 만들어 먹을 수 있다.

644) 流觀은 훑어봄, 두루 구경함이다.

645) 楚漢은 秦나라 말기에 天下의 패권을 다투었던 項羽의 楚나라와 劉邦의 漢나라를 가리킨다.

646) 中和는 치우치지 않아 태평스러운 상태나 시절이다.

647) 揖讓은 天子의 지위를 서로 讓與하는 일을 가리키는 것으로 禪讓이라고도 한다. 이것은 放伐의 對가 된다.

648) 唐虞는 唐虞는 堯舜을 말하는데, 唐은 帝堯 陶唐氏를 가리키고, 虞는 帝舜 有虞氏를 가리킨다.

한 집이 천지와 같아서 절로 길흉이 교체되는데[649]
거울을 마주하여 때때로 흰 머리털을 바라보네.

借得童盆作火爐　　仍將大甕貯雕胡
諸孫迭索棗兼栗　　老我流觀書又圖
利欲戰爭疑楚漢　　中和揖讓似唐虞
一家天地自泰否　　對鏡時時看白鬚

12-33-106 스스로 웃다
12-33-106 自笑

집에 와서[650] 봉군(封君)[651]되자 병이 몸을 얽어매더니
다만 편안한 거처에서 진성(眞性)[652]을 기르기[653]에 좋았다네.
산림을 향하지도 못한 채 세월을 소진하는데
조시(朝市)[654]에 쫓아다니며 아직도 풍진(風塵)에 뒤섞이네.
새벽별은 홀로 붉은 마음과 더불어 반짝이는데
섣달의 눈은 또 흰 머리털과 더불어 새로워지네.
늘그막의 모습[655]을 스스로 다 점검해 보니

---

649) 泰否는 세상의 泰平과 紊亂으로 세도의 盛衰와 인사의 通塞을 가리키는데, 『周易』의 태는 천지가 화합하여 만물이 형통하는 괘이고, 비는 천지가 화합하지 않아 만물이 형통하지 않는 괘인 데서 유래한다.
650) 就第는 벼슬을 그만두고 집으로 돌아감이다.
651) 封君은 왕의 친인척이나 2품 이상의 관료・공신 등에게 君의 칭호를 주는 것인데, 목은은 恭愍王 23년(1374)에 韓山君에 봉해졌다.
652) 眞性은 사람의 참된 근본 성품이다.
653) 養性은 인간이 본래 지닌 본성을 기르는 것으로 『孟子』「盡心 上」의 "그 본심을 간직하고 그 본성을 기르는 것이 하늘을 섬기는 것이다.(存其心 養其性 所以事天也)"라는 글에서 유래한 말이다.
654) 朝市는 조정과 시장으로 명예와 이익을 다투는 곳을 말한다.
655) 光景은 景色, 모양이다.

한강 가에서 조롱박[656]을 기리는 것과 꼭 같다네.

封君就第病纏身　　只合安居養性眞
未向山林消歲月　　尙趨朝市混風塵
曉星獨與丹心耿　　臘雪仍將白髮新
自檢老年光景了　　胡蘆□□漢江濱

12-33-107 감진관[657] 여러 분들이 나에게 와서 사대문자[658]를 논의하는데, 유운 판서[659]가 선온[660]을 받들고 이곳에 왔기에 절하고 마신 다음에 마쳤다. 판서 또한 감진관의 한 사람이다

12-33-107 監進諸公 就僕商量事大文字 柳判書雲奉宣醞來斯拜飮而罷 判書亦監進一名也

---

656) 胡(葫)蘆는 호리병처럼 생긴 박인데, 여기에서는 胡(葫)畵依樣의 준말로 옛사람이 그린 호리병을 본떠 그리는 것처럼 창의성이 없이 그림을 그리는 것을 가리킨다. 『東軒筆錄』에 따르면 宋 太祖가 翰林學士 陶穀이 制書를 草할 때에 前人의 舊本을 점검하여 詞語만 바꾸어 쓴다는 말을 파다하게 듣고, "世俗의 이른바 옛날 것을 모방하여 호리병을 그린 것일 뿐이니, 무슨 힘을 쓴 것이 있는가?(此乃俗所謂依樣畵葫蘆耳 何宣力之有)"라고 비웃었다고 하며, 이에 따라 "한림원의 도학사를 비웃을 만하니, 해마다 호리병을 본떠서 그리네.(堪笑翰林陶學士 年年依樣畵葫蘆)"라는 시 구절이 회자되었다고 한다.

657) 監進官은 물품이나 문서 등을 검토하여 위에 올리는 일을 맡은 관리이다.

658) 事大文字는 사대외교에 사용하는 문서이다. 事大라는 말은 『孟子』 「梁惠王 下」의 "오직 지혜로운 사람만이 작은 나라로써 큰 나라를 섬길 수 있습니다. (중략) 큰 나라로 작은 나라를 섬기는 사람은 하늘의 뜻을 즐거워하는 사람이고, 작은 나라로 큰 나라를 섬기는 사람은 하늘의 뜻을 두려워하는 사람입니다.(惟智者 爲能以小事大 (中略) 以大事小者 樂天者也 以小事大者 畏天者也)"라는 대목에서 유래한다.

659) 判書는 고려시대 六司・六部의 장관으로 尙書라고도 하였으며 품계는 정3품이다.

660) 宣醞은 임금이 신하에게 술을 내려주는 것, 또는 그 술이다.

앓은 뒤에는 정신이 대부분[661] 줄었는데
문서의 말을 윤색하라고 여러 군(君)들이 의뢰하시네.
주장(奏章)[662]을 탈고하자 심간(心肝)[663]이 괴롭더니
선온(宣醞)이 통에 가득하여 골수(骨髓)까지 취하였네.
해와 달 같은 빛을 드리우니 우주가 환해지고
산과 내가 색깔을 자랑하니 안개와 구름이 섞이네.
중원(中原)에는 아직도 천자를 알현할[664] 길이 막혀 있는데
사해(四海)[665]는 모름지기 수레바퀴와 글을 같게 하여야 하리.[666]

病後精神減九分　　書詞潤色賴諸君
奏章脫稿心肝苦　　宣醞盈樽骨髓醺
日月垂光明宇宙　　山川弄色雜烟雲
中原尙阻朝天路　　四海須同軌與文

12-33-108 포를 보내준 경상염사[667] 여공에게 사례하다
12-33-108 謝慶尙廉使呂公送脯

산과 바다가 대장의 깃발 아래 섞여 있고

---

661) 九分은 열 가운데 아홉이라는 뜻으로 대부분을 가리킨다.
662) 奏章은 제왕에게 올리는 글이다.
663) 心肝은 심장과 간장으로 진심・마음 속을 비유한다.
664) 朝天은 天子나 天帝를 朝見함이다.
665) 四海는 中國의 四方에 있는 바다나 異民族이 사는 지역으로 天下를 비유한다.
666) 同文共軌(規)는 같은 문장을 쓰고 수레의 軌幅을 같도록 하여 사용하는 것으로 천하가 하나의 국가로 통일됨을 비유하는데, 『中庸』의 "지금 천하의 수레는 軌輻이 같고, 글은 문자가 같고, 예법은 순서가 같다.(今天下 車同軌 書同文 行同倫)"라는 대목에서 유래한다.
667) 廉使는 道를 다스리는 長官인 按廉使의 준말로 節度使・巡撫使・按撫使라고도 하였다.

바람과 티끌[668]은 붓 끝에서 걷히네.
편지를 써서[669] 늙은이[670]를 문안하니
말린 고기가 아침의 반상(盤床)을 비추네.

山海縈麾下　　風塵卷筆端
修書問耆舊　　乾肉照朝盤

12-33-109 표문[671]의 제두[672]와 권점[673]을 서정언[674]이 와서 청하다
12-33-109 表文提頭圈點 徐正言來請

관옥(冠玉)[675]과 같은 성랑(省郎)[676]들이 모정(茅亭)[677]을 비추는데
사륙문(四六文)[678]의 문채[679]가 해와 별처럼 빛을 쏘네.
스스로 기두(箕斗)[680]라는 헛된 이름을 비웃는데

---

668) 風塵은 바람과 티끌로 속세, 또는 전쟁을 비유한다.
669) 修書는 편지를 쓰거나, 책을 편집함이다.
670) 耆舊는 늙은이를 가리킨다.
671) 表文은 신하가 임금이나 황제께, 또는 임금이 황제께 올리는 글이다.
672) 提頭는 문장 중에서 천자(또는 왕)에 관한 글자를 다른 줄의 처음에 옮겨 써서 敬意를 표하는 일을 말한다.
673) 圈點은 문장의 句讀나 문장 중의 중요하거나 精彩로운 字句를 표시하기 위하여 치는 동그란 점, 또는 그것을 치는 일이다.
674) 正言은 고려시대에 門下省·僉議府·都僉議使司·都僉議府·門下府 등에 두었던 郎舍 벼슬로서 左正言과 右正言이 있었다. 睿宗 11년(1115)에 拾遺를 정언으로 고쳐 품계를 종6품으로 하였다가, 忠烈王 34년(1308)에 思補로 고쳐 품계를 정6품으로 올렸고, 恭愍王 5년(1356)에 다시 정언으로 고쳤다.
675) 冠玉은 冠의 앞을 꾸미는 옥인데, '사내의 아름다운 얼굴'을 뜻하기도 한다.
676) 省郎은 고려시대에 中書門下省에 소속된 정3품 이하의 관원에 대한 총칭으로 郎舍·諫官이라고도 한다.
677) 茅亭은 짚이나 새 등으로 지붕을 이은 정자이다.
678) 四六文은 중국의 六朝와 唐나라 때 성행한 騈儷文을 4자와 6자의 對句로 이루어졌다는 데서 일컫는 말로 四六文·騈儷文·四六騈儷文이라고도 한다.
679) 詞華는 글의 文采, 문장의 화려함을 뜻한다.

다만 단청(丹青)[681]을 본떠서 돕는 말[682]을 배열하네.
체두(杕杜)[683]를 틀리게 쓰면 남들이 응당 웃을 텐데
호리병을 본떠 그리는[684] 것이 내가 부딪친 일이네.
다행히 소손(素飡)[685]을 면하였으나 매우 부끄러워할 만한데
소년시절에는 고생스럽게 부질없이 경전을 궁구하였네.

省郎冠玉照茅亭　　四六詞華射日星
自笑虛名似箕斗　　只將助語擬丹青
誤書杕[686]杜人應笑　　依樣胡蘆我所丁
幸免素飡深可恥　　少年辛苦枉窮經

12-33-110 주인 부부가 와서 음식을 대접하다
12-33-110 主人夫婦來餉

---

680) 箕斗는 별자리인 箕宿와 斗宿의 합칭으로 虛名을 비유하는데, 『詩經』「小雅」〈大東〉의 "남쪽에는 기가 있지만, 까불 수 없네. 북쪽에는 두가 있지만, 酒漿을 뜰 수 없네.(維南有箕 不可以簸揚 維北有斗 不可以挹酒漿)"라는 글에서 유래한다.

681) 丹靑은 붉은 빛과 푸른빛으로 채색하여 그린 그림이다.

682) 助語는 어조사이다.

683) 〈杕杜〉는 『詩經』「國風(唐風)」에 실린 형제 없는 고독을 노래한 작품인데, 여기에서는 『舊唐書』 권106, 〈李林甫傳〉에서 이임보가 典選할 때 '杕杜'라는 글자를 몰라서 吏部侍郎 韋陟에게 '杖杜'가 무엇인지를 물었다는 고사를 가리킨다.

684) 依樣胡(葫)蘆는 옛사람이 그린 호리병을 본떠 그리는 것처럼 창의성이 없이 그림을 그리는 것을 가리킨다. 『東軒筆錄』에 따르면 宋 太祖가 翰林學士 陶穀이 制書를 草할 때에 前人의 舊本을 점검하여 詞語만 바꾸어 쓴다는 말을 파다하게 듣고, "世俗의 이른바 옛날 것을 모방하여 호리병을 그린 것일 뿐이니, 무슨 힘을 쓴 것이 있는가?(此乃俗所謂依樣畵葫蘆耳 何宣力之有)"라고 비웃었다고 하며, 이에 따라 "한림원의 도학사를 비웃을 만하니, 해마다 호리병을 본떠서 그리네.(堪笑翰林陶學士 年年依樣畵葫蘆)"라는 시 구절이 회자되었다고 한다.

685) 素飡(飧)은 素餐과 같은 말로 아무런 공로나 재능이 없이 높은 지위에 앉아 녹을 타 먹는 것을 가리킨다.

686) '杕'은 '杖'의 誤字이다.

융성한 시대라서 늙은 선비를 용납하니
밝은 창가에서 주인에게 사례드리네.
찐 떡은 기운이 아직 뜨겁고
거른 술은 맛이 또 진하네.
산과 바다에는 겨울의 모습이 쓸쓸한데
띳집에는 새벽빛이 신선하네.
복사(伏祀)와 납제(臘祭)[687]를 함께 하기를 바라거니와
풍진(風塵)을 떠난 지 이미 오래 되었다네.

盛代容儒老　　明窓謝主人
蒸餻氣猶熱　　壓酒味仍醇
山海寒容寂　　茅茨曉色新
庶將同伏臘　　久已離風塵

12-33-111 술
12-33-111 酒

술은 하루도 없어서는 안 되지만
마시는 것이 반잔보다 많아서는 아니 되네.
온화한 기운을 운행하도록 이끌어 사악한 때를 씻어내는 것은
은하수를 끌어당겨 갑병(甲兵)을 씻음과 같네.[688]
간혹 입에 달아서 주정에 이르게 되면
온갖 약으로도 고질병[689]을 고칠 계책이 없네.

---

687) 伏臘은 여름 제사인 伏祀와 겨울 제사인 臘祭이다.
688) 이 구절은 杜甫의 〈洗兵行〉에 나오는 "어찌하면 장사를 얻어 은하수를 끌어와서, 갑병을 깨끗이 씻어 길이 쓰지 않을까?(安得壯士挽天河 淨洗甲兵長不用)"라는 구절을 인용한 표현이다.

어진 사람과 의로운 선비는 절제하여 예법을 지키지만
미친 사내와 호탕한 사람은 절제를 잃고 조화를 잃네.
푸른 산은 자리에 가득하고 한낮이 조용한데
문 앞에 간혹 높은 분의 행차가 들르기도 한다네.[690]
신발을 거꾸로 신고[691] 서로 맞이하고 물에 돌을 던지듯이 하며[692]
이를 잡으며 앉아서 담론하며[693] 서릿발 같은 창[694]을 갈았다네.
이것은 누구의 힘이란 말인가?
국생(麴生)[695]의 풍도(風度)이고 국생의 관대함 때문이네.
조정에서 잔치를 베풀고 천지가 태평하니

---

689) 沈痾는 고질병이나 중병이다.

690) 高軒過는 존귀한 사람의 수레가 찾아온다는 뜻으로 唐代의 詩人 李賀가 일곱 살에 능히 글을 지은 것을 韓愈와 皇甫湜이 믿지 못했는데, 마침 그 집을 지나다가 시를 짓게 하니 붓을 잡고 제목을 〈高軒過〉라고 써서 놀라게 했다는 고사에서 유래한다.

691) 倒屣는 손님을 급히 마중 나가느라고 신발을 거꾸로 신는다는 뜻이다. 『魏志』 〈王粲傳〉에 "당시에 蔡邕은 재주와 학문이 매우 뛰어났는데, 조정에서 지위가 높고 직무가 무거워서 늘 수레와 말이 거리를 채우고 빈객이 자리에 가득하였다. 粲이 문에 와 있다는 말을 듣고 신발을 거꾸로 신고 나와 맞이하고는, '이 사람은 왕공의 손자인데, 기이한 재주가 있어서 나는 따를 수 없다.'라고 하였다.(時邕才學顯著 貴重朝廷 常車騎塡巷 賓客盈坐 聞粲在門 倒屣迎之曰 此王公孫也 有異才 吾不如也)"라고 했다는 대목이 있다.

692) 以石投水는 돌을 물에 던지는 것으로 서로 의기가 투합함을 비유하는데, 三國時代 魏人 李康의 〈運命論〉(『文選』 권53)에 나오는 "張良이 黃石公에게 符籍을 전수받고 『三略』의 설을 외워 群雄들에게 유세하였으나, 그 말은 마치 물을 돌에 던진 듯하여 받아들이는 사람이 없었는데, 그가 漢 高祖를 만나니 그 말이 돌을 물에 던진 듯하여 거스르는 사람이 없었다.(張良受黃石之符 誦三略之說 以游於羣雄 其言也 如以水投石 莫之受也 及其遭漢祖也 其言也 如以石投水 莫之逆也)"라는 대목에서 유래한다.

693) 捫蝨은 이를 잡으면서 타인을 상대한다는 뜻으로 『晋書』 〈桓溫傳〉의 다음 고사에 유래한다. 前秦의 王孟이 소년시절에 극히 가난하게 살았는데, 關中에 진격한 東晋의 대장 환온을 알현하면서, 한편으로 천하사를 담론하고 한편으로 이를 잡으면서 방약무인하였다고 한다.

694) 霜戈는 환하게 빛나고 날이 날카로운 창이다.

695) 麴生은 술을 擬人化한 표현이다.

육합(六合)[696]은 문득 안락와(安樂窩)[697]가 되네.
우리의 생령(生靈)[698]을 수역(壽域)[699]에 들어가도록 하면
나 또한 〈남훈(南熏)〉[700]의 노래를 지어서 바치리.

酒不可一日無　　飮不可半盞多
導行和氣滌邪穢　　如洗甲兵挽天河
或甘於口至於酗　　百藥無計痊沈痾
仁人義士節以禮　　狂夫豪客流失和
靑山滿座白日靜　　門前或値高軒過
倒屣相迎石投水　　捫蝨坐談霜磨戈
是誰之力也歟哉　　麴生之風兮麴生之薖
朝廷燕享天地泰　　六合便爲安樂窩
驅我生靈入壽域　　我亦製進南熏歌

12-33-112 팽개떡[701]을 보내 주신 서경[702]의 이소윤[703]에게 사례

696) 六虛는 六合과 같은데, 天地와 四方을 가리킨다.
697) 安樂窩는 성리학 형성기의 北宋의 학자인 邵雍의 거실 이름으로 편안하고 즐거운 거처라는 뜻이다.
698) 生靈은 生民, 백성이다.
699) 壽域은 사람마다 天壽를 다할 수 있는 태평성세를 가리킨다.
700) 〈南熏〉은 舜임금이 五弦之琴으로 지은 노래로 가사는 전하지 않으며, 南薰·南風·薰風·凱風이라도 한다. 이것은 효자의 시로서 남풍이 만물을 長養하기 때문에 효자가 그것을 노래하여 부모가 낳고 기른 것이 만물이 남풍을 얻어 생장한 것과 같다는 뜻을 담은 것이다.
701) 平桂는 '팽개'를 音借한 말로 보이는데, 曺伸의 『謏聞瑣錄』에서는 牧隱의 시에 나오는 "平桂眞如板"이 속어를 사용한 것임을 지적하고, 平桂·菓子로 불리는 이것이 밀가루에 꿀을 섞어서 기름에 구운 꿀떡으로서, 고려 때부터 喪·祭·婚의 賓宴에서 쓰여 왔다고 설명한 바 있다.
702) 西京은 고려시대 三京의 하나인 平壤을 가리키는데, 태조 원년에 平壤大都護府로 삼았다가 4년에 서경으로 고친 바 있으며, 그 뒤에는 留守官·府·萬戶府 등을 오가며 수차 바뀌었다.

하다

12-33-112 謝西京李少尹送平桂

넓적한 팽개덕은 참으로 널판지와 같고
소서(素書)[704]는 또 서리와 비슷하네.
서경(西京)에는 풍속이 변하였거늘
소윤(少尹)의 마음 씀이 훌륭하다네.

平桂眞如板　　素書還似霜
西京風俗變　　少尹用心長

12-33-113 화산군[705]과 함께 여러 분들과 같이 가다가 최원유[706] 판사[707]를 만나 수원부사 이서원[708] 계장[709]을 전별하였는데 박정당[710]도 오셨다

12-33-113 同花山君諸公偕行 遇崔判事元濡 餞水原府使李契

703) 少尹은 고려시대의 開城府·殿中寺·殿中監·衛尉寺·禮賓寺·大府寺·小府寺·軍資寺·司宰寺 및 西京·東京·南京留守官에 두었던 벼슬이다.

704) 素書는 흰 종이에 쓴 편지이다. 『古樂府』 〈飮馬長城窟行〉에 "손님이 먼 곳으로부터 와서, 나에게 두 마리의 잉어를 주네. 아이를 불러 잉어를 삶으니, 그 속에 편지가 들어 있네.(客從遠方來 饋我雙鯉魚 呼童烹鯉魚 中有尺素書)"라는 대목이 있다.

705) 花山君은 權適(1307~?)의 封號이다.

706) 崔元儒(濡)는 고려 말의 문신으로 『高麗史』에 恭愍王 23년(1374)에 崔瑩을 비판하다가 持平에서 延安府使로 좌천되었다는 기사가 있을 뿐인데, 이 시를 통해서 判書를 지낸 사실을 알 수 있다.

707) 判書는 고려시대의 六司·六部의 장관으로 尙書라고도 했으며 품계는 정3품이다.

708) 李舒原(源)은 고려 말의 문신으로 『高麗史』에 恭讓王 元年(1389) 5월에 密直副使가 되었다는 기사가 있을 뿐인데, 『牧隱詩藁』를 통해서 三司右尹과 水原府使를 지낸 사실을 알 수 있다.

709) 契長(丈)은 계의 우두머리, 또는 동년배 사이에서 상대방을 높여 부르는 말이다.

710) 政堂은 고려시대 中書門下省의 종2품 관직인 政堂文學의 약칭이다.

長舒元 朴政堂來會

나는 늘그막에 가난하여 아무것도 없는데
그대는 장년(壯年)[711]인데도 은혜가 남에게 미치네.
깃발[712]이 떠날 날이 정해져 있기에
술과 음식을 여러 이웃에서 구걸한다네.
눈이 내린 천 개의 산에 새는 날지 않고[713]
봄을 맞은 만 그루의 나무에는 꾀꼬리가 옮아가네.[714]
뒷날 순리전(循吏傳)[715]에서
반드시 퍼뜨린 꽃향기[716]를 만나 보리.

我老貧無物　　君強惠及人
旌旆行有日　　酒肉乞諸隣
鳥絶千山雪　　鶯遷萬木春
他年循吏傳　　會見播芳塵

12-33-114 일 때문에 느낌이 있어

---

711) 強歲는 壯年이다.

712) 旌旆는 旌節과 旆節로서 군대에서 사용하는 지휘용 깃발이다.

713) 이 구절은 唐의 시인 柳宗元(773~819)의 五言絶句 〈江雪〉[천 개의 산에는 새의 낢이 끊어지고, 만 줄기의 길에는 사람의 자취가 끊어졌네. 외로운 배에서 도롱이 입고 삿갓 쓴 늙은이는, 홀로 눈 내린 차가운 강에서 낚시질하네.(千山鳥飛絶 萬徑人蹤滅 孤舟蓑笠翁 獨釣寒江雪)]을 變容한 것이다.

714) 이 구절은 『詩經』「小雅」〈伐木〉의 "나무 베는 소리 쩡쩡 울리고, 새우는 소리 조잘대네. (꾀꼬리는) 깊은 골짜기에서 나와, 높은 나무로 옮아가네.(伐木丁丁 鳥鳴嚶嚶 出自幽谷 遷于喬木)"라는 대목을 변용한 것이다.

715) 循吏傳은 법을 잘 지키며 도리를 잘 따르는 관리에 대한 集傳으로 循吏列傳이라고도 한다.

716) 芳塵은 꽃 밑에서 나는 먼지로 꽃향기를 뜻하며 芳埃라고도 한다.

12-33-114 因事有感

누가 몇 자의 갈대발을 가로질러 놓아서
나에게서 눈을 환하게 해 주는 서쪽창을 빼앗았는가?
걷으니 문득 옛 모습으로 되돌아가는데
살피니 족히 평소의 삶을 경계할 만하네.
어두움을 좇아서 습관이 오래 되면 혼미하고 어지러우며
쉽게 처리하여 공이 이루어지면 태평을 이루네.[717)]
아래에 사는 늙은이가 늘 크게 탄식하나니
어느 날에나 사악함을 물리치고 끝내 성실함을 보존하리요?[718)]

誰將數尺葦簾橫　　奪我西窓刮眼明
卷去忽然還舊觀　　看來足以戒平生
從昏習久成迷亂　　納約功成致太平
下有老翁長太息　　閑邪何日竟存誠

12-33-115 덧없는 삶
12-33-115 浮生

덧없는 삶에 누가 운명을 믿으랴?

---

717) 이 구절은 『周易』「坎卦」六四爻辭의 “한 그릇의 술과 두 그릇의 음식을 질그릇에 담아 약속을 올리되 창문을 통해 하니 마침내 허물이 없을 것이다.(樽酒簋貳用缶 納約自牖 終无咎)”라는 대목을 변용한 것이다.

718) 閑邪存誠는 사악함을 물리치고 성실함을 보존하는 것이다. 『周易』文言傳에 “중용을 지킨 말은 신실하고, 중용을 지킨 행동은 근신하며, 사악한 것을 물리치고 그 성실함을 보존하며, 선한 일을 실행하고도 자랑하지 아니하며, 은덕을 널리 베풀어 사람을 감화시킨다.(庸言之信 庸行之謹 閑邪存其誠 善世而不伐 德博而化)”라는 글이 있다.

늘그막[719]에도 여전히 시속(時俗)을 따른다네.
밤이 기니 읊조림이 더욱 괴롭고
날씨가 차가우니 일어남이 절로 더디네.
마을의 연기는 비스듬한 마룻대에서 나오고
들판의 해는 성근 울타리를 비추네.
그윽한 흥취를 부칠 만하기에
전처럼[720] 〈귀거래사(歸去來辭)〉[721]를 읊조린다네.

浮生誰信命　　晩節尙趨時
夜永吟彌苦　　天寒起自遲
村煙出欹棟　　野日照疏籬
足以寄幽興　　依然歸去辭

12-33-116 이달 스무닷샛날에 판삼사[722]에 제배하시는 명을 받고 조시중[723]과 함께 숙직하고 뵌 다음 돌아와서 행적을 기록하다

12-33-116 是月二十五日 拜判三司之命 同曹侍中宿拜 歸而紀行

한 시대의 영웅께서 시중에 제배(除拜)되셨는데
판삼사(判三司)의 배명(拜命)이 미천한 몸에 미치네.

719) 晩節은 老年, 末世, 늘그막의 節操이다.
720) 依然은 前과 다름없다는 뜻이다.
721) 〈歸去來辭〉는 東晉의 시인 陶潛의 辭 제목으로 41세 때에 彭澤縣令을 사임하고 고향으로 돌아가는 심경을 읊은 것이다.
722) 判三司는 判三司事의 준말로 고려시대 三司의 判事를 말한다.
723) 侍中은 고려시대 門下省・都簽議使司・都簽議府・門下府의 종1품 벼슬로 左侍中과 右侍中이 있었다.

무진생(戊辰生)[724]으로 머리가 먼저 희어짐을 홀로 부끄러워하는데
갑자생(甲子生)[725]께서는 모난 뺨이 아직도 붉네.
다만 금서(琴書)[726]와 더불어 한가롭게 세월을 보냈는데
어찌 낭묘(廊廟)[727]에서 친밀하게 달려감[728]을 기대했으랴?
옛날부터 정신의 힘이 쇠약하든지 튼튼하든지 상관없이
곧잘 중흥(中興)에 이르는 큰 공을 세웠다네.

一代英雄拜侍中　　判三司命及微躬
戊辰獨愧頭先白　　甲子方頰尙爾紅
但與琴書閑送日　　豈期廊廟昵趨風
古來精力無衰壯　　好至中興樹大功

12-33-117 이른 아침에
12-33-117 早朝

근래에는 병든 몸이라 바람과 추위를[729] 겁내어서
아침이 다하도록 이불을 뒤집어써야 따뜻하고 편안하다네.
일찍 일어나서 용모를 꾸미자니[730] 참으로 괴로운데[731]
싱거운 음식은 맛이 없어서 늘 남기네.
날리는 구름은 큰 들판에서 실로 만든 재갈[732]을 따르고

724) 戊辰生은 무진년(1328년)에 태어난 李穡을 가리킨다.
725) 甲子生은 갑자년(1324)에 태어난 사람으로 禑王 9년에 侍中에 오른 曺敏修를 가리키는 듯한데, 그동안 알 수 없었던 그의 生年이 여기에서 확인되는 듯하다.
726) 琴書는 거문고와 책으로 文人·雅士가 벗으로 여기는 것이다.
727) 廊廟는 나라의 정치를 맡은 궁전으로 正殿 혹은 廟堂이라 한다.
728) 趨(趍)風은 下風으로 귀인을 공경하여 그 앞을 바람처럼 달음질치는 것이다.
729) 風寒은 바람과 추위이다.
730) 修容은 위의를 정제하여 용모를 꾸미는 것이다.
731) 勉强은 능력이 부족하면서 억지로 하는 것이다.

지는 달은 높은 봉우리에 옥쟁반처럼 걸려 있네.
시중(侍中)께서 먼저 말에서 내릴까 오히려 두려워하여
말을 급히 달리게 하니 온몸[733]이 두 배나 쓰라리네.

年來病骨怯風寒　擁被終朝煥且安
早起修容眞勉强　淡湌無味每留殘
飛雲大野隨絲鞚　落月高峯掛玉盤
尙恐侍中先下馬　驅馳支體倍酸辛

12-33-118 합좌소[734]에서 매번 먼저 나오기를 청하려니 부끄러워서 짓다
12-33-118 合坐每請先出 有愧而作

도당(都堂)[735]에서 우물쭈물함[736]이 매우 부끄러운데
아침 사무[737]와 저녁 숙직을 부지런히 함이 마땅하네.
어찌하여 늦게 들어가고 자주 먼저 나오는가?
또한 이것도 망령된 사람이니 어찌 족히 말하랴?
고기를 먹으면서 야성(野性)[738]을 따름이 어찌 마땅한가?
존귀함을 함께 하면서 감히 천문(天文)을 우러러보지 않으랴?
너는 이제 늙었으니 돌아가도 좋다고 하시고

732) 絲鞚은 실로 만든 고삐・재갈이다.
733) 支體는 身體 전체, 또는 四肢를 가리킨다.
734) 合坐所는 고려 후기에 宰臣과 宰樞들이 모여 國事를 의논하던 公館이다.
735) 都堂은 고려 후기에 宰樞가 政事를 의논하는 合議機關이자 百官을 總令하고 庶事를 관장하는 最高政務機關이다.
736) 唯唯는 可否를 결단하지 못하는 모양이다.
737) 朝衙는 아침에 관아로 출근하여 일을 처리하는 것이다.
738) 野性은 野人의 性情, 곧 자연을 좋아하여 田野에 살기를 좋아하는 性情이다.

혹시 동쪽의 바닷가[739]에 황금을 내려주시리.[740]

唯唯都堂愧十分　　朝衙夕直合勤勤
奈何後入頻先出　　亦是妄人何足云
肉食豈宜從野性　　同尊敢不仰天文
汝今老矣可歸去　　倘賜黃金東海濆

12-33-119 청풍[741]의 안사군을 전송하다
12-33-119 送淸風安使君

관리가 되는 데에는 본래 방법이 많거니와
그대의 집에는 스승이 있음을 기꺼워하였네.
지난날처럼 청풍(淸風)에서 지내면
또 뒷날에 황각(黃閣)[742]에 들리.
달이 밝으면 천 자[尺]의 누각에 오르고
구름이 개면 두 이삭[743]이 나온 보리가 있으리.
높은 데 올라[744] 백성들의 농사를 살피며[745]

---

739) 東海는 중국의 동쪽 바다, 즉 우리나라의 西海, 黃海를 가리킨다.
740) 이 연은 東海郡 蘭陵 출신으로 漢 宣帝 때 사람인 疏廣이 太子의 少傅가 되어 명망을 얻었으나 공을 이루고 나면 물러나는 것이 하늘의 도라고 하면서, 형의 아들인 疏受와 함께 고향으로 물러나려고 하자 그들의 老衰함을 인정하여 귀향을 허락한 황제와 황태자가 내린 황금으로 즐기며 天壽를 누렸다고 하는 고사를 변용한 것이다.
741) 淸風은 충청도 제원에 있던 縣이다.
742) 黃閣(閤)은 宰相의 官署이다.
743) 兩岐는 보리줄기 하나에 두 이삭이 나오는 것으로서 後漢 張堪이 漁陽太守일 때 백성들이 "뽕나무에는 곁가지가 없고, 보리이삭은 두 개라네.(桑無附枝 麥穗兩岐)"라고 노래한 데서 연유한다.
744) 登臨은 登山臨水[산에 오르고 물가에 나아감]의 준말로서 대개 높은 산에 오름을 가리킨다.

그대를 전송하던 시를 다시 읽어 보시게나.

作吏自多術　喜君家有師
淸風如昨日　黃閣又他時
月白樓千尺　雲晴麥兩歧
登臨觀稼處　更讀送君詩

12-33-120 정해년[746]의 진사 동년들이 남경[747]에서 처음 모였을 때에 장원인 박공[748]이 나를 초대하여 자리에 참여하게 하셨고, 그 다음 모임에서는 우사재[749]가 또 초대하였는데 그 모임을 마련한 사람은 광주의 이판사[750]이다

12-33-120 丁亥進士同年 南京初會 壯元朴公 招僕侑坐 次會禹四宰 又招 其辦會者 廣州李判事

동방(同榜)[751]으로 동맹(同盟)[752]한 지 서른여섯 해인데

745) 觀稼는 임금이 들에 나가 백성이 농사짓는 것을 살피는 일인데, 여기에서는 지방의 수령이 백성들의 농사를 살피는 것을 가리킨다.
746) 丁亥年은 忠穆王 3년(1347)으로 許伯이 知貢擧, 李穀이 同知貢擧를 맡아 金仁琯·韓脩·李岡·朴形 등 33인을 뽑은 해이다.
747) 南京은 고려시대 三京의 하나인 漢陽을 가리키는데, 文宗 21년(1067)에 처음 설치되었다가 肅宗 9년(1104)에 다시 설치되었으며, 처음에 南京留守官을 두었고 忠烈王 34년(1308)에 漢陽府로 고쳤다.
748) 朴公은 朴形(?~1398)을 가리킨다. 忠穆王 3년(1347, 丁亥年)에 右代言 鄭思道(1318~1379)가 監試試官이 되어 주관한 監試에서 장원을 차지하였으며, 이때 같이 합격한 同年으로는 李集(1327~1387) 등이 있다.
749) 四宰는 네 번째의 宰相이라는 뜻으로 知禮部事를 겸대한 宰臣을 가리킨다.
750) 判事는 고려시대 都僉議使司·門下府·典客寺 등 諸寺司의 으뜸 벼슬로 품계는 종1품에서 종3품까지이다.
751) 同榜(牓)은 같은 科擧에서 함께 급제한 사람이다.
752) 同盟은 함께 맹약을 맺은 사람이다.

남경(南京)에 모여서 마심이 어찌 우연한 일이랴?[753]
정밀하고 교묘한 광릉(廣陵)[754]은 좌석을 잘 놀라게 하고
살찌고 기름진 풍양(豊穰)[755]은 또 자리를 빛내네.
초대받은 외부의 손님이 어찌 조금인들 사양하리요?
흥이 난 여러 분들은 정겨워서 서로 이끌리네.
말없이 생각건대 모든 것이 선군(先君)[756]의 은택이니
사귐의 기록이 끝내 대대로 전해지리.

同榜同盟卅六年　　南京會飮豈徒然
廣陵精巧能驚座　　豐壤肥膏又照筵
外客承招寧少讓　　諸公發興意相牽
默思摠是先君澤　　交記終當世世傳

*우공은 선군의 동년의 아들이고, 박공은 선군의 문생이며, 조공은 아버지의 벗[757]의 아들이고, 호연[758]은 곧 동년의 아우이다.

*禹公是先君同年子 朴公是先君之門生 趙公是執友之子 浩然乃同年之弟

12-33-121 남경의 이른봄
12-33-121 南京早春

753) 徒然은 偶然이다.
754) 廣陵은 경기도 廣州의 다른 이름으로 李氏의 貫鄕이다.
755) 豊穰은 경기도 南楊州의 옛 이름으로 趙氏의 貫鄕이다.
756) 先君은 先考·先親과 같은 말로 여기에서는 李穡의 부친 李穀(1298~1351)을 가리킨다.
757) 執友는 아버지의 벗이다.
758) 浩然은 李集(1327~1388)의 字이다. 고려 말 문신으로 初名은 元齡, 號는 遁村이며, 廣州의 향리 唐의 아들이다. 恭愍王 4년(1355)에 禮部試에 급제하여 문장과 절의로 알려졌다. 辛旽이 執權하였을 때에 永川으로 도망가서 숨어살다가, 辛旽이 伏誅된 뒤에 잠시 복직했으나 驪州 川寧縣에 내려가서 지냈다.

삼각산(三角山)[759] 속에는 눈이 하늘에 가득한데
절의 창은 고요하게 차가운 연기에 갇혀 있네.
남경(南京)에서 가까운 곳인데 바람이 얼굴에 불어오니
변화가 조물주의 화권(化權)[760]임을 누가 알리요?

三角山中雪滿天　　僧窓寂寂鎖寒烟
南京咫尺風吹面　　變化誰知造物權

12-33-122 조정이 개경으로 갈 것을 논의하다
12-33-122 朝議還京

천시(天時)[761]와 인사(人事)는 수레의 두 바퀴인데
성주(聖主)[762]께서는 일찍이 육록(六錄)[763]의 글을 숭상하였다네.
이제는 새로 주고받지 못함을 안타까워하는데
비록 옛것을 좋아하더라도 또한 숫자만 채우는 사람[764]이라네.

---

759) 三角山은 北漢山을 가리킨다. 북한산은 경기도 高陽郡 神道面에 있는 서울의 鎮山으로서 白雲·仁秀·萬景의 세 봉우리가 있어서 三角山이라 부른다. 華山·華嶽이라고도 한다.

760) 化權은 만물을 화육하는 조물주의 權能, 또는 백성을 교화하는 政權이다.

761) 天時는 때에 따라 운행되는 時日·晝夜·寒暑 등의 자연현상이다.

762) 聖主는 高麗 太祖 王建을 가리킨다.

763) 六錄은 風水地理에 관한 여섯 가지 秘錄을 수록한 道詵(827~898)의 『玉龍秘記』의 별칭으로, 〈玉龍子十勝之地秘訣〉·〈十勝之地外論保身山水之所〉·〈玉龍秘訣〉·〈玉龍子記〉·〈玉龍子詩〉·〈玉龍子青鶴洞訣〉의 여섯 편으로 구성되어 있기 때문에 불리는 이름이다.

764) 吹噓는 吹竽·齊竽·濫竽充數와 같은 말로 참된 재주가 없고 제대로 배우지 아니한 사람으로 숫자만 채우고 있음을 비유하는데, 『韓非子』「內儲說 上」의 다음 고사에서 유래한다. 齊나라의 宣王이 사람들에게 반드시 삼백 명이 함께 피리를 불게 했다. 南郭處士가 왕을 위하여 피리를 불기를 청하자, 宣王이 기뻐하면서 수백 명에게 먹을 것을 주었다. 宣王이 죽고 湣王이 즉위하여 한 사람 한 사람씩 듣기를 좋아하자, 處士는 달아났다고 한다.

한강(漢江)에는 새벽빛 속에 붉은 해가 뜨는데
백악(柏岳)[765]의 맑은 하늘에는 푸른 허공이 빛나네.
임금님을 모시며 홀로 내 머리털이 흰 것을 부끄러워하나니
삼조(三朝)[766]에서 말을 베푸느라고 세월[767]만 허비하였다네.

天時人事兩輪車　　聖主曾崇六錄書
恨不至今新授受　　縱然好古亦吹噓
漢江曉色浮紅日　　柏岳晴空照碧虛
陪輦獨慙吾鬂白　　三朝賦語費居諸

12-33-123 어가를 호종하는[768] 도중에
12-33-123 扈駕道中

천 명의 관리가 이끌고 따라도 길에는 티끌이 하나도 없는데
가운데 계시는 누른 옷 입으신 분이 곧 임금님이네.
무예를 강습하는 데에 어찌 말을 빨리 달림이 방해되랴?
재주를 드러내면서 다투어 매를 길들여 바치네.
들판은 넓은데 불탄 자취에 막 비가 지나가고
구름이 걷히니 산의 색깔에서 봄기운이 뜨려고 하네.
시중(侍中)께서는 호탕한 기운을 끝내 억누르기 어려운지
때때로 화살을 잡고 달아나는 노루를 바라보네.

---

765) 柏岳은 北嶽山을 가리킨다.
766) 三朝는 세 朝廷으로 李穡이 벼슬살이를 한 元나라 順帝의 조정과 고려의 恭愍王・禑王의 조정을 가리킨다.
767) 居諸는 日居月諸의 준말로 日月・光陰을 뜻하며, 居와 諸는 助字이다. 『詩經』「邶風」〈柏舟〉에 "해와 달이여, 어찌 뒤바뀌어 이지러지는가?(日居月諸 胡迭而微)"라는 구절이 있다.
768) 扈駕는 임금이 탄 수레를 扈從하거나 그렇게 하는 사람을 말한다.

千官導從路無塵　　中有黃衣是聖人
講武豈妨馳馬疾　　效才爭進養鷹馴
野闊燒痕初過雨　　雲收山色欲浮春
侍中豪氣終難□　　撚箭時時望走麕

12-33-124 풍천[769]의 납발[770]
12-33-124 楓川納鉢

문생(門生)[771]이 나를 맞이하기에 황량한 마을에서 자는데
음식에는 정성스러운 것이 많고 잠자리는 따뜻하네.
모든 것이 현릉(玄陵)[772]께서 남기신 은택이니
흰 머리에도 도리어 학이 수레를 탄 듯하네.[773]

門生邀我宿荒村　　食物多精寢席溫
摠是玄陵餘澤在　　白頭還似鶴乘軒

12-33-125 장단[774]의 납발
12-33-125 長湍納鉢

---

769) 楓川은 개경 근처의 지명인 듯하다.
770) 納鉢은 契丹語의 音譯으로 王의 行在所를 가리키며 納寶라고도 한다.
771) 門生은 과거에 급제한 사람들이 考試官에 대하여 자신을 일컫거나, 그 고시관 아래 급제한 사람을 가리키는 말이다.
772) 玄陵은 高麗 제31대 임금인 恭愍王의 陵號이다.
773) 鶴乘軒은 학이 수레를 타는 것으로 『左傳』 閔公 二年條의 "위 의공이 학을 좋아하여 수레를 타는 학도 있었다. 막 전쟁을 하려하자, 갑옷을 받은 나라 사람들이 모두 말하기를, '학을 부려라, 학이 참으로 녹위가 있으니, 내가 어찌 싸울 수 있으랴?'(衛懿公好鶴 鶴有乘軒者 將戰 國人受甲者皆曰 使鶴 鶴實有祿位 余焉能戰)"라고 한 데서 유래하여 함부로 祿位를 얻는 것을 비유한다.
774) 長湍은 경기도 長湍郡 지역에 있었던 府이다.

임금님께서 말을 달리며 봄사냥[775]을 익히시는데
눈 녹은 파평(坡平)[776]에는 풀빛이 퍼지네.
교묘하게 강의 양쪽 기슭은 석벽인데
누가 물을 굽어보는 높은 누각을 세웠는가?

君王馳馬習春蒐　雪盡坡平草色浮
石壁巧成江兩岸　何人臨水起高樓

12-33-126 초천[777]의 납발

12-33-126 椒川納鉢

곡령(鵠嶺)[778]의 갠 빛이 눈에 들어오니
임금님 얼굴의 기쁜 빛이 행궁(行宮)[779]에 가득하네.
내일 아침에는 내가 마땅히 차림을 갖추고[780] 가리니
어가를 호종하는 데에 어찌 백발의 늙은이가 없으랴?

鵠嶺晴光入望中　天顔喜色滿行宮
明朝我合修容去　扈駕那無白髮翁

12-33-127 도성에 머물던[781] 재상들이 백관을 거느리고 선흥

775) 春蒐는 帝王이 하는 봄철의 사냥으로 『春秋左傳』 隱公 五年條에서 "그러므로 봄의 사냥, 여름의 사냥, 가을의 사냥, 겨울의 사냥은 모두 농사의 여가에 軍政大事를 연습하는 것이다.(故春蒐夏苗 秋獮冬狩 皆於農隙以講事也)"라고 하였다.
776) 坡平은 경기도 坡州에 있던 縣이다.
777) 椒川은 개경 근처의 지명인 듯하다.
778) 鵠嶺은 開京의 松嶽山의 다른 이름으로 鵠峰・松山・扶蘇山이라고도 하였다.
779) 行宮은 行在와 같은 말로 임금이 순행 중에 일시 머무는 곳이다.
780) 修容은 위의를 정제하여 용모를 꾸미는 것이다.
781) 留都는 都城에 머묾이다.

사[782]의 동쪽 교외에서 맞이하고, 성균관의 제생[783]은 가요를 불러 바치다

12-33-127 留都宰相 率百官 郊迎于禪興寺之東 成均諸生 進歌謠

삼경(三京)[784]에 순주(巡駐)[785]하는 것이 우리 태조의 성지[786]인데
마음으로 만세토록 우리나라[787]를 보전할 것을 기약함이네.
하늘이 성주(聖主)를 내시니 남긴 가르침[788]을 지키시는데
신(臣)은 태사[789]를 맡았으나 비루한 선비[790]임을 부끄러워하네.
허공에 있는 상서로운 해는 우러러봄을 허용하고
만물에 접촉하는 길한 바람은 와서 소생시키려는[791] 듯하네.
백포(白袍)[792]를 입은 이들이 길 옆에서 가송(歌頌)을 바치니
도성의 사람들이 온 거리[793]를 가득 채울 것을 상상하네.

---

782) 禪興師는 開城에 있던 절로 연혁은 미상이다. 忠肅王 7년(1320)에 君臣이 절 앞에서 打毬를 하였고, 충숙왕 17년에 方臣祐가 수리하였으며, 조선 太宗 10년(1410)에 왕이 경내에 탑을 開慶寺로 옮기라고 명했다는 기록이 있다.
783) 諸生은 太學에 입학한 모든 生員, 또는 모든 弟子・生徒이다.
784) 三京은 고려가 南京(漢陽)을 두기 전의 세 都城인 中京(開京)・西京(平壤)・東京(慶州)이나 지방행정 구역으로서의 서경・동경・남경이다.
785) 巡駐는 巡行하여 머묾이다.
786) 聖謨는 성인의 가르침으로 본래 성인이 천하를 다스리는 큰 뜻과 책략을 뜻하였는데, 뒤에는 제왕의 謀略을 칭송하는 뜻으로 쓰인다. 여기에서는 太祖 王建이 「訓要十條」에서 남긴 遺志를 가리킨다.
787) 東隅는 동쪽 바닷가라는 뜻으로 渤海의 동쪽인 우리나라를 가리킨다.
788) 遺訓은 죽은 이가 남긴 가르침인데, 여기에서는 고려 太祖가 후세의 왕들에게 남긴 訓要十條를 가리킨다.
789) 台司는 三公 즉 정승 세 사람을 말한다.
790) 鄙儒는 識見이 좁고 천한 儒學者라는 뜻으로 儒生이 스스로를 낮추는 謙辭이다.
791) 來蘇는 와서 困苦 중에 소생할 수 있도록 하는 것이다.
792) 白袍는 과거에 응시하는 사람[擧子]이나 관직에 나아가지 않은 사람이 입는 흰 道袍로 그런 사람을 비유한다.
793) 九衢는 가로세로로 교차한 큰길, 번화한 거리이다.

巡駐三京我聖謨　　心期萬世保東隅
天生聖主遵遺訓　　臣忝台司愧鄙儒
瑞日當空容仰見　　祥風觸物似來蘇
白袍道左呈歌頌　　想見都人塞九衢

12-33-128 동대문[794]에서 궁궐문 앞에 이르기까지 산대잡극[795]을 펼쳤는데 전에 못 보던 것이다

12-33-128 自東大門至闕門前 山臺雜劇 前所未見也

엮어 놓은 산대(山臺)가 봉래산(蓬萊山)[796]과 같은데
과일을 바치는[797] 선인(仙人)은 바다에서 오셨다네.
잡손님[798]의 북과 징은 땅을 울려 흔들고
처용(處容)[799]의 적삼과 소매는 바람을 좇아 도네.

---

794) 東大門은 개경의 동문, 즉 宣人門을 가리킨다.

795) 山臺雜劇은 山臺에서 펼치는 雜劇인데, 山臺는 산대놀음을 하기 위하여 대로변이나 산기슭에 차리는 임시무대를 가리키고, 雜劇은 잡스런 갖가지 연극으로 신라의 歌舞百戲를 계승하여 山臺都監劇을 형성시키는 선행예술의 역할을 한 고려의 演戲이다.

796) 蓬萊山은 동해의 동쪽에 있는 선인이 산다는 三神山의 하나로 『史記』「秦始皇紀」와 『史記』「武帝紀」에 언급되어 있다.

797) 獻果는 과일을 바치는 것으로 여기에서는 仙桃를 바치는 것을 뜻한다. 선도는 唐樂呈才인 〈獻仙桃〉를 공연할 때에 西王母가 임금에게 바치는 千歲靈桃를 가리킨다. 『樂學軌範』 권8 「唐樂呈才儀物圖說」에 따르면 나무로 만든 선도의 열매는 3개이고, 가지·잎은 구리로 만들고 구리철사로 얽으며, 열매·가지·잎은 실물처럼 채색하여 葵花 모양의 銀盤에 담는다고 한다. 仙桃가 언급된 점으로 볼 때 八關會에서 〈獻仙桃〉가 공연되었음을 잠작할 수 있는데, 〈獻仙桃〉는 唐樂大曲인 〈獻仙桃〉를 연주하면서 펼치는 唐樂呈才로, 정월 보름날에 열리는 좋은 잔치모임에서 임금의 장수를 송축하기 위하여 西王母가 仙界에서 내려와 千歲靈桃를 바치는 내용으로 진행되는 歌舞戲이며, 장면이 바뀔 때마다 詞를 한 편씩 노래하는 방식으로 구성되어 있다.

798) 雜客은 달갑지 않은 손님, 즉 잡손님이다.

799) 處容은 『三國遺事』의 〈處容郎望海寺〉에 등장하는 춤을 추면서 〈處容歌〉를 불렀다

긴 장대는 평지에서처럼 은하수에 기대는데
쏟아지는 불길은 우레처럼 빠르게 하늘을 찌르네.
태평시대의 참된 기상을 그려내고 싶지만
붓을 머리에 꽂은[800] 늙은 신하는 재주 없음[801]을 부끄러워하네.

山臺結綴似蓬萊　　獻果仙人海上來
雜客鼓鉦轟地動　　處容衫袖逐風廻
長竿倚漢如平地　　瀑火衝天似疾雷
欲寫大平眞氣像　　老臣簪筆愧非才

는 인물이다.
800) 簪筆은 필요할 때 바로 쓰려고 붓을 머리에 꽂는 것이다.
801) 非才는 不才·無能과 같은 말로 재주가 일을 감당하기 어려움을 가리킨다.

목은시고 권지삼십사
牧隱詩藁 卷之三十四

12-34-001 **칠월 초이렛날에 칠원[1] 시중[2] · 광평[3] 시중 · 철원[4] 시중 · 남양[5] 시중 · 공산[6] 시중 · 권길창[7]과 여러 분을 모시고 천추절[8]을 하례하였는데, 내관[9] 김실[10]이 수파[11]를**

---

1) 漆原은 경상도에 있는 고을로 府院君 尹桓(?~1386)의 封號이다.
2) 侍中은 고려시대 門下省 · 都僉議使司 · 都僉議府 · 門下府의 종1품 벼슬인데, 때에 따라 侍中 1인만을 두거나, 左侍中 · 右侍中 또는 侍中 · 守侍中을 두었다.
3) 廣平은 경상도 星州의 옛 이름으로 府院君 李仁任(?~1388)의 封號이다.
4) 鐵原은 강원도에 있는 고을 이름으로 府院君 崔瑩(1316~1388)의 封號이다.
5) 南陽은 全羅道 高興郡 지역에 있었던 縣 이름으로 府院君 洪永通(?~1395)의 封號이다.
6) 公山은 충청도 公州의 옛 이름으로 府院君 李子松(?~1388)의 封號이다.
7) 吉昌은 吉昌君 權適(1307~?)의 封號이다.
8) 千秋는 千年과 같은 말로 장구한 세월을 가리키는데 帝王의 生辰에 대한 경칭이다.
9) 內官은 임금을 가까이에서 모시는 신하이다.
10) 金實(?~1388)은 고려 말기의 宦官으로 禑王의 총애를 받았고, 門下贊成事商議 등을 지냈다.
11) 手帕는 絹織으로 만든 몸에 지니고 다니는 작은 수건으로 禮物을 代稱하는데, 09-24-098 〈七月初七日 主上殿下誕日也 曲城府院君爲首 諸君進于手帕 穡從其後行禮拜吟宣賜酒 (후략)〉와 11-32-081 〈七月初七日 聖誕日也 漆原府院君領門下廣平君領三司鐵原君 (중략) 進紫門 內官金實手帕入 有旨不受拜 (후략)〉와 이 시로

받아서 들이자, 상께서 바야흐로 겸양하여[12] 하례를 받지 않고, 가죽띠 하나[13]를 사람마다 하사하고 철원에게는 가죽 갑옷[14] 한 벌[15]을 특별히 내리시기에 절하고 받은 뒤에 물러나다

12-34-001 **七月七日 陪漆原侍中廣平侍中鐵原侍中南陽侍中公山侍中權吉昌及諸公 賀千秋 內官金實接手帕以入 上方撝謙不受禮 賜韋帶人一條 特賜鐵原皮甲一領 拜受而退**

예로부터 부드럽고 질겨야[16] 지영(持盈)할[17] 수 있는데
충성스럽고 신실한 참 장군[18]에게 갑옷과 투구를 함께 주시네.
내리심에 사례하면서 성심(聖心)의 밝으심을 알 수 있거니와
처음부터 끝까지 공명을 보전하기를 바라심이리.

古來柔韌足持盈　　忠信眞將甲冑幷
拜賜聖心明可見　　要令終始保功名

12-34-002 **햅쌀을 보내 주신 동정[19]께 사례하다**
12-34-002 **謝東亭送新米**

보아 왕·왕비의 탄일에 관례적으로 이를 바쳤던 듯하다.
12) 撝謙은 태도나 행동이 겸손함, 또는 공손하게 행동함이다.
13) 一條는 하나의 허리띠로 一腰라고도 한다.
14) 皮甲은 짐승 가죽으로 만든 부드러운 갑옷이다.
15) 一領은 갑옷이나 옷 따위의 한 벌이다.
16) 柔韌은 부드럽고 질김이다.
17) 持盈은 持盈保泰와 같은 말로 이루어진 일을 유지함이다.
18) 眞將은 眞將軍의 준말로 참된 장수를 뜻하는데, 『史記』 권57 〈絳侯周勃世家〉에 前漢 文帝가 絳侯의 아들 賢을 亞夫로 추대하고 "아! 이 사람은 참된 장군이로다.(嗟乎 此眞將軍矣)"라고 한 글이 있다.
19) 東亭은 여말의 문신 廉興邦(?~1388)의 호이다.

천지의 생성(生成)[20]이 크니
전가(田家)에는 흥취가 유장하네.
바람에 층층의 물결이 푸르고[21]
들판에는 조각 구름이 누렇네.[22]
늙은 나는 한창 배부름만 구하는데[23]
올해에 또 맛볼 것을 얻네.
일찍이 이웃에 살기로 약속하였거니와
벽사(甓寺)[24]가 금사장(金沙莊)[25]에 가깝다네.

天地生成大　　田家興味長
層層風浪翠　　片片野雲黃
老我方求飽　　今年又得嘗
卜隣曾有約　　甓寺近沙莊

12-34-003 초여드렛날에 안흥녕[26] · 한청성[27]과 함께 천수사[28]

20) 生成은 養育이다.
21) 翠浪은 벼나 보리가 바람에 일렁이는 모양을 푸른 물결에 견준 말이다.
22) 黃雲은 전답의 누렇게 익은 보리나 벼를 구름에 견주어 이르는 말이다.
23) 求飽는 배부름을 구하는 것으로, 『論語』「學而」의 "군자가 먹음에 배부름을 구하지 않고, 거처에 편안함을 구하지 않으며, 일에는 민첩하며 말은 삼가며, 도가 있는 사람에게 나아가 바룬다면, 배우기를 좋아한다고 이를 것이다.(君子食無求飽 居無求安 敏於事而愼於言 就有道而正焉 可謂好學也已)"라는 글에서 유래한다.
24) 甓寺는 벽돌탑이 있는 절로 京畿道 驪州郡 鳳尾山에 있는 神勒寺의 다른 이름이다.
25) 沙莊은 金沙莊의 준말로 驪州의 川寧縣의 金沙里에 있던 廉興邦의 귀양지이다. 06-16-031 〈金沙八詠〉이 있다.
26) 興寧은 경상도 順興의 고려시대 이름으로 安興寧은 여말의 문신 興寧府院君 安宗源(1325~1394)을 가리킨다.
27) 淸城은 충청도 淸州의 다른 이름으로 韓淸城은 淸城君에 봉해진 韓脩(1333~1384)를 가리킨다.
28) 天水寺는 개경의 동쪽 天水山에 있던 절로 忠肅王의 靈殿이 있던 곳이다.

서쪽 연못의 영창군[29]의 별장에서 연꽃을 감상하다. 따른 사람은 흥녕의 아들[30]인 제학공[31]과 대간[32]과 나의 자식[33] 등 세 명과 왕정랑[34]이다

12-34-003 初八日 同安興寧韓淸城賞蓮天水寺西池永昌君別墅從者興寧令嗣提學公大諫吾豚犬三人及王正郎也

쌍청(雙淸)[35] 학사[36]와 청성군(淸城君)은

연꽃의 향기와 비슷하여 맑음[37]을 양보하지 않네.

내가 홀로 비루하게 곁에서 보는 것을 스스로 부끄러워하는데

뭇 사람들이 함께 맹약하여 뒤에 나아옴을 누가 가르쳤던가?

갈래가 나뉜 하늘의 웅덩이[38]라 깊이 은택을 모으는데

---

29) 永昌君은 왕족인 王瑜(?~1369)를 가리킨다. 神宗의 後裔로 益陽侯에 봉해진 王玢의 손자이며 寶城君에 봉해진 王煕의 아들로, 永昌府院君에 봉해졌다가 慶昌大君에 봉해졌다.

30) 令嗣는 남의 아들의 높임말로 令胤이라고도 한다.

31) 提學은 고려시대 密直司・藝文館・寶文閣・右文館・進賢館 등에 속한 정3품의 관직인데, 提學公은 安宗源의 장남 安景(仲)溫(?~1384)을 가리킨다.

32) 大諫은 中書省의 정4품직인 諫議大夫의 별칭인데, 여기서는 安宗源의 三男 安景恭을 가리킨다.

33) 豚犬은 자기 자식의 謙稱, 또는 아버지에 대한 자기 자신의 謙稱인데, 豚兒라고도 한다.

34) 正郎은 고려시대 六司・六部 등에 딸린 정5품 관직이다.

35) 雙淸은 여말의 문신 安宗源(1325~1394)의 號이다. 字가 嗣淸으로 按廉使・司憲侍史・大司憲 등 여러 내외직을 거쳐 벼슬이 判門下府事에 이르고 興寧府院君에 봉해졌다. 謚號는 文簡이다.

36) 學士는 고려・조선시대 과거를 주관하던 試官의 별칭이다. 知貢擧를 上學士, 同知貢擧를 副學士라고 하였다.

37) 淸香은 淸淡한 香味로, 두 사람 모두 名號에 淸이라는 글자를 포함하고 있기 때문에 이른 말이다.

38) 天潢은 별의 이름으로 皇族이나 帝王의 후예를 가리킨다. 北周 庾信의 〈爲杞公讓宗師驃騎表〉에 "천황의 갈래진 물에 기대고, 약목의 나뉜 가지에 의지하네.(憑天潢之派水 附若木之分枝)"라는 글이 있다.

불경을 번역하던[39] 천태 고개[40]로 교묘하게 이름을 지었다네.
빼어난 경계는 다만 속세[41]에서 찾을 수 있거니와
성대한 모임[42]은 참으로 태평[43]에 화답하기에 넉넉하네.

雙淸學士與淸城　宛與蓮香不讓淸
自耻傍觀吾獨鄙　誰敎後進衆同盟
天潢分派深鍾澤　台嶺翻經巧立名
勝境只從塵世覓　高游眞足答升平

12-34-004 김사공[44]께 부쳐 드리다(3수)
12-34-004 寄呈金司空

동쪽으로 흘러간[45] 시내의 물결을 어느 때에나 되돌리랴?
서쪽으로 현릉(玄陵)[46]을 바라보노라니 지는 해가 걸렸네.

---

39) 翻經은 불경을 번역하는 것인데, 『釋文記』 권45 「보요경기」에 西晉 永嘉 연간에 西域에서 온 竺法護가 天水寺에서 『普曜經』 등의 불경 번역을 했다는 기록이 있어서, 그 절 이름을 따온 것으로 본 듯하다.
40) 台嶺은 天台山의 별칭이다.
41) 塵世는 속세이다.
42) 高游는 성대한 모임으로, 高會라고도 한다.
43) 升平은 太平이다.
44) 司空은 三司右使 또는 左右使에 대한 고려의 독특한 별칭인 듯하다. 목은의 〈李子春神道碑銘〉(『목은문고』 권15)에서 恭愍王 20년에 李成桂가 判三司事에서 知門下省事로, 자신이 三司右使에서 政堂文學으로 승차한 일을 "歲辛亥 三司公拜知門下 余以司空改政堂"이라고 기술하고, 〈奉賜崔司空〉(『목은문고』 권7)·〈寄金司空 借茅蓋屋〉(『목은시고』 권8)이 崔公哲·金續命이 삼사우사였던 때에 지어진 사례에서 확인된다. 三司의 右使나 左右使를 司空으로 별칭한 이유는 後漢 때 三公인 太尉·司空·司徒를 三司로 부를 때 司空이 제2인자였던 것처럼, 고려의 三司에서 左右使가 判三司事에 이은 2인자인 데서 찾을 수 있다.
45) 百川東去는 水東去·水東流와 같은 말로 중국의 강물이 반드시 동쪽으로 흐른다는 뜻이며, 事必歸正을 비유한다.

당시에 함께 놀던 이는 몇 사람 남지 않았는데
흰 머리로 마주 대하니 생각이 희미해지네.[47]

百川東去底時廻　　西望玄陵掛落暉
當日同游無幾箇　　白頭相對思依依

오래 헤어졌다가 서로 만나니 기쁨을 알 만한데
늠름한 풍채(風采)는 당시와 비슷하네.
천공의 마음 씀을 헤아리기 어렵지 않거니와
인재를 맡김[48]에는 반드시 기대함이 있으리.[49]

久別相逢喜可知　　凜然風采似當時
天公用意非難料　　付與人材必有期

몇 번이나 조각배를 긴 강에 띄웠던가?
교하(交河)[50]로 눈길을 보내노라니 의기가 꺾이네.
참다운 경계에 참여하지 못함을 안타까워할 뿐인데
남쪽창에 기대어 있노라면 산은 야트막하고 들은 넓으리.

扁舟幾度泛長江　　目送交河意氣降
只恨未參眞境界　　淺山平野倚南窓

46) 玄陵은 고려의 31대왕인 恭愍王의 陵號이다.
47) 依依는 희미한 모양, 분명치 않은 모양이다.
48) 付與는 줌, 부탁함이다.
49) 이 구절은 李白의 〈將進酒〉의 "하늘이 나의 재주를 냄에는 반드시 씀이 있으리.(天生我才必有用)"를 換骨한 표현이다.
50) 交河는 지금의 경기도 파주시 교하면 지역에 있던 현으로 고구려의 泉井口縣을 신라 경덕왕 때에 바꾼 이름이다.

12-34-005 박중용[51] 승지[52]가 선온[53]을 받들고 와서 하사하므로 이튿날에 자문[54]에 나아가서 사은하니 내관[55] 김실이 나와서 술잔을 내리기에,[56] 절하고 마시고 나서 물러나다

12-34-005 朴仲容承旨奉宣醞來賜 明日詣紫門謝恩 內官金實出賜爵 拜飮而退

고요히 한가하게 지내노라니[57] 오고가는 이가 적은데
오늘은 마을 사람들이 문득 모두 시기하리.
자줏빛 도포와 빛나는 관대로 궁궐[58]에서 오더니
술통에 가득한 놀빛 진액[59]은 푸른 이끼를 비추네.
상유(桑楡)[60]가 우로(雨露)에 젖음을 자못 기뻐하거니와
산해(山海)가 연애(涓埃)[61]에게 사양함을 듣지 못하였다네.
은혜를 사례드리려다가 또 취하여 흥겨워져서
화서(華胥)[62]에서 꿈속에 돌아온 듯하네.

---

51) 朴仲容은 고려 후기의 문신으로 朴形(?~1398)의 아들이며『高麗史』에서 密直提學을 역임한 것이 확인되고 이 시에서 承旨을 지낸 것이 확인된다.
52) 承旨는 고려시대에 王命의 出納, 宮中의 宿衛, 軍機의 正邪 등을 담당하던 官府인 密直司의 정3품 관직으로, 左承旨·右承旨·左副承旨·右副承旨가 있었다.
53) 宣醞은 임금이 신하에게 술을 내려주는 것, 또는 그 술이다.
54) 紫門은 궁성을 둘러싼 紫城에 설치되었던 문으로 신하들끼리 나라의 일을 의논할 때 모였으며, 고려시대에는 乾德殿 동쪽에 위치하였다.
55) 內官은 임금을 가까이에서 모시는 신하이다.
56) 賜爵은 제사 때에 제를 도운 사람에게 술잔을 내리는 것이다.
57) 齋居는 辭職하거나 직업이 없이 집 안에서 한가하게 지내는 것으로 家居·閑居라고도 한다.
58) 靑瑣는 궁궐의 門窓을 장식하는 푸른 색의 連環 花紋으로 宮廷을 비유한다.
59) 霞液은 새벽 이슬로 도교에서 仙露로 여기는 것이다.
60) 桑楡는 뽕나무와 느릅나무로 西方의 해가 지는 곳, 또는 日暮, 老年, 晩年을 비유한다.
61) 涓埃는 가느다란 시내와 작은 먼지로 微少한 것을 비유한다.
62) 華胥는 華胥之國 혹은 華胥之夢을 말하는데,『列子』「黃帝」에 황제가 낮잠을 자는데 꿈에 華胥國에 가서 그 나라의 태평한 모양을 보았다는 내용이 있다.

寂寂齋居少往來　　里閭今日忽相猜
紫衿映帶來靑瑣　　霞液盈樽照碧苔
頗喜桑楡霑雨露　　不聞山海讓涓埃
謝恩更得醺然興　　似向華胥夢裏回

12-34-006 조정에서 의론하여 곧 바닷길로 금릉[63]에 조공을 바치기[64]로 했다는 말을 듣다

12-34-006 聞朝論將從海路 入貢金陵

동해도 오히려 뽕나무밭[65]으로 바뀌거늘
국가의 흥폐가 어찌 우연한 일이랴?[66]
지금 묘당의 계산에는 빠뜨린 계책[67]이 없거니와
예로부터 인심이 곧 바른 천심이라네.
남쪽을 바라보니 천하[68]가 봉황의 책력[69]으로 돌아가고
북쪽을 우러르니 사막에서 낭연(狼煙)[70]이 일어나네.
소중화관(小中華館)[71]은 이름이 전해진 지 오래 되었는데

---

63) 金陵은 江蘇省 南京 부근의 지명으로 明의 처음 首都이다.
64) 入貢은 朝貢을 바침이다.
65) 桑田東(滄)海는 뽕나무밭이 푸른 바다로 바뀌는 것으로 世事가 巨大하게 變遷함을 비유하는데, 晉 葛洪의 『神仙傳』「麻姑」에서 麻姑가 東海가 세 번 桑田으로 되는 것을 보았다는 고사에서 유래한다.
66) 徒然은 偶然과 같은 말로 원인이 없음을 가리킨다.
67) 遺策은 失策이다.
68) 輿圖는 天下・世界이다.
69) 鳳曆은 鳳凰이 天時를 안다고 하여 생긴 말로 冊曆・달력을 뜻하는데, 여기에서는 개인・왕조가 누리는 햇수〔歷年〕를 가리킨다.
70) 狼煙은 이리의 糞尿를 태워서 내는 연기로 고대에 邊防에서 군사상 警報의 신호로 사용하였다.
71) 小中華는 宋나라에서 高麗를 禮遇해서 한 말로 우리 나라를 가리킨다. 『高麗史』〈金子粹傳〉에 "우리 나라는 庚寅 癸巳 이전에는 通儒한 名士가 중국보다 많은 까닭에, 唐家에서는 君子의 나라라 하였고 宋朝에서는 文物과 禮樂의 나라라 하여,

어느 때에나 돌보아 줌[72]이 지난날과 같이 회복되랴?

東海桑田尙變遷　　國家興廢豈徒然
如今廟算無遺策　　自古人心卽是天
南望輿圖歸鳳曆　　北瞻沙漠起狼烟
小中華館傳名久　　眷顧何時復似前

12-34-007 비가 개자 다시 연꽃을 감상하고 싶은 흥취가 일어나다
12-34-007 雨晴 復起賞蓮之興

누가 말을 나란히 하여 연지(蓮池)[73]로 향하였던가?
풍채는 전처럼 한 시대를 덮는다네.
빗소리를 말아 버림은 아마 하늘이 시켰을 터인데
연꽃 기운을 빚어냄은 응당 해도 알리.
서리처럼 차고 꿀같이 달다고 한[74] 이는 문장의 우두머리요
비가 갠 뒤의 달빛과 바람[75]이라고 한 이는 도덕의 스승이네.
곧바로 날아올라서 지난 자취를 찾고 싶어서

本國의 使臣이 下馬하는 곳을 題하여 小中華의 館이라 하였다."라는 내용이 있다.

72) 眷(睠)顧는 돌아봄, 돌보아 줌이다. 『詩經』「大雅」〈皇矣〉에 "서쪽 땅을 고루고루 돌아보신 뒤에, 이 땅에 집 자리를 정하셨네.(乃眷西顧 此維與宅)"라는 구절이 있다.

73) 蓮池는 開京 鳳鳴山의 廣通普濟禪寺 부근에 있던 연못이다.

74) 冷霜甘蜜은 서리 같이 차갑고 꿀같이 단 것으로 韓愈의 〈古意〉에 "차기는 눈과 서리와 같고 달기는 꿀과 같은데, 한 조각만 입에 넣어도 고질병이 낫는다네.(冷比雪霜甘比蜜 一片入口沈痾痊)"라는 구절이 있다.

75) 霽月光風은 비가 갠 뒤의 달과 바람으로 깨끗하고 맑은 마음을 비유하는데, 黃庭堅의 〈濂溪詩序〉에 "용릉의 주무숙은 인품이 고상하고 가슴속이 시원하여 비가 갠 뒤의 바람과 달과 같다.(舂陵周茂叔 人品甚高 胸中灑落 如光風霽月)"라는 글이 있다.

누대에 올라 남쪽을 바라보며 홀로 시를 읊네.

問誰聯騎向蓮池　　風采依然盖一時
卷去雨聲天或使　　釀成荷氣日應知
冷霜甘蜜文章伯　　霽月光風道德師
徑欲翺翔尋往轍　　上樓南望獨吟詩

12-34-008 몇 각[76]이 지나지 않아서 비가 또 내리다
12-34-008 未數刻 雨復作

옥당(玉堂)[77]의 사객(詞客)이 삼지(三池)[78]에 가까이 가서
스스로 풍정(風情)이 옛날과 비슷하다고 말하네.
우산을 가지고 홀로 가는 것을 어찌 싫어하랴?
붓을 적시며 깊이 알아 줌을 더욱 기뻐하네.
당시에 한원(翰苑)[79]에서 누가 화응(和應)했으랴?
근세에는 예산(猊山)[80]을 내가 스승으로 삼는 바이네.

---

76) 刻은 시간의 단위로 1각은 오늘날의 15分 정도에 해당한다.
77) 玉堂은 漢代 문사가 출사하던 곳으로 翰林院의 별칭이다.
78) 三池는 演福寺(普濟寺・廣通普濟寺・大寺・唐寺)에 있던 연못인데, 權近의 〈演福寺塔重創記〉에 "안에 삼지와 구정을 파고[內鑿三池九井]"라는 글이 있으며, 郭預의 〈賞蓮〉에 "연꽃을 감상하러 세 번이나 三池에 이르렀는데, 푸른 잎과 붉은 꽃이 옛날과 비슷하네. 오직 꽃을 보는 옥당의 나그네가 있어서, 風情은 줄어들지 않는데 살쩍은 실과 같네.(賞蓮三度到三池 翠盖紅粧似舊時 唯有看花玉堂客 風情未減鬢如絲)"라는 시가 있다.
79) 翰苑은 翰林院의 별칭이다.
80) 猊山은 猊山農隱의 준말로 여말의 문신 崔瀣(1287~1340)의 號이다. 그는 〈追次郭密直預賞蓮詩韻〉(『東文選』 권20)에서 "붉은 단장과 푸른 일산이 가을 못을 덮었는데, 갈매기와 해오라기가 서로 의지하여 제철 만남을 기뻐하네. 지난 해 숭교전 지나던 때를 기억해 보니, 엷은 구름 지는 해에 실실이 비가 내렸네.(紅粧翠盖擁秋池 鷗鷺相依喜得時 想得去年崇敎過 薄雲殘照雨絲絲)"라고 읊었다.

그 사이의 참된 기상을 그려내려면
또 때때로 푸른 대삿갓과 파란 도롱이[81]로 세월을 보내야 하리.

玉堂詞客傍三池　　自道風情似舊時
持傘豈嫌成獨往　　濡毫更喜有深知
當時翰苑誰能和　　近歲猊山我所師
描出此間眞氣像　　更消靑蒻綠簑時

12-34-009 서쪽 이웃[82]이 다시 연꽃을 감상하자고 불렀으나, 비에 막혀서 느낌이 있기에 1수를 읊어 기록하여 드리다
12-34-009 蒙西隣再邀賞蓮 阻雨有感 吟成一首 錄呈

노(魯)[83]나라에 군자(君子)가 없었다면 어찌 이를 취했으랴?[84]
우리들이 연꽃을 감상하니 참으로 둘[85] 다 적당하네.
오늘 아침에 어긋남[86]은 누가 시킨 것인가?
깊은 감정을 품지만 감히 우사(雨師)[87]를 조롱하지는 않네.
내가 쇠약하게 병을 앓고 있음은 사나운 운수[88] 때문이니

81) 靑蒻綠簑는 푸른 대삿갓과 파란 도롱이로, 張志和의 〈漁父詞〉에 나오는 "푸른 대삿갓과 파란 도롱이로, 비껴 부는 바람과 가랑비에도 굳이 돌아가지 않네.(靑篛笠 綠簑衣 斜風細雨不須歸)"라는 대목을 염두에 둔 표현이다.
82) 西隣은 서쪽 이웃으로, 여말의 문신 吉昌君 權適(1307~?)을 가리킨다.
83) 魯는 周 武王의 아우 周公이 봉해졌던 제후국으로 지금의 山東省 지역에 있었는데, 주나라의 제도·문화가 가장 잘 전해졌던 나라이자 孔子가 태어나고 활약한 나라이다.
84) 이 구절은 『論語』 「公冶長」에서 孔子가 子賤을 군자답다고 하면서, "노나라에 군자가 없었다면 이 사람이 어디에서 이러한 덕을 취했겠는가?(魯無君子者 斯焉取斯)"라고 한 글을 염두에 둔 표현이다.
85) 兩은 我輩와 蓮을 아울러 가리킨다.
86) 齟齬는 위아래의 이가 서로 잘 맞지 않는 것으로 사물이 어긋남을 비유한다.
87) 雨師는 비의 신이다.

좋은 날과 즐거운 일이 어긋남[89]도 마땅하리.
다행스럽게도 지난날에 함께 따를 때에는
붉은 꽃[90]이 황금술잔을 환히 비추었네.
바람을 맞으며 염계(濂溪)[91]의 말을 속으로 외노라니
삼가[92] 공경하는 마음이 생겨 사악한 생각이 없어지네.
한 번으로 이미 족하거늘 감히 여러 번 하랴?
또 서리 속에 핀 노란 국화를 바라보게 되리.
서리 속의 꽃은 본래 세상을 피한 것[93]인데
다른 땅에 있으면서 다른 때에 핀다네.
예로부터 그칠 줄을 알면 위태로움이 없다[94]고 하거니와
성정(性情)은 진기한 사물[95]로 옮겨가기를 좋아한다네.
장차 나의 말을 매어서 달리지 못하게 하고
시나 지어서 아이들에게 알려 주리.

魯無君子焉取斯　　我輩賞蓮眞兩宜
今朝齟齬誰使之　　含情不敢嘲雨師
吾衰抱病緣數奇　　良辰樂事宜參差
幸哉疇昔共追隨　　紅粧照耀黃金巵
臨風暗誦濂溪辭　　竦然起敬無邪思

88) 數奇는 운수가 사나움을 말한다.
89) 參差는 가지런하지 않거나 흩어진 모양이다.
90) 紅粧은 盛裝한 미인으로 연꽃을 비유한다.
91) 濂溪는 北宋의 성리학자 周敦頤의 호이다.
92) 竦然은 두려워서 삼가는 모양이다.
93) 隱逸은 세상을 피하여 숨는 것인데, 周敦頤의 〈愛蓮說〉에 "국화는 꽃 가운데 은일한 것이요(菊花之隱逸者也)"라는 구절이 있다.
94) 이 구절은 『道德經』 44장의 "만족할 줄 알면 욕되지 아니하고, 그칠 줄을 알면 위태롭지 않게 된다.(知足不辱 知止不殆)"라는 글을 염두에 둔 표현이다.
95) 尤物은 진기한 물건, 절세의 미인이다.

一已足矣敢多爲　更望黃菊霜中披
霜葩固是隱逸者　所處異地生異時
古來知止無殆危　性情喜爲尤物移
且繫我馬勿驅馳　題詩報與兒曺知

12-34-010 갬을 기뻐하다
12-34-010 喜晴

매우 가문 해인데다 늦은 홍수가 농사를 방해하더니
오늘 아침에 푸른 하늘을 봄을 크게 다행스러워하네.
몸을 편안히 하며 녹봉으로 살아감은 참으로 요행이거니와
배를 두드리며 시를 읊음이 어찌 우연한 일이랴?
알알이 쓰고 시어 젓가락을 대기도 어려운데
집집마다 차서 넘치니 전원으로 돌아가도 좋으리.
늘그막에는 또 풍류로운 곳이 있어서
매번 고상한 사람[96]과 함께 연꽃을 감상하네.

晩水妨農甚旱年　今朝大幸覩靑天
安身食祿眞僥倖　鼓腹吟詩豈偶然
粒粒苦辛難下筯　家家盈溢可歸田
老年更有風流處　每與高人共賞蓮

12-34-011 어제 희안[97]과 자안[98]이 찾아왔다
12-34-011 昨希顔子安來訪

96) 高人은 世俗을 초탈하거나 志行이 고상한 사람으로 高士라고도 한다.
97) 希顔은 여말의 문신 權鑄(?~1394)의 字이다.
98) 子安은 여말의 문신 李崇仁(1349~1392)의 字이다.

희안(希顔)과 자안(子安)은 모두 훌륭한데
서로 이끌며 간혹 기문(記文)을 짓고 비문(碑文)을 쓰네.[99)]
다만 제자의 도리를 닦을 뿐 다른 바람이 없는데
함께 스승의 은혜를 갚음에 어찌 다르게 대접하랴?[100)]
기이하고 묘한 문자가 돌 위에 빽빽할 테니
꾸짖고 꺼리는[101)] 귀신은 강 가[102)]에서 누르리.
나의 탑명(塔銘)과 묘지(墓誌)는 졸렬하여 부끄럽지만
윤필(潤筆)[103)]한 일은 끝내 길이 깎이지 않으리.

有美希顔共子安　　相携作記或書丹
只修子道無他望　　與報師恩豈異觀
文妙字奇森石上　　神訶鬼禁鎭江干
塔銘墓誌慚吾拙　　潤筆終當永不刊

12-34-012 한청성[104)]이 안쌍청[105)]과 나를 맞이하여 법화사[106)]의 연못에서 연꽃을 감상하였다. 소나무 사이에 장막을 세

99) 書丹은 비석에 글씨를 새길 때에 먼저 붉은 먹으로 돌에 書寫한 데서 유래하여 비석에 글씨를 쓰는 것을 가리킨다.
100) 異觀은 다른 대접·대우이다.
101) 禁訶는 큰 소리로 꾸짖으며 제지함이다.
102) 江干은 江邊·江岸이다.
103) 潤筆은 붓을 적시는 것으로 『隋書』 권38 〈鄭譯傳〉의 "상이 내서령 이덕림으로 하여금 조서를 짓게 하자, 고영이 장난으로 정역에게 '붓이 말랐다.'고 말하자, 역이 대답하기를 '나가서 지방을 맡고 말을 채찍질하여 돌아오느라 한 푼도 얻지 못했는데 어찌 붓을 적시랴?'(上令內史令李德林立作詔書 高穎戲謂譯曰 筆乾 譯答曰 出爲方岳 杖策言歸 不得一錢 何以潤筆)"라고 한 고사에서 유래하여 詩文과 書畵를 하는 사람에게 報酬를 주는 것을 비유한다.
104) 淸城은 淸州의 다른 이름으로 韓淸城은 淸城君에 봉해진 韓脩를 가리킨다.
105) 雙淸은 여말의 문신 安宗源(1325~1394)의 號이다.
106) 法華寺는 개경에 있던 절로, 忠烈王 10년(1284)과 忠烈王 11년(1285)에 왕이 행차한 사실이 있다.

우고 사람마다 연잎 한 자루씩을 가져다 앞에 놓아 일산[107]으로 삼고, 또 벽통배[108]를 만들어 마셨다. 따라서 논 사람은 쌍청의 자제[109]인 제학공[110]과 대간,[111] 청성의 셋째 아들인 왕부,[112] 나의 자식 등 셋과 나의 문생 허 판사[113]였다

12-34-012 **韓淸城邀安雙淸及僕 賞蓮于法華寺池 設幕松樹間 取荷人一柄置于前 以爲盖 又爲碧筒飮 從游者雙淸令嗣提學公及大諫淸城三郎王簿吾豚犬三人吾門生許判事也**

만 그루의 솔숲 아래에 연지(蓮池)가 있는데
우리들이 와서 노니 둘 다 알맞음을 얻네.
깨끗하게 서 있는[114] 맑은 향기는 땅을 가린[115] 듯한데

---

107) 荷盖는 연잎으로 만든 일산이다.

108) 碧筒은 碧筒(篇)杯의 준말로 연잎으로 만든 술잔이다. 唐 段成式의 『酉陽雜俎』 「酒食」에서 魏나라 正始 年間에 鄭慤이 三伏에 賓僚를 청하여 歷城의 북쪽 使君林에서 더위를 피하면서, 큰 연잎을 硯格 위에 두고 술 三升을 준비하여 비녀로 잎을 찔러서 자루와 통하게 하고 줄기 위에 코끼리 코 모양으로 굽게 잘라서 들이마시게 하면서 碧篇杯라고 한 고사에서 유래한다.

109) 令嗣는 才德이 아름다운 자손이다.

110) 提學은 고려시대 密直司·藝文館·寶文閣·右文館·進賢館 등에 속한 정3품의 관직인데, 提學公은 安宗源의 장남 安景(仲)溫(?~1384)을 가리킨다.

111) 大諫은 中書省의 정4품직인 諫議大夫의 별칭인데, 여기서는 安宗源의 三男 安景恭을 가리킨다.

112) 王簿는 經筵에서 임금을 가르치는 經筵官으로 韓尙敬(1360~1423)을 가리킨다.

113) 判事는 고려시대의 관직으로 中樞院·三司를 비롯하여 寺·監에 이르기까지의 대부분의 관부에 설치되어 있었으며, 품계는 관부에 따라 차이가 있으나, 해당 관부의 최고관직이며, 정원은 몇몇 도감을 제외하고는 1명이었다. 許判事는 恭愍王 20년(1371) 牧隱이 知貢擧일 때 급제한 許應(?~1411)을 가리킨다.

114) 淨植은 깨끗이 서 있는 것으로, 北宋의 周敦頤가 〈愛蓮說〉에서 "향기는 멀수록 더욱 맑으며, 우뚝하게 깨끗이 서 있다.(香遠益淸 亭亭淨植)"라고 읊었다.

115) 擇地는 좋은 땅을 가림인데, 『史記』 〈伯夷傳〉에 "간혹 땅을 가려서 밟고, 때가 된 뒤에야 말을 꺼낸다.(或擇地而蹈之 時然後出言)"라는 글이 있다.

고상한 풍채[116]와 굳센 절개로 어찌 시류를 따르랴?[117]
세속에서 풍모를 듣고 그리워하는 것을 여전히 꺼리고
문생이 술을 싣고 따르는 것을 함께 보네.
모기떼[118]를 벗어날 수 있음은 범상한 일일 따름이지만
그대의 흰 빛을 온전하게 지켜 검어지지 말라.
*이날 흰 연꽃을 자리 앞에 놓았다

萬株松下有蓮池　我輩來遊兩得宜
淨植淸香如擇地　高標勁節豈趍時
尙嫌世俗聞風慕　共見門生載酒隨
得免飛蚊常事耳　保全吾白莫令緇
*是日 以白蓮置座前

12-34-013 설제학[119]과 이판서[120]가 공물을 진상할 표문을 협의해 오다[121]

116) 高標는 고상한 풍채나 품성이다.
117) 趨時는 潮流와 時尙에 영합함이다.
118) 飛蚊은 나는 모기떼로 고급 안주를 차려 놓고 기생들과 노는 사람들을 비유한다. 韓愈의 〈醉贈張秘書〉의 25~30구에 "장안의 뭇 부잣집 아이들은, 소반에 좋은 안주를 벌려 놓았네. 마시면서 글을 지을 줄은 알지 못하고, 오직 붉은 치마에만 취할 수 있네. 비록 한 식경의 즐거움을 얻을지라도, 모여서 나는 모기떼와 같으리.(長安衆富兒 盤饌羅羶葷 不解文字飮 惟能醉紅裙 雖得一餉樂 有如聚飛蚊)"라는 대목이 있다.
119) 提學은 고려시대 密直司・藝文館・寶文閣・右文館・進賢館 등에 속한 정3품의 관직인데, 偰提學은 偰長壽(1341~1399)를 가리킨다. 본래 위구르 사람으로 아버지 遜이 홍건적의 난을 피하여 고려로 올 때 따라와 歸化하여 恭愍王 11년(1362) 급제하여 判典農寺事・密直提學 등을 지내고, 禑王 때에 知門下府事・政堂文學 등을 지냈다.
120) 判書는 고려시대의 六司・六部의 장관으로 尙書라고도 했으며 품계는 정3품이다. 李判書는 李崇仁을 가리킨다.
121) 商量은 협의함, 일을 의논함이다.

12-34-013 偰提學李判書 商量進貢表文

설씨 집안은 위구르[122]의 문장인데
성산(星山)[123]은 근세에 사화(詞華)를 멋대로 하네.
부끄럽게도 나는 이미 늙어서 기심을 잊은[124] 지 오래 되어
일을 적음은 정밀하기 어렵고 글자를 씀은 어긋나네.
범상한 말이 비록 많아도 번개를 쫓는[125] 것과는 다르고
순금(純金)[126]이 지극히 적어도 모래를 읾에 달렸다네.
후생(後生)이 두려워할 만하니 나는 떠남이 마땅하기에
강마을로 머리를 돌리니 돌아갈 길이 머네.

回鶻文章是偰家　　星山近歲擅詞華
愧吾已老忘機久　　紀事難精用字訛
凡馬雖多非逐電　　精金至少在淘沙
後生可畏我宜去　　回首江村歸路賒

12-34-014 고요히 앉아서
12-34-014 靜坐

흰 머리의 늙은이가 고요히 앉아 본심을 보존하는데[127]

122) 回鶻은 回紇과 같은 말로 위구르족 또는 그들이 세운 나라이다.
123) 星山은 경상도에 있는 고을 이름으로 星山李氏인 李崇仁(1347~1392)을 가리킨다.
124) 忘機는 機心을 잊음, 世事를 잊음이다.
125) 逐電은 매우 빠름을 비유한다.
126) 精金은 純金과 같은 말로 순결하고 溫良한 품성, 또는 典雅하고 流麗한 문장을 비유한다.
127) 存心은 하늘로부터 부여받은 本心을 보존함을 뜻하는데, 『孟子』「離婁 下」의 "군자가 다른 사람과 다른 까닭은 그 본심을 보존하기 때문이다.(君子所以異於人者

담박(淡泊)한 가을 물[128]에는 높은 하늘이 잠겨 있네.
빽빽하게 늘어선 물상(物像)은 끝내 장구하기 어려운데
물욕은 도리어 끝없이 이어지는[129] 바람과 같네.

靜坐存心白髮翁　　　淡然秋水浸長空
森羅物像終難久　　　物欲還如陣陣風

12-34-015 남정당[130]*좌시[131]이다 의 백일재[132]에 가려고 하다가 비 때문에 이루지 못하다
12-34-015 欲赴南政堂*佐時 百齋 以雨不果

병이 아직도 서로 맞서기에 잘 지내지[133] 못하니
어찌 비를 무릅쓰고 먼 길을 갈 수 있으랴?
뒷날에 방문하여[134] 늦음[135]을 사죄하면

以其存心也)"라는 말에서 유래한다.

128) 秋水는 가을 물인데, 王勃의 〈滕王閣序〉에 "가을 강물은 높은 하늘과 같은 색이네.(秋水共長天一色)"라는 글이 있다.

129) 陣陣(陳陳)은 끊임없이 이어진 모양이다.

130) 政堂은 政堂商議의 준말로, 商議는 고려 말에 설치된 職制로 宰樞의 관직 뒤에 붙여 그 관직과 동등한 직위를 갖게 하던 것인데, 都堂에 合坐하여 國防에 관한 일이나 國政의 중대사를 의논하였으며, 서열은 職事官의 아래였다. 南政堂은 南佐時(?~1387)를 가리키는데, 『高麗史』「列傳」 권48 辛禑 9년(1383) 9월조에 "前政堂商議南佐時"라는 기록이 나온다.

131) 南佐時(?~1387)는 여말의 무신으로 본관이 宜寧, 漆原府院君 尹桓의 孼女를 아내로 맞았다. 禑王 4년(1378)에 江陵道의 戶口計點을 하였으며, 簽書密直·政堂商議 등을 역임하고 宜城君에 봉해졌다.

132) 百齋는 百日齋와 같은 말로 사람이 죽은 지 百日이 되는 날에 드리는 佛供이다.

133) 輸平은 묵은 원한을 버리고 다시 잘 지내는 것으로 渝平이라고도 한다. 『春秋左氏傳』 隱公 六年條에 "봄에 정나라 사람이 와서 묵은 원한을 풀고 다시 잘 지내자고 하였다.(春 鄭人來輸平)"라는 글이 있다. 『春秋公羊傳』에는 渝平으로 되어 있다.

십천(十川)[136]의 가을빛이 갠 하늘을 희롱하리.

病猶相敵未輸平　　冒雨何堪作遠行
他日登門謝遲晩　　十川秋色弄新晴

12-34-016 금방 개다
12-34-016 乍晴

방금 내리는 비에 처맛물 소리를 들으며 앉아 있다가
창 그림자를 보고 또 비가 그쳤다고 읊네.
비록 이것이 심상한[137] 일인데도
사방 한 치의 마음은 잘 옮겨 다니네.
못의 개구리가 시끄럽게 울다가 잠시 멈추고
들의 송골매는 가더니 찾기 어렵네.
어지러운 것을 그린들[138]
누가 바른 노래[139]인 줄 알랴?

簷聲方雨坐　　窓影又晴吟
縱是尋常事　　能移方寸心
池蛙喧乍止　　野鶻去難尋

134) 登門은 남의 집을 방문하는 것으로 上門이라고도 한다.
135) 遲晩은 미루고 뒤처짐이다.
136) 十川은 開京에 있는 시내 이름으로 『高麗史』에서 十川橋와 十川里가 확인된다.
137) 尋常은 평범함, 보통이다.
138) 摸寫는 글이나 그림으로 묘사함이다.
139) 正始音은 正始之音의 준말로 魏·晉의 玄談 風氣를 가리키는데, 三國시대 魏의 正始年間에 河晏과 王弼을 우두머리로 삼아 老莊사상에 儒家의 經義를 합하여 玄理를 이야기하며 자유롭게 얽매이지 않는 名士風流를 正始之音이라고 한 데서 유래한다. 詩文에서는 純正의 樂聲을 가리킨다.

摸寫紛紛處　　　　誰知正始音

12-34-017 참새 떼
12-34-017 羣雀

밤에는 뜰 안의 나무에서 자고
아침에는 도성 바깥의 벼를 쪼네.
무리로 날면서 참으로 만족하면서
각각 편안하고 즐거운 거처[140]라고 여기리.
어찌 알랴? 사나운[141] 아이들이
새총을 가지고 그물을 펼칠 줄을.
누런 고니[142]는 사해(四海)에 노니건만
희망이 끊어졌으니 장차 어찌하랴?

夜宿庭中樹　　　　朝啄城外禾
羣飛政得意　　　　各謂安樂窩
那知豪俠兒　　　　挾彈張罻羅
黃鵠游四海　　　　望絶將奈何

12-34-018 늘그막에
12-34-018 老境

늘그막이라 다른 일이 없이

---

140) 安樂窩는 北宋의 성리학자 邵雍의 거실 이름으로 편안하고 즐거운 거처라는 뜻이다.
141) 豪俠은 豪强하여 의협심이 있는 사람이다.
142) 黃鵠은 신선이 탄다는 큰 새로 한 번 날아오르면 천리를 간다고 한다.

임금님을 걱정하고[143] 몸을 기르네.[144]
계절의 차례에 따르며 몸을 유지하고[145]
흐리고 갠 날을 헤아리느라고 손가락을 꼽네.
동이 술로 쇠약하고 앓는 몸임을 잊고
시문(詩文)으로 성상의 총명함을 기리네.
평생에 모자람이 하나도 없지만
다만 백구(白鷗)와의 맹약을 깨뜨렸을 뿐이네.

老境無餘事 憂君與養生
持身隨節序 屈指數陰晴
樽酒忘衰病 詩篇頌聖明
平生無一欠 只敗白鷗盟

12-34-019 원정[146] 서송[147]이 나물을 보내오다
12-34-019 園丁西松來送菜

새벽비가 막 개자 참새가 처마에서 지저귀는데
원정(園丁)이 보낸 나물이 싱싱하게 바구니에 가득하네.
두 귀로 시절의 일을 듣는 것을 벗어나게 된다면
맛있는 음식[148]이 아니라도 맛이 매우 달리.

---

143) 憂君은 임금을 걱정하는 것인데, 范仲淹의 〈岳陽樓記〉에 "묘당의 높은 자리에 있으면 그 백성을 걱정하고, 강호의 먼 곳에 있으면 그 임금을 걱정한다.(居廟堂之高 則憂其民 處江湖之遠 則憂其君)"라는 대목이 있다.
144) 養生은 오래 살기 위하여 몸과 마음을 편안히 하고 병에 걸리지 않도록 하는 것이다.
145) 持身은 立身 또는 修身이다.
146) 園丁은 정원을 맡아 관리하는 사람이다.
147) 西松은 행적이 자세하지 않은 인물이나 〈西松回自龍頭〉(07-18-109)로 보아 忠州의 龍頭寺와 관련이 있는 승려인 듯하다.

선산(仙山)에서 흰 돌[149]을 먹는 것보다 훨씬 낫고
물나라[150]에서 누런 금[151]을 씹는 것과 몹시 같네.
한가하게 살면서 쓰는 마음을 아는 사람이 없으니
시련에다 쏟아내며 필담(筆談)을 도우리.

曉雨初晴雀噪簷　　園丁送菜滿新籃
免敎兩耳聞時事　　不待膏粱味已甘
遠過仙山飡白石　　絶同水國嚼黃金
閑居用意無人識　　寫向詩聯助筆談

12-34-020 느낌이 있어
12-34-020 有感

인재를 양육함은 국가를 위하는 일이니
반드시 예가 아닌 것을 없애고 중화[152]를 받아들여야 한다네.
차라리 다만 거친 밥을 달게 먹고 나물을 씹을지언정
차마 또한 이름난 정원에 넘어가서 오이를 훔치랴?[153]
검은머리[154]의 무신(武臣)[155]은 작은 분노를 잊는데

---

148) 膏粱은 살진 고기와 상등의 곡식으로 썩 맛있는 음식을 말한다.
149) 白石은 仙人 白石先生이 늘 구워먹었다고 하는 흰 돌이다. 劉向의 『列仙傳』에 中黃道人의 제자인 白石先生은 늘 백석을 구워서 양식을 삼았는데, 백석산에 가서 살면서 말린 고기를 먹고 술을 마시고 곡식을 먹으며 매일 사백 리를 다니며 용모가 쇠약하지 않았다는 글이 있다.
150) 水國은 池沼·河川 등이 많은 땅이다.
151) 黃金은 黃金菊의 준말로 누런 국화를 가리킨다. 宋 蘇軾의 〈九日尋臻闍黎遂泛小舟至勤師院二首〉의 첫째 수 頸聯에 "이슬에 젖은 싹을 갈아 백설차를 달여 보고, 서리맞은 꽃술을 따서 누런 국화를 씹지 말라.(試碾露芽烹白雪 休拈霜蕊嚼黃金)"라는 구절이 있다.
152) 中和는 치우치지 않고 過不及이 없는 것, 또는 그와 같은 바른 性情이다.
153) 竊瓜는 竊瓜分之域의 준말로 오이를 자르듯이 영토를 분할하여 훔치는 것이다.

흰 머리의 늙은 선비는 슬픈 노래를 터뜨리네.
당시에는 다만 풍속을 회복시키려 하였거늘
과거에서 시부(詩賦)[156]가 홍성하니 난들 어찌하랴?

養育人材爲國家　　要除非禮納中和
寧甘齏糲只咬菜　　忍越名園仍竊瓜
綠髮將臣忘小憤　　白頭儒老動悲歌
當時只欲回風俗　　詩賦科興我奈何

12-34-021 젓갈 두 항아리를 보내 주신 중도[157] 염사[158]께 사례하다

12-34-021 謝中道廉使送醢二缸

소년시절에는 신세를 거룻배에 부치고서
가을 팔월에는 농어〔鱸魚〕를 회치고 구웠다네.
늘그막에는 홍진에서 해물을 맛보면서
구슬프게도 높다란 중선(仲宣)의 누대[159]에 기대어 있네.

---

154) 綠髮은 검은 머리털이다.
155) 將臣은 武臣으로 儒臣의 대가 되는 말이다.
156) 詩賦는 禮部試의 製述科에서 詩賦를 짓는 것을 말한다. 忠穆王 즉위년(1344)에 六經義·四書義, 古賦, 冊文을 賦試하던 것을 恭愍王 11년(1362)에 六經義·四書義, 古賦, 詩賦로 終場의 과목이 冊文에서 詩賦로 바뀌었고, 禑王 12년(1386)에는 다시 經義, 冊文, 詩賦에서 經義, 詩賦, 冊文으로 바꾸는 등 製述科에서 詩賦를 중시하였는데, 이 시는 이를 비판한 것으로 보인다.
157) 中道는 중부 지역에 있던 道로 忠淸道·江原道·黃海道를 가리킨다.
158) 廉使는 按廉使의 준말인데, 고려시대의 지방관직으로 體察使·都觀察黜陟使라고도 하였다.
159) 仲宣樓는 湖北省 當陽縣의 동남쪽에 있는 누각인데, 字가 仲宣인 魏나라의 王粲이 그 동남기슭에 올라 〈登樓賦〉를 지은 곳이다.

少年身世寄扁舟　　膾炙鱸魚八月秋
白首紅塵嘗海味　　悵然高倚仲宣樓

12-34-022 소라젓갈을 보내 주신 해주 목사께 사례하다
12-34-022 謝海州牧使送小螺醢

큰 바다는 넓어서 끝이 없거늘
소라가 조그맣게 형상을 지닌다네.
고기잡이의 길을 찾고 싶은데
흰 모래 물가에는 가는 비가 내리네.
아침에는 옥 같은 쌀밥이 상에 가득하고
대낮에는 금빛 물결[160]이 병에서 출렁거리네.
바야흐로 마음을 쓰심을 알겠기에
머리를 풀어헤치고 바람 부는 난간에 기대네.

大海浩無岸　　小螺微有形
欲尋漁者路　　細雨白沙汀
玉粒朝盈案　　金波晝灩甁
方知用心處　　散髮倚風櫺

12-34-023 정영공[161]께 부쳐 드리다
12-34-023 寄呈鄭令公

적을 소탕한 위엄 있는 풍모는 철원(鐵原)[162]을 잇고

160) 金波는 황금빛 술로 보통 술을 가리킨다.
161) 令公은 中書令·節度使의 존칭이다.
162) 鐵原은 강원도에 있는 고을 이름으로 府院君 崔瑩(1316~1388)의 封號이다.

군대를 부리는 신묘한 계산은 오손(吳孫)[163]에 가깝네.
고금의 훌륭함을 아우름에 참으로 욕됨이 없고
문무의 재주를 겸함은 말로 다하기 어렵네.
이미 공명(功名)이 해와 달처럼 걸렸으니
마땅히 덕업(德業)이 천지를 비추리.
늙은 서생은 다행스럽게도 오래도록 좋은 이웃을 사귀었으니
부질없이 새 시로 집안을 축하함을 대신하네.

掃賊威風繼鐵原　　用兵神算逼吳孫
古今儷美眞無忝　　文武兼才不足言
已致功名懸日月　　當令德業照乾坤
老生幸接芳隣久　　謾把新詩代慶門

12-34-024 빗속에
12-34-024 雨中

긴 빗발로 사면에 처맛물이 떨어지니
시원한 가을 기운이 빈 대청에 모이네.
아이를 불러 솜적삼을 찾게 하여 출타하려고 하다가
꾀 많은 아내가 말술[164]을 갈무리한 데 도리어 놀라네.
평평한 들판의 농가에서는 큰물[165]을 두려워하는데
작은 등잔걸이[166]의 등불에서는 새로운 서늘한 기운을 좋아하네.

---

163) 吳孫은 兵法에 뛰어난 전국시대 吳起와 춘추시대 孫武를 아울러 일컫는 말이다.
164) 斗酒는 한 말의 술로, 蘇軾의 〈後赤壁賦〉의 "아내가 말하기를 '저에게 한 말 술이 있어 이를 간직해 둔 지 오래 되었는데, 당신의 不時의 需要를 기다렸습니다.'(婦曰 我有斗酒 藏之久矣 以待子不時之需)"라는 구절을 염두에 둔 듯하다.
165) 洚水는 洪水와 같은 말로 큰물인데, 『孟子』「告子 上」에서는 물이 거꾸로 흐르는 것을 洚水라 하였다.

이런 가운데에서도 본래 번화한 일이 있어서
춤추는 소매를 바람에 날리며 옥 술잔을 바치리.

四面簷聲雨脚長　　爽然秋氣集虛堂
呼兒欲覓綿衫出　　謀婦還驚斗酒藏
平野田廬疑洚水　　短檠燈火可新涼
箇中自有繁華地　　舞袖翻風進玉觴

12-34-025 유항께 드리다
12-34-025 呈柳巷

헤어진 지 아직 얼마 되지 않은데
비를 보니 그리움이 아득해지네.[167]
나막신을 신고 또 우산을 들고
누대에 올라서 술잔을 들고 싶네.
마을은 푸른 버들에 가려져 있는데
뜰은 파란 이끼로 껄끄럽네.
고요함 속에서도 참으로 흥겨우니
날마다 모시고 고상하게 놀기[168]를 바라네.

乖離今未幾　　對雨思悠哉

166) 短檠은 작은 燈檠인데, 燈檠은 등잔을 얹어 놓는 기구로 고유어로는 등잔걸이라고 한다. 韓愈의 〈短燈檠歌〉(『全唐詩』 권340)의 첫머리에 "여덟 자의 긴 등잔걸이는 부질없이 스스로 길고, 두 자의 작은 등잔걸이가 편하고도 밝네.(長檠八尺空自長 短檠二尺便且光)"라는 구절이 있다.
167) 悠哉는 그리워하는 모양이다. 『詩經』 「周南」 〈關雎〉에 "그리워하고 그리워하며, 이리저리 뒤척이네.(悠哉悠哉 輾轉反側)"라는 구절이 있다.
168) 高游는 고상한 놀이나 성대한 모임이다.

着屐仍持傘　　登樓欲擧杯
里閭遮碧柳　　庭院澁青苔
寂寞眞乘興　　高游願日陪

12-34-026 연꽃을 읊다(3수)
12-34-026 詠蓮

덕을 높임[169]이지 끝내 빛을 좋아함은 아니기에
마음을 씻고 잠깐 다시 향기를 맡네.
앉아서 바라보니 속이 비고 겉은 곧은데[170]
어찌 꼭 육랑(陸郎)[171]에 견줄 게 있으랴?

尙德終非好色　　洗心聊復聞香
坐對中通外直　　何須較與陸郎

뿌리는 찬 서리와 단 꿀[172]과 같은데
꽃은 갠 뒤의 달과 바람[173]을 만나네.
다만 벽통(碧筒)[174]으로 술을 마시기를 좋아하니

---

169) 尙德은 도덕이나 도덕을 지닌 이를 존숭함이다.
170) 中通外直은 속이 비고 겉은 곧은 것으로 周敦頤의 〈愛蓮說〉의 "속이 비고 겉은 곧다.(中通外直)"라는 구절을 인용한 것이다.
171) 陸(六)郎은 여섯째 아들로, 唐의 楊再思의 여섯째 아들 昌宗의 용모와 자태를 연꽃에 견주어서 한 말로 연꽃의 별칭이다.
172) 冷霜甘蜜은 서리같이 차갑고 꿀같이 단 것으로 韓愈의 〈古意〉에 "차기는 눈과 서리와 같고 달기는 꿀과 같은데, 한 조각만 입에 넣어도 고질병이 낫네.(冷比雪霜甘比蜜 一片入口沈痾痊)"라는 구절이 있다.
173) 霽月光風은 비가 갠 뒤의 달과 바람으로 깨끗하고 맑은 마음을 비유하는데, 黃庭堅의 〈濂溪詩序〉에 "용릉의 주무숙은 인품이 고상하고 가슴속이 시원하여 비가 갠 뒤의 바람과 달과 같다.(春陵周茂叔 人品甚高 胸中灑落 如光風霽月)"라는 글이 있다.

사람의 두 빰에 붉은 빛이 뜨네.

藕比冷霜甘蜜　　花逢露月光風
只有碧筒嗜酒　　令人兩頰浮紅

온 세상에서 누가 좋은 명절에 술잔을 나누랴?
내년에는 내가 화려한 자리를 마련하리.
이렇게 좋은 군자의 짝을 아끼는데
어찌하여 상제와 같고 하늘과 같은가?[175]

擧世誰酬令節　　明年我辦華筵
愛此好逑君子　　胡然而帝而天

12-34-027 날이 밝아지다
12-34-027 天明

날이 밝아지자 구름 기운[176]이 문득 돌아가려고 하더니
한낮에는 양오(陽烏)[177]가 참으로 떨치고 날아오르리.

---

174) 碧筒은 碧筒(第)杯의 준말로 연잎으로 만든 술잔이다. 唐 段成式의 『酉陽雜俎』 「酒食」에서 魏나라 正始年間에 鄭慤이 三伏에 賓僚를 청하여 歷城의 북쪽 使君林에서 더위를 피하면서, 큰 연잎을 硯格 위에 두고 술 三升을 준비하여 비녀로 잎을 찔러서 자루와 통하게 하고 줄기 위에 코끼리 코 모양으로 굽게 잘라서 들이마시게 하면서 碧第杯라고 한 고사에서 유래한다.

175) 이 구절은 『詩經』 「鄘風」 〈君子偕老〉의 “어찌하여 하늘과 같고, 어떻게 상제와 같은가?(胡然而天也 胡然而帝也)”를 축약한 표현인데, 宣公의 부인인 衛夫人을 풍자한 시로 人君의 덕과 服飾의 성함을 진술하여 마땅히 군자와 偕老해야 함을 읊은 시이다.

176) 雲氣는 공중으로 떠오르는 기운이다.

177) 陽烏는 태양 안에 있는 발이 셋 달린 전설적인 까마귀로서, 陽의 精氣, 또는 태

몸과 마음은 위육(位育)[178]에 참여함을 매우 겪었지만
덕업(德業)에 정미함이 부족함을 도리어 부끄러워하네.
어둑한 버들의 누런 꾀꼬리 소리가 나무꾼의 길에 이어지고
맑은 물결의 흰 새가 낚시터를 에워싸네.
가을경치 속에 가장 알맞은 행색(行色)은
한 잎의 조각배에 푸른 도롱이[179] 차림이리.

天明雲氣欲旋歸　　日午陽烏政奮飛
頗驗身心參位育　　還慚德業欠精微
黃鸝柳闇連樵徑　　白鳥波淸遶釣磯
行色最宜秋色裏　　扁舟一葉綠蓑衣

12-34-028 즉석에서 짓다
12-34-028 卽事

중추(仲秋)에 바다를 건너 황제를 조현(朝見)한다기에
또 제두(提頭)[180]를 하면서 표문(表文)[181]을 다 지었네.
오랜 나라인 삼한(三韓)에서 신하의 도(道)[182]를 지키다가

양을 말한다.

178) 位育은 자리를 잡고 자라난다는 뜻으로, 『中庸』의 "中和를 이루면 천지가 자리를 잡고 만물이 자라나게 된다.(致中和 天地位焉 萬物育焉)"라는 구절에서 유래한 말이다.

179) 綠蓑衣는 푸른 도롱이로, 張志和의 〈漁父詞〉에 나오는 "푸른 대삿갓과 파란 도롱이로, 비껴 부는 바람과 가랑비에도 굳이 돌아가지 않네.(靑篛笠 綠蓑衣 斜風細雨不須歸)"라는 대목을 염두에 둔 표현이다.

180) 提頭는 奏疏・書信 등에서 천자[또는 왕]에 관계된 말을 쓸 때 존경하는 뜻으로 줄을 바꾸어 쓰는 일이다.

181) 表章은 上奏의 글이다.

182) 臣節은 臣下된 도리이다.

큰 바다 만리에 사신의 배를 띄우네.
하늘이 만든 산과 강으로 절역(絶域)[183]을 이루는데
구름이 열리니 해와 달이 신주(神州)[184]를 비추리.
이제부터 비로소 빛나게[185] 서로 사귀리니
화축(華祝)[186]은 끝내 길이 멈추지 않으리.

航海朝王在仲秋　　表章脫稿又提頭
三韓故國持臣節　　萬里洪濤泛使舟
天作山川成絶域　　雲開日月照神州
粲然相接從今始　　華祝終當永不休

12-34-029 이호연[187]이 와서 곽충수[188] 판서가 죽어서 벌써 영구가 떠났다[189]고 말하기에, 놀라서 부르짖은 끝에 짧은 글로 곡하다

12-34-029 李浩然來言 郭忠守判書仙去 已出殯矣 驚呼之餘 哭

---

183) 絶域은 絶國·絶境과 같은 말로 멀리 떨어져 있는 외국이다.
184) 神州는 중국 사람이 자기 나라를 일컫는 말이다.
185) 粲然은 빛나는 모양이다.
186) 華祝은 華封三祝의 준말로 『莊子』「天地」에 나오는 다음 고사에서 유래하여 임금의 복을 비는 것을 비유한다. 堯임금이 華에 갔을 때 그 封人이 임금의 長壽·富貴·多男을 빌자, 요가 사양하면서 "아들이 많으면 두려움이 많고, 부자가 되면 일이 많으며, 오래 살면 욕이 많네. 이 세 가지는 덕을 기르는 방법이 못되기 때문에 사양하네.(多男子則多懼 富則多事 壽則多辱 是三者 非所以養德也 故辭)"라고 말하였다.
187) 浩然은 여말의 문신 李集(1327~1388)의 字이다.
188) 郭忠守(秀)(?~1383)는 여말의 문신으로 本貫이 淸州이며, 麟의 손자, 之泰의 아들로 『高麗史』에서 獻納·刑部侍郞·持平 등을 지낸 것이 확인되고, 持平일 때 趙日新을 탄핵하였다. 『牧隱文藁』 권4의 〈永慕亭記〉는 목은의 同年인 郭忠秀가 아버지 正郎君을 위하여 정자를 짓고 목은에게 부탁하여 지은 기문이다.
189) 出殯은 屍棺을 殯舍로 옮기거나 葬地로 옮기는 것이다.

以短章

충직함과 문장은 조부(祖父)[190]와 비슷한데
소년시절에는 풍채(風采)가 조정[191]을 진동하였다네.
봉소(鳳沼)[192]에서 간사한 사람을 친 말은 처음부터 바르고
경도(鯨濤)[193]에 쫓겨나도 법도는 더욱 공정하였네.
약물로 몸을 지탱함에는 깊이 묘방을 얻고
전원에 흥취를 붙임에는 오래도록 짙음이 가득하였네.
창생(蒼生)이 바람에 누가 부응할 수 있으랴?
화공(化工)[194]에게 묻는 사람이 없음을 매우 안타까워하네.

忠直文章似祖翁　　少年風采動朝中
擊奸鳳沼言初正　　被竄鯨濤法益公
藥餌持身深得妙　　田園寄興久彌濃
蒼生有望誰能副　　恨殺無人問化工

12-34-030 새 소식
12-34-030 新聞

---

190) 祖父는 郭麟을 가리킨다. 그는 본관이 淸州로 忠烈王 11년(1285)에 장원으로 급제하였고, 충렬왕 18년(1292) 일본에 書狀官으로 갔다가 돌아오지 못하고 죽었다. 『高麗史』 〈郭麟傳〉에 "狀元에 뽑히어 文翰署에 宿直하고 忠直하고 文章이 있다.(擢狀元 直文翰署 忠直有文章)"라는 기사가 있다.
191) 中朝는 朝廷이다.
192) 鳳沼는 禁苑에 있는 못으로 中書省을 가리킨다.
193) 鯨濤는 큰 물결인데, 여기서는 忠淸道의 沔州를 가리킨다. 02-04-101 〈寄沔州郭元外〉가 곽충수에게 보낸 것이다.
194) 化工은 자연의 조화를 일으키는 존재나 힘, 또는 하늘의 조화로 자연히 이루어지는 묘한 재주이다.

정료위(定遼衛)[195]의 초무함[196]이 쌍성(雙城)[197]에 접근하더니
산천을 잘라서 대명(大明)에 귀속시킨다네.
기수(氣數)[198]의 변화는 유독 알기 어렵지만
표문(表章)으로 상주함[199]은 반드시 먼저 행해야 한다네.
성당(省堂)[200]에는 반드시 천심을 돌릴[201] 힘이 있으려니와
해국(海國)[202]에 어찌 해를 꿰뚫을[203] 정성이 없으랴?
한[204] 사신(詞身)은 벌써 늙었으니
부로(父老)들을 좇아 태평을 칭송하기를 바라네.

定遼招撫接雙城　絶斷山川屬大明
氣數推移難獨見　表章敷奏要先行
省堂必有回天力　海國寧無貫日誠
一介詞臣今老矣　願從父老頌升平

12-34-031 비 온 뒤에 유항[205]을 생각하다

---

195) 定遼衛는 明나라 초기에 만주 지방을 經略하기 위하여 遼東에 설치한 관서로 뒤에 遼東都司로 고쳤다.
196) 招撫는 불러서 위로함이다.
197) 雙城은 和州〔영흥〕를 말한다. 몽고는 고려 후기에 이곳을 직접 통치하기 위하여 摠管府를 두었다. 治所는 화주에 있었으며, 登州〔안변〕·定州〔정평〕·長州〔장곡〕·預州〔예원〕·高州〔고원〕·文州〔문천〕·宜州〔덕원〕와 宣德鎭·元興鎭·寧仁鎭·耀德鎭·靜邊鎭 등을 관할하였다.
198) 氣數는 氣運, 命運이다.
199) 敷奏는 陳奏와 같은 말로 君上에게 보고함이다.
200) 省堂은 官署의 廳堂이다.
201) 回天은 제왕의 뜻을 돌이키는 것, 나라의 형세나 국면을 크게 바꾸는 것이다.
202) 海國은 바닷가 나라로 海東을 가리킨다.
203) 貫日은 忠貫日月의 준말로 충성스런 마음이 위로 해와 달을 뚫는 것인데, 충성이 지극함을 비유한다.
204) 一介는 草芥와 같은 말로 보잘것없는 사물을 비유한다.
205) 柳巷은 여말의 문신 韓脩의 호이다.

12-34-031 雨後有懷柳巷

비로 어두우면 서로 막힘을 안타까워하고
날씨가 개면 함께 읊을 것을 생각하네.
누대의 끝은 산과 가까운데
나막신의 굽[206]은 아직 진흙에 깊이 빠지네.
새 그림자는 하늘 끝에서 날아오고
매미 소리는 숲의 그늘에서 나오네.
사람을 그리워하여[207] 자주 일어서서
모르는 사이에 의관을 가지런히 하네.

雨暗恨相阻 天晴思共吟
樓頭與山近 屐齒尙泥深
鳥影來天際 蟬聲出樹陰
懷人頻起立 不覺整衣襟

12-34-032 장자온[208] 영공[209]께 부치다
12-34-032 寄張子溫令公

있을 곳을 옮긴[210] 공(公)은 아직 씩씩한데
문을 닫은 나는 벌써 쇠약하네.
환단(還丹)[211]으로 병의 형세를 떠받치는데

206) 屐齒는 나막신의 굽이다.
207) 懷人은 먼 곳에 있는 사람을 그리워함이다.
208) 張子溫(?~1388)은 여말의 문신으로 護軍・禮儀判書・工部尙書・鎭邊都護府按撫使・密直副使・漢陽尹・贊成事 등을 역임했다.
209) 令公은 中書令・節度使의 존칭이다.
210) 避地는 災禍를 避하기 위하여 땅을 옮김이다.

절월(節鉞)[212]로 군대의 기미를 총괄하시네.
충의(忠義)가 온전하게 아름답기를 기다리고
공명(功名)이 길이 드리우기를 바라네.
송헌(松軒)[213]은 나와 가까운 벗[214]인데
일이 진정되면 빨리 함께 오시라.

避地公猶壯　　關門我已衰
還丹扶病勢　　節鉞總軍機
忠義須全美　　功名要永垂
松軒吾執友　　事定早携歸

12-34-033 동북면[215]을 진무하러 나가는 이판삼사사[216]를 보내다
12-34-033 送李判三司事出鎭東北面

송헌(松軒)의 담력과 기운[217]은 무신[218]을 덮는데
만리의 장성(長城)이 한 몸에 맡겨지네.
변고가 많은 날을 얼마나 바삐 달리면서 보냈던가?
태평한 봄을 함께 돌아와서 즐기리.

---

211) 還丹은 道家에서 九轉丹과 朱砂를 합하여 다시 만든 仙丹이다.
212) 節鉞은 군왕이 전쟁하러 가는 장군에게 주는 符節과 도끼이다.
213) 松軒은 李成桂(1335~1408)의 號이다.
214) 執友는 뜻과 생각이 같은 벗이다.
215) 東北面은 고려시대 행정구역의 하나로서, 東界·東面·東路·東北路·東北界라고도 한다. 고려 成宗이 설치한 朔方道[咸鏡道]가 얼마 뒤에 東界로 개칭되고, 北界와 더불어 兩界가 되었다. 동계는 주로 女眞族과의 경계를 이루는 곳이어서, 民政과 軍政을 함께 맡아 다스리는 兵馬使를 두었다.
216) 判三司事는 고려시대 錢穀 등 나라의 재물의 출납과 회계를 맡아보던 관청인 三司의 장관으로 종1품 관직인데, 李判三司事는 李成桂를 가리킨다.
217) 膽氣는 膽力과 勇氣이다.
218) 戎臣은 武臣이다.

지금 대세가 종사(宗社)[219]에 관계되는데
하물며 선봉(先鋒)[220]이 귀신과 같음에랴?
두 조정[221]에서 함께 지낸[222] 정이 얕지 않지만
다만 시로써 먼 길을 가는 사람[223]을 전송하네.

松軒膽氣盖戎臣　　萬里長城屬一身
奔走幾經多故日　　歸來同樂太平春
如今大勢關宗社　　況是前鋒似鬼神
聯袂兩朝情不淺　　只將詩律送行塵

12-34-034 술을 보내 주신 유항께 사례하다
12-34-034 謝柳巷送酒

영천(潁川)[224] 문하의 국선생(麴先生)[225]은
술꾼[226]의 풍류로 일찍이 이름이 있었네.
사람이 사랑하는 것을 또 사람이 공경하는데
성인 가운데 화자(和者)[227]에다 청자(淸者)[228]이네.

---

219) 宗社는 宗廟와 社稷의 준말로 왕실과 국토를 가리킨다.
220) 前鋒은 先鋒과 같은 말로 軍隊의 前列이다.
221) 兩朝는 두 조정으로 恭愍王과 禑王을 가리킨다.
222) 聯袂는 옷소매를 서로 나란히 하는 것으로 함께 감을 비유한다.
223) 行塵은 달릴 때에 일어나는 먼지로 먼 길을 가는 사람을 가리킨다.
224) 潁川(水)은 河南省 登封縣의 서쪽 潁谷에서 발원하여 淮水로 들어가는 강인데, 여기에서는 潁陰 출신인 漢나라의 장군 灌夫를 가리킨다. 灌夫는 사람됨이 강직하고 아부하지 않았으나 술 주정을 잘 부렸다고 한다.
225) 麴先生은 술을 擬人化한 표현이다.
226) 酒客은 술을 잘 하는 사람이다.
227) 和者는 화합한 사람으로, 『孟子』 「萬章 下」에 "유하혜는 성인 중에서 화합한 사람이다.(柳下惠 聖之和者也)"라는 글이 있다.
228) 淸者는 청렴한 사람으로 『孟子』 「萬章 下」에 "백이는 성인 중에서 청렴한 사람이

넘실거리는 봄물결[229]에는 하늘의 푸르름이 잠겨 있고
둥그런 가을 이슬[230]은 밝은 달빛에 반짝거리네.
병이 많은 목은 늙은이는 참으로 큰 행운[231]으로
이웃에 살면서 맛을 보니 벼슬살이[232]보다 낫네.

穎川門下麴先生　　酒客風流早有名
人所愛兼人所敬　　聖之和又聖之淸
春波灩灩涵天碧　　秋露團團映月明
多病牧翁眞萬幸　　卜隣嘗味勝調羹

12-34-035 윤영공[233]께 부쳐 드리다(3수)
12-34-035 寄呈尹令公

자식을 염려하고 어버이를 그리워하는 두 쪽의 마음을
높은 하늘의 밝은 해가 또한 위에서 밝게 살핀다네.
고리를 내려서[234] 다시 용산(龍山)[235] 길을 밟게 되니

다.(伯夷 聖之淸者也)"라는 글이 있다.
229) 春波는 술의 출렁거리는 모양으로 술을 가리킨다.
230) 秋露는 淸酒를 가리킨다. 宋 蘇軾의 〈濁醪有妙理賦〉에 "고요하기가 가을 이슬과 같고, 온화하기가 봄바람과 같네.(湛若秋露 穆如春風)"라는 대목이 있다.
231) 萬幸은 매우 다행함이다.
232) 調羹은 국에 간을 맞추는 것으로, 殷 高宗이 賢相 傅說을 발탁하면서, "내가 국을 끓이면 너는 소금과 매실이 되라.(若作和羹 爾惟鹽梅)"(『書經』「說命 下」)고 했던 데서 나온 말로, 국가의 일을 다스림을 비유한다.
233) 令公은 中書令·節度使의 존칭이다.
234) 賜環은 임금이 죄를 용서하면서 주는 고리이다. 옛날에 신하가 죄가 있으면 국경에서 놓여나기를 기다리며 삼년 동안 감히 떠나지 못하는데, 임금이 그에게 온전한 고리인 環을 주면〔賜環〕 용서하는 것이고, 한 쪽이 이지러진 玦을 주면〔賜玦〕 쫓아내는 것이었으니, 모두 임금의 뜻을 보여주는 방법이었다.
235) 龍山은 開京의 남쪽에 있는 龍岫(首)山을 가리킨다.

바다처럼 깊은 임금의 은혜에 절하시리.[236]

念子思親兩地心　　天高白日照仍臨
賜環更踏龍山路　　稽首君恩似海深

병이 많은 늙은 나는 안타깝게[237] 그리워서
구슬프게 현릉(玄陵)[238]을 바라보노라니 지는 해가 걸렸네.
측근에서 모셨던 신하가 몇이나 남았는지 헤아려 보았기에
공께서 오늘 돌아오심을 기뻐하네.

老吾多病思依依　　悵望玄陵掛落暉
坐數近臣餘幾箇　　喜公今日得還歸

창자 속의 얼음과 숯[239]이 하늘까지 넘치려하는데
머리 위의 광음(光陰)은 흐르는 물과 같네.
비(否)[240]와 태(泰)[241]가 서로 순환함을 반드시 말없이 알기에[242]
목은 늙은이는 종일토록 향불 연기를 마주하네.

腸中冰炭欲滔天　　頭上光陰似逝川

236) 稽首는 이마가 땅에 닿도록 절을 하는 것이다.
237) 依依는 안타깝게 사모하는 모양이다.
238) 玄陵은 恭愍王의 陵號이다.
239) 氷炭은 얼음과 숯으로 서로 정반대가 되어 조화되지 못함을 비유한다.
240) 否(비)는 『周易』 六十四卦의 하나로 乾卦와 坤卦가 거듭된 것으로서, 음양이 고르지 못하여 일이 잘 되지 않는 象이다.
241) 泰는 『周易』 六十四卦의 하나로 陰陽이 조화되어 사물이 通利하는 象이다.
242) 黙識는 말없이 기억해 둠, 말없이 남의 진의를 깨달아 앎으로, 『論語』 「述而」의 "말없이 기억해 두고, 배움에 싫증을 내지 않는다.(黙而識之 學而不厭)"라는 글에서 유래한다.

否泰相循須默識　　　牧翁終日對香烟

12-34-036 백일홍[243] 1수를 읊다
12-34-036 詠百日紅一首

푸르고 푸른 솔잎은 사철 같은데
또 백일 동안 붉은 선계(仙界)의 꽃을 보네.
새 꽃과 묵은 꽃이 서로 이어서 같은 빛깔을 이루니
천공(天公)의 공교로운 뜻은 매우 궁구하기 어렵네.
서리와 눈을 겪느라고 마음이 더욱 괴로운데
여름부터 가을까지 자태(姿態)가 절로 곱네.
사물은 본래 고르지 않고[244] 고른 것은 적기에
흰 머리 늙은이가 꽃을 대하며 세 번 탄식하네.

青靑松葉四時同　　　又見仙葩百日紅
新故相承成一色　　　天公巧思儘難窮
經霜與雪心逾苦　　　自夏徂秋態自濃
物自不齊齊者少　　　對花三歎白頭翁

12-34-037 칠월 열아흐렛날은 익재[245] 시중[246]의 기일[247]인데,

243) 百日紅은 紫薇의 별칭으로 4월부터 9월까지 百日 동안 꽃이 핀다고 해서 붙은 이름이다.
244) 齊物은 옳고 그름, 저쪽과 이쪽, 남과 나, 단명과 장수가 서로 구별이 없이 하나로 돌아가는 것을 말하며, 『莊子』의 篇名이기도 하다.
245) 益齋는 여말의 문신 李齊賢(1287-1367)의 號이다.
246) 侍中은 고려시대 門下省・都僉議使司・都僉議府・門下府의 종1품 벼슬인데, 때에 따라 侍中 1인만을 두거나, 左侍中・右侍中 또는 侍中・守侍中을 두었다.
247) 忌旦은 忌日, 즉 제삿날이다.

자손들이 청교역[248] 동쪽의 법당사에서 재를 베풀기에, 색은 병을 견디면서[249] 의례를 돕고 돌아와서 느꺼워하다. 1수

12-34-037 七月十九日 益齋侍中忌旦也 子孫設齋于青郊東法幢寺 穡力疾助禮而歸 有感一首

도덕과 문장으로 위대하신 한 선비[250]께서
태평시절에 은택[251]에 다 젖게 하시네.
소년시절에는 자취[252]가 천하를 두르시더니
만년(晩年)에는 경륜이 바다 모퉁이를 좁게 여기셨네.
거처한 곳이 같지 않음은 누가 시키고 명한 것인가?
남과 함께 선을 행함[253]을 스스로 돕고 즐기셨다네.
승방에서 명복을 빌매 어찌 느꺼움이 없으랴?
자리에 있는 문생은 오직 늙은 나뿐이네.

道德文章一大儒　　大平膏澤共涵濡
少年轍跡周天下　　晩歲經綸局海隅
所處不同誰使命　　與人爲善自相娛
僧房薦福寧無感　　席上門生獨老吾

248) 青郊는 開京 동쪽의 保定門 밖에 있던 驛의 이름이다.
249) 力疾은 病든 몸을 지탱해 나감이다.
250) 大儒는 유학의 큰 스승, 학문이 뛰어난 사람이다.
251) 膏澤은 恩惠를 비유한다. 『孟子』 「離婁 下」에 "간한 것이 시행되고 진언이 받아들여져서 은택이 백성에게 내려진다.(諫行言聽 膏澤下於民)"라는 글이 있다.
252) 轍迹은 수레의 痕迹, 자취이다.
253) 與人爲善은 다른 사람과 더불어 착한 일을 행하는 것이다. 『孟子』 「公孫丑 上」에 "다른 사람의 의견을 취하여서 착한 일을 행한다는 것은, 다른 사람과 더불어 착한 일을 하는 것이다.(取諸人以爲善 是與人爲善者也)"라는 글이 있다.

12-34-038 동북면[254]에 경보[255]가 있다는 말을 듣다
12-34-038 聞東北面有警

원(元)나라 조정의 일을 만난[256] 지 백 년 가까운 동안에는
바다 모퉁이의 천리가 태평연월(太平煙月)[257]이었다네.
인심의 바르고 간사함[258]에 세상이 바뀔 수 있고
국운이 흥하고 망함은 다만 하늘에 달렸다네.
옥백(玉帛)[259]을 지니고 남쪽으로 달림을 어찌 감히 뒤로 돌리랴?
제항(梯航)[260]이 중간에 끊어져서 몹시 전진하기 어렵네.
이것은 모두 운명이라 피할 곳이 없기에
거울 속의 흰 털이 배나 쇠약해지네.[261]

際遇元朝近百年　　海隅千里大平煙
人心正譎能移世　　國運興亡只在天
玉帛南馳安敢後　　梯航中斷苦難前
是皆命也無逃處　　鏡裡霜毛倍颯然

12-34-039 정첨서[262]가 앓고 나 또한 병을 앓느라고 두 집안

254) 東北面은 고려시대 행정구역의 하나로서, 東界・東面・東路・東北路・東北界라고도 한다. 고려 成宗이 설치한 朔方道〔咸鏡道〕가 얼마 뒤에 東界로 개칭되고, 北界와 더불어 兩界가 되었다. 동계는 주로 女眞族과의 경계를 이루는 곳이어서, 民政과 軍政을 함께 맡아 다스리는 兵馬使를 두었다.
255) 警報는 경계하라고 주의시키는 急報이다.
256) 際遇는 際會와 같은 말로 좋은 때를 만남, 신하가 어진 임금을 만남을 뜻한다.
257) 太平煙月은 태평 시대에 雲霧가 낀 몽롱한 달빛이다.
258) 正譎은 바름과 속임이다.
259) 玉帛은 圭璋과 束帛으로 祭祀・會盟・朝聘 등에 쓰던 물건이다.
260) 梯航은 사다리〔梯〕와 배〔船〕로 산에 오르고 물을 건너는 공구인데, 육로와 수로의 먼 길을 감을 비유한다.
261) 颯然은 衰頹한 모양이다.

의 왕래가 끊어진 지 오래 되었다. 이호연[263]이 와서, 이튿날에 첨서가 길을 떠나서 동북면 원수부[264]에 부임한다고 하였다. 곧 교외에 나가서 전송하려고 하였으나 말을 타기가 어려워 앉아서 1수를 읊고, 돌아오시면 마땅히 노래로 위로할 것이다

12-34-039 **鄭簽書病 僕亦病 兩家絶往來久矣 李浩然來曰 明日簽書啓行 赴東北面元帥府也 將出郊相送 艱於騎馬 坐吟一首 歸來當歌以勞之**

옛날에도 종군(從軍)의 즐거움을 일컬었거니와
호방(豪放)한 기개가 지금도 완연하네.
필마로 변새[265]로 가면
안중(眼中)에는 아득히 먼 하늘도 없으리.
징소리와 북소리는 물과 뭍[266]에서 은성하고
깃발과 깃대는 구름과 안개에 뒤섞이리.
힘을 쏟아[267] 임금님[268]께 보답하려면
보잘것없는 몸을 마땅히 버려야 하리.[269]

---

262) 簽書는 고려시대 密直司의 종2품 또는 정3품 벼슬인 簽書密直司事나 樞密院의 정3품 벼슬인 簽書樞密院事의 준말인데, 鄭簽書는 鄭夢周(1337~1392)를 가리킨다. 『高麗史』 禑王 10년(1384) 4월조에 "甲午에 禑가 甘露寺에 행차하고 곧 元中浦에서 사냥하였다. 때에 북방에 警報가 있으므로 判密直 姜筮와 唐山君 洪徵, 前密直 柳源・鄭夢周 등을 동북방에 보내어 事變을 探偵하게 하였다."라는 기사가 있다.
263) 浩然은 여말의 문신 李集(1327~1388)의 字이다.
264) 元帥府는 고려 말 지방군을 징집해서 왜구 방어를 맡았던 元帥의 군부이다.
265) 塞上은 만리장성 안팎의 변경 지역이다.
266) 川陸은 물과 뭍 또는 水路와 陸路이다.
267) 出力은 힘을 냄 또는 역량을 모두 쏟음이다.
268) 君上은 임금, 君主이다.
269) 棄捐은 사람이 죽는 것을 婉曲하게 표현한 것이다.

충성과 의리는 귀신을 감동시키고
공적과 명성은 천년 뒤에도 전해지리.
배를 불리면서 처자의 손을 잡고 죽는 것은
어찌[270] 언덕과 골짜기를 메움[271]과 같겠는가?
첨서(簽書)는 삼장(三場)[272]의 장원으로[273]
경학(經學)은 성현을 이었네.
휘장[274] 안에서 웃으며 말하면서
승부를 결정함에 권도(權道)에 맞게[275] 꾀하시라.
나는 늙고 병들어 문을 닫고서
슬프게 바라보며 부질없이 마음만 끓이네.

古稱從軍樂　　豪氣今宛然
匹馬適塞上　　眼前無遠天
鉦鼓殷川陸　　旗旄雜雲煙
出力報君上　　微軀當棄捐
忠義動鬼神　　功名千載傳
飽死妻子手　　還如丘壑塡
簽書三場魁　　經學紹聖賢
談笑在帷幄　　決勝謀中權
老我病杜門　　悵望徒心煎

270) 還은 反問의 어기사이다.
271) 塡壑은 塡溝壑과 같은 말로, 골짜기에 빠져 죽는 것 곧 行旅病死하는 것을 뜻한다.
272) 三場은 科擧에 있어서의 初場·二場〔또는 中場〕·三場〔또는 終場〕 세 층위의 시험을 말한다.
273) 이 구절은 鄭夢周가 恭愍王 9년(1360)에 知貢擧 金得培와 同知貢擧 韓方信이 맡은 과거에서 장원으로 급제한 사실을 가리킨다.
274) 帷幄은 방안에 쳐놓은 장막이나 휘장이다.
275) 中權은 하는 일이 權道에 합함 또는 시의나 정황에 알맞음이다.

12-34-040 맹운[276] 선생이 판후덕부[277]사[278]가 되었다는 말을 듣고, 기뻐서 하례드리려고 달려가다가 시를 지어서 곧 입으로 읊으려고[279] 하였더니, 마침 외출 중이기에 돌아와서 기록하여 좌하에 드리다

12-34-040 聞孟雲先生判厚德府事 喜而趨賀 途中有作 將以口號 値出而還 錄呈座下

두 서울[280]에서 호종(扈從)하며 산재[281]에서 만났을 때에
나만 홀로 날아올라 부끄러움이 가슴에 가득하였다네.
이렇게 영광된 관직에 제배됨을 하례함은 나의 행운이니
이제부터 활보하며 때때로 더불어 함께 가리.[282]
위계는 높아서 성재(省宰)[283]와 옷자락이 닿는 처지이고
등급은 높아서 봉군(封君)[284]에다 녹봉을 받는 품계이네.
지하에 계신 가정(稼亭)[285]께서 늘 삼가 살피시기에[286]

276) 孟雲은 고려 말의 문신 韓脩(1333~1384)의 字이다.
277) 厚德府는 고려 후기 禑王의 妃인 謹妃를 위하여 설치한 府이다.
278) 判事는 고려시대의 관직으로 中樞院・三司를 비롯하여 寺・監에 이르기까지의 대부분의 관부에 설치되어 있었으며, 품계는 관부에 따라 차이가 있으나, 해당 관부의 최고관직이며, 정원은 몇몇 도감을 제외하고는 1명이었다.
279) 口號는 앉은자리에서 곧 지어서 부르는 시로 口占이라고도 한다.
280) 兩京은 고려 시대 開京과 南京을 아울러 일컫던 말이다.
281) 山齋는 山中居室이다.
282) 與時偕行은 變通趨時이다. 『周易』 損卦의 彖辭에 "덜고 더하고 차고 비는 것을, 때에 따라 함께 행함이라.(損益盈虛 與時偕行)"라는 글이 있다.
283) 省宰는 고려시대에 內史省・門下省・尙書省 등에 딸린 2품 이상의 관원을 일컫는 말이다.
284) 封君은 임금의 嫡子를 大君으로, 임금의 서자・왕비의 아버지 또는 이품 이상의 宗親・功臣 등을 君으로 봉하던 일을 가리킨다.
285) 稼亭은 牧隱의 부친 李穀(1298~1351)의 號이다. 韓脩는 忠穆王 3년(1347)에 許伯・李穀이 주관한 禮部試에 급제하였다.
286) 祗應은 공경스럽게 살핌이다.

문하의 두 분 한씨[287]가 봉황처럼 운다네.[288]

兩京扈從接山齋　　我獨飛騰愧滿懷
賀此榮除是吾幸　　從今闊步與時偕
位崇省宰聯裾地　　級峻封君受祿階
泉下稼亭應祇掌　　兩韓門下鳳喈喈

12-34-041 이이상[289]을 하례하다
12-34-041 賀李二相

계림(雞林)[290]의 영기[291]가 우리 공을 내었는데
문하부(門下府)[292]의 높은 반열은 시중에 버금간다네.
이미 운부(雲夫)[293]와 더불어 택상(宅相)[294]을 이루었으니
응당 역수(櫟叟)[295]를 좇아서 가풍을 떨치리.

---

287) 兩韓은 두 분 韓氏로 忠穆王 3년(1347) 許伯과 李穀이 주관한 과거에서 급제한 韓脩(1333~1384)와 그 사촌 韓蕆(1325~?)을 가리키는 듯하다. 이 시로 보아 韓蕆이 稼亭의 문생으로 확인된다.
288) 喈喈는 봉황이 우는 소리로 『詩經』 「大雅」 〈卷阿〉에 "봉황이 우네 저 높은 언덕에서. 오동나무가 자라네 저 산의 동쪽에서. 잎새들이 무성하게 우거지니, 울음소리가 조화롭네.(鳳凰鳴矣 于彼高岡 梧桐生矣 于彼朝陽 菶菶萋萋 雝雝喈喈)"라는 대목이 있다.
289) 二相은 두 번째 재상이란 뜻으로 判兵部事를 겸한 재상을 말하는데, 李二相은 李寶林을 가리킨다.
290) 雞林은 慶州의 옛 이름으로, 慶州李氏를 가리킨다.
291) 英氣는 英武豪邁한 氣概이다.
292) 門下府는 고려 시대 百揆의 서무를 관장하고 그 郎舍는 諫諍과 封駁을 관장하던 관아인데, 內議省, 中書門下省, 都僉議府 등으로 불리었다.
293) 雲夫는 고려 후기의 문신 洪侃(?~1304)의 字이다.
294) 宅相은 外甥 즉 外孫의 美稱이다. 李寶林의 어머니가 洪侃의 후손인 洪侑의 따님이다.
295) 櫟叟는 호가 櫟翁인 여말의 문신 李齊賢을 가리킨다.

지극히 정밀한 감식안[296]은 햇빛이 비치는 가을[297]에 있고
여가의 삶[298]인 시련(詩聯)은 달빛을 머금은 이슬[299]과 같네.
소식을 듣고 누가 가장 기뻐할지 알지 못하지만
버드나무 그늘이 깊은 곳에 사는 흰 머리의 늙은이이리.

雞林英氣出吾公　　門下崇班次侍中
已與雲夫成宅相　　應從櫟叟振家風
至精藻鑑陽秋在　　餘事詩聯月露同
聞喜不知誰最甚　　柳陰深處白頭翁

12-34-042 문생 윤대언[300]을 축하하다. *취[301]이다
12-34-042 賀門生尹代言 *就

대언(代言)은 세상 사람들이 사모하는 자리이거니와
그대가 나의 영광(榮光)[302]을 이은 것을 기뻐하네.
가문의 지위(地位)는 문무(文武)를 초월하고
사륜(絲綸)[303]으로 성명(聖明)을 가까이 하네.

---

296) 藻鑑은 知人之鑑으로, 사람을 잘 알아보는 감식안을 말한다.
297) 陽秋는 晉의 簡文帝 鄭后의 阿春을 忌諱하여 春을 陽으로 고친 데서 유래하여 孔子가 지은 『春秋』를 가리키는데, 史書의 통칭이다.
298) 餘事는 애쓰지 않고 하는 요긴하지 않은 일이다.
299) 月露는 달빛 아래의 이슬방울로 말은 화려하고 아름다운 시문을 비유한다.
300) 代言은 고려 후기 왕명의 출납과 숙위 및 군기를 맡았던 密直司의 정3품 벼슬로 承宣이라고도 하였다.
301) 尹就는 생몰년 미상의 여말의 문신으로, 本貫은 坡平, 輔의 아들인데 恭愍王 20년(1371) 李穡 등이 주관한 과거에 급제하였으며, 『高麗史』에서 掌令·左代言·密直副使·知密直事 등을 지낸 것이 확인되고, 禑王 11년(1385)에 監試의 試官을 맡았다.
302) 榮位는 영광스러운 지위로 牧隱이 恭愍王 7년(1358)에 右副承宣이 되어 恭愍王 11년(1362)에 右代言을 역임한 것을 가리킨다.

영평(鈴平)[304]에게 남은 경사가 있어서
정선(旌善)[305]에 은총의 빛이 생기네.
아침부터 밤까지[306] 마땅히 유윤(惟允)하고[307]
조정[308]이 의지하여 공평하심이 있게 하라.

代言爲世慕　　喜子繼吾榮
地位超文武　　綵綸近聖明
鈴平餘慶在　　旌善寵光生
夙夜當惟允　　岩廊有倚平

12-34-043 한평리[309]께 부쳐 드리다
12-34-043 寄呈韓評理

하늘이 한씨 집안을 위하여 대종(大宗)[310]을 내리시니
한 시대의 뭇 선비들이 모두 하풍(下風)으로 달려가네.[311]
중년에 당고(黨錮)[312]를 만남은 흉족으로 말미암았거니와

---

303) 綵綸은 詔勅이다.
304) 鈴平君은 고려 말의 문신 尹琁(?~1329)의 封號이다. 忠宣王 때에 左承旨・密直學士, 忠宣王 때에 弘文館學士・儀曹尙書・密直副使・成均監大司成, 충숙왕 때에 守僉議贊成事 등을 지냈다.
305) 旌善은 강원도에 있는 고을이다.
306) 夙夜는 이른 아침부터 늦은 밤까지이다.
307) 惟允은 왕명을 내고 신하의 상주를 들일 때, 미리 심사하여 가부를 논하는 일로 왕명을 출납하는 관원을 가리키기도 한다.
308) 巖廊은 宮殿의 옆에 있는 곁채로 朝廷을 비유한다.
309) 評理는 고려 후기 都僉議府・門下府에 두었던 종2품의 벼슬인데, 韓評理는 韓蕆을 가리키는 듯하다.
310) 大宗은 嫡系 長子인데, 여기에서는 淸州韓氏 집안에서 韓渥의 맏아들 大淳의 長子인 韓蕆을 가리킨다.
311) 趍(趨)風은 귀인을 공경하여 그 앞을 바람처럼 달음질쳐 가는 일이다.
312) 黨錮는 後漢 桓帝・靈帝 때의 憂國之士들이 宦官의 발호를 억제하려다가 오히려

위로 임금님의 은혜를 입어 지공(至公)[313]이 드러났네.
비가 지나간 봉황지(鳳凰池)[314]에는 물결이 넘실거리고
구름이 걷힌 궁전의 섬돌[315]에는 햇살이 환하네.
조정에서 퇴청한 정원에는 응당 겨를이 많으리니
술자리를 마련하고 목은 늙은이를 부른들 무슨 상관 있으랴?

天爲韓門降大宗　一時群彦盡趍風
中遭黨錮緣凶族　上荷君恩表至公
雨過鳳池波灩灩　雲開螭陛日曈曈
退朝庭院應多暇　置酒何妨喚牧翁

12-34-044 새벽밥
12-34-044 晨飡

바닷가의 쌀로 지은 밥을 배불리 먹고 나서
한가롭게 용수산(龍岫山)[316]의 구름을 바라보네.
뜻을 지킴에는 기묘한 방법이 있지만
육신을 보양함에 어찌 글을 번거롭게 하랴?[317]
문득 맑은 바람이 불어오니
동이 물에는 작게 물결이 이네.
바람이 지나가자 물이 다시 고요해지니

조정을 반대하는 당파로 몰려 크게 희생된 사건을 말하는데, 여기서는 韓安이 恭愍王 시해 사건에 관련되어 韓蔵이 귀양간 것을 가리킨다.
313) 至公은 至公無私로 지극히 공평하여 사사로움이 없음을 말한다.
314) 鳳池는 鳳凰池의 준말로 唐나라 때에 中書省에 있던 연못으로 中書省을 가리킨다.
315) 螭陛는 궁전의 섬돌이다.
316) 龍岫(峀・首)山은 開京의 남쪽에 있는 산이다.
317) 繁文은 번거로운 修飾, 번거로운 규칙이다.

빛을 받으면 아주 작은 것[318]도 분별되네.
안정과 생각과 얻음[319]을 이어나가면
요순(堯舜)[320]을 돕기에 넉넉하리.
양 살쩍에는 흰 머리털이 어지러운데
아침 햇살[321] 속에서 천군(天君)[322]과 마주하네.

飽喫海村米	閑看龍岫雲
持志有妙術	養身豈繁文
淸風忽然至	盆水微有紋
風去水亦定	取映毫釐分
繼之安慮得	足以贊華勳
白髮亂雙鬢	朝陽對天君

12-34-045 뜬구름
12-34-045 浮雲

뜬구름이 아침해[323]를 희롱하니
산하(山河)가 어지럽게 어두워지고 밝아지네.

---

318) 毫釐는 자와 저울, 즉 尺度의 단위인 毫와 釐로서 아주 짧은 거리나 극히 적은 양을 뜻한다.
319) 安慮得은 안정과 생각과 얻음으로, 『大學章句』의 "고요해진 뒤에 안정될 수 있고, 안정된 뒤에 생각할 수 있고, 생각한 뒤에 얻을 수가 있다.(靜而後能安 安而後能慮 慮而後能得)"라는 글에서 유래한다.
320) 華勳(勛)은 堯舜을 가리킨다. 『書經』「堯典」에서 요임금을 放勳이라 하고 『書經』「舜典」에 순임금을 重華라고 한 데서 유래한다.
321) 朝陽은 산의 동쪽이다. 『詩經』「大雅」〈卷阿〉에 "봉황이 우네, 저 높은 언덕에. 오동나무가 생겨나네, 저 산의 동쪽에서.(鳳凰鳴矣 于彼高岡 梧桐生矣 于彼朝陽)"라는 구절이 있다.
322) 天君은 사람의 마음을 뜻한다.
323) 朝旭은 아침해이다.

잠자리에서 서늘한 기운이 생기니
정신의 기운[324]이 시원하게 맑아지네.
닫고 열림[325]의 오묘함을 탐구하고자 하여
둔마가 끄는 수레[326]를 타고 붕새의 노정[327]을 향하네.
근심을 푸느라고[328] 길게 휘파람을 부니
하늘 끝에서는 바람 소리가 들려오네.
예로부터 세상을 깔보는[329] 이는
시절 사람들이 가볍게 여기는 것을 달게 여겼다네.

浮雲弄朝旭　　山河紛晦明
涼意生枕簟　　爽然神氣淸
欲探闔闢妙　　駑車向鵬程
放懷發長嘯　　天末來風聲
古來傲世者　　甘爲時所輕

12-34-046 스스로 웃다
12-34-046 自笑

머리털이 하얀데다 또 이빨마저 빠졌으니
남은 삶이 얼마나 될 수 있으랴?

---

324) 神氣는 정신의 기운이다.
325) 闔闢은 닫음과 엶으로 『周易』 「繫辭 上傳」에 "문을 닫는 것을 곤이라 하고, 문을 여는 것을 건이라 하며, 한 번 닫히고 한 번 열리는 것을 변이라 한다.(闔戶謂之坤 闢戶謂之乾 一闔一闢 謂之變)"라는 글이 있다.
326) 駑車는 둔한 말이 끄는 수레이다.
327) 鵬程은 붕새가 날아가는 길로 먼 道程을 비유한다.
328) 放懷는 근심을 훌훌 털어 버림, 마음을 편안하게 가짐이다.
329) 傲世는 世人을 업신여김이다.

남쪽의 도적과 북쪽의 병란으로
시절이 어려워 참으로 험준하네.[330)]
반드시 태평의 때가 있으련만
나는 쇠약해져서 슬피 노래할 뿐이네.
전에 놀던 곳으로 머리를 돌리면
강산마다 술통을 늘여 놓았었지.
미친 듯이 노래하고 길게 휘파람 불며
울리는 옥[331)]을 따르며 바람과 달[332)]을 읊었네.
앉아서 탄식해 마지않지만
흘러간 물[333)]은 물결을 되돌릴 수 없다네.

髮白齒又落	餘生能幾何
南盜與北兵	時艱政嵯峨
大平必有日	吾衰但悲歌
回首舊遊處	江山樽酒羅
狂歌與長嘯	風月隨鳴珂
坐歎不能已	逝水無廻波

12-34-047 팔월 열하룻날에 곧 덕수현[334)]의 전장에 가려고 남대문[335)]의 동쪽 모퉁이에서 종학[336)]을 기다리면서, 여러

330) 嵯峨는 산이 우뚝 솟은 모양, 산의 돌이 울쑥불쑥한 모양이다.
331) 鳴珂는 현귀한 사람이 타는 말을 장식하는 옥이 소리가 난다는 말로, 고귀한 지위에 있는 사람을 가리킨다.
332) 風月은 바람과 달, 또는 자연을 읊은 시를 뜻한다.
333) 逝水는 逝川과 같은 말로 흘러가는 냇물인데, 한 번 가면 다시 돌아오지 아니함을 비유한다.
334) 德水縣은 開城府의 屬縣이다.
335) 南大門은 開京의 南門으로 宣華門 또는 會賓門이라고 하였다.
336) 李種學(1361~1392)은 牧隱의 둘째 아들이다.

산들을 바라보며 짓다

12-34-047 八月十一日 將遊德水田莊 竢種學於南大門東偏 望諸山有作

높고 험준한 곡봉(鵠峯)[337]은 푸른 하늘에 기대어 있는데

천마산[338]은 홀을 받들고 법궁(法宮)[339]을 향하는 듯하네.

왼쪽 *북산인데 머리에 인 돌이 북과 같다 과 오른쪽 *오공산[340]인데 산을 상보는 사람이 형상이 북과 같다고 이르다 의 고산(鼓山)들은 예악(禮樂)[341]을 펼쳐 놓은 듯하고

가운데의 유석(乳石) *속인들이 말하기를 남산(南山)은 실제로는 남산(男山)인데, 산의 서쪽 큰 길 가에 유석이 있다 은 영웅을 기른다네.

일만 집의 지붕 모서리[342]에는 연기가 땅에서 떠오르고

십자(十字)로 된 길거리[343]에서는 낮에도 바람이 없네.

나는 늘그막에 한가하게 지내며 아직도 녹봉으로 지내거니와

다만 종묘(宗廟)의 도움으로 함께 끝이 없기를 비네.

鵠峯高峻倚蒼穹　　奉笏天磨向法宮

左 *北山 戴石之如鼓者 右 *蜈蚣山 相者云形如鼓 鼓山張禮樂 中間乳石 *俗言南山實男山 山之西大路傍 有乳石 養英雄

萬家屋角烟浮地　　十字街頭晝絶風

---

337) 鵠峯은 개경에 있는 松嶽山의 다른 이름으로 鵠嶺이라고 한다.

338) 天磨山은 開京 近郊에 있는 산으로 여러 봉우리가 높이 솟아 있어 푸른 기운이 감돈다고 하여 붙여진 이름이다.

339) 法宮은 正殿이다.

340) 蜈蚣山은 松嶽山 서쪽에 있는 산인데 형상이 북과 같다.

341) 禮樂은 예절과 음악이다.

342) 屋角은 지붕 모서리이다.

343) 十字街는 開京의 東西의 崇仁門과 宣義門, 南北의 會賓門과 北城門을 이었을 때 교차하여 十字를 이루는 거리로 大街라고도 한다.

我老閑居猶祿食　　　但祈宗祐共無窮

12-34-048 진봉산[344]과 물을 사이에 둔 산의 고개에서 또 종학을 기다리다
12-34-048 進奉山隔水山坡 又竢種學

가는 풀이 있는 산의 고개에서 호상[345]에 걸터앉아 있노라니
진봉산(進奉山)의 서쪽 벼랑에는 푸른빛이 방울지네.
지나가는 사람을 매우 닮은[346] 것으로 잘못 헤아리느라고
잠깐 사이에 마음에서 생각을 허비하네.

山坡細草踞胡床　　　進奉西崖滴翠光
逆數行人疑似者　　　心中頃刻費商量

12-34-049 불각사를 바라보다
12-34-049 望佛覺寺

만 그루의 푸른 소나무가 산을 감추려 하는데
산 아래에는 승방(僧房)이 그 속에서 어른거리네.[347]
옛날 스무 해 전에 놀던 곳에는
한 줄기 물이 절로 졸졸 흘렀다네.

萬松蒼翠欲藏山　　　山下僧房隱映間

344) 進奉(鳳)山은 開京의 동남쪽에 있는 산이다.
345) 胡床(牀)은 交椅・의자이다.
346) 疑似는 비슷하여 분간하기 어려움, 분간할 수 없을 정도로 비슷함이다.
347) 隱映은 겉으로 훤히 드러나지 않게 비침이다.

二十年前舊游處　　一條流水自潺潺

12-34-050 동년 신익지[348] 판서[349]의 옛 전장을 바라보다
12-34-050 望同年申翌之判書古田莊

중련역(中連驛)[350]을 두른 길을 지나서 들판의 다리를 건너니
동쪽에는 높은 봉우리 하나가 푸르게 비끼었네.
오랜 벗은 신선이 되어 떠나고[351] 터만 남아 있는데
게다가 깊은 가을이 되니 집에는 풀조차 없네.[352]

路遶中連度野橋　　天東橫翠一峰高
故人仙去遺基在　　又是秋深宅不毛

12-34-051 전장에서 스스로 웃다 *서를 두다
12-34-051 田莊自笑 *并序

내가 지정[353] 경술년[354]에 이사하는 사람의 집과 전지를 잡아서, 양쪽이 선뜻 문권을 만들고[355] 샀다. 어떤 이에게 명하여 갈고 거기에 씨를

348) 申翌之는 06-15-041 〈同年李夢游來訪 有懷諸公〉에서 牧隱과 辛巳年(1341) 監試 동년임을 알 수 있고, 『高麗史』에서 忠定王 때에 糾正, 恭愍王 때에 判典校寺事·楊廣道巡問使 등을 역임한 것이 확인되는 인물이다.
349) 判書는 고려시대의 六司·六部의 장관으로 尙書라고도 했으며 품계는 정3품이다.
350) 中連驛은 豊德郡의 동쪽 15리에 있는 驛이다.
351) 仙去는 仙人이 되어 떠나는 것으로 죽음을 뜻한다.
352) 不毛는 토지가 메말라 초목이 나지 아니함이다.
353) 至正은 天統(1333~1334)·至元(1335~1340)에 이은 元 順帝의 세 번째 年號(1341~1367)이다.
354) 庚戌年은 恭愍王 19년(1370)으로 明나라 洪武 3년인데, 北元과의 외교를 회복한 입장에서 北元의 明宗이 宣光(1369~1377)의 연호를 쓰고 있었으나, 順帝가 1370년까지 살아 있었기 때문에 至正이라는 연호를 쓴 것으로 보인다.

뿌리게 하였더니, 몇 달을 버틸 양식이 넉넉하였는데, 계해년[356] 가을 팔월 열하룻날에야 비로소 몸소 둘러보게 되었다. 대개 십사년은 잠시가 아니고 삼십리는 먼 거리가 아니지만, 내가 이르름이 이제 시작되니 생계를 꾸림에 게으름이 심하고도 심함을 알 수 있다. 그렇다고 또한 무슨 상관이 있으랴? 만약 내가 생계를 꾸림에 안달하였다면 또 조물주가 곧 나에게 남은 삶을 내리지 않았을지 어찌 알랴? 이에 스스로 웃은 끝에 짧은 노래를 지어서 아손들에게 보여 준다

予於至正庚戌 得移徙者家舍土田 兩肯立券而買 命一力耕種其中 足支數月粮 癸亥秋八月十一日 始親履歷 夫十四年非暫也 三十里非遠也 而吾之至也始于今 則懶於治生 甚又甚也 可見矣 然亦何傷哉 使吾急於治生 又安知造物者 將不賜我以餘生也哉 於是自笑之餘 作短歌以示兒孫云

집과 전지를 구한[357] 것이 지금 몇 해인가?
강 가의 길은 도성 남쪽으로 곧게 뻗어 있다네.
발꿈치를 서로 닿으며[358] 아침에 왔다가 저녁에 돌아오는데
한두 곳만 가파르고 모두 평탄한 시내이네.
벼슬에 매이고 직무에 구애되어 걸핏하면 손발이 굳어지느라고[359]
내가 사물로 말미암아 변하는 줄[360]을 알지 못함을 탄식하네.

355) 立券은 契約하는 것, 證書로 確認하는 것이다.
356) 癸亥年는 禑王 9년(1383)이다.
357) 問舍求田은 집과 밭을 구한다는 뜻으로 작은 이익만 취하고 원대한 지향이 없음을 가리키는데, 『三國志』「魏書」〈陳登傳〉에 許汜가 陳登을 찾아갔다가 주인은 上牀에 자고 자기는 下牀에 자는 일을 겪었다고 말하자, 유비가 "그대가 田舍나 구하면서 쓸 만한 말이 없기에, 이를 원룡이 꺼린 것이니, 왜 그대와 함께 말하겠는가? 소인이라면 백척의 누대 위에서 자고 그대는 땅에서 자게 하였을 것이니, 어찌 다만 위아래 침상의 차이뿐이었겠는가?(而君求田問舍 言無可采 是元龍所諱也 何緣當與君語 如小人 欲臥百尺樓上 臥君於地 何但上下牀而間邪)"라고 한 고사가 있다.
358) 聯踵은 앞사람의 발꿈치에 닿는 것으로, 연속·계속됨을 뜻한다.
359) 拘攣은 손발이 굳어지는 병이다.

중간에 병이 침범하여 괴로움이 낫지 않으니
부질없이 인삼과 복령[361]과 백출(白朮)[362]을 달이기만 하였네.
꿈에 들어오는 고향산천은 오히려 전과 다름없으니
아무 언덕과 아무 시내는 참으로 옛날과 같으리.
사직을 청하여[363] 편안해지고 싶지만
임금님께서는 반드시 은혜[364]를 내리시지 않으리.
하물며 지금은 해치는 기운[365]에다 도적이 비린내를 풍겨서
목숨을 온전하게 도모할 수 있는 곳이 없음에랴?.
머뭇거리며 속으로 참노라니[366] 또 매미 소리가 들리는데
부질없이 동해의 어진 두 소씨(疏氏)[367]를 그리워하네.
나에게 사대[368]의 표문과 전주[369]를 윤색[370]하라고 하는데
사륙문[371]의 평칙[372]의 앞뒤에도 오히려 어둡다네.

---

360) 物遷은 사물로 말미암아 마음이 바뀌는 것으로 본능에 따라 삶을 뜻한다. 『書經』 「周書」 〈君陳〉에 "백성들이 태어날 때에는 온후하나 사물로 말미암아 마음을 옮긴다. 윗사람이 명령하는 것을 어기고, 자신이 좋아하는 것을 따른다.(惟民生厚 因物有遷 違上所命 從厥攸好)"라는 글이 있다.
361) 茯笭은 담자균류에 속하는 버섯의 한 가지로, 소나무의 땅속뿌리에 기생하는데 겉은 검은 흑갈색이나 말리면 희게 되며 水腫・임질 등의 약재로 쓴다.
362) 白朮은 엉거시과에 속하는 다년초로 뿌리는 利尿·健胃劑로 쓰인다.
363) 乞骸骨은 사직하기를 청함을 말하며 乞身이라고도 한다.
364) 恩憐은 은혜를 더하고 憐憫을 내림을 뜻한다.
365) 賊氣는 사람이나 물건을 해치는 기운이다.
366) 隱忍은 겉에 나타내지 않고 속으로 참음이다.
367) 兩疏는 漢의 疏廣과 조카 疏受를 아울러 가리킨다. 『漢書』 〈疏廣傳〉에 太傅로 있던 疏廣과 少傅로 있던 疏受가 벼슬을 그만두고 물러날 때에 天子와 太子가 내린 금을 鄕黨과 宗族에게 주었다는 고사가 있다.
368) 事大는 작은 나라가 큰 나라를 섬기는 것으로, 『孟子』 「梁惠王 下」의 "오직 지혜로운 사람만이 작은 나라로서 큰 나라를 섬길 수 있습니다. (중략) 큰 나라로 작은 나라를 섬기는 사람은 하늘의 뜻을 즐기는 사람이고, 작은 나라로 큰 나라를 섬기는 사람은 하늘의 뜻을 두려워하는 사람입니다.(惟智者 爲能以小事大 (中略) 以大事小者 樂天者也 以小事大者 畏天者也)"라는 대목에서 유래한다.
369) 表牋은 臣下가 天子에게 올리는 글이다.
370) 潤色은 문자로 수식하여 文彩가 있도록 하는 것, 광채를 더하게 하는 것이다.

나에게 임금의 덕을 노래로 기려 관현[373]으로 퍼뜨리라고 이르지만
율려(律呂)[374]의 청탁(淸濁)과 반전(半全)[375]도 알지 못하네.
나에게 붓을 잡고 사편(史篇)[376]을 편찬하라고 이르는데
화곤(華袞)[377]과 부월(斧鉞)[378]을 누가 베풀 수 있으랴?[379]
이 세 가지를 모두 버려 두고서[380]
오직 녹미(祿米)[381]만 없애면서 어정거리네.[382]
산 위의 밤알은 살이 막 단단해지고
산 너머 강어(江魚)[383]는 먹으면 절로 신선하리.

---

371) 四六文은 중국의 六朝와 唐나라 때 성행한 騈儷文으로 4자와 6자의 對句로 이루어졌다는 데서 일컫는 말이다.

372) 平則은 평온함과 법도이다.

373) 管絃은 관악기와 현악기로 音樂을 가리킨다.

374) 律呂는 竹筒의 길이를 각각 길고 짧게 해서 만든 12개의 악기인데, 陽六의 六律과 陰六의 六呂의 총칭으로 十二律이라 부르기도 한다. 六律은 黃鍾(11월)・太簇(정월)・姑洗(3월)・蕤賓(5월)・夷則(7월)・無射(9월)이고, 六呂는 大呂(12월)・夾鍾(2월)・仲呂(4월)・林鍾(6월)・南呂(8월)・應鍾(10월)이다.

375) 半全은 半音과 全音을 아울러 일컫는 말인데, 半音은 變徵와 變宮이고 全音은 宮商角徵羽이다.

376) 史篇은 史書이다.

377) 華袞은 王公貴族의 호화로운 예복, 또는 君王의 榮寵을 뜻한다.

378) 斧鉞은 임금이 출정하는 대장에게 주던 도끼로 武將을 가리킨다.

379) 이 구절은 晉 范甯의 「春秋穀梁傳序」의 "한 글자의 칭찬은 그 사랑이 화곤의 선물을 넘어서고, 한 마디의 비판은 그 욕이 저자와 조정의 매질보다 더하다.(一字之褒 寵踰華袞之贈 片言之貶 辱過市朝之撻)"라는 글과 『太平御覽』의 "〈춘추곡량전서〉에 이르기를, '한 글자로 칭찬하셨으니 그 상은 화곤보다 나았고, 한 마디 말로 비판하셨으니 그 벌은 부월보다도 무서웠다.'(穀梁傳序曰 一字之褒 賞逾華袞 片言之貶 誅深斧鉞)"라는 글에서 유래하여, 공자의 춘추필법을 본받아서 한 글자로 포폄을 가하며 정확하게 비평함을 뜻한다.

380) 舍旃은 그것을 버린다는 뜻인데, 旃은 之와 焉의 결합이다. 『詩經』「唐風」〈采苓〉에 "남이 하는 말을, 진실로 또한 믿지 말지어다. 버려 두고 버려 두어, 또한 옳게 여기지 않는다면, 참소하는 사람의 말이, 어찌 먹혀들 수 있으랴?(人之爲言 苟亦無信 舍旃舍旃 苟亦無然 人之爲言 胡得焉)"라는 구절이 있다.

381) 廩粟은 녹봉으로 주는 쌀, 곧 祿米이다.

382) 周旋은 徘徊함, 起居動作, 돌보아 줌이다.

시냇가 자줏빛 게[384]가 궤연(几筵)[385]에서 빛나고
살진 닭고기와 익은 술은 침을 흘리게 하리.[386]
조용히 죽음을 기다린들 어찌 즐겁지 않으랴?
다만 사방[387]에 전쟁[388]이 많음을 염려할 뿐이라네.

問舍求田今幾年　江頭路直城南天
朝來夕還踵相聯　㪷處一二皆平川
繫官局職動拘攣　嗟我不知因物遷
中爲病侵苦未痊　蔘苓白朮徒烹煎
鄕山入夢自依然　某丘某水眞如前
欲乞骸骨以就便　君王未必垂恩憐
矧今賊氣吹腥膻　無處可以圖生全
趄趑隱忍又聞蟬　徒懷兩跳東海賢
謂吾潤色事大表與牋　四六尙昧平則後先
謂吾歌頌上德播管絃　呂律不知淸濁半全
謂吾秉筆修史篇　華衮斧鉞誰所陳
於斯三者皆舍旃　獨糜廩粟而周旋
山頭栗子質初堅　山外江魚食自鮮
沿溪紫蟹照几筵　雞肥酒熟垂饞涎
從容待死豈不樂　只念四境多戈鋋

12-34-052 종학이 학질에 걸렸기에, 출발하는 날에 이 때문

383) 江魚는 河江의 물고기로, 石首(頭)魚・黃魚・黃花魚라고도 한다.
384) 紫蟹는 자줏빛의 게이다.
385) 几筵은 案席과 자리이다.
386) 饞涎은 먹고 싶어서 침을 흘림이다.
387) 四境은 사방의 경계, 사방의 국경이다.
388) 戈鋋은 창과 작은 창으로 전쟁을 비유한다.

에 서둘러 돌아오다

12-34-052 種學瘧 發日 是以催歸

전장(田莊)에 갔으니 하룻밤을 자고 옴이 좋지만
아이의 기체(氣體)[389] 때문에 잠시 어그러짐[390]을 가엾어하네.
애정은 다만 천금(千金)[391]에 견주어진다고 핑계 댈 뿐이지만
늘그막에야 바야흐로 만사가 그릇되었음을 아네.
누가 남은 삶에 풀칠이나 하면서[392] 천명을 믿으랴?
어떤 이가 뒷날에 자취를 이어 기회를 타랴?[393]
밝디밝게 음일(淫逸)을 제지하는[394] 천심이 있으니
기주(箕疇)[395]의 첫째 복인 수(壽)를 길이 보전하기를 바라네.

恰到田家一宿歸　　憐兒氣體暫乖違
愛情只借千金比　　老境方知萬事非
糊口餘生誰信命　　繼蹤他日或乘機
明明引逸天心在　　一壽箕疇庶永依

12-34-053 길을 가다가. 1수

389) 氣體는 精氣와 身體이다.
390) 乖違는 背離와 같은 말로 어그러지는 것이다.
391) 千金은 千金子의 준말로 부호의 아들을 가리킨다. 『史記』〈袁盎傳〉에 "천금 집안의 아들은 처마 밑에 앉히지 않는다.(千金之子 坐不垂堂)"라는 글이 있다.
392) 糊口는 糊口之策으로, 겨우 먹고 살아가는 방법이다.
393) 乘機는 기회를 탐이다.
394) 引逸은 『書經』「多士」의 "上帝引逸"에서 유래한 말로 淫逸을 制止한다는 뜻이다.
395) 箕疇는 箕子의 洪範九疇를 가리킨다. 洪範九疇는 하늘이 禹王에게 내린 천하를 다스리는 아홉 가지 大法인 五行・五事・八政・五紀・皇極・三德・稽疑・庶徵・五福인데, 箕子가 武王의 물음에 답하면서 세상에 알려졌다고 하고, 五福에서는 壽를 첫 번째로 들었다.

12-34-053 途中一首

강 마을에서 일찍 밥을 먹고[396] 도성으로 달리노라니
이따금 만나는 사람은 나무꾼이네.
고요하여 꼭 산 속의 길과 비슷하여
마음의 경계[397]에서 연라자(烟蘿子)[398]의 그림를 배우고 싶네.

蓐食江村趍國都　　逢人往往是樵夫
寂寥酷似山中路　　欲學烟蘿內境圖

12-34-054 참새 고기를 보내 주신 서해도[399]의 이미생[400] 염사께 받들어 사례하다
12-34-054 奉謝西海李美生廉使送雀

구름 속으로 멀리 가는 것을 그만두고
들 바깥에서 낮게 나는 것을 좋아하네.
어찌 날마다 서로 좇음을 피하랴?
모두 가을에 더욱 살찐다고 말하네.
늙은이가 비자나무 상에 앉노라니
분주한 관리[401]가 이끼 낀 사립을 두드리네.

---

396) 蓐食은 아침 일찍 잠자리 위에서 식사를 하는 것이다.
397) 內境는 內心의 境界이다.
398) 烟蘿子는 仙人의 이름인데, 蘇軾의 〈遊張山人園〉에 "벽 사이에는 한 축의 연라자가 있고, 동이 속에는 천 가지의 비단 이불이 쌓여 있네.(壁間一軸煙蘿子 盆裏千枝錦被堆)"라는 구절이 있고, 淸 査愼行의 『蘇詩補注』에서는 『經籍志』에 『煙蘿子內眞通元歌』 1권과 『煙蘿子養神關鎖秘訣圖』 1권이 있는데, 옛날에 仙術을 배워 득도한 사람일 것이라고 풀이하였다.
399) 西海道는 黃海道의 고려시대 이름이다.
400) 李美生은 『高麗史』에서 林堅味의 族子로 執義를 지낸 것이 확인되는 인물이다.

봉한 서찰 한 통이 이르니
아침의 시장기를 달래기에 넉넉하네.

雲間辭遠逝　　野外喜低飛
豈免日相逼　　皆言秋更肥
老翁臨棐案　　走吏叩苔扉
一封書札至　　足以慰朝饑

12-34-055 강릉도[402]의 염사 서구사 좌랑의 시권에 짓다. 모친이 강릉부에 계신다

12-34-055 題江陵廉使徐九思佐郎詩卷 母在江陵府

옛날 놀던 곳에서 민풍(民風)을 살피니[403]
이미 풀과 나무의 이름을 알리.
하물며 늙으신 어머니가 계심에랴?
그대의 이번 행차와 같은 이가 누구이랴?
높은 산에는 원앙기와로 지은 집[404]이 늘어서고
넓은 바다에는 신기루[405]가 환하리.
나는 다만 귀로 들을 따름이니

401) 走吏는 분주한 하급 관리이다.
402) 江陵道는 강원도의 옛 이름으로, 元宗 4년(1263)에 溟州道를 고친 이름이다.
403) 觀風은 民風을 살펴 施政의 得失을 아는 것이다.
404) 鴦宇는 鴛鴦瓦宇의 준말로 암키와와 수키와가 짝을 이룬 기와집을 가리키는데, 唐나라 白居易의 〈長恨歌〉에 "서리가 두텁게 내려 원앙기와가 차갑고, 비취 이불이 싸늘한데 누구와 함께 할까?(鴛鴦瓦冷霜華重 翡翠衾寒誰與共)"라는 구절이 있다.
405) 蜃樓는 蜃氣樓의 준말로, 바다 위나 사막에서 광선의 밀도 차이 때문에 광선이 굴절하여 먼 곳에서 보면 반공에 뜨거나 지면에서 떨어져 보이는 현상을 가리킨다.

천공(天公)은 어찌하여 공평하지 않은가?

觀風舊游處	草木已知名
況有老親在	誰如君此行
山高鶩字列	海闊蜃樓明
我獨耳聞耳	天公胡不平

12-34-056 내일은 중추일이라 달을 감상하려고 하는데, 나를 부를 사람이 누구일지 알지 못하여 읊어서 몇 구절을 얻다

12-34-056 明日中秋賞月 未知招僕者誰歟 吟得數句

이제 또 중추일이 다가오는 것을 보니
홀로 앉은 늙은이는 마음이 아득해지네.[406)]
좋은 벗을 이끌고 함께 누대에 올라
달을 마주하여 황금술잔을 유쾌하게 기울이고 싶네.
술잔 속에는 달[407)]이 떠 있는 하늘이 있으니
위아래가 같은 모습[408)]으로 다 잠긴 듯하네.
흰 머리털에 시원하게 가벼운 바람이 올 테니
깨끗한[409)] 마음[410)]이 어찌 셋[411)]으로 나뉘랴?
적선(謫仙)[412)]의 이불과 베개는 하늘과 땅인데[413)]

406) 悠然은 아득하고 먼 모양이다.
407) 銀蟾은 달에 있다는 흰 두꺼비로 달을 가리킨다.
408) 一色은 전부가 똑 같은 모양이다.
409) 皎皎는 희고 깨끗한 모양이다.
410) 方寸은 사방 한 치의 작은 땅으로 마음을 비유한다.
411) 三心은 세 가지의 마음, 곧 한결같지 않은 心志이다.
412) 謫仙은 귀양온 신선이라는 뜻으로 唐나라의 시인 李白의 별칭이다.
413) 이 구절은 李白의 5언고시 〈友人會宿〉의 5·6구의 "취하여 빈 산에 누우니, 하늘과 땅이 곧 이불과 베개이네.(醉來臥空山 天地卽衾枕)"라는 구절을 원용한 표현

그림자를 마주하여 시를 읊으며 스스로 희롱하였다네.[414)]
양왕(梁王)[415)]의 술통은 이제 벌써 비었을 테니
그 안에 그림자가 잠기어 있을 것을 상상해 보네.
옛 사람이나 지금 사람이나 흐르는 물과 같을 뿐인데
한번 휘파람불면 하늘 끝에서 슬픈 바람이 불어오리.
서쪽 이웃인 형주(荊州)[416)]께서는 마침 전야(田野)에 계시니
누대를 오르내리며 놀지 못할까 두려워하네.
게다가 부를 사람이 누구일지 알지 못하는데도
나의 삶은 참으로 분주하네.[417)]

今來又見中秋來　　老翁獨坐心悠哉
欲携良友共登臺　　對月快倒黃金盃
盃心有天掛銀蟾　　上下一色如相涵
颯然白髮風微吹　　方寸皎皎寧分三
謫仙衾枕在天地　　對影吟詩自戲耳
梁王樽酒今已空　　想像浸影於其中

이다.

414) 이 구절은 李白의 5언고시 〈月下獨酌四首〉의 첫째 수의 첫머리인 "꽃 사이에서 한 병 술을, 홀로 마실 뿐 서로 친한 사람이 없네. 잔을 들어 밝은 달을 맞이하니, 그림자와 마주하매 세 사람이 되네.(花間一壺酒 獨酌無相親 擧盃邀明月 對影成三人)"를 염두에 둔 것이다.

415) 梁王은 漢나라의 梁孝王 劉武를 가리키는데, 河南省〔현재 開封市〕 남동쪽에 梁苑을 세우고 당시의 명사 司馬相如・枚乘・鄒陽 등을 上客으로 대접하였다.

416) 荊州는 현재의 중국 湖南・湖北・廣西・貴州 지역으로, 唐나라의 韓朝宗이 그곳의 長史로 명망이 높아 韓荊州로 일컬어졌는데, 여기에서는 韓脩를 가리킨다.

417) 栖栖(棲棲)는 분주하게 다니거나 바빠서 편안하지 않은 모양인데, 『論語』「憲問」에 "미생무가 공자에게 이르기를, '구는 어찌하여 바삐 다니는가? 아첨하는 것이 아닌가?(微生畝謂孔子曰 丘 何爲是栖栖者與 無乃爲佞乎)"라고 했더니, 공자가 "감히 아첨하는 것이 아니라 고집함을 미워한다.(非敢爲佞也 疾固也)"라고 했다는 글이 있다.

古人今人若流水　　一嘯天際來悲風
西隣荊州適在野　　恐不得游樓上下
未知相招復誰歟　　吾生信是栖栖者

12-34-057 서쪽 이웃의 길창군[418]을 모시고 쌍청정[419]을 문병하고 돌아오는 길에. 1수
12-34-057 陪西隣吉昌君 問疾雙淸亭 歸途一首

비가 지나간 시내 남쪽에는 산의 빛깔이 밝은데
한 구역의 정원(庭院)이 쌍청(雙淸)의 것이라네.
모임을 맺어 동맹으로 의지하니 인연이 얕지 않은데
안장을 나란히 하여 병을 위문하니 뜻이 더욱 정성스럽네.
대문을 낀 회나무는 두루 그림자를 퍼뜨리고
난간에 닿은 대숲은 고요히 소리가 없네.
잠시 조섭(調攝)[420]이 어긋난들 끝내 무엇을 근심하랴?
뒷날에는 조정에서 한 분의 노성한 신하[421]가 되시리.

雨過溪南山色明　　一區庭院屬雙淸

---

418) 吉昌君은 여말의 문신 權適(1307~?)을 가리킨다. 吉昌府院君 權準의 아들로 『高麗史』 「世家」에서 忠肅王 17년(1330)에 判事, 忠穆王 즉위년(1344)에 判密直司使, 恭愍王 8년(1359)에 贊成事, 恭愍王 14년(1365)에 僉議贊成事를 지낸 것이 확인되고, 처음에 花山君에 봉해졌다가 다시 吉昌君에 봉해졌으며, 恭愍王이 權瑨 등에게 시해되자 從孫인 瑨과 가깝다고 하여 權鏞・權鎬 등과 함께 原州에 유배되었고, 諡號는 原靖이다.

419) 雙淸亭은 여말의 문신 安宗源(1325~1394)의 정자 이름이자 號이다. 字가 嗣淸으로 按廉使・司憲侍史・大司憲 등 여러 내외직을 거쳐 벼슬이 判門下府事에 이르고 興寧府院君에 봉해졌다. 諡號는 文簡이다.

420) 調攝은 調理保養이다.

421) 老成은 연세가 많고 덕이 높은 사람, 舊臣・老臣을 가리킨다.

托盟結社緣非淺　　問疾聯鞍意更誠
槐樹夾門均布影　　竹林當檻靜無聲
暫乖調攝終何患　　異日朝廷一老成

12-34-058 맹운[422] 선생께서 북홍경원의 행향법석에 계시는데, 찾아가려다가 이루지 못하고 1수를 읊다
12-34-058 孟雲先生在北弘慶院 行香法席 欲訪未果 吟成一首

가을 날씨가 맑은 벽란(碧瀾)[423] 나루[424]에
가느다란[425] 향불 연기 속에서 불경을 읽는 소리가 나리.
신통력[426]은 바람과 먼지[427]가 그침에 이르게 할 수 있고
감응(感應)[428]되매 수월관음(水月觀音)[429]의 밝음이 서로 통하리.
문에 들어가면 고상한 흥취를 그만둘 줄 먼 곳에서도 알거니와
앓는 몸은 안장에 기대어 가는 것을 매우 두려워하네.
일찍이 교동(喬桐)[430]과 감로사(甘露寺)[431]에서 두루 놀았거니와
그 속에서 홀로 빠지고 백발만 돋아나네.

---

422) 孟雲은 고려 말의 문신 韓脩(1333~1384)의 字이다.
423) 碧瀾渡는 開京府의 서쪽 36리에 있던 나루이다.
424) 渡頭는 나루이다.
425) 冉冉은 연약하게 늘어진 모양이다.
426) 神通은 梵語 Abhijna의 意譯으로 神奇 不可思議한 力量을 가리킨다.
427) 風塵은 바람과 먼지로 전란을 비유한다.
428) 感應은 믿거나 비는 정성이 신령에게 통하는 것이다.
429) 水月은 水月觀音의 준말로, 三十三觀音의 하나인데 水中의 달빛을 바라보는 모습의 관음상이다.
430) 喬桐은 京畿道 江華郡 喬桐에 있던 縣 이름으로, 본래 고구려의 高木根縣이었는데 신라 景德王 때에 喬桐으로 고쳤다.
431) 甘露寺는 경기도 개풍군 五鳳山 아래에 있던 절로, 文宗 때 李子淵이 宋나라에 사신으로 갔다가 潤州 甘露寺의 빼어난 경치에 탄복하여 돌아와 창건한 절이다.

碧瀾渡頭秋日淸　　香煙冉冉誦經聲
神通可致風塵息　　感應相交水月明
高興遙知入門廢　　病軀深怕跨鞍行
喬桐甘露曾遊遍　　獨漏中間白髮生

12-34-059 북풍
12-34-059 北風

밤새 불던 북풍이 밝을 때에 이르니
강물이 얼어붙어 평평한 다리[432]와 같아졌네.
남쪽의 소와 북쪽의 말이 다투어 시끄럽게 건너더니
오늘은 쓸쓸히 사람 소리가 전혀 없네.
높다란[433] 산의 숲에는 날던 새도 끊어졌는데
막힌[434] 하늘과 땅을 누가 울게 하는가?
딱딱한 사물로 서 있어서 말라서 꺾이고 썩어서 부러지지만[435]
안에 맺힌 정기(精氣)가 꽃피는 봄을 기다린다네.
늙은이는 추위를 두려워하여 문밖을 나가지 못하고
다만 읊조림[436]으로 바람 소리와 다툰다네.
먼 곳까지 미치는 바람 소리는 조금도 막히지 않지만
시의 소리는 다만 집의 들보[437]를 놀라게 할 수 있네.

---

432) 平橋는 굽은 각도가 없이 평평하고 곧은 다리이다.
433) 崢嶸은 높은 모양, 험준한 모양, 위태로운 모양이다.
434) 閉塞은 천지의 기운이 통하지 않고 막히는 것으로 겨울을 가리킨다.
435) 摧枯拉朽는 마른나무를 꺾고 썩은 나무를 부러뜨리는 것으로 일이 매우 쉬움을 비유한다.
436) 吟哦은 吟詠과 같은 뜻으로, 詩歌를 읊는 것이다.
437) 屋梁은 집의 들보이다. 杜甫의 〈白水縣崔少府十九翁高齋 三十韻〉의 47·48구에 "높은 노래가 집의 대들보에 부딪치면, 눈물이 옷깃과 자리에 흘러내리네.(長歌激屋梁 淚下流衽席)"라는 구절이 있다.

사해에 상서로운 조짐[438]이 보이기만 한다면
띳집의 아래가 영주(瀛洲)[439]에 오르는 것[440]과 같으리.

北風一夜吹到明　江河凍合如橋平
南牛北馬爭渡喧　今日寂寂無人聲
山林崢嶸飛鳥絶　天地閉塞誰使鳴
摧枯拉朽植物固　精氣內結須春榮
老翁畏寒不出戶　吟哦只與風聲爭
風聲及遠無少碍　詩聲只得梁屋驚
但見四海流休徵　茅屋之下如登瀛

12-34-060 사신으로 왔다가 돌아가는 장학록[441]을 전송하다 *이름은 보[442]이다

12-34-060 送張學錄使還 *名溥

황제께서 우리나라[443]가 중화를 사모함을 어여삐 여겨서
특별히 조관(朝官)을 보내어 작명(爵名)[444]을 더하시네.

---

438) 休徵은 상서로운 조짐이다.
439) 瀛洲는 三神山의 하나로 동해 중에 신선이 산다는 곳이다.
440) 登瀛洲는 瀛洲에 오르는 것으로 『唐書』 권72 〈褚亮傳〉의 다음 고사에서 유래하여 명예와 지위에 나아감을 비유한다. 唐 太宗이 儒學에 뜻을 두고 궁성 서쪽에 文學館을 짓고 杜如晦・房玄齡・于志學・薛收・褚亮 등을 18학사로 삼았으며, 薛收가 죽자 남긴 그림을 찾아 褚亮에게 畵像讚을 짓게 하고 〈十八學士寫眞圖〉라고 하였는데, 당시 사람들이 傾慕하여 '영주에 올랐다.[登瀛洲]'라고 일컬었다.
441) 學錄은 宋・元・明 시대의 國子監 소속의 학관으로 學規를 집행하며 博士의 敎學을 돕는 사람이다.
442) 張溥(簿)는 明나라에서 詔書使로 파견한 사신으로 『高麗史』 禑王 11년(1385) 10월조에 "張簿와 段祐 등이 돌아가고 다음날에 周倬・雒英 등이 돌아가다."라는 기사가 있다.
443) 夷裔는 東夷의 後裔로 우리나라를 가리킨다.

목욕재계[445]한 임금님과 신하가 춤추고 뛰면서 맞이하고
부축 받은 부로(父老)는 자랑하고 뽐내며[446] 모였네.
동쪽 바다에서는 해가 큰 물결[447]에서 목욕하고
북쪽 사막에서는 안새(雁塞)[448]에 구름이 비끼었네.
돌아가면 응당 대궐[449]에 절하고 독대(獨對)[450]하실 텐데
삼한에서는 은덕에 감격하여[451] 이미 사악함이 없어졌다네.[452]

帝憐夷裔慕中華　　特遣朝官爵命加
齋沐君臣迎舞蹈　　扶携父老聚矜誇
鯨□日浴東臨海　　雁塞雲橫北望沙
歸拜丹墀應獨對　　三韓感德已無邪

12-34-061 사신으로 왔다가 돌아가는 주전부[453]를 전송하다 *
이름은 탁[454]이다

444) 爵命은 작위에 봉해지고 직책을 받는 것인데, 禑王 11년(1385)에 명 太祖가 張傅 등을 보내어 恭愍王의 謚號와 禑王의 즉위를 승인하는 誥命을 내린 것을 가리킨다.
445) 齋沐은 齋戒沐浴의 준말로 祭祀 전에 머리를 감고 몸을 씻고 옷을 갈아입고 身心을 정결하게 하여 정성을 표시하는 것이다.
446) 矜誇[侉]는 자랑하여 뽐냄이다.
447) 鯨波는 세찬 물결이다.
448) 雁塞는 중국 梁州縣界에 있던 산 이름으로 흔히 邊塞를 가리킨다.
449) 丹墀는 붉은 칠을 한 궁전의 墀臺로, 궁전・대궐을 가리킨다.
450) 獨對는 조정의 관리가 혼자서 임금을 만나 정사에 관한 의견을 직접 아뢰거나 經典 따위를 강론하던 일이다.
451) 感德은 恩德에 感激함이다.
452) 無邪는 邪僻・邪曲이 없음이다.
453) 典簿는 元代의 國子監・秘書監과 諸司, 明代의 太常寺・國子監과 諸王府에 두었던 여러 서류를 관장하던 벼슬이다.
454) 周倬은 명나라에서 誥命使로 파견한 사신으로, 『高麗史』 禑王 11년(1385) 10월조에 "張簿와 段祐 등이 돌아가고 다음날에 周倬・雒英 등이 돌아가다."라는 기사가 있다.

12-34-061 送周典簿使還 *名倬

선왕(先王)[455]께서 계책을 결정하시고 중원을 사모하시니
뜻을 이으신 우리 임금님께서 오래도록 은덕을 기다리셨네.
황제께서는 오화(五花)[456]를 내려 북궐에 임어하게 하시는데
하늘은 만대(萬代)[457]토록 동쪽의 울타리가 되게 하였네.
처음부터 끝까지 예를 갖추매 유명(幽明)[458]이 감격하고
위아래가 마음으로 기뻐하여 밤낮으로 떠들썩하네.
소호(召虎)[459]께서 절하고[460] 미덕을 찬양하며[461] 장수[462]를 비니
그대는 번거롭더라도 이것을 가지고 가서 금문(金門)[463]에 바치시라.

先王決策嚮中原　　繼志吾君久望恩
帝降五花臨北闕　　天敎萬葉作東藩
始終禮備幽明感　　上下情欣晝夜喧

---

455) 先王은 恭愍王을 가리킨다.
456) 五花는 五花官誥의 준말로 帝王이 封贈할 때에 내리는 詔書이다. 五色의 金花綾紙에 쓰기 때문에 생긴 말이다.
457) 萬葉은 萬代와 같은 말로, 아주 멀고 오랜 세대이다.
458) 幽明은 幽界와 明界로 저승과 이승을 뜻하는데, 여기에서는 作故한 恭愍王과 今上인 禑王을 가리킨다.
459) 虎는 周 宣王의 명을 받고 淮夷를 평정한 召穆公의 이름이다.
460) 虎拜는 周 宣王 때에 召穆公인 虎가 淮夷의 난을 평정한 뒤에 왕이 山川과 土田을 사급하자 召穆公이 머리를 조아리며 절하였으며, 『詩經』 「大雅」 〈江漢〉에 "소호가 엎드려 절하고 천자의 만수를 빌었다.(虎拜稽首 天子萬年)"라는 구절이 있는데, 대신이 천자를 조현하여 절하는 것을 뜻한다.
461) 揚休는 제왕의 美德을 선양함이다. 『詩經』 「大雅」 〈江漢〉에 "호가 머리를 조아려 절하고, 제왕의 미덕을 송양하네.(虎拜稽首 對揚王休)"라는 구절이 있다.
462) 永命은 長壽·長生·長命이다. 『書經』 「周書」 〈召誥〉에 "왕께서 덕의 쓰임을 마땅히 하시어, 하늘에 永命을 기도하십시오.(王其德之用 祈天永命)"라는 대목이 있다.
463) 金門은 金馬門의 준말로, 漢代의 未央宮의 門으로 대궐의 문을 가리키는데, 문 앞에 銅製의 말이 있어서 金馬門이라고 한다.

虎拜揚休祈永命　　煩君持此獻金門

12-34-062 연꽃의 말을 대신하여 동정[464]께 부치다
12-34-062 代蓮語 寄東亭

여러 분께서 찾아 주심이 또한 영광스러운데다
올해에는 총재(冢宰)[465]께서 술을 보내셨다네.
목은 노인께서는 헛된 이름으로 자리를 놀라게 할 뿐이지만
어느 때에나 묘당(廟堂)[466]의 성대한 모임에서 모시게 될까?

諸公見訪亦榮哉　　冢宰今年送酒來
牧老虛名驚座耳　　廟堂高會幾時陪

12-34-063 총재께서 성묘하고[467] 돌아오시자 도당[468]이 못 가에서 마중한다는데, 여러 분께서 공식적으로 부르지 않으시기에 함께 자리하기 어려워서 또 연꽃의 말을 대신하다. 2수
12-34-063 冢宰上塚回　都堂迓于池邊　諸公無公招　難於合坐　又代蓮語 二首

총재께서 오늘 아침에 성묘하고 돌아오시는데
도당(都堂)이 교외에서 마중하며 아름다운 자리[469]를 연다네.

---

464) 東亭은 고려 말의 문신 廉興邦(?~1388)의 호이다.
465) 冢宰는 大冢宰의 준말로 首相의 별칭이다.
466) 廟堂은 朝廷이다.
467) 上塚(冢)은 上墓와 같은 말로 조상의 산소를 찾아가 돌보고 참배함이다.
468) 都堂은 고려 후기에 宰樞가 政事를 의논하는 合議機關이자 百官을 總令하고 庶事를 관장하는 最高政務機關이다.

조의(朝衣)와 야복(野服)은 섞이기가 어려울 듯하니
목은 선생께서는 오실까 오지 않으실까?

冢宰今朝上塚回　　都堂郊迓錦筵開
朝衣野服似難雜　　牧隱先生來不來

내가 한산자(韓山子)[470]를 그리워함이 하루에 몇 번일까?
애써 생각하노라니 또 바야흐로 웃는 얼굴이 되네.
일찍이 『춘추』[471]에서는 마음대로 함[472]을 깎아서 말하였거니와
목은 선생께서는 마땅히 오지 않으시리.

我憶韓山日幾回　　苦心仍且笑顔開
春秋遂事曾從貶　　牧隱先生合不來

12-34-064 내가 광기가 일어 가고자 하다가 묵은 병이 방해하기에, 마침내 앞의 운을 써서 연꽃의 말에 답하다(3수)
12-34-064 僕狂興欲往 舊疾相妨 遂用前韻 以答蓮語

옛 사람의 창자가 아홉 번 꼬인[473] 일이 매우 우습거니와

---

469) 錦筵은 비단 자리로 화려한 좌석을 가리킨다.
470) 韓山은 지금의 忠淸南道 舒川郡 韓山面 지역에 있던 郡 이름으로 牧隱의 고향이다.
471) 『春秋』는 중국 周代의 魯나라의 年代記를 바탕으로 孔子가 저술한 역사서이다. 隱公으로부터 哀公에 이르기까지 242년간(722~481 B.C.)의 역사이다. 異本으로 左氏傳·公羊傳·穀梁傳이 있다.
472) 遂事는 獨斷專行·專斷이다. 『春秋公羊傳』 僖公 三十年條에 "공자가 마음대로 경사에 갔다가 마음대로 진나라에 갔다. 대부는 전단이 있어서는 안 되는데 이렇게 '수'라고 말함은 무슨 까닭인가? 공이 정사를 펼 수 없었기 때문일 것이다.(公子遂如京師 遂如晉 大夫無遂事 此其言遂何 公不得爲政爾)"라는 글이 있다.

나는 지금 가는 곳마다 곧잘 회포를 펼친다네.
하물며 연꽃은 참된 군자(君子)임에랴?
가고자 하였더니 문득 병이 생길 것을 근심하네.

笑殺古人腸九回　我今隨處好懷開
蓮花況是眞君子　欲往還愁病忽來

바뀐 세월[474]은 돌아오지[475] 않기에
붉은 꽃잎[476]이 다 떨어지면 국화가 반쯤 피리.
손가락을 꼽아보아도[477] 그 사이에는 풍경이 드무니
우리들이 다시 오지 않을 것을 근심하지 말라.

流光相代挽難回　落盡紅衣菊半開
屈指中間風景闊　勿憂吾輩不重來

산의 형세가 멈춘 곳에 또 물이 돌아가니
일찍이 임금님께서 연방(蓮坊)[478]을 여셨네.
문 앞에서 맞이하고 보내는 이들이 어느 때에나 없어지랴?
아는 사람은 응당[479] 일부러[480] 오리.

473) 九回(廻)腸은 창자가 아홉 번 뒤틀릴 정도로 몸부림치며 괴로워한다는 뜻이다. 司馬遷이 피형 후 벗인 益州刺史 任安에게 보낸 〈報任少卿序〉에 자신이 말 때문에 향당과 祖先께 죄를 입은 것이 괴로워 "창자가 하루에 아홉 번이나 뒤틀린다.(腸一日而九回)"라고 한 글이 있다.
474) 流光은 흐르는 빛으로 세월을 가리킨다.
475) 挽回는 그릇되어 가는 것을 바로잡아 돌이키는 것이다.
476) 紅衣는 연꽃의 花瓣의 별칭이다.
477) 屈指는 屈一指의 준말로 첫 손가락을 꼽음인데 最高를 뜻한다.
478) 蓮坊은 절, 사원이다.
479) 應須는 應當이다.

山勢停留水又回　　　　蓮坊曾是聖王開
門前迎送何時盡　　　　識者應須特地來

12-34-065 근래에 지은 것을 기록하다(2수)
12-34-065 錄近作

관고(官誥)[481]로 두 분을 봉하시니[482] 유명(幽明)[483]이 다 빛나니
은덕에 감격한 임금님과 신하들의 기리는 소리가 퍼지네.
병든 몸으로 함부로 붓을 잡음을 홀로 부끄러워하거니와
중국(中國)에 널리 퍼지면[484] 기평(譏評)[485]을 받으리.

兩封官誥賁幽明　　　　感德君臣播頌聲
獨愧病身叨秉筆　　　　流傳中國致譏評

판삼사사(判三司事)[486]는 중태(中台)[487]에 가까운 자리라서
관례에 따라 봉군되고[488] 부원(府院)[489]을 열었다네.

---

480) 特地는 '특별히', '일부러'의 뜻으로 地는 虛字이다.
481) 官誥는 皇帝가 내리는 敎旨이다. 禑王 11년(1385)에 명 太祖가 張傅 등을 보내어 恭愍王의 諡號와 禑王의 즉위를 승인하는 誥命을 내린 것을 가리킨다.
482) 封贈은 자손의 영달로 인하여 그 부조에게 은전을 소급시키는 官爵인데, 생존한 사람에게 주는 것을 封, 죽은 사람에게 주는 것을 贈이라 한다.
483) 幽明은 幽界와 明界로 저승과 이승을 뜻하는데, 여기에서는 作故한 恭愍王과 今上인 禑王을 가리킨다.
484) 流傳은 널리 퍼지거나 퍼뜨리는 것이다.
485) 譏評은 남의 글에 대해 놀리거나 헐뜯는 評論을 말한다.
486) 判三司事는 고려시대 錢穀 등 나라의 재물의 출납과 회계를 맡아보던 관청인 三司의 장관으로 종1품 관직이다. 牧隱은 禑王 9년(1383) 9월에 判三司事에 제수되었다.
487) 中台는 큰곰자리의 三台星〔上台星・中台星・下台星〕 가운데 둘째 별로 三公을 비유한다.
488) 封君은 왕의 친인척이나 2품 이상의 관료・공신 등에게 君의 칭호를 주는 것인

목은 늙은이가 한 등급 높아진 것을 보시라.
뜻밖에도 검교시중(檢校侍中)[490]이 찾아왔다네.

判三司事近中台　　例得封君府院開
且看牧翁高一等　　曾從檢校侍中來

12-34-066 손자 맹균[491]과 경동[492]에게 보이다
12-34-066 示孫孟畇敬童

두 손자가 잇따라 이름이 귀해지더니
급히 보낸 서신이 나에게로 오네.
책가위[493]에 글을 쓰고자 하노라니
표지가 두세 장이나 되네.
비록 바라는 것이 매우 적지만
그 뜻을 어찌 헤아릴 수 있으랴?

데, 목은은 恭愍王 23년(1374)에 韓山君에 봉해졌다.

489) 府院은 저택을 뜻하는데 상공・대장군 등의 고급 관원의 집무소를 가리킨다. 牧隱은 禑王 10년(1384) 7월에 韓山府院君에 봉해졌다.

490) 檢校는 고위관원을 임시로 늘리거나 맡은 직무가 없이 이름만 가지고 있게 할 때에 붙이는 붙이던 칭호인데, 牧隱은 禑王 11년(1385) 12월에 檢校門下侍中에 봉해졌다.

491) 李孟畇(1371~1440)은 字는 鈞之, 호는 寒齋이며, 이색의 둘째 손자이다. 禑王 11년(1385)에 등제하여 成均直講을 거쳐 內書舍人을 역임하였다. 세종 초에 觀察使・漢城府尹을 거쳐 謝恩副使로 명에 다녀온 후 工曹・禮曹判書를 지냈으며, 1425년에 陳慰使로 다녀와서 吏曹判書・大司憲・大提學 등을 거쳐 좌찬성에 이르렀다. 시호는 文惠이다.

492) 敬童은 牧隱의 셋째 손자인 種德의 삼남 孟畯을 가리키는 듯하다. 그는 恭讓王 4년(1392)에 禮部試에 합격하였는데, 이 시로 보아 禑王 11년(1385)에 國子監試에 급제한 듯하다.

493) 冊衣의 책가위이다.

가장 높은 것[494]은 마음을 바르게 함이요
다음은 문장에 능함이란다.
끝내 군자(君子)다운 선비[495]가 되어서
나라[496]를 환하게[497] 빛내리라.
늙은이가 매우 기뻐서
붓을 적셔서 몇 줄을 적노라.

兩孫連貴名	馳書來我傍
欲作書冊衣	表紙三兩張
所須雖甚薄	其志何可量
太上正心術	次乃能文章
終爲君子儒	赫赫邦家光
老翁喜之甚	濡筆題數行

12-34-067 어제 김판사[498] *구련[499]이다 의 집에서 매화를 감상하고 오늘 3수를 부쳐 드린다. 모두 사실을 기록한 것이다(3수)

12-34-067 昨賞梅金判事*龜聯宅 明日寄呈 三首 皆實錄也

봄날의 음기[500]가 어둑하게[501] 누대를 가두는데

---

494) 太上은 最高, 最上이다.
495) 君子儒는 군자다운 선비인데, 『論語』「雍也」에 "너[子夏]는 군자다운 선비가 될 것이요, 소인과 같은 선비는 되지 말라.(女爲君子儒 無爲小人儒)"라는 글이 있다.
496) 邦家는 國家이다.
497) 赫赫은 뚜렷하게 드러난 모양이다.
498) 判事는 고려시대의 관직으로 中樞院·三司를 비롯하여 寺·監에 이르기까지의 대부분의 관부에 설치되어 있었으며, 품계는 관부에 따라 차이가 있으나, 해당 관부의 최고관직이며, 정원은 몇몇 도감을 제외하고는 1명이었다.
499) 金龜聯은 『高麗史』에서 巡衛府千戶를 지낸 것이 확인되는 인물이다.

춘방(春坊)[502]에서 전대[503]하고 말을 타고[504] 돌아왔네.
늘그막의 이러한 풍류를 누가 알 수 있으랴?
동쪽과 남쪽의 두렁으로 홀로 매화를 찾는다네.

春陰漠漠鎖樓臺　　轉對春坊信馬回
此老風流誰得識　　東阡南陌獨尋梅

정월 초하룻날[505]에 은대(銀臺)[506]에서 계속 글을 지었는데[507]
물을 따라간 지난 일은 흘러가면 돌아오지 아니하네.
나는 가정(稼亭)[508]의 소와 말처럼 달리는데[509]
그대를 찾음이 어찌 다만 매화를 찾기 위함이랴?

三元辭采繼銀臺　　往事隨流去不回
我是稼亭牛馬走　　尋君豈獨爲尋梅

---

500) 春陰은 봄철에 하늘이 흐릴 때의 공중의 陰氣이다.
501) 漠漠은 아주 넓어서 끝이 없는 모양, 어두운 모양이다.
502) 春坊은 고려시대 東宮에 소속된 관아로, 書筵에 관한 일을 맡는 左春坊과 侍從에 관한 일을 담당하는 右春坊이 있었다.
503) 轉對는 百官이 순서대로 政事의 得失을 왕에게 上奏하는 것이다.
504) 信馬는 말이 가는 대로 맡겨 둠을 뜻한다.
505) 三元은 正月 초하루를 가리키는데 年, 月, 日의 시작이므로 三元이라고 한다.
506) 銀臺는 唐代 翰林院인데 고려 초 學士院의 별칭으로 쓰였으며, 翰林院을 가리킨다.
507) 辭采는 文采와 같은 뜻으로 詩文을 꾸미는 것이다.
508) 稼亭은 牧隱의 부친 李穀(1298~1351)의 號이다.
509) 牛馬走는 司馬遷의 〈報任少卿書〉(『文選』 권41)의 "태사공이 소와 말처럼 달렸고, 사마천이 두 번 절하며 적는다.(太史公牛馬走 司馬遷再拜書)"라는 글에 대하여, 李選이 "태사공은 사마천의 아버지 사마담이다. 달린다는 것은 자기를 낮추는 것이다. 자기 자신을 태사공이 관장하는 우마의 노복으로 여겨 겸양한 말이다.(太史公遷父淡也 走猶僕也 言己爲太史公掌牛馬之僕 自謙之辭也)"라고 주석한 데서 유래하여 자신을 겸양하는 말로 쓰인다.

인친(姻親)끼리 화합하니[510] 누대에 오른 듯하여
늙은 나도 한번 얼얼하게[511] 취하였네.
판부사(判府事)[512]의 빙옹(氷翁)[513]께서는 매우 강건하시기에
내년에도 또 함께 매화를 보기로 약속하였네.

姻親和翕似登臺　　老我陶然醉一回
判府氷翁最强健　　明年更約共看梅

12-34-068 한주[514]에 가서 시골집에 들어가다[515]
12-34-068 遊韓州 八[516]之村舍

아이들을 데리고 병든 몸으로 숨으면서 나의 쇠약함을 비웃거니와
내가 몸소 세인들에게 기롱(譏弄)받음을 괴이하게 여기네.
처음에는 학장(學長)[517]이 문 앞에서 길을 이끌더니
또 문생(門生)[518]이 길 가에서 뒤를 따르네.

---

510) 和翕은 和合이다.
511) 陶然은 술이 취하여 흥이 나는 모양이다.
512) 判府事는 고려 후기 開城府의 최고 벼슬로 종이품이다.
513) 氷翁은 丈人을 가리킨다.
514) 韓州는 지금의 충청남도 舒川郡 한산면 지역에 있었던 郡이다. 본래 백제의 牛頭城이었는데, 신라 신문왕 때에 馬山縣을 설치하였고, 경덕왕 때에 嘉林郡에 붙였으며, 고려 초에 韓山縣으로 고쳤고, 明宗 5년에 감무를 두었다가 뒤에 군으로 승격시키고 한주로 개칭하였다. 이색의 貫鄕이자 어릴 때의 성장지이다. 『牧隱先生年譜』 태조 원년(1392: 65세)조에 "10월에 용서받아 한주로 돌아가다."라는 기사가 있다.
515) 이 작품은 개국[1392] 후의 작품으로 추정되는데, 『牧隱先生年譜』 太祖 원년(1392: 65세)조에 "10월에 용서받아 한주로 돌아가다."라는 기사가 있다.
516) 원문의 '八'은 '入'의 착오인 듯하다.
517) 學長은 성균관이나 향교의 유생 가운데서 교수관을 보좌하여 유생들에 관한 일을 맡아보던 사람이다.
518) 門生은 과거에 급제한 사람들이 考試官에 대하여 자신을 일컫거나, 그 고시관 아

북사(北舍)에서 점심을 먹고 잠시[519] 누웠다가
서주(西州)[520]로 눈길을 다하고서[521] 저녁 무렵에 돌아왔네.
창에 가득한 서늘한 달빛에 꿈을 깨어서
머리를 들어 밤이 얼마나 되었는가 묻네.

攜兒逃病笑吾衰　　怪我身爲世所譏
學長門前初引道　　門生路上又追隨
點心北舍移時臥　　縱目西州向晚歸
夢覺滿窓凉月白　　擧頭頻問夜何其

12-34-069 여흥[522]의 청심루[523]의 제영에 차운하다(4수)[524]
12-34-069 驪興淸心樓題次韻

벼슬아치[525]들이 코끝에서 땀을 흘리며 별처럼 달리다가도
이곳에 한 번 오르면 다 기쁜 얼굴이 되리.[526]
바람을 품은 숲으로 궤안(几案)에는 서늘한 기운이 생기고
비가 걷힌 산으로 술상[527]에는 푸른빛이 방울지네.
긴 소매와 가벼운 옷자락은 자리 위에서 나부끼고

래 급제한 사람을 가리키는 말이다. 『高麗史』 恭讓王 4년(1392) 4월조에 "乙丑에 李崇仁·趙瑚·李種學·李種善·金震陽·李擴을 廢하여 庶人을 삼았다."라는 기사가 있다.

519) 移時는 잠시, 얼마간의 시간을 나타내는 말이다.
520) 西州는 충청도 舒川의 옛 이름이다.
521) 縱目은 눈길을 다하여 멀리 바라보는 것이다.
522) 驪興은 경기도 驪州의 옛 이름이다.
523) 淸心樓는 경기도 驪州의 한강 가에 있던 누대 이름이다.
524) 이 작품은 流配期에 지은 것이다.
525) 冠蓋는 벼슬아치가 타던, 말 네 마리가 끌던 수레이다.
526) 歡顔은 기쁜 얼굴이다.
527) 杯盤은 술잔과 접시, 술상이 갖춰진 잔치를 가리킨다.

빠른 현악기와 급한 관악기[528] 소리는 기둥 사이에서 맹렬하네.
누가 임금님의 무거운 은혜에 감격하지 않으랴?
또 직사의 바쁨[529]과 물외(物外)의 한가함을 아우르네.

冠盖星馳汗鼻端　　一登於此盡歡顔
凉生几案風涵樹　　翠滴杯盤雨捲山
長袖輕裾飄席上　　繁絃急管烈楹間
何人不感君恩重　　鞅掌還兼物外閑

편액[530] 머리[531]에 누기(樓記)가 없는 것이 안타까운데
누가 청심(淸心)[532]이라 이름을 쓰고서 서명[533]을 빠뜨렸나?
물을 막은 공이 높은 것은 마암석(馬岩石)[534]이요
하늘에 떠서 형세가 높은 것은 용문산(龍門山)[535]이네.
따스한 거처의 헌창(軒窓) 밖에는 눈이 내리는데
서늘한 잠자리의 침석(枕席) 자리에는 바람이 불어오네.
더욱이 봄바람이 불고 가을달이 뜰 때에는
아름다운 경치를 완상하는 마음이 또 넉넉하고 한가로우리.

---

528) 繁絃急管은 急管繁絃이라고도 하는데, 가락이 급한 음악을 가리킨다.
529) 鞅掌은 등에 지고 손에 드는 것으로 바쁘게 힘써 일하는 모양이다. 『詩經』「小雅」〈北山〉에 "간혹 집에서 편안히 누웠다 일어났다 하고, 간혹 왕사에 수고롭게 바쁘다네.(或棲遲偃仰 或王事鞅掌)"라는 구절이 있다.
530) 篇端은 문장 또는 著作의 開始이다.
531) 冠篇은 머리말을 붙임이다.
532) 淸心은 깨끗한 마음, 마음을 깨끗하게 함이다.
533) 署顔은 偏額의 題字를 씀이다.
534) 馬巖은 驪州의 동쪽 驪江 가에 있는 바위 이름인데, 『新增東國輿地勝覽』「驪州牧」에 "黃馬와 驪馬가 물에서 나왔기 때문에 郡의 이름을 黃驪라 하였고 馬岩이라는 바위 이름이 붙여진 것도 이 때문이다."라는 글이 있다.
535) 龍門山은 경기도 楊平郡에 있는 산으로 一名 彌智山이라 한다.

恨無樓記冠篇端　　誰名淸心闕署顔
捍水功高馬岩石　　浮天勢大龍門山
燠居雪落軒窓外　　凉臥風來枕簟間
況是春風與秋月　　賞心美景更寬閑

앓은 뒤에 여강(驪江)을 몇 번이나 오고갔던가?
나의 얼굴에는 고상한 시운[536] 때문에 땀만 흐르네.
머물러 놀기[537]에 가장 좋은 것은 물이 반 상앗대에 찰 때이고
올라서 바라봄[538]이 다하기 어려움은 천 겹의 산이네.
밝은 달과 맑은 바람은 좌우에서 오는데
흰 수염과 붉은 빰으로 중간에 앉아 있네.
세속을 벗어나서 절로 신선(神仙)의 경계인지라
잠시 목은 늙은이에게 한가한지 않은지 물어보네.

病後驪江幾往還　　欲賡高韻泚吾顔
流連最好半篙水　　登眺難窮千疊山
明月淸風來左右　　白鬚紅頰坐中間
超然自是神仙境　　且問牧翁閑不閑

날기에 지친 외로운 새는 벌써 돌아올 줄 아는데[539]

536) 高韻은 高尙한 詩韻이다.
537) 流連은 遊樂에 밤을 새워 집에 돌아오지 않고 그 자리에 머물러 있는 것을 말한다. 『孟子』 「梁惠王 下」에 “흐름을 따라서 배를 타고 내려가서 돌아오기를 잊어버리는 것을 流라고 하고, 흐름을 따라서 배를 타고 올라오기를 잊어버리는 것을 連이라고 합니다.(從流下而忘反 謂之流 從流上而忘反 謂之連)”라는 글이 있다.
538) 登眺는 높은 곳에 올라 먼 곳을 바라봄이다.
539) 이 구절은 陶潛의 〈歸去來辭〉의 “새는 날기에 지치면 돌아올 줄을 안다.(鳥倦飛而知還)”라는 구절을 염두에 둔 표현이다.

늘그막[540]의 청아한 놀이에 얼굴빛이 펴지게[541] 하네.

천명을 어찌 의심하겠느냐[542]고 하니 바로 팽택(彭澤)[543]이었거니와

세속과의 인연이 끝내 얕으니[544] 향산(香山)[545]과 비슷하네.

강호(江湖)의 흥취는 삼생(三生)의 바깥에 있고

종정(鍾鼎)[546]의 공명은 한 꿈 사이일 뿐이네.

태평을 노래하는 것이 나의 사업이니

이제부터 스스로 이한한(李閑閑)[547]이라 부르리.

* 중주[548] 사람 중에 한한(閑閑)이라는 호를 가진 사람이 있는데 지금 빌려서 쓴다

---

540) 晩景은 晩年, 老後이다.

541) 逞顔은 얼굴빛을 부드럽게 펴는 것이다. 『論語』「鄕黨」에 "당에서 나와 섬돌을 한 계단 내려오시면, 얼굴빛을 부드럽게 펴고 기쁜 빛을 띠셨다.(出降一等 逞顔色 怡怡如也)"라는 글이 있다.

542) 天命奚疑는 천명을 어찌 의심하느냐는 뜻으로 陶潛이 〈歸去來辭〉의 끝 부분에 "자연의 조화에 따라 다함으로 돌아가리니, 천명을 즐길 뿐 다시 무엇을 의심하랴?(聊乘化以歸盡 樂夫天命復奚疑)"라는 글이 있다.

543) 彭澤은 東晉의 시인 陶潛이 縣令을 지냈던 곳인데, 그는 80여일 만에 〈歸去來辭〉를 짓고 귀향했다.

544) 世緣終淺은 세상의 인연이 끝내 얕은 것으로, 蘇軾의 7언 절구 〈軾以去歲春夏侍立邇英(후략)〉의 넷째 수의 전·결구에 "참으로 향산의 늙은 거사와 비슷하거니와, 세상의 인연은 얕고 도의 뿌리는 깊었다네.(定似香山老居士 世緣終淺道根深)"라는 구절을 염두에 둔 표현이다.

545) 香山은 唐나라의 시인 白居易(772~846)의 號이다.

546) 鐘(鍾)鼎은 종과 가마솥으로 殷·周 시대에 銘을 새기던 것이다.

547) 閑閑居士는 金나라 趙秉文(1159~1232)의 號이다. 『金史』 권110 〈趙秉文傳〉에 따르면 그는 磁州 滏陽人으로 字는 周臣이며, 어릴 때부터 글읽기를 좋아하였는데, 大定 25년(1185) 進士에 합격하여 翰林修撰·禮部尙書·知貢擧 등을 지내면서 軍事·人事 등에 諫言을 아끼지 않았고, 『易叢說』·『中庸說』·『揚子發微』·『滏水集』 등 많은 저서를 남겼으며, 五朝동안 벼슬하고 六卿에 이르는 동안 스스로 寒士처럼 지냈고, 楊雲翼과 함께 文柄을 管掌하여 楊趙라 일컬어졌으며 만년에 禪語에 마음을 두어 사람들이 안타깝게 여기기도 하였다.

548) 中州는 中國이다.

倦飛孤鳥已知還　　晩景淸游得逞顏
天命奚疑卽彭澤　　世緣終淺似香山
江湖興味三生外　　鍾鼎功名一夢間
歌詠大平吾事業　　從今自號李閑閑
*中州人有號閑閑者 今借用云

단[549]자로 된 낙운[550]을 환[551]자로 대신한 것은 매우 방자하며 참람함이 심하니, 보는 이들이 용서하기를 바란다. 색이 여강[552]을 오고간 것이 오래 되었는데, 누대 위의 시판을 읽으며 지나가지 않은 것도 아니고, 한두 구절을 이루지 않은 것도 아니었다. 그러나 아직 나에게 시를 지어 달라고[553] 요구하는 사람이 없었다. 이런 까닭에 끝내 시편을 이루지 않고 갔다. 대개 그 때가 매우 바쁘지[554] 않은 적이 없었기 때문이다. 지금 벽사[555]에서 더위를 피한 지 한 달 남짓인데, 고을을 맡은 단련사[556] 이공이 서간으로 청하기를 또 부지런히 하였다. 이에 옛날과 오늘을 사무치게 생각해 보니 마음 속에서 정회가 움직인다. 또 스스로 매우 쇠약해진 것을 생각하니, 벽 사이에 이름을 걺이 실로 하늘이 준 행운이다. 마침내 4수를 지었는데, 앞의 2수는 누대를 읊은 것이고, 뒤의 2수는 자신을 읊은 것이다.

端字落韻代以還字 狂僭之甚 覽者幸恕之 穡之往來呂江久矣 樓上詩板

549) 端은 寒字 平韻이다.
550) 落韻은 律詩의 제7·제8구 즉 尾聯의 韻이다.
551) 還은 刪字 平韻이다. 李穀이 忠穆王 3년(1347) 경에 지은 〈驪興客舍次韻〉(『稼亭集』 권17)도 落句가 刪字 平韻인 閑으로 되어 있다.
552) 呂江은 驪江을 가리킨다.
553) 下筆은 붓을 들어 쓴다는 뜻으로, 시나 글을 짓는 것을 말한다.
554) 悤遽는 몹시 급하여 허둥지둥함, 대단히 바쁨이다.
555) 甓寺는 경기도 여주군 북내면 상교동 鳳尾山에 있는 神勒寺의 다른 이름으로 報恩寺라고도 하고, 이곳에 벽돌탑이 있기 때문에 甓寺라고도 불렀다. 신라 때 창건된 것으로 추정되는데, 禑王 2년(1376) 懶翁王師가 여기에서 입적하였다.
556) 團練使는 고려 10도 12주 節度使 체제하의 지방관이다.

非不讀過 一二句非不成 然未有索予下筆者 以是故卒無成篇而去 盖其時未嘗不悤遽故也 今之避暑甓寺也月餘矣 而知郡團練李公柬請之又僅 於是慨念古今 情動于中 且自念衰也甚矣 掛名壁間 實天幸也 遂作四首 前二首詠樓 後二首自詠云

12-34-070 여강의 연회[557]
12-34-070 驪江宴集

여강(驪江)의 빼어난 경치는 천하에서 드물거니와
사시(四時)의 풍경에서 천기(天機)[558]가 펼쳐지네.
내가 처음 와서 논 것은 마침 여름[559]이었는데
거센 바람[560]이 배에 불어와서 서늘한 기운이 옷에 가득하였네.
백 자나 되는 고을 누대에서 두 눈길을 멋대로 보내노라니[561]
평평한 들과 먼 산에는 연기와 아지랑이가 걷혔네.
벽사(甓寺)[562]에서 경전을 외며 사은(四恩)[563]에 보답하는데
모임이 끝나면 올리는 술자리에 또 물고기가 살졌다네.

---

557) 宴集은 여러 사람이 모여서 베푸는 잔치이다. 權近의 〈驪江宴集詩 幷序〉(『陽村集』 권7)에서는 恭讓王 3년(1391) 11월에 牧隱이 明나라에 조회하러 가다가 別墅에 머무는 동안 都觀察使인 安景良이 잔치를 베풀고, 아들인 李種學, 처조카인 權緫, 문하인 權近・李愚 등이 참석하였고, 이튿날 李崇仁이 참석하였다고 기록하고 있다.
558) 天機는 天地造化의 심오한 비밀, 또는 造化의 작용이다.
559) 夏月은 夏時이다.
560) 長風은 먼 곳에서 불어오는 거센 바람이다.
561) 縱目은 눈길을 다하여 멀리 바라봄이다.
562) 甓寺는 경기도 여주군 북내면 상교동 鳳尾山에 있는 神勒寺의 다른 이름으로 報恩寺라고도 하고, 이곳에 벽돌탑이 있기 때문에 甓寺라고도 불렸다. 신라 때 창건된 것으로 추정되는데, 禑王 2년(1376) 懶翁王師가 여기에서 입적하였다.
563) 四恩은 사람으로 태어나서 받는 네 가지 은혜로, 父母・衆生・國王・三寶의 은혜, 또는 國王・父母・師長・檀越의 은혜, 또는 天地・國王・父母・衆生의 은혜를 가리킨다.

물 가에 가는 고상한 흥취를 아는 사람이 적은데
더욱이 신선으로 자부하더라도 참으로 헐뜯기 어렵네.
봄꽃이 산에 가득하니 물결 바닥이 붉고
가을달이 물에 잠긴[564] 것은 하늘에 바람이 없기 때문이네.
나는 좋은 시절에 모두 미치지 못하였거늘
하물며 이렇게 얼음이 얼고 눈이 내리는 엄동을 당했음에랴?
바야흐로 사환(賜環)[565]의 은덕을 입고 절로 날뛰느라고
바로 들에 살던 학[566]이 새장을 떠난 듯하네.
쌍청(雙淸)[567]의 진기(震器)[568]가 부월(斧鉞)을 잡고 오더니
문득 성산(星山)[569]과 양촌(陽村)[570]이 모여드네.
태수[571]가 정성스런 마음으로 좋은 손님[572]을 즐겁게 하는데
예를 갖추어 헌수(獻酬)[573]하니 화기가 무르녹네.[574]
두꺼운 얼음이 절로 녹더니 또 눈이 내리는데
밝은 달이 솟으려고 구름이 도로 열리네.

---

564) 沉璧은 물에 잠긴 구슬로 물 속에 비친 달그림자를 가리킨다.
565) 賜環은 放逐되었던 신하를 召還하는 것으로 賜圜이라고도 한다. 『荀子』「大略」에 "어떤 사람과 절연할 때에는 玦을 쓰고, 절연한 사람과 관계를 되돌릴 때에는 環을 쓴다.(絶人以玦 反絶以環)"라는 글이 있다.
566) 野鶴은 숲이나 들에 사는 학으로 隱士를 비유한다.
567) 雙淸은 여말의 문신 安宗源(1325~1394)의 號이다.
568) 震器는 帝王의 그릇인데 여기에서는 震男(長男)을 뜻한다. 震男은 『周易』「說卦전」의 "진은 첫 번째로 찾아서 아들을 얻으므로 장남을 이른다.(震一索而得男 故謂之長男)"라는 글에서 유래하여 장남을 가리키며, 대개 상대방의 장남의 경칭으로 쓰인다. 여기에서는 安宗源의 아들 景良(?~1398)이 恭讓王 3년(1391) 2월에 楊廣道都觀察使가 된 것을 가리키는데, 안종원의 장남은 景〔仲〕溫인데 禑王 10년(1384)에 죽었기 때문에 둘째인 景良을 이렇게 말한 것이다.
569) 星山은 경상도에 있는 고을로 星山李氏인 李崇仁을 가리킨다.
570) 陽村은 여말 선초의 문신 權近(1352~1409)의 호이다.
571) 太守는 당시 驪興太守로 牧隱의 처조카인 權總을 가리킨다.
572) 嘉賓은 귀한 손님, 반가운 손님이다.
573) 獻酬는 술잔을 주고받음이다.
574) 融融은 화평한 모양, 화락한 모양이다.

하늘이 우리들이 오래 떠돎을 가여워하여
이렇게 함께 황금술잔을 잡도록 위로해 주시네.
뭇 양기[575]가 함께 나아감[576]이 이제부터 시작되리니
봄날의 누대[577]에 오르고자 하는 이 노래를 부르세.

驪江形勝天下稀　　四時風景披天機
我初來游適夏月　　長風吹舟凉滿衣
郡樓百尺縱雙目　　野平山遠收烟霏
誦經甓寺報四恩　　罷會進酒魚又肥
臨流高興知者少　　兪仙自負誠難譏
春花滿山波底紅　　秋月沉璧天無風
我皆不及好時節　　況此冰雪成嚴冬
方蒙賜環自踊躍　　直似野鶴辭樊籠
雙淸震器杖鉞臨　　星山陽村俄會同
大守誠心樂嘉賓　　獻酬禮成和氣融
長冰自消雪又來　　明月欲出雲還開
天憐我輩久流落　　慰此同把黃金杯
衆陽彙征自今始　　歌我此曲登春臺

12-34-071 **느낌이 있어. 3수** *첫 수는 일을 서술한 것이고, 둘째 수는 물은 것이고, 셋째 수는 답한 것이다

12-34-071 **有感 三首** *一敍事 二問 三答

575) 衆陽은 우주 사이에서 만물을 싹트고 생장하게 하는 뭇 양기이다.
576) 彙征은 同類와 함께 나아감이다. 『周易』「泰卦」 爻辭에 "띠풀 뿌리를 뽑으니 서로 엉기어 있다네. 끼리끼리 나가면 길하다.(拔茅茹 以其彙征 吉)"라는 글이 있다.
577) 春臺는 봄날의 누대로 잘 다스려지는 세상을 비유한다.

세상일은 다함이 없어서 끝이 보이지 않거니와
나 또한 쓸쓸하게 사노라니[578] 살쩍에 흰 빛이 보태지네.
창을 여니 문득 매화를 찾고 싶은 흥취가 일어나는데
바람은 처마 사이로 육출화(六出花)[579]를 보내오네.

世事無窮未見涯　　索居吾亦鬢添華
開窓忽起尋梅興　　風送簷間六出花

약 화로와 경서(經書)[580]에 생애를 부쳐오더니
하늘의 뜻이 끝내 물화(物華)[581]를 관장하게 하네.
괴이하게도 세밑[582]이라 또 봄기운이 움직이건만
매화를 보자고 부르는 사람이 한 사람도 없다네.

藥爐經卷寄生涯　　天意終教管物華
怪底臘殘春又動　　絶無招換看梅花

중국의 위풍이 바닷가[583]를 흔드는데
태평관(太平館)[584]에서는 황화(皇華)[585]가 빛나리.
양부(兩府)[586]를 좇아서 받들기[587]에는 남은 힘이 없는데

578) 索居는 헤어져 삶, 쓸쓸히 삶이다.
579) 六出花는 여섯 모가 난 꽃으로 눈[雪]을 가리킨다.
580) 經卷은 經書, 또는 經文을 적은 두루말이를 가리킨다.
581) 物華는 물건의 빛이나 경치이다.
582) 殘臘은 십이월의 남은 날이다.
583) 海涯는 海邊이다.
584) 太平館은 중국의 사신이 고려에 와서 묵는 숙소이다.
585) 皇華는 天子의 使臣, 곧 勅使를 가리킨다.
586) 兩府는 樞密院과 中書門下省을 아울러 이르는 말이다.
587) 趨承은 供奉이다.

애석하게도 동이의 매화는 꽃이 다 떨어졌다네.

中國威風振海涯　　大平官舍耀皇華
趁承兩府無餘力　　可惜盆梅落盡花

12-34-072 찾아 주신 군수 이공께 사례하다
12-34-072 謝郡守李公來訪

꽃이 한창 피자 오두(遨頭)[588]께서 찾아오더니
꽃이 말하려고 하자 오두께서 돌아가네.
바라건대 손님의 수레를 머물게 하여 맑은 밤을 함께 하면서
새벽이 되도록 황금술잔을 유쾌하게 기울였으면.
주인은 살풍경[589]하게도 차를 마시는데
늙은이의 어리석음이 이에 이르렀으니 어찌 하랴?
동쪽으로 흐르는[590] 온 시내는 서쪽으로 돌아가지 못하고
바다 밑바닥에도 누런 먼지가 늘 생기네.
하늘에 있는 밝은 해를 매달 길이 없거늘
어찌하여 서로 즐거워하지 않고 시기하듯 하는가?
내가 꽃의 신[591]에게 어리석음을 사죄하나니
내 비록 죽지 않았지만 마음은 이미 재가 되었네.[592]

---

588) 遨頭는 宋代에 正月에서 四月까지 太守가 成都의 浣花溪에 나가서 놀 때에 士女들이 마음껏 구경하면서 이렇게 부른 데서 유래하여 太守를 가리킨다.
589) 殺風景은 風光을 손상시키는 속된 행위로 남의 흥치를 망침을 이르는데, 唐代의 李商隱은 『雜纂』 卷上에서 살풍경한 일로 꽃 사이에서 喝道하는 것, 꽃을 보며 눈물을 흘리는 것, 이끼 위에 자리를 까는 것 등 열한 가지를 들었다.
590) 東逝(流)는 중국의 강물이 반드시 동쪽으로 흐른다는 말로 事必歸正을 비유한다.
591) 花神은 꽃을 맡은 신, 꽃의 정령이다.
592) 灰心은 도를 깨닫는 마음이 외계의 움직임에 따르지 않고 불꺼진 재와 같이 고요하다는 뜻으로, 『莊子』 「齊物論」의 "형상이란 본래 고목처럼 될 수 있고, 마음

수양산(首陽山)[593]의 고사리로 나의 배를 채울망정
웅장(熊掌)[594]과 표태(豹胎)[595]는 받아들이지 않았네.
여태껏 다만 천명(天命)을 안 까닭에
이렇게 광경(光景)[596]과 더불어 함께 배회하네.
꽃을 대하여 읊조리며 성령(性靈)[597]을 도야하면
참으로 봄날의 누대[598]에 오른 듯이 즐거우리.
태백(太白)[599]의 가행(歌行)[600]이 천고를 덮거늘
천재가 아니면서도 부질없이 술기운[601]을 잘 부린다네.
손님이 떠나자 마침 술통이 비기에 홀로 노래하노라니
널따란 천지에서는 바람과 우레가 소리치네.

花政開遨頭來　　花欲語遨頭廻
願留賓軒共淸夜　　達曙快倒黃金杯
主人啜茶殺風景　　老癡至此何爲哉
百川東逝不復西　　海底亦復生黃埃
無由上天繫白日　　胡不相樂如相猜

도 본래 불꺼진 재가 될 수 있다는 것입니까?(形固可使如槁木 而心固可使如死灰乎)"라는 구절에서 유래한다.

593) 首陽山은 山西省 永濟縣 남쪽에 있는 산으로 西山이라고도 한다.
594) 熊掌은 곰의 발바닥으로 八珍味의 하나이다.
595) 豹胎는 표범의 태로, 코끼리의 胎와 함께 豹象之胎라 하여 옛날에 맛이 좋은 것으로 손꼽던 것이다.
596) 光景은 景色·모양이다.
597) 性靈은 정신·사상·정감 등 내면세계를 汎稱하는 말이지만, 여기서는 性情과 같은 뜻으로 쓴 것이다.
598) 春臺는 봄 경치를 구경할 수 있는 곳으로 잘 다스려지는 세상을 비유한다.
599) 太白은 盛唐의 시인 李白(701~762)의 字이다.
600) 歌行은 漢詩 양식의 하나로서. 〈○○歌〉, 또는 〈○○行〉이라는 제목이 많기 때문에 붙은 이름이다. '歌'는 歌唱되는 노래란 뜻이고 '行'은 曲이란 뜻이다.
601) 使酒는 술을 먹은 김에 기세를 부림이다.

我向花神謝不敏　　我雖未死心已灰
首陽薇蕨充我腹　　不受態掌幷豹胎
只緣從來識天命　　乃與光景相徘徊
對花吟哦陶性靈　　樂哉眞似登春臺
太白歌行映千古　　徒能使酒非天才
客去樽空時獨唱　　天地闊遠呼風雷

12-34-073 전라도의 최안렴[602]을 보내다. *이름은 관[603]이다(3수)
12-34-073 送全羅崔按廉 *名關

문헌공(文憲公)[604]께서 비로소 구재(九齋)[605]를 열어
송산(松山)[606]의 유풍(儒風)을 천고에 진작시키셨다네.
향교(鄕校)[607]가 지난날과 다르다고 들은 듯한데
학업을 권면하여 반드시 선조를 이으시게나.

始闢九齋文憲公　　松山千古振儒風

---

602) 按廉은 按廉使의 준말로 道를 다스리는 長官인데 節度使・巡撫使・按撫使라고도 하였다.

603) 崔關(?~1424)은 여말 선초의 문신으로 본관은 海州, 字는 子固이며 禑王 8년(1382)에 급제하여 禮曹摠郎 등을 지내고 조선이 개국된 뒤에 禮賓寺尹・知刑曹事・吏曹參議・漢城府尹 등을 지냈다.

604) 文憲公은 고려의 문신 崔冲(984~1068)의 諡號이다. 본관은 海州, 자는 浩然, 호는 惺齋・月圃・放晦齋이다. 穆宗 8년(1005)에 及第하여 右拾遺・右補闕・起居舍人 등을 거쳐 靖宗 초에 知貢擧가 되어 과거를 주관하였고, 內史侍郎平章事・門下侍郎平章事・門下侍中 등을 역임하였으며, 致仕한 뒤에 松嶽山 아래에 九齋學堂을 개설하고 인재를 양성하여 海東孔子로 일컬어졌다.

605) 九齋는 崔冲이 致仕 후에 松嶽山 아래에 열었던 私塾으로 樂聖齋・大中齋・誠明齋・敬業齋・造道齋・率性齋・進德齋・大和齋・待聘齋 등을 가리킨다.

606) 松山은 開京의 鎭山인 松嶽山의 다른 이름이다.

607) 鄕校는 고려・조선시대에 지방에 설치하여 놓은 관립 학교이다.

似聞鄕校非前日　　勸學應須繼祖翁

전라도는 가는 곳마다 산천이 아름답고
벼슬에서 물러난 뭇 어진 이들이 바라보면 신선과 같다네.
감당(甘棠)[608] 밑에서 다스림을 마치면 말을 달려가서[609]
손을 잡고 바람과 연기[610]를 감상해도 상관없다네.

全羅到處好山川　　退老群賢望似仙
聽罷甘棠飛轡去　　不妨携手賞風烟

마읍(馬邑)[611]의 산은 흰 새가 나는 물에 이어지는데
나의 집의 남녘 끝이 전라도라네.
돌아가기를 빌어[612] 배 안에서 모임을 가지고 싶지만
풍진(風塵)에 몰두하느라고[613] 늙어버렸음을 어찌하랴?

馬邑山連白鳥波　　我家南畔是全羅
乞歸欲作舟中會　　汨沒風塵奈老何

12-34-074 완산[614]의 유부윤[615]에게 답하다

608) 甘棠은 棠梨, 즉 팥배나무로 召公이 감당나무 밑에서 재판과 政事를 잘 처리하였으므로 소공이 죽은 뒤에 백성들이 나무를 베지 못하고 노래를 불렀던 데서 연유하여 백성이 施政者의 덕을 앙모함을 비유한다.
609) 飛轡는 날리는 말고삐로 말을 달림, 달리는 말이다.
610) 風煙은 바람과 연기로 세상 안을 가리킨다.
611) 馬邑은 忠淸道 韓山의 옛날 이름으로 牧隱의 향리이다.
612) 乞歸는 辭職을 청하여 고향으로 돌아감이다.
613) 汨沒은 물 속에 잠김, 한 일에만 몰두함이다.
614) 完山은 전라북도 全州의 옛 이름이다.
615) 府尹은 고려시대 지방행정 단위의 하나인 府의 우두머리 관직이다.

12-34-074 答完山柳府尹

염관(炎官)[616]이 권세를 부리니[617] 땀이 옷을 적시는데
새 거처가 푸른 산을 의지함을 다행스럽게 여기네.
게다가 영공(令公)에게서 서늘한 부채를 얻었으니
이제 배를 두드리며 기심(機心)을 잊고 앉아 있으리.

炎官用事汗霑衣　　心幸新居據翠微
更得令公凉扇子　　從今扣腹坐忘機

12-34-075 고성[618]의 이사군을 유별[619]하다. *이름은 척[620]이다[621]
12-34-075 留別高城李使君 *名陟

지신사[622] 권집경[623]은 고성의 좌주인데, 지신사는 박사재[624]의 문하에서 나왔다. 그리고 사재는 우리 선군[625]의 문하의 제10명 급제이니,

---

616) 炎官은 여름을 맡은 신이다.
617) 用事는 권세를 마음대로 부림이다.
618) 高城은 東界에 있던 고을 이름인데, 본래 고구려의 達忽인데 신라 眞興王 29년에 州로 삼아 軍主를 두었으며 景德王이 지금 이름으로 고쳐서 郡으로 만들었다. 고려에 와서 縣令官으로 삼았다. 別號는 豊巖이다.
619) 留別은 떠나는 사람이 기념으로 시문을 남겨 주며 작별함이다.
620) 李陟은 생평이 자세하지 않으나 이 시에서 禑王 12년(1386)에 監試에 급제하고 高城郡守를 지낸 사실이 확인된다.
621) 이 작품 이하 5題는 개국[1392] 이후 五臺山에 갔을 때[1395] 지어진 것이다.
622) 知申事는 고려시대 王命의 출납을 맡은 密直司의 정삼품 벼슬이다.
623) 權執經은 여말의 문신으로 본관은 安東, 權漢功의 曾孫, 權仲達의 손자, 權嗣宗의 아들로 牧隱의 처조카이다. 禑王 12년(1386)년 4월에 監試 試官으로 鄭坤 등 99인을 뽑았다.
624) 四宰는 네 번째 宰相이라는 뜻으로 知禮部事를 겸대한 재상인데, 朴四宰는 朴形(?~1398)을 가리킨다.
625) 先君은 돌아가신 아버지로, 稼亭 李穀을 가리킨다.

사문[626]의 골육[627]이 모인 것이 우연한 일이 아니다. 옛사람들도 벗어나지 못하였으니, 늙은이[628]가 어찌 그 관계에 정회가 없을 수 있으랴? 하물며 관동[629]의 승경이 이와 같이 빼어남에랴? 억지로 사운[630]을 이루어 고성에게 남겨 주고 이별한다

知申事權執經 高城座主也 知申事 出朴四宰門下 而四宰吾先君門下第十名及第也 斯文骨肉會合之非偶然 古人之所不免 老夫烏得無情於其間哉 況關東勝景 如是之勝乎 强成四韻 與高城留別

고성(高城)이 나를 큰할아버지[631]처럼 대접함은
권후(權侯)의 문하생이기 때문이네.
다행함으로 말미암아 사문(斯文)의 정이 얕지 않아
며칠동안 뒤를 따르노라니 흥취가 더욱 맑았다네.
사선정[632]에는 바위가 가까이 있는데 붉은 글씨[633]가 깎이고
국도(國島)[634]에는 약한 바람에 푸른 바다가 고요하네.
고금을 부앙[635]하노라면 한 번 웃을 만하거니와
어찌하여 수고스럽게도 푸른 벽에 억지로 이름을 새겼던가?

我如伯祖待高城　　　爲是權侯門下生

626) 斯文은 儒學者들이 儒學을 부를 때 쓰는 말로 '이 學問', '이 글'이라는 뜻이다.
627) 骨肉은 骨肉之親의 준말로 부모·형제의 사이이다.
628) 老夫는 늙은 남자가 자기를 일컫는 말이다.
629) 關東은 大關嶺 동쪽의 강원도 지역을 일컫는 말이다.
630) 四韻은 네 곳에 韻字를 가진 시로 今體의 五言·七言의 律詩이다.
631) 伯祖는 아버지의 伯父이다.
632) 四仙亭은 신라시대에 永郎·述郎·南石郎·安詳郎 등 四仙이 사흘 동안 놀았다는 高城의 三日浦에 세운 정자이다.
633) 丹書는 붉은 글씨로 삼일포 남쪽 산봉우리의 북쪽 석벽에 새겨진 '永郎徒南石行'의 여섯 글자를 가리킨다.
634) 國島는 東界의 安邊都護府 登州의 앞 바다에 있는 작은 섬이다.
635) 俯仰은 굽어보고 쳐다봄이다.

緣幸斯文情不淺　追隨數日興彌淸
仙亭石近丹書剝　國島風微碧海平
俯仰古今堪一笑　何勞翠壁强題名

12-34-076 통주[636]의 정사군을 유별하다. *이름은 수[637]이다
12-34-076 留別通州鄭使君 *名須

나의 문생 맹후에게 백진이라고 하는 형이 있는데, 통주를 맡았다가 얼마 되지 않아서 고성과 흡곡[638]을 겸하였다. 고성[639]은 병인년[640]의 권학사[641]의 감시방[642]에 같이 급제하였는데, 지금 또 고성・통주・흡곡의 세 고을을 아울렀으니, 그 인연에 유래하는 바가 있다. 정은 또 양촌[643]의 무진년[644] 동당시[645]에 급제하였는데, 양촌은 나의 문생으로 기유년[646] 병과의 제2명이니, 늙은이에게는 손자와 같다. 헤어질 때에 말을 요구하기에, 주필하여 주다

636) 通州는 강원도 통천의 옛 이름이다.
637) 鄭須는 이 시에서 昌王 즉위년(1388)에 禮部試에 합격하고 通州郡守를 역임한 것이 확인된다.
638) 歙谷은 강원도에 있는 고을 이름인데, 여기에서는 歙谷 수령을 가리킨다.
639) 高城은 高城 수령 李陟을 가리킨다.
640) 丙寅年은 禑王 12년(1386)이다.
641) 學士는 고려・조선시대 과거를 주관하던 試官의 별칭이다. 知貢擧를 上學士, 同知貢擧를 副學士라고 하였다. 權學士는 權執經을 가리킨다.
642) 監試는 고려시대 文科의 예비고사 또는 국학의 입학시험인 國子監試를 가리키는데, 이 밖에 成均試・司馬試・南省試(南宮試)・擧子試(擧子科)・百字科 등으로도 불리었다.
643) 陽村은 여말 선초의 문신 權近(1352~1409)의 號이다.
644) 戊辰年은 禑王 14년(1388)이다.
645) 東堂試는 고려의 文科인 禮部試의 별칭인데, 禮部의 주관으로 대궐의 便殿 동쪽에 있는 東堂에서 시험을 보였으므로 이렇게 불렀다. 禮闈・春官試・春闈・春墻 등으로도 불리었고, 武科가 없었던 탓에 文科・文闈라는 말은 드물게 사용되었다.
646) 己酉年은 恭愍王 18년(1369)이다.

吾門生孟厚 有兄曰伯進 知通州 未幾兼高城歙谷 與高城同登丙寅權學士監試牓 今又同爲高通歙三邑 其緣幸有所來矣 鄭又中陽村戊辰東堂試 陽村吾門生己酉丙科第二名也 則於老夫猶夫孫矣 臨別索言 走筆爲贈

늙은이는 늘그막에 태평을 즐기는데
물에 가고 산에 오름을 차례로[647] 취하였네.
여름날에는 여강(驪江)에서 씩씩한 아우를 보았고
가을바람 속에서는 학포(鶴浦)[648]에서 어진 형을 짝하네.
구름 모습은 천 겹의 산[649]에 섞이는데
바다의 빛은 만 이랑의 유리[650]로 맑네.
이런 고상한 놀이는 우연한 일이 아닌데
보내고 맞음에 참된 인정[651]을 받으니 더욱 기쁘네.

老夫垂老樂升平　　臨水登山趣次行
夏日驪江見强季　　秋風鶴浦伴仁兄
千層紫翠雲容雜　　萬頃瑠璃海色明
得此高游非偶爾　　送迎尤喜荷眞情

12-34-077 통주의 장학장[652]을 유별하다
12-34-077 留別通州張學長

647) 次行은 차례·질서이다.
648) 鶴浦는 安邊都護府 登州에 속한 현으로 고구려의 鵠浦縣을 신라 景德王 때 지금 이름으로 고쳐 金壤郡의 領縣으로 삼았다.
649) 紫翠는 자줏빛과 푸른빛으로 산을 비유하는 말이다.
650) 琉璃는 梵語 Vaidurya의 音譯으로 빛이 파랗고 투명한 玉石인데, 여기서는 바다를 비유한다.
651) 眞情은 참된 마음이다.
652) 學長은 書堂의 훈장이다.

선군의 정사년[653] 진사시 동년인 김공은 휘가 천[654]인데, 그의 외손 장자의가 향학[655]의 학장으로서 말을 청하였다. 나는 늙었고 배움을 그만둔 지 오래 되었다. 나는 그가 변방의 먼 땅에서 인재를 기름을 즐거워하며 이에 세교[656]를 서술하고, 그 맡은 일이 소중하다는 것으로 칭찬하여 장려하다

先君丁巳進士同年金公諱蕆 其外孫張子儀 爲鄕學學長 請言 予老矣 廢學久矣 予樂其育人才於邊遠之地 乃叙世交 而進其所任之重云

옛날에 가존(家尊)[657]께서 관동(關東)을 구경하실 때에
뒤따른 동방(同榜)[658]이 그 할아버지이셨네.
늘그막에 풍암(豊岩)[659]에서 서로 우연히 만났는데[660]
학교(學校)[661]에서 유풍(儒風)을 진작시킴을 매우 사랑하네.

家尊昔日賞關東　　同牓追隨是祖翁
老向豐岩相邂逅　　最憐黌舍振儒風

653) 丁巳年은 忠肅王 4년(1317)이다.
654) 金蕆은 여말의 문신으로 金永煦의 아들이며 密直副使 등을 지냈으며, 이 시에서 忠肅王 4년(1317) 進士試에 李穀과 함께 합격하였음이 확인된다.
655) 鄕學은 고려시대에 지방에 설치한 교육기관으로, 成宗 6년(987) 12牧에 경학박사와 의학박사 1명씩을 배치하여 지방 학생의 교육을 담당하게 하였고, 992년에는 州·郡에 널리 州學을 세워 학업을 권장하였다.
656) 世交는 대대로 사귀어 온 교분이다.
657) 家尊은 자기 아버지의 尊稱이다.
658) 同榜은 同年과 같은 말로 같은 때에 과거에 급제하여 榜(牓)目에 이름이 함께 적힘, 또는 그 사람을 뜻한다.
659) 豊岩은 東界 高城縣의 별호이다.
660) 邂逅는 우연히 서로 만남이다.
661) 黌舍는 黌堂·黌宇와 같은 말로 학문을 가르치는 곳이다.

12-34-078 문주[662]의 김동년에게 부치다 *원수[663]이다

12-34-078 寄文州金同年 *元粹

동방(同榜)이 지금 몇 사람이나 살아 있는가?
슬픔은 지는 해가 할미새의 언덕[664]을 비춤과 같네.
그대는 많은 어려움을 겪었으나 다행히 탈이 없고
나는 뭇 말이 보태져도 오히려 원한을 씻었네.
바다 어귀[665]에 달이 솟으면 쇠피리를 불고
꽃밭[666]에 봄이 돌아오면 산배(山杯)[667]를 들리.
정회가 쇄락하여[668] 난형난제(難兄難弟)[669]이니
어느 때에나 얼굴을 마주하고 자세히 심정을 논할까?

同牓如今幾箇存　　悲同落日照鴒原
君經多難幸無恙　　我被羣言猶洗冤
月上海門吹鐵笛　　春歸花塢對山樽
情懷洒落難兄弟　　對面何時更細論

12-34-079 서주[670]의 성루에 짓다[671]

---

662) 文州는 함경도 文川의 옛 이름이다.
663) 金元粹는 이 시에서 文州郡守를 지내고 禮部試 동년임이 확인되는 인물이다.
664) 鴒原은 鶺鴒在原의 준말로 형제가 급한 일이나 어려운 일을 당하여 서로 도움을 비유한다. 『詩經』「小雅」〈常棣〉에 "할미새는 언덕에 있고, 형제는 급할 때에 구제하네.(鶺鴒在原 兄弟急難)"라는 구절이 있다.
665) 海門은 海峽과 같은 말로 육지와 육지 사이에 끼어 있는 바다의 좁은 부분이다.
666) 花塢는 사방에 담을 쌓고 그 안에 꽃을 심은 꽃밭이다.
667) 山杯는 대나무나 조롱박 따위로 만든 술잔이다.
668) 洒落은 마음에 조금도 티가 없어 시원한 것이다.
669) 難兄難弟는 兩者의 높고 낮음이 없음, 優劣이 없음이다.
670) 西州는 현재 충청도 舒川의 옛 이름이다.
671) 이 시는 朝鮮 太祖 4년(1395) 五臺山에 가기 전에 지은 작품인 듯하다.

12-34-079 題西州城樓

서림(西林)[672]의 돌로 쌓은 보루가 구름 끝으로 들어가는데
정자[673]는 바람을 품고 있어서 여름에도 춥네.
푸른 눈길[674]의 주인은 우스운 말을 하는데
흰 머리의 외로운 나그네는 유람[675]을 마음대로 하네.
높은 하늘과 낮은 땅에서 몸[676]은 자그마한데
넓은 바다와 먼 산으로 기상은 느긋해지네.
나는 노쇠하여 필력(筆力)이 없음을 스스로 안타까워하면서도
부질없이 놀과 오리[677]를 읊으며 난간에 기대어 있네.

西林石堡入雲端　　亭榭涵風夏亦寒
青眼主人供笑語　　白頭孤客縱游觀
天高地下形骸小　　海闊山遙氣像寬
自恨吾衰無筆力　　謾吟霞鶩凭欄干

12-34-080 문생 최중정[678]의 죽당에 짓다[679]

---

672) 西林은 현재 충청도 舒川의 옛 이름이다.
673) 亭榭는 정자와 전망대이다.
674) 青眼은 기뻐하는 눈으로 白眼의 對가 되는 말이다.
675) 游觀은 유람이다.
676) 形骸는 사람의 몸과 뼈라는 뜻으로 육체나 목숨을 비유한다.
677) 霞鶩은 落霞孤鶩의 준말로 지는 놀과 외로운 오리를 뜻하는데, 王勃의 〈滕王閣序〉에 나오는 "저녁놀은 짝 잃은 오리와 가지런히 날고, 가을 강물은 끝없는 하늘과 하나의 색이로다.(落霞與孤鶩齊飛 秋水共長天一色)"라는 구절을 인용한 것이다.
678) 中正은 中正大夫의 준말인데, 고려 文散階의 하나로, 忠烈王 34년(1308) 忠宣王이 복위하여 從三品 上階로 처음 설정한 뒤 正三品·從三品의 散階로 고려 말까지 이어졌다.
679) 이 시는 五臺山에 갔을 때 지은 작품이다.

12-34-080 題門生崔中正竹堂

색이 젊은 시절에 선인[680]의 「동유록」[681]을 읽고 와서 보려는 뜻을 가졌다. 불행히도 연도로 달려서 사판[682]에 오르고, 돌아와서 현릉[683]의 지우를 입어 하루도 조정을 떠날 수가 없었으니, 부절을 나누어 받아[684] 지방을 살핌[685]을 어찌 얻을 수 있으랴? 그래서 관동에 이를 길이 없었다. 하늘의 운세가 순환하여 금상[686]께서 색을 옛 친구로 대우한다. 이에 마음대로 놀지[687] 않으면 색은 바르지 않은 사람[688]일 것이다. 한산[689]에서 종선[690]을 데리고 오대산[691]에 들러서, 고암[692]을 불러서 함께 갔다가 왔으며, 양주[693]에 이르러 이제학[694]을 만나고, 강릉에 들어

680) 先人은 先君·先考와 같은 말로 돌아가신 아버지이다.
681) 「東游錄」은 稼亭 李穀이 關東을 유람하면서 지은 시편이다.
682) 仕版은 官吏의 名簿이다.
683) 玄陵은 恭愍王의 陵號이다.
684) 分符는 外職으로 떠나는 관리를 임명하는 符節을 나누어 받는 것이다.
685) 按部는 관할 지역을 다스린다는 뜻으로, 按廉使 등의 道臣을 일컫는 말이다.
686) 聖上은 '今上'의 착오인 듯하며 太祖 李成桂를 가리킨다.
687) 游衍은 마음대로 놂이다. 『詩經』「大雅」〈板〉에 "크고 넓은 하늘은 환하여, 그대가 마음대로 노는 곳에 미치네.(昊天曰旦 及爾游衍)"라는 구절이 있다.
688) 匪人은 행동이 바르지 않은 사람, 惡人이다.
689) 韓山은 지금의 忠淸南道 舒川郡 韓山面 지역에 있던 郡 이름으로 牧隱의 고향이다.
690) 李種善(1368~1438)은 牧隱의 셋째 아들이다.
691) 臺山은 五臺山의 준말로 강원도 平昌·洪川·襄陽에 걸쳐 있는 산이다. 동쪽의 滿月, 남쪽의 麒麟, 북쪽의 象王, 중앙의 智爐 등 다섯 봉우리가 고리처럼 보여서 붙은 이름이다. 『牧隱先生年譜』 태조 4년(1395; 68세)조에 "가을에 관동을 유람하다. 오대산에 들어가서 머무르다."라는 기사가 있다.
692) 杲菴은 승려 昇上人의 호이다. 〈杲菴記〉(『牧隱文藁』 권6)에 따르면 恭愍王의 지우를 입어 "日昇杲菴"이란 글씨를 하사받은 일이 있고, 10여년 동안 光巖寺에 있다가 禑王 즉위 후에 떠났으며, 神勒寺에서 만난 韓脩를 통해 목은에게 〈杲菴記〉를 청했다고 한다.
693) 襄州는 강원도 襄陽의 옛 이름이다.
694) 提學은 고려시대 密直司·藝文館·寶文閣·右文館·進賢館 등에 속한 정3품의 관직이다.

가서 중정의 시골집[695]인 죽당에서, 밤새 이야기하면서 하룻밤을 즐겼는데, 천금의 값이 있기에 기록하지 않을 수 없다. 그러나 스스로 즐겼을 따름이요 남에게 말하기에는 족하지 않으니, 중정은 숨기기 바란다

穡少也 讀先人東游錄 有志來觀 不幸馳燕登仕版 歸而爲玄陵所知 不得一日去朝 分符按部 何可得哉 則關東無由而至矣 天運循環 聖上以故人待穡 於是而不游衍 穡爲匪人 自韓山携種善過臺山 邀杲菴同往還 至襄州 遇李提學 入江陵中正田舍竹堂 夜話一夕之歡 千金之直 不可不錄 然自樂耳 不足爲他人道也 中正其秘之

옛날이나 지금이나 사문(斯文)은 골육(骨肉)과 같은데
좌주(座主)와 문생(門生)은 의리가 더욱 깊다네.
솔솔 부는 바람에 국도(國島)[696]에서 성대하게 놀고
조용한[697] 밤에 죽당(竹堂)에서 청아하게 말하였네.
빠른 현악과 급한 관악[698]은 먼 곳에서 듣기에 좋고
겹쳐진 옥과 이어진 구슬[699]은 함께 읊을 만하네.
좋은 화공[700]이 되지 못함을 안타까워할 뿐이지만
오직 이 모임을 그림으로 그려서 유림(儒林)을 빛내 주었으면.

斯文骨肉古猶今　　座主門生義更深
國島高遊風細細　　竹堂淸話夜沉沉

695) 田舍는 시골집·농가·시골·전지와 집 등을 뜻하는데, 여기서는 시골집을 가리킨다.
696) 國島는 東界 安邊都護府 登州 앞 바다에 있는 섬이다.
697) 沉沉은 밤이 깊어 조용한 모양이다.
698) 繁絃急管은 急管繁絃이라고도 하는데, 가락이 급한 음악을 가리킨다.
699) 疊璧連珠는 구슬을 꿴 것으로 뛰어난 시문을 가리킨다. 蘇軾의 〈天竺寺〉에 "부질없이 連珠와 疊璧을 읊조릴 뿐, 이미 飛鳥와 驚蛇와 같은 글씨는 잃어버렸네.(空詠連珠吟疊璧 已亡飛鳥失驚蛇)"라는 대목이 있다.
700) 丹靑手는 畵家·畵工이다.

繁絃急管宜遙聽　　疊璧連珠可共吟
只恨丹靑無好手　　唯圖此會耀儒林

목은시고 권지삼십오
牧隱詩藁 卷之三十五

장단음(長湍吟)[1)]

12-35-001 **기사년[2)] 선달 초엿샛날에 순위부[3)] 제공[4)] 박** *위생[5)] 이다 **이 와서 신에게 '장단[6)]에 있는 새 집에 나가서 거처하라.'[7)]라는 내교[8)]를 전하였다. 신은 궁궐을 향하여 숙배**

---

1) 「長湍吟」은 李穡이 長湍에 유배된 시기인 공양왕 원년(1389) 12월 6일부터 1390년 4월 10일까지 지어진 시 61제로 이루어져 있다.

2) 己巳年은 昌王 2년이자 恭讓王 원년인 1389년이다.

3) 巡衛府는 고려시대에 防盜禁亂을 담당하던 巡軍萬戶府의 별칭이다.

4) 提控은 고려시대 巡軍萬戶府의 최하위 관직이다.

5) 朴爲生은 공양왕 때의 司平府〔巡軍萬戶府의 별칭〕 提控으로 『고려사』 권116 〈李琳傳〉에 이임과 그 당여 이을진, 권126 〈변안렬전〉에 변안렬을 국문한 사실이 나타나 있다.

6) 長湍은 지금의 경기도 장단군 지역에 있었던 府 이름이다. 본래 고구려의 長淺省縣이었는데, 신라 景德王 때에 장단현으로 고쳐서 牛峰縣에 붙였고, 고려 穆宗 때 湍州로 승격시켰으며, 顯宗 9년에 다시 장단현으로 강등시켰다가 文宗 16년에 개성부에 예속시켰다. 『고려사』 〈이색전〉의 '穡遂歸長湍別業'으로 보아 목은의 전지가 있던 곳인 듯하다.

7) 出居는 다른 곳으로 옮겨가서 사는 것으로 유배를 가리키는데, 목은의 장단 유배에 대하여 「牧隱先生年譜」에서는 "폄직되어 장단에 거처하였다.(貶居長湍)"라고

하고 또 두 시중[9]께 글을 보냈다.[10] 제공과 헤어져 말을 타고 대덕산[11] 밑에 이르니 날이 이미 저물었으므로 감응사[12]에 들어가서 방을 빌려서 자는데, 문생[13] 유경[14]이 술 한 말을 가지고 와서 전송하기에 잇달아 몇 잔을 마시고 조금 취하여, 잠자리에 들어 아침까지 잤다. 기거하는 스님들이 조참[15]을 하느라고 치는 경쇠소리를 듣고 짓다(2수)

12-35-001 己巳十二月初六日 巡衛府提控朴 *爲生 來傳內教 命臣出居長湍新居 臣向闕肅拜 且致詞兩侍中 別提控上馬至大德山下 日已夕 入感應寺借宿 門生劉敬 以斗酒來餞 連數杯微醉 就寢達旦 居僧朝參 聞磬聲有作

절의 등불이 깜박거리는[16] 가운데 새벽닭이 우는데

하였고, 『고려사』 권45에서는 12월 乙未朔에 "이색과 아들 종학을 파직하고 조민수를 폐하여 서인으로 삼다.(罷李穡及子種學職 廢曺敏修 爲庶人)"라고 하였다.

8) 內教는 內旨와 같은 말로 임금의 숨은 뜻인데, 여기에서는 教旨를 가리킨다.

9) 侍中은 고려시대 門下省·都僉議使司·都僉議府·門下府의 종1품 벼슬로 때에 따라 侍中 1인만을 두거나, 左侍中·右侍中 또는 侍中·守侍中을 두었는데, 兩侍中은 시중 李成桂와 수시중 鄭夢周를 가리킨다.

10) 致詞(辭)는 글이나 말로 남에게 뜻을 표시하는 것이다.

11) 大德山은 開京 동쪽에 있던 산이다.

12) 感應寺는 開京 동쪽에 있는 大德山에 있던 절로 연혁은 미상이다.

13) 門生은 과거에 급제한 사람이 考試官인 座主에 대하여 자신을 일컫거나, 그 고시관 밑에서 급제한 사람을 가리킬 때 쓰는 말이다.

14) 劉敬(?~1421)은 여말선초의 문신으로 자는 孟儀, 호는 仙巖, 뒤에 敞으로 개명하였다. 공민왕 20년에 목은이 主試한 과거에서 同進仕로 급제하여 博士·注書·禮儀正郎 등을 거쳐 공양왕 때 成均祭酒을 지냈다. 조선조에서 개국공신 2등에 오르고, 成均大司成을 거쳐 參贊議政府事가 되고 玉川府院君에 봉해졌으며, 시호는 文僖이다. 『仙巖集』을 남겼다.

15) 朝參은 아침에 행하는 法門이나 參禪이다.

16) 明滅은 빛이 깜박거리거나 나타났다 사라졌다 하는 것이다.

신세는 완연히[17] 바다에 뜬 하나의 물거품[18]일세.
문득 들리는 경쇠[19]소리에 깊이 느껴지거니와
쇠약한 봉황[20]은 어찌 반드시 창오산(蒼梧山)[21]을 바라보는가?

佛燈明滅曉雞呼　　身世依然海一漚
忽聽磬聲深有感　　鳳衰何必望蒼梧

다섯 번 과거[22]의 문생들은 모두 뛰어난 인재라서
봉소(鳳沼)[23]와 오대(烏臺)[24]에 많이 참여하네.
오늘 전송하는 이가 없다고 말하지 말라.
이렇게 수염이 아름다운 유군과 함께 술 몇 잔을 마신다네.

五榜門生摠俊才　　多參鳳沼與烏臺
莫言今日無相送　　得此髯劉酒數杯

---

17) 依然은 서로 같은 모양이다.
18) 浮漚는 물 위에 뜬 거품 하나로 變化無常한 世事와 짧은 목숨을 비유한다.
19) 磬은 부처 앞에 절할 때 흔드는 자루가 달린 작은 鐘, 또는 법회 때에 쓰는 아악의 타악기로 돌이나 옥으로 만들며 12개로 한 벌을 이룬다.
20) 鳳衰는 聖人의 덕이 쇠약해졌다는 뜻으로, 『論語』「微子」에서 楚의 狂人 接輿가 孔子를 지나치다가 불렀다는 "봉이여, 봉이여! 어찌 덕이 그리 쇠하였는가?(鳳兮鳳兮 何德之衰)"라는 노래에서 인용한 말이다.
21) 蒼梧山은 중국 湖南省에 있는 산 이름으로 九疑山라고도 하며 舜임금이 崩御한 곳인데, 여기에서는 恭愍王이 묻힌 곳을 가리킨다.
22) 五牓(榜)은 목은이 試官을 맡았던 다섯 차례의 과거를 가리키는데, 그는 공민왕 14·18·20년의 예부시 지공거 및 동지공거, 17년의 親試讀卷官, 우왕 12년의 지공거 등 5회의 시관을 지내면서 132명을 급제시켰다. 이 밖에도 그는 공민왕 19년의 明나라 會試 貢士選拔 때에 이인복과 함께 고시관이 되어 5명을 급제시켰다.
23) 鳳沼는 魏晋南北朝 시대에 禁中의 中書省 옆에 있던 못으로 鳳凰池라고도 하는데, 中書省·宰相職位를 비유한다..
24) 烏臺는 御史臺·司憲府의 별칭으로 『漢書』 권53 <朱博傳>에서 前漢 때 어사부 안에 늘어서 있는 잣나무에 늘 들까마귀 수천 마리가 잤다고 한 데서 유래한다.

12-35-002 초이렛날에 길을 가다가
12-35-002 初七日途中

장년에는 남들이 내가 원만함을 좋아한다고[25] 헐뜯더니
오늘날에는 궁색해졌음을 알 테니 도리어 멍해지리.[26]
다행스럽게도 묘당에 지음(知音)[27]이 있기에
별서(別墅)[28]에서 편안히 살면서 좌선(坐禪)[29]을 배운다네.

壯歲人譏我好圓　　知窮今日却茫然
廟堂賴有知音在　　別墅安居學坐禪

12-35-003 현령[30] 문군이 찾아오다
12-35-003 縣令文君來訪

현령(縣令)이 내가 어제 왔다는 말을 듣고
푹 찐 향긋한 떡을 가지고 와서 가득한 술잔을 권하네.
궁벽한 땅을 내가 좋아함이 진실임을 알지 못하고서
노쇠한 나이에 뭇 사람의 시기를 받음을 응당 의아하게 여기리.

---

25) 好圓은 花好月圓의 준말로 원만한 삶을 좋아함을 비유하는데, 北宋의 詞人 晁端禮의 詞 〈行香子〉의 "바라노라, 꽃은 늘 좋고 사람은 늘 건강하고 달은 늘 둥글기를.(願花長好 人長健 月長圓"이라는 구절에서 유래한다.

26) 茫然은 아무 생각없이 멍한 것이다.

27) 知音은 춘추시대 楚나라 사람인 鍾子期가 친구인 伯牙가 거문고를 연주하는 뜻을 잘 이해하였다는 고사에서 유래하여, 자신을 알아 주는 벗이나 자신의 마음을 잘 알아 줌을 가리킨다.

28) 別墅는 田庄이 있는 부근에 별도로 지은 집으로 別業이라고도 한다.

29) 坐禪은 靜坐하여 參禪하는 것이다.

30) 縣令은 고려시대 지방행정의 단위인 縣 가운데 비교적 큰 현의 으뜸 관직으로, 공민왕 2년에 두어 7품 이하 관리로 임명하였고, 뒤에 安集別監으로 바꾸어 5·6품 관리를, 우왕 때에는 다시 현령으로 바꾸어 5·6품 관리를 임명하였다.

원망은 글을 올려 북궐(北闕)을 하직함[31]에서 생기고
재화(災禍)는 나라를 근심하여 남대(南臺)[32]로 간 데서 싹텄다네.
다만 술에 크게 취하여[33] 세월[34]을 보낼 뿐인데
어찌 구구하게 잘못 홰나무[35]에 부딪히랴?[36]

縣令聞予昨日來　　　　爛蒸香餠勸深杯

---

31) 上牋辭北闕은 李穡이 明나라에 賀正使로 다녀온 뒤에 門下侍中을 사임하자 昌王이 判門下府事를 제수하였는데, 두 번이나 牋을 올리고 長湍의 別業으로 돌아가서, 왕이 사신을 보내어 돌아오기를 청하였지만 일어나지 않은 일을 가리킨다.
32) 南臺는 남쪽의 臺城이란 뜻으로 明나라의 宮城인 金陵을 가리킨다. 臺城은 南朝 梁나라의 수도인 建康의 성곽인데, 이로 말미암아 六朝時代에는 흔히 禁城을 가리키는 말로 쓰였고, 나중에는 建康·金陵·南京의 별칭으로도 쓰였다. 여기에서는 목은이 昌王 즉위년(1388)에 賀正使로 明나라의 수도 金陵〔南京〕에 간 일을 가리키고자 쓴 말이다. 우리나라 사신이 金陵에 간 것을 南臺에 간다고 한 예는 보기 어렵지만, 臺城에 간다고 한 예로는 李行의 〈正憲太夫檢校參贊議政府事朴惇之墓誌誄〉(『騎牛集』 卷一)의 "6월 15일에 북경에 이르니, 황제께서 몸소 북쪽으로 정벌하러 가셨는데, 황손께서 '마땅히 남경에 품계하여야 한다.'고 말씀하시기에, 7월 15일에 대성에 이르렀다.(六月十五日到北京 帝親北征 皇孫曰 宜啓南京 七月十五日 達臺城)"라고 한 경우가 있다. 한편, 남대는 金陵의 太液池 남쪽에 있었을 것으로 보이는 전각을 가리킨 것으로 황제가 있는 곳을 비유한 말로 볼 수도 있을 듯하다. 明淸代 모두 皇宮의 太液池 남쪽에 남대가 있었음은 權鼈의 『海東雜錄』, 金景善의 『燕轅直指』, 徐浩修의 『燕行紀』에 나타나고, 황경에 가는 것을 남대에 간다고 한 예로는 "머나먼 높고 험한 길로 남대를 향하니, 세모에 헤어지는 근심을 쉬 억누르지 못하네.(遙遙天路指南臺 歲暮離愁未易裁)"라고 한 李原의 7언절구 〈走筆 送永 嘉君奉使中原〉(『容軒集』 권2)의 起承句를 들 수 있다.
33) 酩酊은 大醉하는 것이다.
34) 光景은 光陰·光影과 같은 말로 세월을 뜻한다.
35) 槐木은 콩과에 딸린 갈잎 큰키나무로 고유어로는 홰나무·회화나무라고 한다.
36) 觸槐는 홰나무에 부딪힌다는 뜻으로 『春秋左氏傳』 宣公 2년조에서 임금답지 못하였던 晋 靈公이 직간을 자주 하는 大夫 趙盾(조돈)을 미워하여 力士 鉏麑(서예)에게 명하여 죽이라고 하자, 예가 "임금에 대한 공경을 잊지 않는 이는 백성의 주인인데, 백성의 주인을 죽임은 충성스럽지 않은 일이요, 임금의 명을 버리면 신의롭지 않은 일이니, 이 가운데 한 가지를 실천함은 죽는 것만 못하다.(不忘恭敬 民之主也 賊民之主 不忠 棄君之命 不信 有一于此 不如死也)"라고 말하고 홰나무에 부딪혀 죽었다고〔觸槐而死〕 한 고사에서 인용한 말이다.

不知地僻眞吾好　　應訝年衰被衆猜
怨起上牋辭北闕　　禍萌憂國去南臺
但將酩酊消光景　　何用區區枉觸槐

12-35-004 맹유[37]가 왕경으로 돌아가다
12-35-004 孟㮟還京

키가 큰 네가 대관에 제배됨을 기뻐하면서도
도리어 목숙(苜蓿)[38]이 날마다 밥상에 쌓여 있을 것을 근심한단다.
장차 반드시 아첨함이 없이[39] 가문의 학문을 지켜서
충성과 효도의 아름다운 명예[40]가 길이 깎이지 않게 하거라.

喜汝長身拜大官　　還憂苜蓿日堆盤
且須無諂遵家學　　忠孝脩名永不刊

12-35-005 송헌[41] 시중[42]께 부쳐 드리다 *사은한 것이다

37) 李孟㮟는 목은의 장남인 種德의 맏아들인데, 〈牧隱先生行狀〉에서는 中顯大夫로서 監門衛大護軍으로 있다고 하였다.
38) 苜蓿은 콩과에 속하는 일년생 또는 다년생 풀로 원산지는 西域인데, 牛馬의 사료나 비료로 쓰이고 사람이 먹을 수도 있으며, 고유어로는 거여목이라고 한다. 唐나라 때의 東宮侍讀 薛令之가 官署에 먹을 것이 없어, 〈自悼〉에서 "아침해가 둥그렇게 솟아서, 선생의 밥상을 비추네. 밥상에 무엇이 있는가? 난간에서 자란 목숙이네.(朝日上團團 照見先生盤 盤中何所有 苜蓿長欄干)"라고 읊은 것처럼 가난한 사람의 음식을 비유한다.
39) 無諂은 가난하지만 아첨하지 않음〔貧而無諂〕을 줄여서 말한 것으로, 『論語』 「學而」의 "자공이 여쭈었다. '가난해도 아첨하지 않고 부유해도 교만하지 않다면 어떻습니까?' 공자가 말씀하셨다. '괜찮기는 하지만, 가난하면서도 도를 즐기고, 부유하면서도 예를 좋아하는 것만은 못하다.'(子貢曰 貧而無諂 富而無驕 何如 子曰 可也 未若貧而樂 富而好禮者也)"라고 한 글에서 유래한다.
40) 脩(修)名은 훌륭한 명성, 또는 명예를 추구하는 것이다.

12-35-005 寄呈松軒侍中 *謝恩也

신의 죄는 주살에 해당하지만 성주(聖主)께서 인자하셔서
관내도(關內道)[43]에 물러나 살게 하시니 몸이 편안할 수 있네.
나에게 어찌하여 천행을 만났느냐고 묻는다면
다만 송헌(松軒)이 오랜 벗이기 때문이라고 하리.

臣罪當誅聖主仁　　屛居關內得安身
問渠何以逢天幸　　只爲松軒是故人

12-35-006 성랑[44] 여러 분에게 부치다(12수)
12-35-006 寄省郎諸兄

---

41) 松軒은 麗末의 武將이자 朝鮮의 太祖인 李成桂(1337~1408)의 호인데, 11-29-57 〈李商議問其字及居室名 (중략) 吟成一篇〉의 詩題에 따르면 李商議가 그 字와 거실의 이름을 요구하기에 계수나무의 희고 깨끗함을 취하여 자를 仲潔이라고 짓고, 계수나무에 짝할 것으로는 소나무만 한 것이 없고 그가 귀중하게 여기는 것이 절의이기 때문에 거처의 이름을 송헌이라고 지었다고 하였다.

42) 侍中은 고려시대 門下省·都僉議使司·都僉議府·門下府의 종1품 벼슬로 때에 따라 侍中 1인만을 두거나, 左侍中·右侍中 또는 侍中·守侍中을 두었는데, 李成桂는 1389년 11월 昌王을 폐위하고 恭讓王을 옹립하는 정변을 주도하여 시중이 되었다.

43) 關內道는 成宗 14년(995)에 十道制를 실시하면서 둔 고려시대 지방행정 구역의 하나로, 楊州·廣州·黃州·海州 등 赤畿縣을 둘러싼 29州 82縣으로 이루어진 지역을 가리킨다.

44) 省郎은 고려시대의 中書門下省에 소속된 정3품 이하의 관원에 대한 총칭으로 郎舍·諫官이라고도 하며, 封駁과 諫諍을 맡았으므로 御史臺의 관원과 함께 臺諫이라고도 하였다. 목은의 장단 유배가 성랑인 左司議 吳思忠·起居舍人 趙璞 등의 탄핵 때문이었음을 고려하면, 이 작품은 중서성의 낭사·재신을 역임한 선배로서 무고한 자신을 공격한 후배들에게 훈계하고 충고하고자 지은 것이라고 볼 수 있다.

현릉(玄陵)[45] 일대(一代)[46]에 소인배 선비[47]가
중서성(中書省)[48]의 간의대부(諫議大夫)[49]를 지냈다네.[50]
시중(侍中)[51]까지 이를 수 있었던 것은 요행일 뿐인데
사문(斯文)이 무슨 일로 애써 서로 해치려[52] 하는가?

玄陵一代小人儒　　揚歷中書諫大夫
得至侍中僥倖耳　　斯文何事苦相圖

『중용』[53]과 『대학』[54]에서 증자[55]와 자사[56]를 배웠는데도

---

45) 玄陵은 고려 제31대왕인 恭愍王의 陵號이다.

46) 一代는 한 時代이다.

47) 小人儒는 名望이나 이익을 추구하는 유생인데, 일설에는 원대한 식견이 없고 목전의 작은 功利만 추구하는 유생이라고도 한다. 『論語』「雍也」에 "공자께서 자하에게 말씀하시기를, '너는 군자다운 선비가 되고, 소인 같은 선비가 되지 말라.' 라고 하셨다.(子謂子夏曰 女爲君子儒 無爲小人儒)"라는 글이 있다.

48) 中書省은 고려시대에 국정을 總轄하고 政案·詔勅의 초안을 작성하여 왕에게 상주하는 일을 맡아보던 관아로 中書門下省이라고도 하였다.

49) 諫議大夫는 고려시대 중서문하성의 封駁과 諫諍을 맡은 관직으로 공민왕 5년(1356) 이후에는 종3품직이었다.

50) 揚歷은 벼슬을 歷任함, 또는 그 벼슬이다.

51) 侍中은 고려시대 門下省·都僉議使司·都僉議府·門下府의 종1품 벼슬로 때에 따라 侍中 1인만을 두거나, 左侍中·右侍中 또는 侍中·守侍中을 두었는데, 목은은 창왕 1년(1388) 6월에 수상인 門下侍中이 되었다가 개국파의 탄핵으로 이듬해 7월에 사임하였다.

52) 相圖는 서로 圖謀하는 것으로 서로 헤치려 함을 가리킨다.

53) 『中庸』은 四書의 하나로 孔子의 손자인 子思가 저자로 알려져 왔으며, 中庸不偏의 德을 주로 설명한 1권으로 된 책이다. 본래 『禮記』 49편 가운데 제31편이었는데, 그 내용이 성리학의 주요한 기반으로 인식되면서 程頤·朱熹에 의하여 독립적인 경전으로 자리잡았다.

54) 『大學』은 四書의 하나로 曾子와 그 문인 또는 孔子의 손자인 子思가 저자로 알려진 유가의 실천적인 철학의 방법론과 덕치주의를 개략적으로 논의한 책이다. 본래 『禮記』 49편 가운데 제42편이었던 것을 北宋의 유학자들이 분리하여 四書의 하나로 독립시켰으며, 儒教의 明明德·親民·至善의 三綱領과 格物·致知·誠意·正心·修身·齊家·治國·平天下의 八條目을 주로 다루고 있다.

사람들은 영왕(瀛王)[57]이 너의 스승이라고 말하네.
그 이후[58]로 늘 즐기기만 한 늙은이[59]가 나만이 아니거늘
누가 다시 〈귀거래사(歸去來辭)〉[60]를 읊었던가?

中庸大學學曾思　　人道瀛王是汝師
長樂邇來非獨我　　有誰重賦去來辭

지난해에는 맏아들[61]이 황천(黃泉)[62]으로 들어가더니
올 겨울에는 둘째[63]가 바닷가[64]로 유배되었네.

---

55) 曾子는 춘추시대 말 魯나라의 유학자인 曾參의 존칭이다. 孔子의 제자로 字는 子輿이고, 『孝經』을 지었으며, 『大學』의 저자라는 설이 있다.
56) 子思는 戰國時代 魯나라의 유학자인 孔伋(B.C. 483~402)의 자이다. 공자의 손자로 衛에서 벼슬하다가 魯로 돌아와 穆公에게 賓師의 예우를 받았고, 曾子에게 학문을 배웠으며, 『中庸』의 저자라고 한다.
57) 瀛王은 後周가 내린 馮道의 봉호이다. 五代 後梁人인 그는 純厚·好學하고 글을 잘 지었으며 부모를 잘 공양하였다. 後梁의 劉守光을 섬기다가 수광이 패하자 後唐에서 벼슬하여 戶部侍郎·端明殿學士를 지낸 이래로, 後唐·後晋·後漢·後周 등 四姓十君과 契丹을 섬기며 喪君亡國에 개의치 않으면서, 20여년 동안 相位를 즐기면서 長樂老라고 自號하였으며, 후주에서 文懿라는 시호를 받았다.
58) 邇來는 어떤 때 이후, 또는 近來이다.
59) 長樂老는 五代人 馮道의 自號이다.
60) 〈歸去來辭〉는 東晋의 시인 陶潛의 辭 제목으로 41세 때에 彭澤縣令을 사임하고 고향으로 돌아가는 심경을 읊은 것이다.
61) 長子는 목은의 장남 種德(?~1388)을 가리킨다. 호는 三堂이며 禑王 14년에 同知密直司事로 賀正副使가 되어 명나라에 다녀온 뒤, 같은 해에 병사하였다. 효행이 돈독하였고 글씨를 잘 썼다.
62) 黃泉은 저승이다.
63) 仲氏는 목은의 둘째 아들 種學((1361~1392)을 가리키는데, 자는 仲文, 호는 麟齋이다. 우왕 2년에 등제, 누천하여 知申事로 成均試를 관장하였으며, 簽書密直司事로서 同知貢擧를 맡았다. 공양왕 즉위 직후 부친과 함께 파직되어 順天에 유배되고, 이듬해 彝初의 옥으로 淸州獄에 갇혔다가 용서받았다가, 1392년에 다시 咸昌으로 유배되었다. 조선조 개국 후 杖流刑을 받고 移配中 鄭道傳의 사주를 받은 孫興宗에게 茂村驛에서 피살되었다. 『麟齋遺稿』를 남겼으며 文獻書院에 모셔졌다.

듣자니 셋째 아들[65]이 한창 탄핵을 당한다고 하거니와
천명이거늘 어찌하리요, 천명이거늘 어찌하리요?

去年長子入黃泉　　仲氏今冬謫海壖
聞說三郞方被劾　　奈何天也奈何天

세상의 영췌(榮悴)[66]는 도는 고리[67]와 같아서
푸른 소나무와 잣나무는 또 모진 추위[68]를 만나네.
바야흐로 중니(仲尼)[69]가 베푼 구괘(九卦)[70]를 배우거니와
늘그막에 이르러 장단(長湍)에 부처(付處)된[71] 신세라네.

世間榮悴似循環　　松柏蒼蒼又苦寒
且學仲尼陳九卦　　白頭身世付長湍

벼슬길에는 예나 이제나 위기가 많거늘
늘그막에 시비가 일어난들 어찌 괴이하겠는가?

---

64) 海壖은 沿海地域인데, 여기에서는 全羅道 順天을 가리킨다.
65) 三郞은 牧隱의 三男 李種善(1368~1438)을 가리킨다. 字는 慶夫이며, 15세에 禮部試에 급제하여 臺諫職을 지내고, 1392년 鄭夢周黨으로 몰려 廢庶人되어 遠地에 유배되었다. 개국 후에 풀려나서 知中樞院事에 이르렀으며, 효행으로 旌門이 세워졌다. 諡號는 良景이며, 『牧隱集』을 편집·간행하였다.
66) 榮悴는 盛衰이다.
67) 循環은 쉬지 않고 주기적으로 되풀이하여 돎, 또는 그러한 운동이나 변화이다.
68) 苦寒은 모진 추위, 추위의 괴로움이다.
69) 仲尼는 孔子(552~479 B.C.)의 字이다.
70) 九卦는 『周易』「繫辭下傳」 제7장에 나오는 履·謙·復·恒·損·益·困·井·巽 등 아홉 괘를 가리킨다. 孔子는 이를 각각 履德之基·履和而至·履以和行의 세 가지로 풀이하였는데, 北宋의 학자 陳摶(?~989)은 『龍圖』에서 이를 三陳九卦라고 하였다.
71) 付處는 어느 한 곳을 지정하여 머물러 있게 하던 옛날의 형벌이다.

천지와 같이 큰 성은에 두 번 절하고서
수많은 산의 남은 눈 속에서 사립문을 닫고 있네.

官途今古足危機　　何怪衰年惹是非
再拜聖恩天地大　　萬山殘雪掩柴扉

탄핵하는 글의 큰 형세가 문득 사람을 놀라게 하지만
자세히 읽고 깊이 생각해 보니 다 진실을 놓친[72] 것이네.
붙잡혀서 들통난[73] 노인이라는 넉자일 뿐이니
또 왕륜사(王輪寺)[74]처럼 중을 내쫓을까 두려워한다네.[75]

彈章大勢乍驚人　　熟讀深思揔失眞
捉敗老翁唯四字　　黜僧還恐似王輪

장단(長湍) 태수(太守)[76]께서 가느다란 생선을 보내 주셔서
저녁밥을 먹으면서 또 맛이 더욱 진기함에 놀라네.
비로소 성랑(省郞)의 은혜가 매우 무거움을 알겠거니와
어찌 굶주림을 참으면서 직책을 수행할[77] 사람이 없으랴?

---

72) 失眞은 참다움을 잃음, 제 모습을 잃음이다.
73) 捉敗는 붙잡혀서 행적이 들통나는 것이다.
74) 王輪寺는 開京 松嶽山에 있던 절로 919년에 고려 太祖가 창건하였는데, 高宗 23년(1236)에 몽고병의 침입으로 불에 탄 것을 忠烈王 1년(1275)에 중건하였으며, 敎宗의 總管壇이자 五敎宗 승려들의 禪試場이자 魯國公主의 靈殿인 仁熙殿을 둔 곳인데, 나중에 폐사되었으나 그 시기는 알 수 없다.
75) 이 구절에 대하여 白影本『太平閑話滑稽傳』제68話에서는 왕륜사가 전성기를 누릴 때 승려 수천명이 다 더러운 행실을 지녔는데, 매우 간특하고 음란한 자가 하나 있어 내쫓으려고 했더니, 그가 그렇게 하면 중을 다 쫓아내어야 할 것이라고 항의함으로써 논의가 잠잠해졌던 고사를 가리킨다고 하였다. 결국 자신에게 씌운 죄목이 우왕·창왕을 섬겼던 모든 朝官에게 다 해당함을 항변한 셈이다.
76) 太守는 漢代의 郡守를 가리키던 말로 후대에는 知府·知郡의 별칭이 되었다.

長湍太守送纖鱗　　晩食還驚味更珎
始識省郎恩甚重　　忍飢供職豈無人

천자께서 불러서 팔진미(八珍味)[78]를 내리시니
시중(侍中)의 광채가 조정의 신하들을 흔들었네.[79]
청컨대 화와 복의 순환[80]을 피하기 어려움을 아시라.
쓸쓸한 거친 마을에서 시골사람[81]을 짝한다네.

天子呼來賜八珎　　侍中光彩動朝臣
請看倚伏難逃處　　寂寂荒村伴野人

현릉(玄陵)께서 갑인년(甲寅年)[82]에 과거[83]를 베푸셨는데
'신조(辛朝)'[84]에야 방방(放榜)되어[85] 비로소 급제하였다네.[86][87]

---

77) 供職은 직무를 수행하거나 맡아보는 것이다.
78) 八珎(珍)은 八珍味의 준말로 성대한 밥상에 갖춘다고 하는 淳毋·淳熬·炮牂·炮豚·擣珍·熬·漬·肝膋 등 여덟 가지 진미인데, 龍肝·鳳髓·兎胎·鯉尾·鶚炙·猩脣·熊掌·酥酪을 들기도 한다.
79) 이 구절은 목은이 창왕 원년 10월에 賀正正使로 明나라에 갔던 일을 가리키고자 한 것이다.
80) 倚伏은 禍와 福이 서로 맞물려 돌고 도는 것으로, 화는 복에 의지하고 있고 복은 화에 잠복되어 있음을 뜻한다. 『老子』에 "화는 복이 기대는 곳이고, 복은 화가 잠복하는 곳이니, 누가 그 끝을 알랴? 그것은 일정하지 않다.(禍兮福之所倚 福兮禍之所伏 孰知其極 其無正)"라는 글이 있다.
81) 野人은 庶人·平民·隱逸者이다.
82) 甲寅年은 공민왕 23년(1374)인데, 이 해에는 李茂方·廉興邦의 考閱과 왕의 親試로 科擧를 치러, 장원 金自粹를 비롯하여 鄭以吾·安景良·趙逡·閔中立 등 33인이 급제하였다.
83) 策士는 策問으로 선비를 考試하는 것인데, 여기에서는 科擧를 가리킨다.
84) 辛朝는 혁명파들이 禑王이 恭愍王의 혈통이 아니라 辛旽의 후손이라 하여 禑王·昌王을 배척하려고 쓴 말인데, 개국 반대파의 중심인물이라고 할 수 있는 목은이 본심으로 이런 말을 쓰지는 않았을 것으로 보인다. 아마 우왕이 신씨라는 뜻이라기보다 공격자들이 쓴 말이자 昌王을 폐위하면서 朝議로 굳어지다시피 한 말

이제까지 황야로 간 사람들[88]을 앉아서 헤아려 보노라니
조정에 가득하였던 고관[89]들은 전혀 없게 되었다네.

玄陵策上[90]甲加寅　　放牓辛朝始出身
坐數至今荒野去　　滿廷靑紫絶無人

송헌(松軒)이 나라의 일을 맡자[91] 나는 떠도니
꿈속엔들 누가 일찍이 이런 생각을 가졌으랴?[92]

이기에 그대로 썼다고 볼 수 있을 듯하다.

85) 放牓(榜)은 과거에 합격한 사람의 명단을 공표하는 것이다.

86) 出身은 과거에 급제한 사람의 신분이나 자격, 또는 벼슬살이를 하는 것이다.

87) 이 구절은 恭愍王 23년의 과거가 4월에 실시되었으나 禑王 즉위 후인 12월에 放榜된 일과 목은 탄핵의 배후인물로서 그 榜에 들었던 趙浚에 대한 감정을 표현하고자 한 것으로 보인다. 방방이 늦어진 데 대하여 『고려사』에는 언급이 없으나, 『고려사절요』에서는 詩券에 나이〔年甲〕를 기재하라는 지시를 어긴 자가 많았기 때문이라고 하였다.

88) 荒野去는 京外로 쫓겨났다는 뜻으로, 공민왕조에 크게 활약하였던 曹敏修·禹玄寶·文達漢 등의 고관과 李崇仁·河崙·權近·閔中理·李種學 등 목은의 문생·측근이 대거 축출된 일을 가리킨다.

89) 靑紫는 公卿의 印綬〔印章의 꼭지를 꿴 끈〕로 高官顯爵을 비유하는데, 漢代에 丞相·太尉는 金印紫綬, 御史大夫는 銀印靑綬를 쓴 데서 유래한다.

90) 원전의 '策上'은 의미맥락이나 『牧隱詩精選』 권6, 李墍의 『松窩雜說』, 李瀷의 『星湖僿說』 권21에 모두 '策士'로 되어 있는 점으로 보아 '策士'의 착오인 듯하다.

91) 當國은 政權을 잡아 나라의 일을 주관하는 것이다.

92) 이 두 구절은 지기인 이성계가 수상이 되자 자신은 유배된 일을 가리키는데, 『東人詩話』 卷上에 이와 연관된 다음과 같은 글이 있다. "공양왕조에 태조가 정사를 보필하게 되자 목은은 장단으로 유배되어, '송헌이 나라의 일을 맡자 나는 떠도니, 꿈속엔들 누가 일찍이 이런 생각을 가졌으랴?'라는 구절을 지었다. 조정에서 그 말이 불손하다고 하여 처벌할 것을 청하매 일이 예측할 수 없게 되었다. 아! 소식·이색과 같은 큰 인재도 이런 병통에 걸렸으니 시를 쉽게 말할 수 있겠는가?(詩貴含蓄不露 然微辭隱語 不明白痛快 亦詩之大病 (中略) 恭讓朝 太祖輔政 牧隱貶長湍 有松軒當國我流離 夢裡何曾有此思之句 朝議以語涉不遜 請論如法 事叵測 嗚呼 以蘇李之大才 亦坐是病 詩可易言哉)" 한편, 靑仲은 『謏聞瑣錄』에서 이 시를 포함한 〈寄省郞諸賢〉의 여러 편을 인용하고서, "의탁함이 깊다.(倚託深矣)"고 한

하물며 지금 두 정씨[93]가 큰 의론[94]에 참여하였음에랴?
온 가족이 모두 모일 날은 과연 언제일까?

松軒當國我流離　　夢裏誰曾有此思
二鄭況今參大議　　一家完聚果何時

너[95]는 가문을 믿고 네 얼굴빛을 풀겠지만[96]
너의 아비가 얼음산[97]임을 어찌 알랴?

다음에, 말미에서 목은이 節義를 존중하여 이성계의 호를 松軒, 자를 仲潔이라고 지어 주었다는 의미심장한 말을 덧붙였다.

93) 二鄭은 鄭夢周·鄭道傳을 가리킨다. 許筠의 『惺叟詩話』에서 "뒤에 문정공이 외방으로 유배되고 아들 종학과 종선이 모두 멀리 유배되자 문인 정총·정도전이 도리어 공격하여 힘을 남기지 않으니, 공이 시를 지었다.(後 文靖流竄于外 子種學種善俱遠適 而門人鄭摠鄭道傳 反攻不遺餘力 公作詩曰)"라고 함에 따라 흔히 鄭道傳·鄭摠을 가리킨 것으로 이해되어 왔다. 그러나 정총은 우왕 2년(1376)에 급제하여, 공양왕 원년(1389)에 고작 吏曹判書에 이르렀던 인물로서 회군과 공양왕 옹립에 아무 공로가 없었으므로, 공양왕 즉위 직후에 大議에 참여할 입장이 아니었다. 그는 공양왕 3년 5월에 비로소 목은을 탄핵하였는데, 처음부터 참여하지 않은 것은 그의 부친 鄭樞와 목은의 절친한 우정이 작용했기 때문일 것이다. 이 시를 지을 때의 탄핵자는 趙璞·吳思忠이었고, 彝初의 옥이 발생했을 때에는 趙浚·鄭道傳·尹紹宗 등이 가세했음을 고려해야 할 것이다. 한편, 정몽주·정도전은 모두 창왕 2년〔공양왕 원년〕 11월에 金佇가 우왕과 모의하여 이성계를 죽이려 했다는 사건을 빌미로 창왕을 폐출하고 공양왕을 옹립한 정변으로 功臣이 됨으로써 大政에 참여하여 포은은 守門下侍中, 삼봉은 政堂文學이 되었다.

94) 大議는 조정에 모여 국가의 대사를 논의함, 또는 조정의 중요한 정책이다.

95) 汝는 유배중인 둘째 아들 種學을 가리킨다.

96) 逞顔色은 얼굴빛이 풀리는 것으로 安心함을 가리킨다.

97) 氷山은 날씨가 따뜻해지면 얼음산이 곧 녹는 것과 같이 오래 유지되지 않는 사물을 비유하며, 『資治通鑑』 권216〔「唐紀」 天寶十一載條〕의 다음 기사에서 유래한다. 楊國忠이 唐 玄宗의 총애를 받아 右相이 되어 권세를 마음대로 하자, 사람들이 다투어 그 문하를 찾아갔지만, 陜州人 進士 張象은 찾아가기를 권하는 이에게 "그대들은 양우상을 태산처럼 의지하지만 나는 얼음산으로 여긴다. 만약 밝은 해가 솟으면 그대들은 믿을 곳을 잃지 않겠는가?(君輩倚楊右相如泰山 吾以為冰山耳

탄핵하는 글이 곧바로 용서없이 죽이려 하니
하늘과 땅 사이에 함께 사는 것을 오히려 다행스러워하라.

汝恃家門逞汝顔　　那知汝父是氷山
彈文直欲殺無赦　　尙幸竝生天地間

죄를 보태고자 하면 어찌 붙일 말이 없겠는가?[98]
비슷한데도 헐뜯고 의심스럽지만 기리더라도[99] 세인들이 안다네.
끝내 하늘이 있기에 나는 근심하지 않으면서
살진 고기를 푹 삶아서 가득한 잔을 기울이네.

欲加之罪豈無辭　　似毁疑褒世所知
畢竟有天吾不患　　爛烹肥肉倒深巵

12-35-007 절구. 몸소 따라온 권완[100]에게 부치다
12-35-007 絶句 寄權緩親從

若皎日既出 君輩得無失所恃乎)"라고 말한 뒤에 嵩山에서 은거하였다.

98) 이 구절은 『春秋左氏傳』 僖公 10년조에서 晋 惠公이 자신의 즉위를 도왔던 里克을 죽이려 하자, 이극이 "죄를 가하려고 하면 어찌 붙일 말이 없겠습니까?(欲加之罪 其無辭乎)"라고 하였다는 말을 변용한 것이다.

99) 似毁疑褒는 비슷한데도 헐뜯고 의심스러운데도 표창한다는 뜻으로 好惡에 따라 멋대로 사람을 평가함을 가리킨다. 王安石의 〈答韶州張殿丞書〉(『臨川文集』 권73)에 "그러나 하물며 몰래 붓을 잡고 앞 사람의 선악을 裁斷하여, 의심스러운 점이 있어도 너그럽게 칭찬할 수 있고, 비슷하기만 하여도 끌어다 헐뜯을 수 있음에랴?(而況陰挾翰墨 以裁前人之善惡 疑可以貸褒 似可以附毁)"라는 글이 있다.

100) 權緩(?~1417)은 여말선초의 문신으로 본관은 安東. 공양왕 2년에 大護軍으로 演福寺造成別監이 되어 공사를 지휘하였으며, 太宗 7년에 右代言이 되고, 이듬해 藝文館提學에 올랐으며, 나중에 參知議政府事·京畿道觀察使를 지냈으나 누차 파직·유배를 겪었다.

밝은 해가 한낮[101]에 가까워지는데
푸른 하늘에는 조그만 구름도 없네.
편안한 마음으로 성군(聖君)의 교화를 노래하고 있으니
나를 위하여 사문(斯文)들께 사례하게나.

白日近亭午　　　　青天無片雲
安心歌聖化　　　　爲我謝斯文

12-35-008 열엿샛날에 셋째 아들이 술과 음식을 보내오다
12-35-008 十六日 三郎送酒食

요행으로 벗어났기에[102] 나는 지금 하늘에 감사드리지만
너의 형[103]이 남쪽으로 갔으니 나는 아득하단다.
얼핏 들으니 탄핵[104]을 받아서 문을 닫고 있다는데
음식만 보내고 오지는 못하니 더욱 가엾구나.

幸免吾今謝上天　　　　汝兄南去我茫然
似聞閉戶臺評裏　　　　送饌不來尤可憐

12-35-009 적성[105]의 유찬 판사[106]가 동아[107]와 우엉[108]을 보내왔

101) 亭午는 午正・한낮이다.
102) 幸免은 어떤 재난을 요행으로 벗어남이다.
103) 汝兄은 목은의 둘째 아들인 種學을 가리키는데, 그는 1389년 공양왕 즉위 직후에 부친과 함께 파직되어 順天으로 유배되었다.
104) 臺評은 御史臺의 평론으로 臺諫의 탄핵을 가리킨다.
105) 赤城은 지금의 경기도 安城郡 陽城面 지역에 있던 縣이다.
106) 判事는 고려시대 都僉議使司・門下府・典客寺 등 諸寺司의 으뜸 벼슬로 품계는 종1품에서 종3품까지였다.
107) 冬瓜는 박과에 속하는 한해살이 덩굴풀로 여름에 꽃이 피어 가을에 박 모양의

기에 장난삼아 사례하다

12-35-009 赤城兪瓚判事 送冬瓜牛蒡 戲謝

커다란 동아는 얼어서 얼음과 같은데
우엉을 씻어서 깎으니 아침반찬으로 할 만하네.
문득 경도(京都)의 집에 살찐 생선을 보내준 일이 생각나거니와
내가 채소와 죽순[109]만 먹는 중이 아님을 스스로 믿는다네.

碩大冬瓜凍作氷　　牛蒡洗削可朝蒸
忽思京邸肥魚饋　　自信吾非蔬筍僧

12-35-010 느낌이 있어(2수)

12-35-010 有感

욕실(浴室)[110]에서야 누군들 옷을 벗지 않을 수 있으랴?
어째서 함께 몸을 씻고서도 알몸을 드러냈다고[111] 헐뜯는가?
비록 거기 들어감에 이르고 늦음은 있더라도
똑같이 서로 보기에 마르고 살찜을 안다네.
여러 사람들은 티를 씻어내고 한창 스스로 나아가는데
나만 때로 더러워졌으니 누구에게 기대고자 하랴?
성조(聖朝)[112]에서는 방금 길을 경신할[113] 것을 허락하였는데

타원형 과일이 열리는데, 白瓜·地芝라고도 하며, 고유어로는 동아라고 한다.

108) 牛蒡은 엉거싯과에 속하는 두해살이 풀로 뿌리와 어린 잎은 먹고 열매는 약재로 쓰이며, 고유어로는 우엉이라고 한다.

109) 蔬筍(荀)은 채소와 죽순으로 승려의 기풍, 또는 僧侶詩의 腔調와 習氣를 가리킨다.

110) 湢은 浴室로 湢浴이라고도 한다.

111) 羸(裸)裎은 알몸을 드러내는 것이다.

장단(長湍)에서 똑바로 앉아 푸른 산을 마주하고 있네.

湢室誰能不脫衣	奈何同浴贏裎譏
縱然其入有早晚	均是相觀知瘦肥
諸子滌瑕方自進	獨吾染垢欲誰歸
聖朝方許更新路	危坐長湍對翠微

아비와 아들이 따로 떨어짐은 나에게 죄가 있기 때문이니
위태로운[114] 숭인[115]을 구제한 일[116]이야 무슨 상관이 있으랴?
유방(流芳)[117]과 유취(遺臭)[118]가 한가로운 일과 섞이는데
묵은 병과 새 근심은 주인을 괴롭히네.

---

112) 聖朝는 聖君이 다스리는 朝廷으로, 대개 當代의 朝廷·王朝를 가리킨다.

113) 更新은 낡은 것을 고쳐서 새롭게 함, 잘못을 고쳐서 스스로 새로워짐이다.

114) 急難은 위태롭고 어려움, 위급한 재난이다.

115) 李崇仁(1349~1392)은 여말의 문신으로 자는 子安, 호는 陶隱, 본관은 星州, 星山君 元具의 아들이다. 공민왕 9년(1360)에 감시에 급제하고, 11년에 병과로 급제한 뒤 進德博士가 되어 성리학 교육에 힘썼다. 우왕 초 북원의 사신을 돌려보내라고 주청하였다가 유배되었으며, 해배된 뒤 右諫議大夫·密直提學을 거쳐 簽書密直司事가 되어 李穡 등과 함께 명나라에 사신으로 다녀왔다. 귀국 후 賣買嫌疑로 탄핵당하여 유배되었고, 1392년에 鄭夢周의 일당으로 몰려 다시 유배되었으며, 조선조 개국 후에 杖流刑에 처해졌으나 그를 미워한 鄭道傳이 보낸 黃居正에게 살해당하였다.

116) 急難救崇仁은 昌王 원년9(1388)에 賀正副使로 명나라에 갔던 李崇仁이 이듬해 귀국한 직후에 개국파로부터 使行中의 賣買의 일로 탄핵받았을 때, 목은이 正使인 자신에게 책임이 있다면서 〈辭判門下牋〉(『목은문고』 권11)을 올려 사직을 청하였던 일을 가리키는데, 그는 두 차례 전을 올렸으나 허락하지 않자 장단의 별장으로 돌아갔으며, 왕이 知申事 李行을 보내어 돌아오기를 권하였으나 일어나지 않았다.

117) 流芳은 아름다운 이름을 후세에 남기는 것이다.

118) 遺臭는 惡名을 후세에 남기는 것이다. 『十八史略』 「東晋」에 "남자가 아름다운 이름을 백세에 남기지 못하면, 또한 반드시 악명을 만년에 남기게 된다.(男子不能流芳百世 亦當遺臭萬年)"라는 글이 있다.

잔을 채운 하얀 술[119]로 세월을 잊는데
문에 닿은 푸른 산은 풍진[120]에서 머네.
장단(長湍)의 현령(縣令)[121]께서 자주 찾아 주시니
지친(至親)[122]보다 더한 두터운 마음씨를 반드시 알아 주리.

父子分離罪在身	何關急難救崇仁
流芳遺臭渾閑事	舊病新愁惱主人
白酒滿杯忘歲月	青山當戶遠風塵
長湍縣令頻相訪	厚意須知過至親

12-35-011 수봉[123]이 찾아왔다가 돌아가다
12-35-011 琇峯見訪而歸

먼 하늘로 사라지는 새를 보면서
저물녘에 돌아가는 스님을 전송하네.
가까운 곳에 단월(檀越)의 집[124]이 있음을 알거니와
달이 환해질 때면 막 삽짝을 닫으리.

遠天看鳥沒　　落日送僧歸

119) 白酒는 좋은 술, 또는 燒酒이다.
120) 風塵은 바람에 이는 먼지로 俗世를 비유한다.
121) 縣令은 고려시대 지방행정의 단위인 縣 가운데 비교적 큰 현의 으뜸 관직으로, 공민왕 2년에 두어 7품 이하 관리로 임명하였고, 뒤에 安集別監으로 바꾸어 5·6품 관리를, 우왕 때 다시 현령으로 바꾸어 5·6품 관리를 임명하였다.
122) 至親은 가장 가까운 친척으로 부모·형제를 가리킨다.
123) 琇峯은 고려 말의 승려로 법명은 玄이며 懶翁和尚의 문도이다. 〈驪興郡神勒寺大藏閣記〉(『陶隱集』 권4)에 따르면 목은이 神勒寺에 大藏閣을 조성할 때에 無及和尚과 함께 앞장서서 도운 사람이며, 『陽村集』 권13에 〈琇峯銘〉이 있다.
124) 檀家는 檀越〔施主〕의 집이다.

知有檀家近　　　　　月明初掩扉

12-35-012 열여드렛날에(3수)
12-35-012 十八日

현릉(玄陵) 시절의 장수와 재상이 몇 사람이나 남아 있는가?
벽 위의 화상(畵像)[125] 또한 이미 흐릿해졌네.
병이 많은 목은(牧隱)은 자주 나아가고 그만두었거니와[126]
이제까지도 경제(經濟)[127]하는 이는 오직 송헌(松軒)뿐이라네.

玄陵將相幾人存　　　　壁上圖形亦已昏
多病牧隱頻仕已　　　　至今經濟獨松軒

높은 하늘[128]에 닿는[129] 송헌의 충의는
한의 강후(絳侯),[130] 당의 양공(梁公)[131]과 어깨를 나란히 한다네.

---

125) 壁上圖形은 功臣을 기리기 위한 殿閣의 벽에 걸어 둔 畵像이다.
126) 仕已는 관직에 나아가고 그만두는 것으로, 『論語』「公冶長」에 "영윤 자문은 세 번 벼슬하여 영윤이 되어도 기쁜 빛이 없었고, 세 번 그것을 그만두고도 성내는 빛이 없었다.(令尹子文 三仕爲令尹 無喜色 三已之 無慍色)"라는 글에서 유래한다. 子文은 춘추시대 초나라의 上卿인 令尹을 지낸 이로 성은 鬪, 이름은 穀於菟(곡오도)이다.
127) 經濟는 經世濟民의 준말로 나라를 다스리고 백성을 구제하는 것이다.
128) 雲天은 높은 하늘이다.
129) 薄雲天은 하늘에 닿는 것으로 輕視함을 비유하는데, 『宋書』〈謝靈運傳〉의 論에 "높은 의리는 높은 하늘에 닿는다.(高義薄雲天)"라는 구절이 있다.
130) 絳侯는 漢初의 무신 周勃(?~B.C. 169)의 封號이다. 그는 高祖를 도와 漢나라가 천하의 주인이 되게 한 공으로 강후에 봉해졌으며, 呂后의 사후에 呂氏들이 반란을 일으키자 陳平과 모의하여 그들을 죽였고, 文帝 때에 右丞相이 되었으며 諡號는 武侯이다.
131) 梁公은 梁國公의 준말로 初唐의 문신 狄仁傑의 봉호이다. 그는 明經科를 거쳐 高宗·中宗·睿宗 三朝에서 大理丞·河南巡撫·豫州刺史 등을 역임하면서 치적을

태평한 시절의 참된 기상을 알고 싶어
문을 닫고서 베개를 높이 베고 편안히 자네.

松軒忠義薄雲天　　漢絳唐梁與比肩
欲識大平眞氣像　　閉門高枕得安眠

나는 하는 일 없이 편안히 잠을 매우 기뻐하여
덧없는 세상의 공명(功名)을 전혀 그리워하지 않네.
다만 다생[132]의 여습(氣習)[133]이 있음을 안타까워하는데
때때로 흥이 나면 곧 시를 짓는다네.

安眠喜我已無爲　　浮世功名絶不思
只恨多生餘習在　　時時遇興卽題詩

12-35-013 스스로 읊다(2수)
12-35-013 自詠

늘 즐기는 자[134]라고 불리지만 실상은 늘 가난한데
더욱이 사전을 분급하는 때를 만나 쫓겨난 신하가 되었네.
있고 없음에 애씀[135]은 훌륭한 계책이 아니거니와

쌓아 백성들에게 추앙받았다. 武后朝에 鸞臺侍郞同平章事로서 皇室母子의 관계 조정에 힘썼고, 무후가 武三思를 태자로 삼으려 할 때에, 사리를 들어 설득하여 中宗이 즉위하게 함으로써 唐朝가 이어지게 하였으며, 張柬之・桓顔範・敬暉・姚崇 등 賢人을 천거하여 뒤에 中興名臣이 되게 하였다. 시호는 文惠이며, 文昌右相・梁國公에 추증되었다.

132) 多生은 불교어로 중생이 善惡의 業報로 윤회의 고통을 받느라고 태어나고 죽음이 반복되는 것을 가리킨다.

133) 餘習은 번뇌는 끊었으나 아직 남아 있는 세속의 습관・풍상이다.

134) 長樂은 늘 즐긴다는 뜻으로 五代人 馮道의 自號인 長樂老를 줄여서 말한 것이다.

궁핍을 편안하게 여김[136] 또한 전생(前生)의 인연이리.
도심(道心)은 흐르는 물처럼 머무는 때가 없는데
세태(世態)는 뜬 구름과 같이 날마다 새로워지네.[137]
적송자(赤松子)[138]와 노닐고 싶은 뜻을 어찌하면 이룰까?
천고 뒤에도 상산(商山)[139]에는 풍진이 어둑하다네.

名爲長樂實長貧　　又値分田作逐臣
僶俛有無非上策　　安恬貧之亦前因
道心流水無時駐　　世態浮雲與日新
欲與赤松游豈得　　商山千古暗風塵

천자(天子)의 위엄을 아주 가까운 곳에서 직접 받들고 나자
전각 모서리[140]의 새벽 햇빛이 쇠약한 얼굴을 비추었다네.
애써서 다만 세 호걸[141]을 안배할 것을 바랐을 뿐이거늘
오래도록 여러 완악한 이[142]들이 기용될 것을 어찌 알았으랴?
몸은 황량한 들판의 빛과 더불어 파리해지고

---

135) 僶俛은 노력함, 부지런히 힘씀이다.
136) 安恬은 편안함이다.
137) 日新은 나날이 새로워지는 것이다.
138) 赤松子는 중국 상고시대의 神仙 이름인데, 『史記』 〈留侯世家〉에 張良이 漢 高祖 말년에 "원컨대 인간세상의 일을 버리고, 적송자를 따라 놀고 싶을 뿐이네.(願棄人間事 欲從赤松子游耳)"라고 말했다는 글이 있다.
139) 商山은 중국 陝西省 商縣 동쪽에 있는 산으로 지형이 험준하고 景色이 幽勝하며, 秦末漢初에 은사들인 商山四皓가 은거하였던 곳이다. 여기에서는 張良의 건의로 초빙되어 漢 惠帝의 즉위를 도운 그들처럼 昌王이 즉위하는 데 도움을 주었던 자신이 곤경에 처한 것을 넌지시 비유하려고 언급하였다.
140) 觚稜은 殿閣의 가장 높고 뾰족한 모서리이다.
141) 三傑은 漢나라가 건국되는 데 가장 큰 공을 세운 세 걸출한 인물인 蕭何・張良・韓信을 가리킨다.
142) 庶頑은 여러 어리석고 완악한 사람이다.

눈물은 우는 시냇물 소리와 함께 흘러내리네.
다행스럽게도 물어 볼 신명(神明)[143]이 여전히 있으니
장차 쉬 응보(應報)가 있기[144]를 조용히 기다리리.

面奉天威咫尺間　　觚稜曉日映衰顏
苦心只願安三傑　　長古那知起庶頑
野色荒涼身共悴　　溪聲嗚咽淚同潸
質諸尙幸神明在　　且得從容待好還

12-35-014 셋째 아들[145]이 구운 떡[146]과 술병을 보내오다
12-35-014 三郎送燒餅酒甁

좋은 술은 맛이 시원하고 떡에서는 향기가 나니
신장과 창자를 보양해 주어 늙은이의 목숨[147]이 연장되게 하리.
비록 대간(臺諫)[148]의 탄핵을 받기 때문에 오지는 못하였지만
난곡(鸞鵠)[149]이 나의 옆에 분명히 있는 듯하다네.

芳醪味冽餠生香　　可引頹齡補腎腸
縱被臺彈來不得　　分明鸞鵠在吾傍

143) 神明은 天地 사이의 모든 神靈으로 神祇라고도 한다.
144) 好還은 應報가 아주 쉽게 오는 것이다.
145) 三郎은 牧隱의 三男 李種善(1368~1438)을 가리킨다. 字는 慶夫이며, 15세에 禮部試에 급제하여 臺諫職을 지내고, 1392년 鄭夢周黨으로 몰려 廢庶人되어 遠地에 유배되었다가, 개국 후에 풀려나서 知中樞院事에 이르렀으며, 효행으로 旌門이 세워졌다. 諡號는 良景이며, 『牧隱集』을 편집·간행하였다.
146) 燒餠은 반죽한 밀가루 피에 소를 넣어 구운 떡이다.
147) 頹齡은 衰老한 연령이다.
148) 臺諫은 고려시대에 中書省의 郎舍와 御史臺의 관원을 合稱하는 말이다.
149) 鸞鵠은 난새와 고니로 賢臣을 비유한다.

12-35-015 스스로 해명하다

12-35-015 自解

녹봉[150]을 받아 처자를 살찌움을 스스로 부끄러워하면서도
천하의 악명(惡名)이 다 돌아올[151] 줄은 알지 못하였네.
성인[152]께서는 『인경(麟經)』[153]으로 포폄을 드리우셨는데
여러 성랑(省郎)[154]들은 봉소(鳳沼)[155]에서 발휘함[156]을 배우네.
그늘진 골짜기에 눈이 쌓이니 세월에 놀라는데
높은 산에 해가 솟으니 구름과 안개가 흩어지네.
화공(化工)[157]의 마음 씀을 끝내 헤아리기 어렵지만
마땅히 여강(驪江)[158]에서 낚시터에 앉을 수는 있으리.

150) 素湌(飱)은 아무런 공로나 재능이 없이 높은 지위에 앉아서 녹을 타 먹는 것으로 素餐·尸位素餐이라고도 한다.

151) 天下惡皆歸는 『論語』「子張」의 "주왕의 착하지 않음이 이처럼 심한 것은 아니다. 이런 까닭으로 군자는 낮은 곳에 거처하기를 싫어한다. 천하의 악명이 다 그에게 돌아가기 때문이다.(子貢曰 紂之不善不如是之甚也 是以君子惡居下流 天下之惡皆歸焉)"라는 글에서 인용한 것이다.

152) 將聖은 거의 성인에 가까운 사람이라는 뜻으로 孔子를 가리키는데, 『論語』「子張」에 나오는 "참으로 하늘이 맡겨 주어 거의 성인에 가까워진 분이고 또 재능이 많습니다.(子貢曰 固天縱之將聖 又多能也)"라는 子貢의 말에서 유래한다.

153) 『麟經』은 孔子가 기린이 잡힌 것을 한탄하여 "西狩獲麟"을 기록하는 것으로 책의 편찬을 끝낸 데서 유래하여 『春秋』를 가리킨다.

154) 省郎은 고려시대의 中書門下省에 소속된 정3품 이하의 관원에 대한 총칭으로 郎舍·諫官이라고도 하며, 封駁과 諫諍을 맡았으므로 御史臺의 관원과 함께 臺諫으로도 불리었다.

155) 鳳沼는 魏晋南北朝 시대에 禁中의 中書省 옆에 있던 못으로 鳳凰池라고도 하는데, 中書省·宰相職位를 비유한다.

156) 發揮는 의사나 도리를 충분히 발표하는 것이다.

157) 化工은 자연의 조화를 일으키는 존재나 힘, 또는 하늘의 조화로 자연히 이루어지는 묘한 재주이다.

158) 驪江은 京畿道 驪州 지역을 흐르는 漢江이다.

自愧素飡妻子肥　　不知天下惡皆歸
麟經將聖垂褒貶　　鳳沼諸郎學發揮
陰壑雪堆驚歲月　　高山日出散烟霏
化工用意終難料　　會得驪江坐釣磯

12-35-016 스무날에 즉석에서 짓다
12-35-016 二十日卽事

셋째 아들이 약만 보내고 오지는 못하니
저 아이 또한 마음을 졸이면서[159] 괴로워할 것을 알겠네.
또 의원(醫員)을 구하고자 한들 누가 선뜻 돌아보랴?
오직 반드시 천명을 믿을 뿐 아무도 가엾게 여기지 않으리.
젊어서 벽수(璧水)[160]에서 놀 때에는 나무가 바람을 머금고
늘그막에 금릉(金陵)[161]을 구경할 적에는 매화가 눈에 얼었지.
나의 마음은 가는 데마다 편안하여
장단(長湍)의 초가가 바로 춘대(春臺)[162]와 같다네.

三郎送藥不能來　　看汝操心亦苦哉
更欲求醫誰肯顧　　唯當信命莫相哀
少游璧水風涵樹　　老賞金陵雪凍梅
到處此心安便是　　長湍茅屋卽春臺

159) 操心은 마음을 졸임, 마음을 다잡아 씀이다.
160) 璧水는 學宮인 璧(辟)雍을 두른 물로 太學·成均館을 비유한다.
161) 金陵은 江蘇省 南京 부근의 지명으로 明의 처음 首都이다.
162) 春臺는 봄날의 누대로 잘 다스려지는 세상을 비유하는데, 『老子』 제20장 「異俗」에 "뭇 사람들이 和樂하여, 푸짐한 잔칫상을 받은 듯하고, 봄날에 높은 대에 올라 사방을 보듯이 한다.(衆人熙熙 如享太牢 如春登臺)"라는 글이 있다.

12-35-017 맹균[163]이 왔다가 가다(2수)
12-35-017 孟畇來又去

청요(淸要)[164]한 고공(考功)[165]이 대관[166]에게 논박당한다는데
직무를 수행하려면[167] 누군들 간담이 써늘해지지 않으랴?
네가 아직 젖내를 풍기면서도 벌써 의젓하니[168]
늙은이는 성랑(省郎)의 탄핵을 달게 받으리.

考功淸要駁臺官　　守職何人不膽寒
醞藉汝今猶乳臭　　老翁甘受省郎彈

나에게 병이 생겼다는 말을 듣고 특별히 와서 살피면서
내가 평소와 같음을 보고 문득 돌아가네.
앉아서 임금께서 선흥사(禪興寺)[169]에 가신[170] 일을 생각해 보니

---

163) 李孟畇(1371~1440)은 자가 鈞之, 호가 寒齋로 목은의 장남 種德의 둘째 아들이다. 우왕 11년에 등제하여 成均直講을 거쳐 內書舍人을 역임하였다. 세종 초에 觀察使・漢城府尹을 거쳐 謝恩副使로 명에 다녀온 후 工曹・禮曹判書를 지냈으며, 1425년에 陳慰使로 다녀와서 吏曹判書・大司憲・大提學 등을 거쳐 좌찬성에 이르렀고, 시호는 文惠이다.
164) 淸要는 지위가 높고 직책은 중요하지만 일이 한가한 관직이다.
165) 考功은 고려시대에 관리의 功過를 심사하는 일을 관장하던 관서인 考功司, 또는 거기에 소속된 관리를 가리키는데, 여기에서는 正郞이나 佐郞으로 있었을 것으로 보이는 목은의 三男 種善을 가리키는 듯하다.
166) 臺官은 고려시대에 時政을 논하고 풍속을 교정하며 백관을 糾察・彈劾하는 일을 맡아보던 관서인 御史臺의 관원이다.
167) 守職은 맡은 직무를 충실히 이행하는 것이다.
168) 醞藉는 너그럽고 여유가 있음이다.
169) 禪興寺는 開城에 있던 절로 연혁은 미상이다. 忠肅王 7년(1320)에 君臣이 절 앞에서 打毬를 하였고, 충숙왕 17년에 方臣祐가 중수하였으며, 太宗 10년(1410)에 왕이 경내의 탑을 開慶寺로 옮기라고 명했다는 기록이 있다.
170) 遯(遁)野는 민간에 은거하는 것인데, 여기에서는 왕의 播遷을 가리킨 듯하다.

저녁 햇빛 속에서 새가 아득한 곳으로 날아가고 있었다네.

聞吾病發特來看　　　見我如常却去還
坐想禪輿龍逝野　　　斜陽飛鳥渺茫間

12-35-018 윤가관[171]의 부인 권씨가 쌀과 오이지를 보내오다 (2수)

12-35-018 尹可觀夫人權氏 送米及醬瓜

인척(姻戚)[172]이란 평소에는 가까이 하다가도
위급할 때에는 얼굴을 보려는 사람도 없다네.
누가 먹을 것을 아침저녁으로 가져다 주랴?
부인의 마음이 매우 진실함을 알 수 있네.

平日姻家密且親　　　危時見面也無人
誰將食物供朝夕　　　可見夫人意甚眞

무덕장군(武德將軍)[173]이 호부(虎符)[174]를 차고서

---

171) 尹可觀(?~1387)은 여말의 무신으로 본관은 海平, 知門下省事 之彪의 손자, 大護軍 寶의 아들이다. 武略이 있고 청렴하여, 공민왕 말기에 왕의 총애를 받았으며, 우왕 때에 밀직부사에 올랐고, 우왕 9년에 경상도 都巡問使로 咸陽에서 왜구를 크게 물리쳤으며, 判密直司事를 역임하였다.

172) 姻家는 혼인으로 맺어진 가족이나 그 구성원으로 姻戚이라고도 한다.

173) 武德將軍은 元의 武散階의 하나로 正五品下에 해당하며, 元支配期에 軍功을 세운 고려인에게 제수되기도 하였는데, 여기에서는 10-28-037 〈外舅花原君諸孫 (후략)〉의 제1수에서 "손위 처남인 무덕장군은 나와 동갑인데, 둘째 아들이 벌써 매우 명성이 있네.(妻兄武德我同庚 仲子如今已有名)"라 하고, 10-29-113 〈有感〉에서 "무덕장군은 주전이라 불리었는데, 나이 마흔 남짓에 문득 신선이 되었네.(武德將軍號酒顚 年餘四十便登仙)"라고 한 점으로 보아, 목은의 큰처남인 權嗣宗을

술잔을 들고 연구(聯句)[175]를 지으며 우리 선비들을 사랑하였네.
나이가 불혹(不惑)[176]을 넘기자 말자 신선이 되어 갔지만
풍채는 여전히 바닷가[177] 나라에서 빛난다네.

武德將軍佩虎符　　擧杯聯句愛吾儒
年過不惑登仙去　　風采依然照海隅

12-35-019 김상장군[178]께서 오시다(2수)
12-35-019 金上將來

위험할 때라야 형제의 정을 볼 수 있거니와
잔생(殘生)[179]에 오히려 다행스럽게도 태평시절을 만난다네.
함녕(咸寧)[180]으로 가서 함께 담소하고 싶은데

가리키며, 권씨가 그 딸이기 때문에 언급한 것으로 보인다.

174) 虎符는 銅虎符의 준말로 구리로 만든 범 모양의 符節로서 漢 文帝 이래 사용된 發兵用 符節이다.

175) 聯句는 두 사람 이상이 각각 한 구나 몇 구를 이루어 한 편을 이루는 작시법으로, 漢武帝가 群臣과 수창한 〈柏梁詩〉에서 비롯되었는데, 여기에서는 詩作을 가리킨다.

176) 不惑은 『論語』 「爲政」의 "40세에는 미혹됨이 없어졌고(四十而不惑)"라는 孔子의 말에서 유래하여 나이 40세를 가리킨다.

177) 海隅는 바닷가, 바다의 끝인데, 여기에서는 우리나라를 가리킨 듯하다.

178) 上將軍은 고려 중앙군의 최고 지휘관으로, 二軍六衛에 1인씩 소속되어 8인이 편제되어 있었는데, 무반으로서는 최고의 품계인 정3품이다. 그 중에서도 응양군의 상장군은 특히 班主라 하여 무반 전체의 대표자 노릇을 하였던 것으로 보이는데, 김상장군은 목은의 외숙인 金饒의 아들을 가리킨 듯하다.

179) 殘生은 殘年과 같은 말로 얼마 남지 않은 목숨이다.

180) 咸寧은 慶尙道에 있던 縣으로 목은의 外族이 살던 곳인데, 지금의 경상북도 尙州市 咸昌邑 지역에 있었다. 처음에는 古寧伽倻國이었는데, 신라가 합병하여 古冬攬郡을 설치했다가, 경덕왕 때 古寧郡으로 고쳤다. 고려 광종 때 咸寧郡으로 개칭하였으며, 현종 때에 함창현이 되었다.

사람들이 영존(令尊)[181]께서 아직도 몸이 가벼우시다고 말하네.

危途見得弟兄情　　尙幸殘生値大平
欲向咸寧同笑語　　令尊人道尙身輕

상장군은 이번의 비목(批目)[182]으로 대관(代官)[183]이 되었는데
어버이를 모실 기간이 길지 않으니 말[184]을 처분해야 하리.
나는 사직을 청하여[185] 향리로 돌아가서
추운 날씨[186]를 무릅쓰면서 술통으로 서로 따르고 싶다네.

上將今批得代官　　侍親期近理征鞍
乞身我欲還鄕去　　樽酒相從傲歲寒

12-35-020 요청을 허가받지[187] 못하였기에 스스로 읊다
12-35-020 不得請自賦

한 몸에 온통 병뿐인데다가
말년에는 스스로 위태로움을 불렀네.

181) 令尊은 남의 아버지를 높여 부르는 말로 令嚴이라고도 하는데, 여기에서는 목은의 외숙으로 목은의 글에는 中樞致政公·密直으로 나타나고, 족보에는 重大匡 咸寧君을 지낸 것으로 나타나는 金饒를 가리킨다.
182) 批目은 吏兵部에서 천거한 사람에 대하여 왕이 일일이 裁可와 의견을 달아서 중서성에 내려 주던 문서이다.
183) 代官은 世族의 자제가 관원이 되는 일, 그러한 사람, 관리가 교체될 때의 新任官을 가리킨다.
184) 征鞍은 여행하는 사람이 탄 말이다.
185) 乞身은 乞退·乞骸骨과 같은 말로 관료가 辭職을 청하는 것이다.
186) 歲寒은 일년 중 혹독하게 추운 시기이다.
187) 得請은 요청한 일에 허가를 받는 것이다.

돕는 이가 적으니 반드시 어려움이 생기고
기롱(譏弄)하는 이가 많으니 마땅히 의심이 일어나네.
산 속에는 구름이 어둑한데
강 가에는 달빛이 밝네.
훌쩍 떠나지 못하고서
비로소 삶에 끝이 있음을 가여워하네.

一身渾是病　　末路自來危
寡助□生□　　多□□□疑
山中雲暗處　　江上月明時
不得飄然去　　始憐生有涯

12-35-021 마음을 편안히 하다
12-35-021 安心

마음을 편안히 하고 잠시 가만히 앉아[188] 있으니
여강(驪江)을 바라볼 필요가 없네.
감악산(紺嶽山)[189]의 구름은 지붕에 이어지고
장단(長湍)의 달은 창을 비추네.
잔생은 벌써 얼마 남지 않았지만
맑은 경치[190]를 짝할 수 있다네.
어찌하여 먹을 조개와 물고기가 모자라는가?
다만 항아리에 가득한 술을 없앨 뿐이네.

---

188) 堅坐는 꼼짝하지 않고 오래 앉아 있는 것이다.
189) 紺岳山은 지금의 京畿道 坡州市 積城面과 漣川郡 全谷面의 경계에 있는 산이다.
190) 淸景은 맑고 아름다운 경치이다.

安心且堅坐　　不用望驪江
紺嶽雲連屋　　長湍月照窓
殘生已無幾　　淸景可爲雙
豈乏蝦魚喫　　唯消酒滿缸

12-35-022 스무여드렛날에
12-35-022 二十八日

세상의 변고는 끝이 없어 자취가 매우 위태로워졌으니
내가 이제 순순히 받아들일 뿐 또 무엇을 의심하랴?
하늘과 땅은 본래 큰 용량[191]을 담을 수 있는데
우레와 비는 어찌하여 더러운 시속(時俗)[192]을 씻지 못하는가?
쓸쓸한 강산에는 바람이 급히 울고
태평한 여항(閭巷)[193]에는 해가 더디게 가네.
잠시 장단(長湍)의 밥을 배부르게 먹기를 기다리면서
붓 가는 대로[194] 여덟 구절의 시를 짓네.

世變無涯跡甚危　　吾今順受復奚疑
乾坤自有包荒量　　雷雨寧無滌垢時
寂寞江山風吼急　　大平閭巷日行遲
且須飽喫長湍飯　　信筆題成八句詩

12-35-023 말하고 싶어서

191) 荒量은 大量과 같은 말로 큰 容量이다.
192) 垢時는 垢俗과 같은 말로 더러운 時俗이다.
193) 閭巷은 閭閻과 같은 말로 백성들의 살림집이 많이 모여 있는 곳이다.
194) 信筆은 붓이 가는 대로 쓰는 것이다.

12-35-023 欲語

말하고 싶은들 누가 들으랴?
가고 싶은들 누가 따르랴?
홀로 서서 잠시 읊고 있노라니
만리 밖에서 슬픈 바람이 불어오네.
하늘 끝으로 흰 새가 날아가는데
강 가에는 푸른 봉우리가 비껴 있네.
조그만 마음 속이 담박해지기에
먼 데서 격양옹(擊壤翁)[195]을 그리워하네.
쇠약하고 성함[196]이 한 가지일 뿐이거늘
어찌 나의 도(道)가 궁박해졌다고[197] 탄식하랴?

欲語誰與聆　　欲行誰與從
獨立且吟嘯　　萬里來悲風
天涯去白鳥　　江上橫青峯
淡然方寸間　　緬懷擊壤翁
消長只一物　　何嗟吾道窮

12-35-024 스무아흐렛날에
12-35-024 二十九日

---

195) 擊壤翁은 北宋의 학자 邵雍의 별칭으로 문집 이름이 『伊川擊壤集』인 데서 유래한다.
196) 消長은 사라지고 자라나는 것으로 增減・榮枯・盛衰 등을 가리킨다.
197) 吾道窮矣는 『春秋公羊傳』 哀公 14년조에서 '西狩獲麟'을 탄식하여 孔子가 하였다고 한 말이다.

짧은 해와 슬픈 바람 속에 한 해가 저물려 하는데
쫓겨난 신하는 전려(田廬)를 구할[198] 계책이 없네.
길이 먼 남대(南臺)[199]에는 다행히 표를 올렸지만
하늘이 높은 북궐에는 글을 올리지 못하였네.[200]
은총은 이미 높아서 위(衛)나라[201]의 학[202]과 같았는데
기량이 다하자 곧 검주(黔州)[203]의 노새[204]이네.

---

198) 問田廬는 밭과 집을 구한다는 뜻으로 작은 이익만 취하고 원대한 지향이 없음을 가리키는데, 『三國志』「魏書」〈陳登傳〉에 許汜가 劉備에게 陳登을 찾아갔다가 주인은 上牀에 자고 자기는 下牀에 자는 일을 겪었다고 말하자, 유비가 "그대가 田舍나 구하면서 쓸 만한 말이 없기에, 이를 원룡이 꺼린 것이니, 왜 그대와 함께 말하겠는가? 소인이라면 백척의 누각 위에서 자고 그대는 땅에서 자게 하였을 것이니, 어찌 다만 위아래 침상의 차이뿐이었겠는가?(而君求田問舍 言無可采 是元龍所諱也 何緣當與君語 如小人 欲卧百尺樓上 卧君於地 何但上下牀之間邪)"라고 말하였다는 고사가 있다.

199) 南臺는 남쪽의 臺城이란 뜻으로 明나라의 宮城인 金陵을 가리킨다. 臺城은 南朝 梁나라의 수도인 建康의 성곽인데, 이로 말미암아 六朝時代에는 흔히 禁城을 가리키는 말로 쓰였고, 나중에는 建康・金陵・南京의 별칭으로 쓰였다. 여기에서는 목은이 昌王 즉위년(1388)에 賀正使로 明나라의 수도 金陵〔南京〕에 간 일을 가리키고자 쓴 말이다.

200) 北闕休上書는 孟浩然의 시 〈歲暮歸南山〉의 起聯 "북궐에 글을 올리지도 못하고, 남산에 있는 나의 집으로 돌아왔네.(北闕休上書 南山歸敝廬)"에서 인용한 표현이다.

201) 衛는 周 武王의 아우 康叔이 分封받았던 주나라의 제후국으로 河南의 朝歌를 도읍지로 하였다.

202) 衛鶴은 학이 수레를 타는 것으로 鶴軒・鶴乘軒이라고도 하며, 『左傳』 閔公 二年條의 "위나라의 懿公이 학을 좋아하여 수레를 타는 학도 있었다. 막 전쟁을 하려 하자, 갑옷을 받은 나라 사람들이 모두 말하기를, '학을 부려라, 학은 실제로 녹위를 지니고 있는데, 내가 어찌 싸울 수 있으랴?'(衛懿公好鶴 鶴有乘軒者 將戰 國人受甲者皆曰 使鶴 鶴實有祿位 余焉能戰)"라고 한 고사에서 유래하여, 함부로 祿位를 얻는 것을 비유한다.

203) 黔州는 北周가 지금의 四川省 彭水縣 지역에 두었던 주이다.

204) 黔驢는 黔州의 나귀가 지닌 기량〔黔驢之技〕이란 뜻으로 『柳河東集』 권19의 〈三戒〉 중 〈黔之驢〉의 다음 고사에서 유래하여 보잘 것 없는 기량이 드러나서 웃음거리가 됨을 비유한다. 黔州에는 나귀가 없었는데 어떤 호사가가 들여왔으나 쓸데가 없어 놓아 두었다. 범이 처음에는 모습과 소리를 두려워하여 접근하지 못

나에게는 푸른 하늘이 있음을 알기에
모름지기 나의 마음이 대허(大虛)[205]와 같음을 믿는다네.

短景悲風歲欲除　　逐臣無計問田廬
南臺路遠幸進表　　北闕天高休上書
寵已極焉同衛鶴　　技之盡矣卽黔驢
□然知我有天在　　須信此心如大虛

12-35-025 송헌께 부치다
12-35-025 寄松軒

머리가 하얀 나의 신세는 이미 저물녘이라서
직위가 없고 전지가 없어도 무방하다네.
다만 산에서 놀고 싶은 높은 흥취가 있을 뿐이니
감히 한번 헤아려 주시도록 낭묘(廊廟)[206]를 번거롭히네.

白頭身世已殘陽　　無職無田亦不妨
只有游山高興在　　敢煩廊廟一商量

12-35-026 경오년[207] 정월 초이렛날에 적성의 유판사가 술 한 병과 달떡[208]과 기름떡[209]을 한 그릇의 생선과 함께 보내

하다가, 나중에 가까이 가서 발에 차였으나 그 밖에 다른 재주가 없음을 알고 잡아먹어 버렸다.

205) 大虛는 太虛와 같은 말로 宇宙・천지・하늘, 또는 우주만물의 元氣이다.
206) 廊廟는 궁전의 외곽 건물과 太廟로 朝廷을 가리키며 廟堂이라고도 한다.
207) 庚午年은 恭讓王 2년(1390)이다.
208) 月餠은 달 모양으로 둥글게 만든 흰떡으로 고유어로는 달떡이라고 한다.
209) 油餠은 기름에 튀긴 밀가루 음식의 일종으로 고유어로는 기름떡이라고 한다.

오다

12-35-026 庚午正月七日 赤城兪判事 以酒一瓶月餠油餠 同一器生鮮一首送至

둥글둥글하여 흰 달과 같은데
하나하나를 새 기름으로 튀겼네.
이미 오랜 동안 술이 없었는데
또 다행스럽게 생선까지 있네.
세상의 인정은 예전으로 돌릴 수 없지만
사귀는 도리는 아직도 처음과 같네.
작은 일이 큰 것에 걸리거니와
나의 시에는 헛된 말이 하나도 없다네.

團團疑皓月　箇箇煮新油
久矣已無酒　幸哉仍有魚
世情非復舊　交道尙如初
細事所關大　吾詩無一虛

12-35-027 초이렛날에
12-35-027 七日

새봄 초이렛날[210]이라 광흥창(廣興倉)[211]에서는
아이종들이 떠들면서 녹봉을 받느라고 바쁘리.

---

210) 正月 七日은 고려시대에 관리들의 上番祿을 지급하던 날인데, 下番祿은 七月 七日에 지급하였다. 05-13-064 〈受祿歌〉에 "정월 초이렛날과 칠월 초이렛날에 恩私를 나누어 주네.(正七七七頒恩私)"라는 구절이 있다.

211) 廣興倉은 고려시대에 관리들의 祿俸에 대한 일을 맡아보던 官衙이다.

서른다섯 해 동안이나 처자들을 배불리고서도
선왕(先王)께 보답함에 조그만 효과도 없음을 부끄러워하네.

新春七日廣興倉　　童僕喧嘩受祿忙
三十五年妻子飽　　愧無寸效報先王

12-35-028 권총[212]이 와서 작별하다
12-35-028 權總來別

황려(黃驪)[213] 태수(太守)[214]였던 자네 부친[215]을
부로(父老)[216]들은 이제까지도 사모한다네.[217]
아드님을 만나면 응당 매우 기뻐하실 텐데
반드시 더욱 노력하여 백성들의 상처[218]를 고쳐 주시게나.

黃驪太守乃翁爲　　父老而今有去思
得見郎君應喜甚　　更須努力藥瘡痍

12-35-029 이종사촌 형님[219]인 덕원군 김창께서 족손인 총지

212) 權總은 여말선초의 문신으로 卞季良의 장인이며, 공양왕 때에 驪興郡守를 지내고, 조선조에서 司憲府執義·鐵原府使를 지냈는데, 權近의 〈驪江燕集詩〉(『陽村集』 권7)의 序에서 "驪興郡守權總 其甥也"라 한 것으로 보아 목은의 妻姪인 듯하다.
213) 黃驪는 지금의 경기도 驪州郡 지역에 있던 고을 이름인데, 忠烈王 31년에 驪興郡이 되었다가, 禑王 14년에 黃驪로 개칭하여 府로 승격시켰으며, 恭讓王 원년에 다시 강등시켜 驪興郡이라 하였다.
214) 太守는 고려시대에 郡守를 달리 부르던 말이다.
215) 乃翁은 너의 아버지라는 뜻으로 남의 아버지를 가리키며 乃父라고도 한다.
216) 父老는 노인의 존칭, 또는 한 마을이 고을의 나이가 많은 남자 어른들이다.
217) 去思는 지방민이 轉任되어 떠난 관리를 그리워하는 것이다.
218) 瘡痍는 상처로 고통을 겪는 백성이나 재난과 고통을 비유한다.
219) 姨兄은 이종사촌 형님이다.

사[220]의 승록[221]을 데리고 술과 음식을 가지고 와서 대접하시다

12-35-029 姨兄金敞德原君 携族孫摠持僧錄 以酒食來餉

우리 형님은 칠순에도 아직 건강하셔서
흰 머리는 비녀에 꽉 차고 뺨에서는 빛이 나네.
멀리 말을 달려 왔는데도 조금도 피곤하지 않으신데
스님을 데리고 와서 두텁게 대접하시기에 문득 먼저 맛보네.
강산은 분명히[222] 참으로 그리워하는 땅[223]인데
세상은 아득하여 바로 취중의 별천지[224]이네.
아침햇빛[225]이 창으로 들어올 때에 고삐를 재촉하여 돌아가시니
빈 침상에 누운 앓는 사내는 부끄러움으로 뺨이 붉어지네.[226]

吾兄七十尙強康	白髮盈簪頰有光
馳馬遠來無小困	携僧厚餉輒先嘗
江山歷歷眞懷土	天地茫茫卽醉鄕
初日入窓催返轡	病夫羞赧臥空床

12-35-030 사람을 기다려도 오지 않기에(2수)

12-35-030 待人不至

---

220) 摠持寺는 지금의 京畿道 開豊郡 聖居山에 있던 절로 언제 누가 창건했는지는 미상이다.

221) 僧錄司는 고려시대와 조선 초기에 사원을 감독하고 僧籍·爵牒·度牒 등에 대한 일을 맡아보던 관아인데, 여기에서는 그것을 맡은 사람을 가리킨다.

222) 歷歷은 분명한 모양이다.

223) 懷土는 오래 산 땅을 떠나려 하지 않음, 고향땅을 그리워함이다.

224) 醉鄕은 술에 취하여 정신이 맑지 않은 상태나 醉中의 별천지이다.

225) 初日은 막 뜬 해, 아침해이다.

226) 羞赧은 부끄러워서 빰이 붉어지는 것으로 매우 부끄러움을 형용한다.

새해에는 집을 생각하지 않는 날이 없으니
어찌 물화(物華)[227]를 관장할 겨를[228]이 있으랴?
쓸쓸한 작은 마을에는 사람의 내왕이 끊어졌는데
서쪽산에는 전처럼 저녁해가 비껴 있네.

新年無日不思家　　豈有功夫管物華
寂寂小村來往斷　　西山依舊夕陽斜

배부르게 먹고 편안하게 살면서 국가에 사례하노라니
강산은 전과 같은데 살쩍에는 흰빛이 더해지네.
풍아(風雅)[229]를 좇아서 왕화(王化)[230]를 노래하고 싶어서
또 때때로 길게 읊조려서 비뚜름하게 글씨를 쓰네.[231]

飽食安居謝國家　　江山如昨鬢添華
欲追風雅歌王化　　時復長吟點筆斜

12-35-031 아내가 오다
12-35-031 室人至

소년시절에 벼슬살이할 때에는 각각 하늘 끝에 살면서
꿈속에서나 서로 만나 그리움을 말하였다네.

227) 物華는 사물의 빛이나 풍경이다.
228) 功夫는 일에 드는 힘과 시간이다.
229) 風雅는 『詩經』 중의 「國風」·「大雅」·「小雅」를 아울러 이르는 말로 『시경』 또는 올바른 시를 가리킨다.
230) 王化는 君王의 敎化이다.
231) 點筆은 染翰과 같은 말로 붓에 먹물을 찍음을 뜻하며, 시문을 짓거나 그림을 그림, 글씨를 씀을 형용한다.

오늘날에 지난날과 같아질 줄을 어찌 알았으랴?
비록 마음으로 기뻐하지만 또한 의심이 들기도 하네.

少年游宦各天涯　　夢裏相逢話所思
今日那知是前日　　縱然心喜又心疑

12-35-032 입춘 앞날에
12-35-032 立春前日

내일 입춘(立春)[232]이 드니
오늘은 바로 제야(除夜)[233]이네.
소식이 막힌 지 오래 되지는 않았지만
고운 사람[234]을 보게 되니 얼마나 다행스러운가?
생물들이 천지의 은혜를 입게 되고
인풍(仁風)은 조야(朝野)에 불어오리.
아직도 바라는 바는 거문고를 타는 듯이[235] 하면서
시골집[236]에서 편안하고 한가롭게 늙음이네.

---

232) 立春은 24절기 가운데 첫 번째로 봄이 시작된다는 뜻인데, 大寒과 雨水 사이에 오며 양력으로는 2월 4일이나 5일에 든다.

233) 除夜는 한 해의 마지막 밤인데, 여기에서는 입춘 앞날을 가리킨다. 참고로 1390년 立春日은 음력 1월 19일이었다.

234) 粲者는 아름다운 사람이라는 뜻으로 『詩經』「唐風」〈綢繆〉의 "오늘 저녁이 어떤 저녁인가? 이 고운 사람을 어찌할까?(今夕何夕 見此粲者何)"라는 구절에 나오는 말인데, 『毛詩注疏』에서는 粲이 一妻二妾의 三女를 말한다고 하였고, 朱子는 이 대목을 "이는 지아비가 지어미에게 한 말이다.(此為夫語婦之辭也)"라고 하였다.

235) 如鼓琴은 거문고를 타듯이 한다는 뜻으로, 『詩經』「小雅」〈常棣〉의 "아내와 자식이 잘 화합하니, 비파와 거문고를 타는 듯하네. 형제가 모이면, 화락하고 또 즐기네.(妻子好合 如鼓瑟琴 兄弟既翕 和樂且湛)"라는 대목에서 유래한 말로, 가족들이 모여서 화락하게 삶을 비유한다.

236) 田舍는 시골집·농가·시골이다.

明日當立春　今日卽除夜
寒暄隔無多　何幸見粲者
生物荷天地　仁風扇朝野
尙冀如鼓琴　安閑老田舍

12-35-033 입춘일 첩자[237](2수)
12-35-033 立春帖字

조정에 도가 있으니 봄날이 좋고
문항에 사사로움이 없으니 대낮이 기네.[238]
이 시의 참된 기상을 알고 싶으면
청컨대 오늘날의 우리 동방(東方)[239]을 보시라.
*위의 글은 성안의 집에 붙일 것이다

朝廷有道靑春好　門巷無私白日長
欲識此詩眞氣像　請看今世我東方
*右城中

푸른 산은 약속한 듯이 늘 문에 닿고
흐르는 물은 정이 없는데도 절로 못으로 들어가네.[240]

---

237) 帖字(子)는 문서·글을 적은 쪽지나 두루마리인데, 立春帖字는 봄을 맞아 대궐 또는 집안의 기둥이나 대문에 써 붙이는 글귀로 春帖字라고도 한다.
238) 이 두 구절은 『唐百家詩選』 권18에 실린 晩唐 薛能의 7언율시 〈獻僕射相公〉의 頸聯인 "조정에 도가 있으니 봄날이 좋고, 문관에 사사로움이 없으니 대낮이 한가롭네.(朝廷有道靑春好 門館無私白日閑)"라는 연을 변용한 것이다.
239) 東方은 우리나라의 별칭이다.
240) 이 두 구절은 『東坡全集』 권5에 실린 7언율시 〈刁同年草堂〉의 頷聯을 그대로 인용한 것이다.

목은 늙은이가 읊조리는 곳을 알고 싶으면
호탕한 봄바람이 생겨나는 새 시를 보시라.
*위의 글은 별서에 붙일 것이다

青山有約長當戶　　流水無情自入池
欲識牧翁吟嘯處　　春風浩蕩動新詩
*右別墅

12-35-034 송헌께 부치다
12-35-034 寄松軒

남은 삶을 절[241]에 부치고자 애걸하노니
묘당(廟堂)의 오랜 벗은 기꺼이 나의 뜻을 좇으시리.
몸을 세움[242]에는 이미 만사가 망가지기에 이르렀는데
목숨을 버림에는 다만 삼세(三世)[243]가 헛됨을 아네.
강 가의 선탑(禪榻)에는 둥근 달이 비추고
누각 안의 낚싯줄에는 가느다란 바람이 불어오네.
평소의 바람[244]을 이룰 수 있는 때가 어느 날이랴?
앉아서 푸른 산을 마주하노라니 얼굴이 붉어지네.

欲乞殘生寄梵宮　　廟堂親舊肯吾從
立身已致萬事裂　　舍命直觀三世空
江上團團禪榻月　　樓中細細釣絲風

241) 梵宮은 불교의 寺刹이다.
242) 立身은 處世・處身하는 것이다.
243) 三世는 불교어로 前世・現世・來世를 뜻하며 三生이라고도 한다.
244) 素願은 평소의 소망이다.

得償素願知何日　　　　坐對青山面發紅

12-35-035 느낌이 있어
12-35-035 有感

큰 인륜[245]은 하늘이 짝을 지어[246] 주거니와
밝은 자질[247]은 참으로 헛된 것이 아니라네.
배필은 사람을 낳는[248] 시작이요
건곤은 자리를 잡는[249] 처음이네.
몇 사람이나 죽어서 이별함을 한탄하였으랴?
나는 홀로 가난하게 삶을 함께 하네.
함께 늙으며 선행을 쌓아서
남은 경사가 유전(流傳)되기를 바라네.[250]

大輪[251]天作合　哲命實非虛

---

245) 大倫은 사람으로서 지켜야 할 기본적 윤리인데, 『孟子』 「萬章 上」에 "남녀가 한 집에서 사는 것은 사람의 큰 윤리이다.(男女居室 人之大倫也)"라는 구절이 있다.
246) 天作之合은 하늘이 짝을 지어 준다는 뜻으로 『詩經』 「大雅」 〈大明〉의 "문왕의 초년에, 하늘이 짝을 지어 주셨네.(文王初載 天作之合)"라는 글에서 유래하여, 남녀가 부부를 이룸을 가리킨다.
247) 哲命은 현명하게 타고난 자질인데, 『書經』 「召誥」의 "왕께서 처음으로 일을 시작하시니, 아! 태어난 자식이 처음 태어날 때에는 스스로 현명한 자질을 받지 않는 이가 없는 것과 같습니다. 이제 하늘이 그 자질을 현명하게 할지, 길흉을 명할지, 오랜 역년을 명할지는 지금 처음으로 하는 일에 달려 있음을 아셔야 합니다.(王乃初服 嗚呼 若生子 罔不在厥初生 自貽哲命 今天其命哲 命吉凶 命歷年 知今我初服)"라는, 召公이 조카 成王에게 고한 말에서 유래한다.
248) 生民은 사람을 낳는 것이다.
249) 定位는 위치나 지위를 정하는 것인데, 『周易』 「說卦傳」에 "하늘과 땅의 위치가 정해지자, 산과 못에 기운이 통하였다.(天地定位 山澤通氣)"라는 글이 있다.
250) 이 두 구절은 『周易』 坤卦 「文言傳」의 "선행을 쌓은 집에는 반드시 남은 경사가 있다.(積善之家 必有餘慶)"라는 글을 인용한 것이다.

配匹生民始　　乾坤定位初
幾人嗟死別　　獨我共貧居
積善保偕老　　庶幾流慶餘

12-35-036 적성의 유판사[252]가 약밥을 보내오다
12-35-036 赤城兪判事送藥飯

까마귀가 울기 전[253]에 향기로운 찰밥을 쪄서
집집마다 서로 보내니 인정에 맞네.
쓸쓸한 궁벽한 마을에서도 좋은 명절에 놀라면서
씹어 먹노라니 오랜 벗의 정이 깊이 느껴지네.

秫飯蒸香鴉未鳴　　家家相送當人情
窮村寂寞驚佳節　　咀嚼深知舊故情

12-35-037 한낮이 될 무렵에 용철이 약밥을 가지고 오다
12-35-037 日將午 龍鐵以藥飯來

가지고 온 약밥에는 꿀이 잘 엉겨 있는데
남신사(南神寺)[254]의 집 안에서 찐 것이라고 하네.

---

251) 輪은 倫의 通字이다.

252) 判事는 고려시대 都僉議使司・門下府・典客寺 등 諸寺司의 으뜸 벼슬로 품계는 종1품에서 종3품까지인데, 兪判事는 兪瓚을 가리킨다.

253) 鴉不鳴은 까마귀가 울기 전의 새벽이라는 뜻으로 烏忌日을 가리키고자 한 표현인데, 『三國遺事』 권1 「紀異」 〈射金匣〉에서는 新羅 21대 炤智王 10년에 왕이 까마귀 덕분에 죽음을 면하자, 그 은공을 기리기 위하여 정월 보름날을 烏忌日로 정하고 찰밥을 지어 제사지냈다고 하였다.

254) 南神寺는 『高麗史』 권137 〈李穡傳〉에서 이색이 일찍이 洪永通・李茂方 등과 白蓮會를 설치하니, 불도들이 색을 구실로 삼아 더욱 거리낌없이 말하였다고 한 절

사물을 만나면 덧없는 세상의 일에 더욱 상심하게 되니
서역[255]의 스님을 본받아 먹지 않는 것만 못하다네. *지공[256]이다

送來藥飯蜜調凝　　云是南神宅裏蒸
對物倍傷浮世事　　不如不食學西僧 *指空

12-35-038 이웃집 늙은이들인 이상서[257] · 박중랑장[258] · 김석 · 김언 · 이우와 중손[259] 숙휴[260]가 윷놀이[261]를 하는 것을 옆에 앉아서 구경하다

12-35-038 隣翁李尙書朴中郎金碩金彦李祐仲孫叔畦 作摴蒱戲傍坐觀之

본래부터 우리 풍속은 세시(歲時)[262]를 소중하게 여겨

이다.

255) 西域은 옛날에 중국에서 그들의 서쪽에 인접하여 있는 나라들을 일컫던 말로 때에 따라서 범위가 달랐는데, 여기에서는 印度를 가리킨다.

256) 指空은 元나라 順帝 때의 고승으로 이름은 禪賢이다. 印度 摩竭提國 사람으로 元에 가 있었는데, 高麗의 懶翁和尙이 그의 印可를 받고 돌아왔다. 忠肅王 末年에 고려에 들어와 金剛山法起道場을 비롯하여 長湍·楊州·靈山 등지를 유력하였던 듯하며, 元에 돌아가서도 고려의 승려와 접촉하였다. 고려인 金氏夫人이 燕京에 세운 法源寺에 오래 머물렀으며, 그 浮屠가 楊州 檜巖寺에 있다. 迦葉尊者의 108대 法孫이므로 '西天 108대 祖師'로 불리었다.

257) 尙書는 고려시대의 六司·六部의 장관으로 判書라고도 하였으며 품계는 정3품이다.

258) 中郞將은 고려시대의 무관직으로 중앙군에서 장군 다음가는 계급으로 정5품관이다.

259) 仲孫은 둘째 아들에게서 태어난 손자이다.

260) 李叔畦는 목은의 둘째 아들인 種學의 제2자로서 成均生員을 거쳐 司水主簿를 지낸 사실이 확인된다.

261) 摴(樗)蒱戲는 백제 때부터 있었던 유희의 한 가지로 나무로 만든 주사위 같은 것을 던져서 승부를 정하던 것인데, 여기에서는 윷놀이를 가리킨다.

262) 歲時는 설, 또는 한 해 동안의 시절이다.

머리가 하얀 할아범과 할멈들이 아이들 놀이를 한다네.
모나거나 둥근 판에 둥글게 점이 스물여덟[263] 개 있는데
정(正)과 기(奇)[264]의 술법은 변화가 무궁하네.
졸렬함이 이기고 교묘함이 지니 더욱 놀랄 만한데
강한 것이 잡고 약한 것이 죽음 또한 기약하기 어렵네.
늙은이는 기관(機關)[265]을 다 써 버렸거니와
때마침 또 구경하면서[266] 턱뼈가 빠지도록[267] 웃는다네.

風俗由來重歲時　　白頭翁媼作兒嬉
團團四七方圓局　　變化無窮正與奇
拙勝巧輸尤可駭　　強呑弱吐亦難期
老夫用盡機關了　　時復流觀笑脫頤

12-35-039 말을 탄 사냥꾼을 바라보다
12-35-039 望獵騎

눈이 갠 평평한 산이 온통 새하얀데[268]
때마침 말을 타고 개를 거느린 사람이 오는 것이 보이네.
이른 새벽[269]에 어느 곳에서 교활한 토끼를 좇을까?

---

263) 四十七은 윷판의 出口를 제외한 스물여덟 군데의 말이 거치게 되는 지점을 가리킨다.
264) 正奇는 옛날의 兵法에서 쓰던 용어로 正은 用兵의 正攻法이고 奇는 變則的인 공격법이다.
265) 機關은 計謀・謀略・策略이다.
266) 流觀은 두루 구경함, 대략 훑어봄이다.
267) 脫頤는 입을 크게 벌리고 웃을 때에 턱뼈가 빠지는 것으로 크게 웃음을 비유하며 解頤라고도 한다.
268) 皚皚는 눈처럼 새하얀 모양이다.
269) 淩晨은 이른 새벽이다.

많이 잡았다고 다투어 자랑하며 반쯤 취하여 돌아오리.

平山雪霽白皚皚　　牽狗時看數騎來
何處凌晨逐狡兎　　競誇多獲半酣廻

12-35-040 옴에 걸려 마음이 편안하지 못하여 며칠 동안 읊지 않다
12-35-040 患疥心不安 數日不吟

오른 옴이 공격하여 나의 마음을 흔들기에
여러 날 동안 괴로워서 길게 읊조림을 그만두었네.
셋째 아들이 특별히 뽕나무재를 적셔서 닦아 주니
선인(仙人)이 정수리에 침을 놓는[270] 것보다 훨씬 낫네.

疥發相攻擾我心　　苦哉連日輟長吟
三郎特浸桑灰洗　　絶勝仙人頂上針

12-35-041 문생 길주서[271]가 집에서 벼슬 차례를 기다리고자[272] 늙은이와 아이들을 이끌고 선주[273]로 돌아가는 길에

270) 頂上針(鍼)은 頂門一針(鍼)과 같은 말로 정수리의 胸門에 침을 한 대 놓는 것인데, 남의 要害處를 쳐서 경계하고 깨우쳐 주는 말이나 행동을 비유한다.

271) 注書는 고려시대에 중서문하성에 두었던 7품의 관직으로, 목종 때에는 內史注書, 문종 때에는 中書注書〔종7품〕, 충렬왕 24년에는 都僉議注書〔정7품〕로 부르다가 공민왕 5년에 종7품인 門下注書로 고쳤다. 길주서는 冶隱 吉再를 가리키는데, 그는 禑王 12년 목은이 知貢擧를 맡은 과거에 급제하였다.

272) 須次는 관료 후보가 차례대로 빈 자리에 보임되기를 기다림을 뜻한다. 흔히 알려진 대로 노모를 봉양하려고 낙향하였다고 하지 않은 점이 흥미로운데, 『冶隱先生言行拾遺』 卷下에는 '頃次'로 되어 있어, "일전에 집에 들렀다"(경희대 전통문화연구소편, 『吉冶隱研究論叢』, 서문문화사, 1996, 198~9면)라고 이해된 바 있

작별하러 와서 하룻밤을 자고 가다
12-35-041 門生吉注書 須次于家 携老少還善州來別 一宿而去

반수[274]에서 종유할 때에 경서에 통달한 이로 일컬어지더니
급제하여 주서(注書)가 되었는데도 양쪽 살쩍은 검네.
가솔을 이끌고 고향으로 가다가 나를 하직하면서
잠시 나의 말을 간절한[275] 듯이 듣고 있네.
글을 읽으면 모름지기 옛사람의 자취를 따라야 하고
책(策)으로 응대하면[276] 반드시 천자의 조정에 올라야 하리.
벼슬[277]은 뜻밖에 오는[278] 것이라 급하지 않거니와
기러기 한 마리처럼 아득한 하늘을 날아가는구나.

從遊泮水號通經　　　及第注書雙鬢靑

지만 문맥상 '須次'가 옳을 것이다.

273) 善州는 지금의 경상북도 善山郡 지역에 있던 고을로, 新羅 때에는 一善郡·嵩善郡이었다가, 고려 成宗 때에 善州刺史로 승격되었고, 仁宗 때에 一善縣令으로 낮추었다가 뒤에 다시 知善州使로 올렸다. 吉再가 공양왕 즉위 직후에 관직을 버리고 낙향하면서 목은을 찾은 것은 兩人의 정치적 입장이 같았음을 뜻한다. 尹根壽는 『月汀漫筆』에서 이를 두고 "야은이 목은에게 去就의 의리를 물었더니 목은이 말하기를, '지금은 각각 그 뜻을 행할 따름이다. 우리들 대신은 나라와 기쁨과 근심을 같이 하여 떠나서는 안 되지만, 너는 떠날 수 있다.'라고 하였다. 야은은 이로써 거취를 정하고 목은에게 돌아갈 것을 고하였다.(冶隱問去就之義於牧隱 牧隱曰 當今各行其志 我輩大臣與國同休戚 不可去 爾則可去也 冶隱因定去就 告歸於牧隱)"라고 한 바 있다.

274) 泮水는 泮宮과 같은 말로 太學·成均館을 가리킨다.

275) 丁寧은 말이 간절한 모양이다.

276) 對策은 詔令에 응하여 政事를 진술하는 것으로 漢代의 관리등용 시험과 뒤의 科擧에서 흔히 채용된 문체의 하나이며, 政事·經義 등의 設問에 대한 응시자의 견해를 밝히던 글인데, 고려시대에는 殿試科目으로 쓰였다.

277) 軒冕은 軺軒과 冕旒冠으로 관직·벼슬아치를 가리킨다.

278) 倘來는 뜻밖에 옴, 뜻밖에 얻음이다.

辭我携家故鄕去　　　　且聆吾語若丁寧
讀書須踐故人跡　　　　對策要登天子庭
軒冕倘來非所急　　　　飛鴻一箇在溟溟

12-35-042 스무사흗날에 송헌께 부치다
12-35-042 二十三日 寄呈松軒

나는 아직 적현(赤縣)[279]에서 자유롭지 못하니
하늘 끝에 유배된 나그네의 근심을 아실 수 있으리.
만약 잘 꾀하여[280] 편의대로[281] 떠나도록 허락해 주신다면
응당 백만 개의 산가지가 보태지라고 축수드리리.

赤縣吾猶不自由　　　　天涯謫客可知愁
善謀若許從便去　　　　祝壽應添百萬籌

12-35-043 정이상[282]께 부치다. 3수
12-35-043 寄鄭二相 三首

나는 이미 조롱을 해명하는[283] 부(賦)를 지을 뜻조차 없거늘

---

279) 赤縣은 고려시대 京畿의 모체인 赤畿縣의 하나인데, 成宗 14년에 唐의 京兆府를 본떠 太祖 2년에 설치하였던 開州를 開城府로 개편하여 府尹을 두고, 그 관하에 赤縣 6개와 畿縣 7개를 두었다.
280) 善謀는 훌륭한 계책, 계책을 잘 세움이다.
281) 從便은 편의에 따른다는 뜻으로, 옛날에 죄인이 자신의 의사에 따라 거처를 정하여 살 수 있도록 해 주던 일을 가리킨다.
282) 二相은 判兵部事를 겸대한 宰臣을 가리키는데, 정이상은 守侍中 鄭夢周이다.
283) 〈解嘲〉는 前漢의 揚雄이 지은 賦로서, 哀帝 때 자신이 전횡하는 간신배들에게 아부하지 않고 『太玄經』을 지은 일을 두고, 사람들이 조정에 있으면서도 기묘한 꾀로 작록을 구하지 않는다고 조롱한 데 대하여 해명한 내용으로 되어 있다.

장차 무슨 면목으로 다시 조정에 나아가겠소?
외로운 배로 여강(驪江)을 거슬러 올라갈 수 있거니와
양쪽 언덕의 높은 산에는 눈이 녹으려 하리.

我已無心賦解嘲　　　將何面目復趨朝
孤舟可泝驪江去　　　兩岸高山雪欲消

병이 든 내가 천자를 뵈러 갈 때에는 길이 멀었거니와
번거롭게도 공은 멀리 보내느라고 골몰하다가[284] 주무셨네.
당시의 한 조각 마음 속에 지녔던 뜻[285]이
어찌 국가를 위한 것이지 나를 위한 것이었으랴?

病我朝天道路賒　　　煩公遠送宿婆娑
當時一寸心中地　　　豈爲吾身爲國家

오래 영왕(瀛王)[286]의 자리를 빌렸다가 곧 즉위하려[287] 한다고
성랑(省郎)들이 나를 탄핵하여 한가한 사람을 만들었네.
전처럼 누항에서 사는[288] 것을 안다면[289]

284) 婆娑는 汩沒함, 뛰어다니는 모양이다.
285) 心地는 속마음이다.
286) 瀛王은 後周가 내린 馮道의 봉호이다. 五代 後梁人인 그는 純厚·好學하고 글을 잘 지었으며 부모를 잘 공양하였다. 後梁의 劉守光을 섬기다가 수광이 패하자 後唐에서 벼슬하여 戶部侍郞·端明殿學士를 지낸 이래로 後唐·後晋·後漢·後周 등 四姓十君과 契丹을 섬기며 喪君亡國에 개의치 않고 20여년 동안 相位를 즐기면서 長樂老라고 自號하였으며, 후주에서 文懿라는 시호를 받았다.
287) 卽眞은 攝位·監國에서 정식으로 왕위에 오르는 것이다.
288) 簞瓢陋巷은 누추한 거리에서 가난하게 산다는 뜻으로, 『論語』「雍也」의 "어질구나 回여! 한 그릇의 밥과 한 표주박의 마실 것으로 陋巷에서 살면 사람들은 그 근심을 견디지 못하거늘, 회는 그 즐거움을 고치지 않으니, 어질구나 회여!(子曰 賢哉 回也 一簞食 一瓢飮 在陋巷 人不堪其憂 回也 不改其樂 賢哉 回也)"라는 孔子

초연하게 즐김이 또한 매우 빼어나다[290]고 하리.

久假瀛王欲郎眞　　省郎彈我作閑人
看來依舊單[291]瓢巷　　所樂超然亦絶倫

12-35-044 중화당[292] 골짜기의 권밀직[293]이 술 한 병과 쇠고기와 쌀 스무 말을 보냈기에 주필하여 사례드리다

12-35-044 中和堂洞權密直 送酒一甁牛肉白米廿斗 走筆謝之

지금은 살진 고기를 얻기 어렵지만
전에는 향기로운 술을 맛보았다네.
봉함(封緘)[294]에다 하얀 쌀을 더하시니
띳집에는 문득 빛이 나네.

肥肉今難得　　芳醪昔所嘗
侑緘加白粲　　茅屋頓生光

12-35-045 이연 낭장[295]의 집에 향도[296]를 모아 놓고 술자리를

의 말에서 유래하여, 安貧樂道를 비유한다.

289) 看來는 관찰하여 판단하는 것이다.

290) 絶倫은 매우 뛰어남이다.

291) 單은 簞의 通字이다.

292) 中和堂은 忠肅王代의 재상 蔡洪哲이 開京 松嶽山에 있는 골짜기인 紫霞洞에 지었던 집 이름이다.

293) 密直은 고려시대 왕명의 출납과 궁중의 宿衛·軍機 등에 관한 일을 맡아보던 관아인 密職司, 또는 밀직사의 정3품 관직인 密直提學의 약칭이다.

294) 封緘은 봉한 서간이다.

295) 郎將은 고려시대의 중앙군 조직에서 中郎將 바로 아래 직위인 다섯 번째 계급으로서 정6품관이다.

296) 香徒는 갖가지 공동목적을 달성하기 위하여 결성된 조직체로서, 삼국시대에 불

마련하였는데, 늙은이가 가서 그 사이에 참여하였다가 조금 취하여 먼저 나오다
12-35-045 李郎將延家 會香徒設醴 老夫往與其間 微醉先出

장단(長湍)의 북쪽 마을에 금속퇴(金粟堆)[297]가 있기에
결사(結社)하여 향을 사른 지 몇 해나 되었는가?
나아가서 봄바람 속에 윗자리에 참여하니
가져온 동이에는 새로 빚은 술이 가득하였네.
누가 나라의 재상[298]과 자리를 함께 하였음을 알랴?
나는 이웃 늙은이로서 같이 잔을 들었다네.
술을 마시고[299] 나지막하게 읊으니 참으로 매우 즐겁거늘
어찌 꼭 관현악(管絃樂) 소리가 누대를 흔들게 할 것이 있으랴?

長湍北里有金堆　　結社燒香歲幾回
趁取春風參上座　　携來樽酒溢新醅
誰知國相今同席　　我以隣翁共擧杯
軟飽微吟眞樂甚　　管絃何必動樓臺

12-35-046 마음을 읊은 시 1수를 송헌께 부쳐 드리다
12-35-046 心詩一首 寄呈松軒

교가 수용된 이후 종교적 결사체로서 널리 유행하였고, 나중에는 會飮儀式, 葬禮時의 扶助, 등 향촌공동체적 활동도 하였다. 여기에서는 白蓮會에 가담한 불도들을 가리킨다.

297) 金粟堆는 중국 陝西省 蒲城 동북쪽의 金粟山에 唐 玄宗의 무덤이 있는 데서 유래하여 帝王의 무덤을 가리키는데, 여기에서는 지금의 京畿道 開豊郡 鳳鳴山 기슭에 있던 고려 제31대왕인 恭愍王의 陵을 가리킨다.

298) 國相은 禑王 때에 門下侍中을 지낸 洪永通을 가리키는 듯하다.

299) 軟飽는 술을 마심, 또는 매끄럽거나 부드러운 음식으로 배를 채우는 것이다.

사방 한 치의 텅 빈 마음[300]을
상제(上帝)께서 밝디밝게 굽어보시네.
지난날의 일을 포괄하여 돌아보고
오늘의 일을 환하게 똑 바로 살피네.
비추어 보면 참으로 거울과 같고
함께 하면 쇠도 끊을 수 있다네.[301]
어찌하면 한 통의 술을 놓고
서로 대작하면서 자세히 심정을 논할까

方寸虛靈地　明明上帝臨
廻看包往古　直視燭來今
照處眞如鏡　同時可斷金
何當一樽酒　相對細論心

12-35-047 스스로 읊다
12-35-047 自詠

지난날에는 나의 늙음을 안타까워하였는데
봄을 만나니 만물이 생장함에 느꺼워하네.
눈물이 많아지니 두 눈이 어둡고
욕심이 적어지니 한 몸이 가볍네.
고향을 그리워하느라고 뜻이 편안하지 않은데[302]

300) 虛靈은 마음, 또는 텅 빈 마음이다.
301) 이 구절은 『周易』 「繫辭上傳」의 "두 사람이 마음을 같이 하니 그 단단함이 쇠를 끊을 만하다. 같은 마음에서 나온 말은 그 냄새가 난초와 같다.(二人同心 其利斷金 同心之言 其臭如蘭)"라는 글을 변용한 표현으로, 아주 친한 벗 사이의 情誼를 가리킨 것이다.
302) 耿耿은 마음이 편안하지 않은 모양이다.

국도(國都)를 떠나니 생각이 아득하네.
창문을 닫고 곧 자려고 하노라니
베개 위에는 또 바람소리가 들리네.

昔日憐吾老　逢春感物生
淚多雙眼暗　慾少一身輕
耿耿思鄕意　悠悠去國情
閉窓將就睡　枕上又風聲

12-35-048 **적성[303]의 유선생을 찾아갔다가 만나지 못하였는데, 부인께서 객실[304]에 맞아들이더니 술과 음식을 매우 넉넉하게 차리셨다. 또 후원의 작은 산에 올라 사방을 바라보라고 청하면서, '저희 공의 뜻입니다' 하셨다. 대개 늙은이에게 그 형승을 알게 하고자 함이었다. 돌아와서 기록하다. 3수**

12-35-048 **訪硴城兪先生不遇 夫人邀入客位 具酒飡甚厚 又請登後園小山四望曰 我公意也 蓋欲令老夫知其形勝也 歸而志之 三首**

장단(長湍)의 남쪽 끝이요 적성(硴城)의 서쪽인데
산이 초가[305]를 둘러싸고 물은 둑에 닿아 있네.
그 안에 주인의 세 갈래 길[306]이 있으니

---

303) 硴(積)城은 지금의 경기도 坡州市 積城面 지역에 있던 縣이다.
304) 客位는 客室・應接室이다.
305) 茅茨는 띳집, 또는 띠로 지붕을 이는 것으로 草家를 가리킨다.
306) 三徑(逕)은 漢 哀帝 때에 袞州刺史 蔣詡가 王莽이 섭정을 맡자 병을 이유로 귀향하여 문을 닫고, 뜰 앞 대숲 밑에 세 개의 길을 만들고 벗 求仲・羊仲과만 교유했다는 『尙友錄』의 글에서 연유하여, 歸隱者의 家園을 비유한다.

나는 이웃이 되어[307] 함께 손잡고 싶네.

長湍南畔砺城西　　山擁茅茨水泊堤
中有主人三徑在　　卜隣吾欲共携提

주인께서는 내가 늙고 관직이 없음을 가여워하시지만
한 조각 붉은 마음은 아직도 깎이지 않았다네.
일부러 산에 오르라고 청하시기에 잠시 둘러보니[308]
푸른 곡봉(鵠峯)[309]이 구름 끝에 솟아 있네.

主人憐我老無官　　一片丹心尙不刋
故請登山暫游目　　鵠峯蒼翠聳雲端

아름다운 음식과 진한 술은 부드럽고도 향기로워서
참으로 보약(補藥)이 창자 안으로 들어오는 듯하네.
계집종이 명을 받았다면서 부지런히 권하기에
조금 취하여 돌아오니 또 저물녘이 되네.

美食醇醪滑更香　　眞如補藥入中腸
女奴傳命勤相勸　　微醉歸來又夕陽

12-35-049 경복[310]이 왔기에 이를 짓고 그를 거쳐서 중동[311]에

307) 卜隣은 살 곳을 정하기 위하여 먼저 이웃의 좋고 나쁨을 점치는 것이다.
308) 游目은 눈을 들어 이리저리 둘러보는 것이다.
309) 鵠峯은 開京의 鎭山인 松嶽山의 다른 이름으로 鵠嶺・松山・扶蘇山이라고도 하였다.
310) 敬僕은 〈敬僕在南里 招趾不來〉(권13)와 〈敬奴來〉(권21)의 본문에서 모두 둘째 아들에게서 태어난 손자를 뜻하는 '仲孫'이라고 한 것으로 보아, 牧隱의 차남 種

게 보이다

12-35-049 敬僕來 作此 因示中童

나는 네가 가면 늘 그리워하거늘
넌들 어찌 나를 그리워하지 않겠느냐?
네가 오면 나는 매우 기쁘니
너도 나를 만나면 기쁘겠지.
너는 미목(眉目)[312]이 화순한데[313]
나는 수염과 머리털[314]이 희끗희끗하구나.[315]
배우고 물음[316]에 매우 총민하니
너의 뛰어남[317]을 알 수 있노라.
다만 두려운 것은 근면하지[318] 않아서
끝내 인의의 길을 잃음[319]이란다.
문장에만 힘쓴다면 아마 속된 선비[320]가 되겠지만
도덕에 힘써야만 참된 유자(儒者)가 된다.

學의 둘째 아들인 叔畦를 가리키는 듯하다. 그는 成均生員을 거쳐 司水注簿를 지냈다.

311) 中童은 敬僕보다 나이가 한 살 더 많다고 한 것으로 보아 李種學의 맏아들인 叔野를 가리킨 듯하다. 그는 成均生員을 거쳐 司宰少監을 지냈다.
312) 眉目은 눈썹과 눈으로 얼굴・용모를 비유한다.
313) 婉婉은 婉如와 같은 말로 和順한 모양이다.
314) 髭鬚는 수염과 鬢髮이다.
315) 星星은 머리카락이나 수염이 희끗희끗한 모양이다.
316) 學問은 배우고 묻는다는 뜻으로 『周易』 乾卦 「文言傳」에 "군자는 배워서 모으고, 물어서 변별한다.(君子學以聚之 問以辨之)"라는 글에서 유래한다. 『孟子』 「滕文公上」에서는 "내가 옛날에 학문을 한 적이 없이 말을 달리며 칼을 시험하기를 좋아하였다.(吾他日未嘗學問 好馳馬試劒)"라고 하여 복합어로 사용되고 있다.
317) 頭顱는 정수리로 여러 사람 가운데 학식・재능 등이 뛰어남을 비유한다.
318) 勤謹은 근면함, 부지런하고 신중함이다.
319) 迷塗(途)는 길을 잃는 것이다.
320) 俗士는 뜻이 고상하지 못한 선비이다.

너는 또 성인의 가르침을 탐구하여
조포(朝脯)[321]를 잊고 음미하고 탐색하라.[322]
중동(中童)은 한 살이 더 많으니
심오한 곳[323]을 더듬는 데 꽤 능하겠지.
서로 면려하여 큰 뜻을 세워
하나를 배우면 셋을 알도록[324] 하라.
공명(功名)은 천명(天命)에 달렸을 뿐이니
또한 당우(唐虞)[325]로 돌아감이 옳으리.
지극한 선에 머물러야[326]
비로소 참된 장부가 되리.

汝去我常思	汝曾思我無
汝來我喜甚	知汝喜見吾
婉婉汝眉目	星星我髭鬚
學問頗聰敏	可見汝頭顱
只恐不勤謹	終迷仁義塗
文章或俗士	道德爲眞儒
汝且究聖訓	索玩忘朝脯
中童長一歲	頗能探奧區

321) 朝脯(晡)는 辰時〔오전 7~9시〕부터 申時〔오후 3~5시〕까지의 시간, 또는 하루 두 끼의 식사이다.
322) 玩索은 반복하여 음미하고 탐색하는 것이다.
323) 奧區는 심오한 곳이다.
324) 擧一反三隅는 『論語』 「述而」의 "한 모서리를 들어 가르쳐 주어도 세 모서리를 돌이켜서 알지 못한다면 다시 가르쳐 주지 않는다.(擧一隅不以三隅反 則不復也)"라는 글에서 유래하여 類推를 비유한다.
325) 唐虞는 堯舜으로 堯임금이 陶唐氏이고 舜임금이 有虞氏인 데서 생긴 말이다.
326) 이 구절은 『大學章句』 제1장의 三綱領 중 마지막 것인 "지극히 선한 데 머묾에 있다.(在止於至善)"라는 구절을 인용한 것이다.

相勉立大志　　　擧一反三隅
功名在天命　　　且可歸唐虞
所止在至善　　　始爲眞丈夫

12-35-050 스스로 1수를 읊다
12-35-050 自詠一首

꿈속에서는 요행으로 황비(黃扉)[327]에 이르렀는데
깨고 나니 전과 같이 한 포의이네.
침상에 시끄러운 마른 콩대 소리에 여윈 말을 가여워하고[328]
담장을 두른 늙은 냉이로나마 사람들이 살찌기를 바라네.
남해(南海)에서 천명에 순종하는[329] 아들[330]은 탈이 없다는데
동산(東山)에 비가 내리는데도[331] 나는 돌아가지 못하네.
어느 날에나 금계(金雞)[332]가 새벽에 한 번 울어
사직을 청하여 밭을 갈고 소를 먹이며 위기를 벗어나랴?

327) 黃扉는 옛날에 丞相·相公의 문에 누렇게 칠을 한 데서 유래하여, 재상 또는 재상의 관서를 가리킨다.

328) 이 구절은 『山谷集』 권9에 실린 절구 〈六月十七日晝寢〉의 "말이 마른 콩대를 씹는 소리에 낮잠을 깨니(馬齧枯萁諠午枕)"라는 轉句를 점화한 것이다.

329) 順天은 지금의 전라남도 順天市 지역에 있던 府이다.

330) 兒는 목은의 둘째 아들인 種學을 가리키는데. 그는 1389년 공양왕 즉위 직후에 부친과 함께 파직되어 順天으로 유배되었다.

331) 零雨東山은 『詩經』 「豳風」 〈東山〉의 "나는 동산에 가서, 오래 돌아오지 못하였네. 동쪽에서 돌아올 때에, 비가 자욱이 내렸네.(我徂東山 慆慆不歸 我來自東 零雨其濛)"라는 대목을 인용한 것이다.

332) 金雞는 새벽을 알리는 전설적인 닭인데, 그 울음은 수탉이 새벽을 알리는 데 대한 미칭으로 쓰인다. 漢의 東方朔이 찬한 『神異經』에서는 扶桑山에 있는 玉雞가 울면 금계가 울고, 금계가 울면 石雞가 울며, 석계가 울면 천하의 닭이 다 울고 潮水가 응한다고 하였다.

夢中僥倖到黃扉　　覺後依然一布衣
喧枕枯箕憐馬瘦　　繞墻老薺望人肥
順天南海兒無恙　　零雨東山我未歸
何日金雞一聲曉　　乞身耕牧避危機

12-35-051 전지를 가는 이들이 곧 들판을 메우는 것을 보겠기에 자신을 비웃으며 1수를 읊다
12-35-051 見耕者將徧野 自笑一首

평생 동안 나아가고 물러남[333]을 하늘에 맡겼는데
늘그막에 와서[334] 어긋나 버림을 스스로 안타까워하네.
비록 물러나기를 애걸하며 일찍이 집을 구한 바 있지만
어찌 감히 배고픔을 참을망정 또 전지를 찾으랴?
물은 땅의 형세를 따라 메말랐다가 곧 넘치고
소는 사람의 말을 알아듣고 가더니 또 돌아오네.
조금 지나면[335] 봄갈이를 하는 이들이 들판을 메우려 할 텐데
늙은이는 무슨 일을 하며 올해를 보내랴?

平生行止付於天　　垂老參差自可憐
乞退雖然曾問舍　　忍飢安敢更求田
水隨地勢乾仍溢　　牛解人聲往復旋
不日春耕將徧野　　老夫何以度今年

12-35-052 이판서 *구직이다 가 술 두 동이[336]와 쌀 열 말을 보

---

333) 行止는 行藏·出處와 같은 말로 세상에 나아가고 물러나는 것이다.
334) 垂老는 노년에 가까워지는 것이다.
335) 不日은 時日이 얼마 남지 않음을 뜻하며 無日이라고도 한다.

냈기에 이것으로 사례드리는데, 마땅히 맹균을 시켜 읽어 드려야 할 것이다(2수)

12-35-052 李判書 *丘直 送朋酒白粲十斗 以此爲謝 當使孟畇誦之

곧은 나무줄기[337]처럼 큰 키로 조정에서 빼어났거니와
일을 봄[338]에 정밀하고 강직하여 한가할 수 없었네.
오늘날에는 드물지만 가난한 이들을 구제한 일이 기억나는데
내가 지금 식량이 바닥났음[339]을 누가 가엾게 여기랴?

長身直幹秀朝班　　莅事精強不得閑
記舊賙窮今世少　　有誰憐我食方艱

두 동이의 술에서는 향기가 풍기고 쌀은 정결(精潔)한데
정력이 생기고 기운이 돌게 하니 실상이 이름에 부합되네.
유배된 가운데 어진 분의 예물을 받음을 기뻐하거니와
취하고 배가 부르면 응당 태평시절을 노래하게 되리.

朋酒吹香白粲精　　生精行氣實符名
謫中喜得仁人饋　　醉飽應教詠大平

12-35-053 사월 초이튿날에 은계[340]가 찾아와서 유숙하면서 입

336) 朋酒는 두 동이의 술이다.
337) 直幹은 곧게 선 나무줄기이다.
338) 莅事는 政事를 다스림, 일을 봄이다.
339) 艱食은 식량이 바닥나는 것이다.
340) 隱溪는 법명이 林, 堂號가 霜竹軒이었던 승려인데, 53·4세경에 〈送隱溪林上人序〉(『목은문고』 권8)·〈題隱溪卷〉(『목은시고』 권21)을 지은 점으로 보아, 50대

으로 읊기를, '평생의 나아가고 물러남은 인연을 따름에 맡기고, 빈부와 부침은 하늘에 붙이시네. 그대가 누항을 편안히 여길 수 없음을 나는 알거니와, 보위에 계신[341] 성군께서 어진 이를 존경할 것을 의론하시리.'라고 하였는데, 말의 뜻이 늙은이가 감히 감당할 바가 아니다. 그러나 응답이 없을 수가 없어서 화답하여 이루다. 2수

12-35-053 四月初二日 隱溪來訪留宿 口號平生行止任隨緣 貧富升沉付與天 知子不能安陋巷 聖君南面議尊賢 語意非老夫所敢當 然不可無答 和成 二首

일찍이 모든 속념을 깨끗이 하여 모든 인연을 멈추고서
학 같은 모습과 구름 같은 자취로 같은 하늘 아래에서 사시네.
이 늙은이의 경지에 이를 수 있음이 참으로 쉽지 않으니
이제부터 우리 무리들도 우리 현인으로 알아야 하리.

早澄諸念息諸緣　　鶴態雲蹤共一天
能致此翁誠不易　　從今吾黨識吾賢

목은 늙은이는 늘그막에 속세의 인연이 적어서
또 달을 감상하고 바람을 읊으면서 천명을 즐긴다네.
하물며 작은 그림[342]을 날마다[343] 봄에랴?

이후에 교제한 듯하며, 포은의 〈隱溪霜竹軒卷子〉(『圃隱集』 권3)와 삼봉의 〈題隱溪上人霜竹軒卷〉(『三峯集』 권2)을 감안하면, 목은 주변 문사들과 폭넓게 교유한 사람으로 보인다.

341) 南面은 남쪽을 향한다는 뜻으로 북쪽에서 남쪽을 향하는 것을 尊位로 여겨 임금을 뜻하는 말로 쓰이며, 卿大夫까지를 이르기도 한다.

342) 小圖는 소폭의 그림인데, 여기에서는 佛者들이 입문하여 成佛하는 과정을 이해하기 쉽도록 그림으로 그려서 만든 놀이에 쓰는 그림인 成佛圖를 가리킨 듯하다.

그대는 십성(十聖)[344]이요 나는 삼현(三賢)[345]임이 분명하리.

牧翁垂老少塵緣　　　賞月吟風更樂天
況有小圖爲日用　　　分明十聖與三賢

12-35-054 이날 문생 조밀직[346]이 술과 음식을 보내왔기에 앞의 운을 써서 부치다
12-35-054 是日門生趙密直送酒食 用前韻寄去

나는 나무에 올라가서 물고기를 찾은[347] 일을 뉘우치거니와
떠서 쉬는[348] 것과 같은 운명이니 감히 하늘을 피하랴?
사문(斯文)의 골육[349]과 같은 관계가 이젠 옛날과 다르니
공(公)처럼 마음을 쓰는 이가 몇 분이나 있으랴?

343) 日用은 날마다 사용하는 것이다.
344) 十聖은 十地의 지위에 있는 보살로서 이미 大智를 발하여 범부의 성을 버린 열 분이다.
345) 三賢은 해탈한 듯하지만 범부의 性을 버리지 못한 세 보살이다.
346) 密直은 고려시대 왕명의 출납과 궁중의 宿衛·軍機 등에 관한 일을 맡아보던 관아인 密直司, 또는 밀직사의 정3품 관직인 密直提學의 약칭인데, 조밀직은 〈趙氏林亭記〉(『목은문고』 권3)로 보아 공민왕 14년 목은이 同知貢擧일 때 급제한 趙瑚(?~1410)를 가리키는 듯하다. 그는 우왕 9년에 判事로 있다가 宦者와 땅을 다툰 일로 장류되고, 공양왕 원년에는 密直使로 있다가 金佇의 옥사에 연루되어 유배되었으며, 곧 복직되었으나 공양왕 4년에 李崇仁 등과 結黨을 모의한 혐의로 유배되었다. 개국 후 藝文館太學士·檢校參贊議政府事를 지낸 뒤 1409년에 왕실에 대한 불충을 모의한 혐의로 투옥되어 옥사하였다.
347) 緣木求魚는 『孟子』 「梁惠王 上」에 나오는 말로 나무에 올라 물고기를 찾는다는 뜻이며, 행동과 목적이 상반됨을 비유한다.
348) 浮休는 『莊子』 「刻意」의 "그[聖人]가 살아 있을 때에는 물에 뜬 듯하고, 그가 죽은 뒤에는 쉬고 있는 듯하다.(其生若浮 其死若休)"라는 글에서 유래한 말로, 인생의 짧음이나 世情의 무상함을 비유한다.
349) 斯文骨肉은 座主와 門生의 관계가 骨肉之親인 父子의 관계와 같음을 뜻한다.

我悔求魚木上緣　　浮休有命敢逃天
斯文骨肉今非古　　用意如公有幾賢

12-35-055 중동을 데리고 이웃집 장로 박영기와 함께 장단 석벽의 철쭉꽃을 보다
12-35-055 携中童與隣長朴英起 看躑躅長湍石壁

장단(長湍)의 석벽에는 푸른 병풍이 가로로 펼쳐져 있는데
철쭉꽃이 피어서 수를 놓은 비단처럼 밝네.
잠시 장삿배를 빌려서 물을 따라 내려가노라니
한 시절의 정경에 이름을 붙이기가 매우 어렵네.

長湍石壁翠屛橫　　躑躅花開錦繡明
暫借商船順流下　　一時情景儘難名

12-35-056 장단 현령 문군과 함께 다시 석벽에 갔는데, 문군이 맞이하더니 상류의 물이 합쳐지는 곳에 이르러 물고기를 잡고 음식을 차렸다. 저녁에 돌아오니 맹균·유연과 문생 맹사성[350]·이치[351]가 와서, 대성[352]이 전의 일을 다시 논하여 함창[353]에 부처[354]되었음을 알려 주다
12-35-056 與長湍縣令文君 再游石壁 文君邀至上流合幷處 捕

350) 孟思誠은 여말선초의 문신으로 禑王 12년 목은이 知貢擧일 때에 등제하였다.
351) 李稚는 여말선초의 문신으로 禑王 12년 목은이 知貢擧일 때에 등제하였다.
352) 臺省은 御史臺와 中書門下省, 또는 거기에 속한 臺諫과 省郎의 합칭이다.
353) 咸昌은 지금의 경상북도 尙州市 咸昌邑 지역에 있던 縣으로 목은의 外族이 살던 곳이다.
354) 付處는 어느 한 곳을 지정하여 머물러 있게 하던 옛날의 형벌이다.

魚設食 晩歸 有孟昀柳衍門生孟思誠李稚 來報臺省又論前事 赴處咸昌

장단(長湍) 현령(縣令)은 풍류로운 정취가 넉넉하여
술을 가지고 와서 꽃을 보게 하며 늙은이를 위로해 주었네.
이미 배가 하늘 위에 자리잡은 것 같더니
또 사람이 거울 속으로 가는 듯하였네.
쏘가리[355]가 그물에 걸리니 누군들 즐겁지 않으리요?
술[356]이 사발에 차니 나는 미칠 듯하였네.
저물녘에 집에 돌아와서 스스로 깊이 반성함은
조물주가 득실[357]을 정함이 분명하기 때문이라네.

長湍縣令足風情　　携酒看花慰老生
已信船如天上坐　　又疑人向鏡中行
錦鱗掛網誰不樂　　綠蟻盈甌吾欲狂
日暮還家深自省　　乘除造物更分明

12-35-057 초여드렛날에 아내가 왔는데, 대개 남쪽으로 가는 나를 전송하고자 함이다
12-35-057 初八日 室人來 蓋欲送我南行也

백년 동안 함께 늙고자 함이 사람의 감정인데
늘그막에 멀리 가는 것을 전송하게 되니 마음이 어떠하랴?
머리 위에 있는 하늘로부터 도피할 수는 없으니

355) 錦鱗은 아름다운 비늘이나 물고기란 뜻으로 쏘가리 · 잉어의 별칭이다.
356) 綠蟻(螘)는 술 위에 뜨는 푸른 거품으로 술을 가리킨다.
357) 乘除는 곱셈과 나눗셈으로 人事의 득실이나 消長盛衰를 비유한다.

뒷날에 다시 서로 합쳐질지 어찌 알랴?

百年偕老是人情　　　衰老何心送遠行
頭上有天逃不得　　　那知後日復相幷

12-35-058 아내를 데리고 석벽에 가는데, 이웃의 박씨가 물을 건너다가 말에서 떨어져 모자를 잃다
12-35-058 携室人游石壁 隣朴渡水 墜馬失笠

빼어난 경치 한 구역이 그림으로 그리기 어렵기에
아내에게 내가 본 여운(餘韻)을 감상시키고자 하였네.
어찌하여 이웃집 늙은이가 이런 즐거움을 방해하는가?
정흥이 전혀 없어져서 나의 집으로 돌아오네.

一區形勝畫難如　　　欲使夫人賞我餘
隣老奈何妨此樂　　　苦無情興返吾廬

12-35-059 서쪽 마을의 김용[358] 내관[359]이 술과 음식을 가지고 오다
12-35-059 西村金龍內官 以酒食來

소년시절에 남쪽으로 파천하실[360] 때 모신 공로가 무거웠는데

358) 金龍은 恭愍王 12년 中郎將일 때에 辛丑年에 扈從한 공로로 일등공신이 된 것으로 보아 여말의 무신이었던 듯한데, 禑王 2년에 判事로서 定遼衛에 사신으로 다녀오고, 우왕 3년에 萬戶로서 일본에 사신으로 간 사람과 동일인인지는 미상이다.
359) 內官은 임금을 가까이 모시는 신하이다.
360) 南遷은 恭愍王 10년(1360)에 紅巾賊의 침입으로 왕이 福州[安東]로 파천한 일을 가리킨다.

중년에는 문득 신선이 되어 가시매[361] 마음이 아팠으리.
귀향하여 전장에서 늙어 가면서 세상일을 잊으니
누가 이 분의 어짊에 미칠 수 있으리요?
거품[362]이 뜬 아름다운 술은 막 항아리에서 퍼낸 것이요
교활한 토끼는 평원에서 문득 화살에 맞아 쓰러진[363] 놈이리.
특별히 늙은이를 찾아오는 데에 더욱 마음을 쓴[364] 것은
현릉(玄陵)의 재상들이 연기처럼 사라졌기 때문이리.

少年功重侍南遷　　中歲心傷忽上仙
歸老田莊忘世事　　何人能及此公賢
浮蛆美酒初離甕　　狡兎平原忽應絃
特訪老翁尤有意　　玄陵宰相散如烟

12-35-060 중동을 급히 보내어 기록한 바를 송헌께 드리게 하면서, 마음에 동요가 없을 수 없었다
12-35-060 馳中童呈所志於松軒 不能不動于懷

마음은 풍진(風塵)[365] 밖에 있건만
몸은 포승줄[366] 안에 있네.
누구에게 요구하면 나의 뜻이 이루어지랴?

---

361) 上仙은 신선이 되어 하늘로 올라가는 것으로 사람의 죽음을 뜻하는데, 여기에서는 恭愍王의 서거를 가리킨다.
362) 浮蛆는 술 위에 뜬 거품이나 구더기이다.
363) 應絃(弦)은 應弦而倒의 준말로 활시위 소리가 나자 말자 쓰러지는 것으로, 활을 쏘는 능력이 매우 뛰어남을 형용한다.
364) 有意는 志向을 지니는 것이다.
365) 風塵은 바람에 일어나는 먼지로 俗世를 비유한다.
366) 縲絏은 죄인을 묶는 포승으로 감옥을 비유한다.

나의 삶을 꾀하려면 누구에게 충성해야 하랴?
비와 이슬[367]에 젖음은 드물어지는데
강과 산을 오고감은 거듭되네.
송헌(松軒)께서 기꺼이 불쌍히 여기신다면
끝내 궁도(窮途)[368]에서 울지 않게 하시리.

心在風塵外　　身居縲紲中
問誰成我志　　謀我有誰忠
雨露霑濡闊　　江山往復重
松軒肯相恤　　終不哭途窮

12-35-061 환암[369]께서 서신을 보내 주셨기에 작은 시로 답하여 올리다
12-35-061 幻菴送書惠 以小詩上答

벼슬은 참으로 몸 밖의 일이요
산림이 또한 세상 속의 경계라네.

---

367) 雨露는 비와 이슬로 임금의 큰 은혜를 비유한다.
368) 窮途는 곤궁한 처지이다.
369) 幻菴(庵)은 麗末의 승려 混修(1320~1392)의 별호로, 성은 趙, 자는 無作, 시호는 普覺이다. 12세에 출가하여 繼松에게서 得道하고 忠惠王 원년에 禪選 上上科에 올랐으며, 禑王 9년에 國師가 되었다. 懶翁과 普雨의 법통을 다 이은 고승으로서 문장·서도에 능했으며, 牧隱이 16세에 結契한 이래로 1392년 7월까지 교유가 확인되는 지기이다. 이들의 결계는 「許興植, 李穡의 18인의 結契로 본 高麗 青少年의 集團行態」(『정신문화연구』 70호, 한국정신문화연구원, 1998)에서 자세히 다루어진 바 있는데, 필자는 李穡·混修·懶殘子·吳仝·韓弘度·張議郞·韓修·白璘·金直之 등을 계원으로 추정하였으나, 가장 자세한 정보가 담긴 〈贈休上人序〉를 참고하지 않은 탓에 착오가 생겼다. 여러 글들을 자세히 검토해 보면, 李穡·混修·懶殘子·吳仝·白璘·休上人·洪義元·金鼎臣·李茂方·金君弼·韓得光 등이 분명히 확인되는 이들이다.

어찌하면 한 번 서로 만나서
싸늘한 웃음[370]과 얼음 같은 얼굴[371]로 마주할까?

軒冕眞身外　　山林亦世間
何當一相會　　冷笑對氷顔

함창음(咸昌吟)[372]

12-35-062 경오년[373] 팔월 열사흗날에 함창에 이르러서, 압송관인 근시낭장[374] 주인기가 돌아가는 편[375]에 두 시중[376]께 부쳐 올리다

12-35-062 庚午八月十三日 到咸昌 押送官近侍郎將朱仁起回程 附呈兩侍中

늘그막에 늘 나그네가 됨이
운명이지 어찌 사람에 달린 일이랴?

370) 冷笑는 쌀쌀한 태도로 비웃음, 또는 그러한 웃음이다.
371) 氷顔은 얼음처럼 맑고 아름다운 얼굴이다.
372) 「咸昌吟」은 李穡이 咸昌에 처음 유배된 1389년 4월부터 5월까지, 두 번째 유배된 8월부터 12월까지의 시기 중 공양왕 2년(1390) 8월 13일부터 3년(1390) 9월까지 지어진 시 8제와 세 번째 유배되었던 3년(1391) 6월부터 12월까지의 시기 중 6월부터 8월까지 지어진 시 42제로 이루어져 있다.
373) 庚午年은 恭讓王 2년(1390)이다.
374) 近侍郎將은 임금을 가까이서 모시는 낭장인데, 낭장은 고려시대의 중앙군 조직에서 中郎將 바로 아래 직위인 다섯 번째 계급으로서 정6품관이다.
375) 回程은 돌아가는 路程이다.
376) 侍中은 고려시대 門下省·都僉議使司·都僉議府·門下府의 종1품 벼슬인데, 때에 따라 侍中 1인만을 두거나, 左侍中·右侍中 또는 侍中·守侍中을 두었으며, 두 시중은 시중 李成桂와 수시중 鄭夢周를 가리킨다.

이르는 곳마다 푸른 산이 아름다워서
시를 읊느라고 흰 머리가 새로 생기네.
묘당(廟堂)에서 우로(雨露)를 내리시니
향리에서 풍진을 멀리 두네.
세상의 맛이 모두 사라졌는데도
취하여 자리에 토한 일은 잊기 어렵네.[377)]

老來常作客　　命也豈關人
到處青山好　　吟詩白髮新
廟堂垂雨露　　鄉里隔風塵
世味都消盡　　難忘醉吐茵

12-35-063 출척사[378)] 영공[379)]께 부쳐 드리다
12-35-063 寄呈黜陟令公

덧없는 인생이라 세월의 화살이 늘 재촉하는데
나는 다시 공의 감당나무[380)] 그늘에 왔네.

---

377) 醉吐茵은 술에 취하여 존귀한 이에게 무례한 짓을 범함을 가리키는데, 『漢書』 권74 〈丙吉傳〉에서 丞相 丙吉의 馭吏가 술을 좋아하여 자주 직무를 떠나 놀았는데, 한 번은 병길을 따라갔다가 취하여 歐丞相의 수레에서 취하자, 西曹主吏가 쫓아내라고 아뢰었더니, 丙吉이 수레의 깔개를 더럽혔을 뿐이라며 내치지 않았다는 고사가 있는데. 『古今事文類聚』 別集 권6의 〈吐茵〉에서는 승상의 수레깔개에 토하고도 쫓겨나지 않았다고 하였다.

378) 黜陟使는 고려시대에 지방관리의 치적을 살펴 파직시키거나 승진시키기 위하여 지방에 파견하던 관직이다.

379) 令公은 中書令・節度使, 또는 종3품・정2품 관리에 대한 존칭이다.

380) 甘棠은 棠梨[팥배나무]로 召公이 그 밑에서 재판과 政事를 잘 처리하였으므로 소공이 죽은 뒤에 백성들이 베지 못하고 노래를 불렀던 데서 연유하여, 백성이 施政者의 덕을 앙모함을 비유한다.

상당(上黨)[381]의 수재[382]는 참으로 우연히 이르렀고
장단(長湍)의 풍경은 문득 시기하는 듯하였네.
나는 벌써 늙었기에 상읍(桑邑)[383]을 찾아서 살려고
금릉(金陵)[384]에서 사자가 돌아오기를 발돋움하고 기다리네.
궁벽한 땅이라 공의 깃발이 지나가는 것을 알지 못하였거니와
하늘은 어느 날에나 임금님이 내리신 술을 함께 들게 할까?

浮生年矢每相催　　公在棠陰我又來
上黨水災眞偶致　　長湍風景忽如猜
索居桑邑吾今老　　跂望金陵使者廻
地僻不知旌旆過　　天敎何日共御杯

12-35-064 중구 다음날에 어떤 이가 청주에 간다기에 절구

381) 上黨은 충청도 淸州의 옛 이름인데, 목은은 경오년(1390) 4월에 咸昌에 유배되었다가, 5월에 尹彝·李初를 상국에 보냈다는 誣獄으로 관련자 수십명과 함께 淸州의 獄에 갇혔다. 국문이 몹시 준엄하여 일이 헤아릴 수 없었는데, 목은은 "죽고 사는 것은 하늘에 달렸으니 마땅히 의리와 천명을 순종할 따름이다."라면서 태연자약하였다고 한다.

382) 水災는 목은이 淸州獄에 있는 동안 생긴 큰 물난리를 가리킨다. 어느날 새벽부터 내리기 시작한 비로 한낮이 되기 전에 산과 성문이 무너지고 집이 모두 물에 잠겼으며, 조사하던 관원이 떠내려 가다가 겨우 죽음을 면하기도 하였다. 이 일이 나라에 알려지자 석방하고 불문에 붙이기로 하였는데, 고을에 수재가 이처럼 심했던 적이 없었으므로, 모두 목은의 충성이 하늘을 감동시킨 때문이라고 하였다고 한다.

383) 桑邑은 桑鄕梓里와 같은 말로 뽕나무와 가래나무가 있는 고향을 가리킨다. 『詩經』「小雅」〈小弁〉의 "뽕나무와 가래나무도, 반드시 공경한다.(維桑與梓 必恭敬止)"라고 한 데서 유래하는 말인데, 朱子는 桑梓를 옛날의 五畝之宅에서 자손에게 의복과 도구를 공급하기 위하여 부모가 심은 것으로 풀이하였다.

384) 金陵은 江蘇省 南京 부근의 지명으로 明의 처음 首都인데, 여기에서는 尹彝·李初의 옥사에 자신이 무고하게 연루되었음을 인정하는 명나라의 하회를 가다린다는 뜻에서 언급하였다.

한 수를 읊어서 종학 첨서[385]에게 나의 평안함을 알리려고 하였는데, 그 사람이 결국은 가지 못하였다

12-35-064 重九後日 有人之淸州 吟得一絶 報種學簽書 知吾平安 其人果不去

향리에 돌아온 다음날에 중추(中秋)[386]를 만났더니
또 누런 국화를 머리에 가득하게 꽂았다네.
비로소 임금님의 은혜가 천지처럼 큼을 깨닫거니와
늘그막에는 유락(流落)[387]하는 것 또한 풍류라네.

還鄕明日作中秋　　又把黃花揷滿頭
始識主恩天地大　　老來流落亦風流

12-35-065 백손[388] 맹균이 나를 따라 남쪽으로 왔는데, 아내가 그 누이의 병이 매우 위태로움을 알려 왔다. 내가 권면하여 말하기를, '형제는 천륜이다. 한 번 죽으면 다시 만날 길이 없을 테니, 네가 급히 감이 마땅하다. 나는 여기에 있더라도, 네가 본 대로 친척이 마을에 가득하여, 날마다 서로 좇으니 무엇을 근심하겠느냐? 나는 이미 늙어서 다른 바람이 없고, 오직 너의 할머니가 아직도 오지 않았을 뿐이다.' 하였다. 맹균이 바로 절하고 떠났기에 홀로 하룻밤을 잤다. 이로 말미암아 느낌이 있어

385) 簽書는 고려시대 密直司의 종2품 관직인 簽書密直司事의 준말인데, 여기에서는 유배되어 있던 목은의 次子 種學을 가리킨다.
386) 中秋는 秋夕이다.
387) 流落은 零落하여 객지를 떠돎이다.
388) 伯孫은 맏아들에게서 태어난 손자이다.

서, 이튿날 취기를 타서 곧 1편을 기록하다

12-35-065 **伯孫孟畇 隨我南來 家人來報妹病殆甚 予勸之曰 兄弟天倫也 一死無由再見 汝宜急去 吾在此 如汝所見親戚滿鄉 日相從 何所慮 吾已老無他望 唯汝祖母尙未來耳 孟畇乃拜而去 獨宿一夜 因有感焉 明日乘醉 乃錄一篇**

세교(世敎)[389]는 이륜(彝倫)[390]을 소중하게 여기고
인정은 은의(恩義)[391]를 숭상하네.
혹시 두 길을 벗어나면[392]
실로 금수와 다를 게 없다네.
이에 요순(堯舜) 시대 이래로
작고큰 일들에서 이를 아름답게 여겼네.[393]
지친(至親) 사이에 서로 해친 일들이
청사(靑史)[394]에 수없이 많다네.[395]
늙은 내가 늘 마음이 아파서
책을 덮고 탄식하여 마지 않네.
척령(鶺鴒)[396]의 시를 읊조리노라니

---

389) 世敎는 세상의 敎化・禮敎이다.
390) 彝倫은 사람이 지켜야 할 도리, 변하지 않는 倫理이다.
391) 恩義는 恩惠와 義理, 두터운 情理이다.
392) 泛(覂)駕는 수레가 뒤집어지는 것으로 말이 마구 달려 길에서 벗어남을 형용하며 覆駕라고도 한다.
393) 이 구절은 『論語』「學而」의 "선왕의 도가 이를 아름답게 여겨 작고큰 일들이 이에 말미암았다.(先王之道斯爲美 小大由之)"라는 글을 압축한 것이다.
394) 靑史는 종이가 없던 시대에 대〔竹〕의 靑皮에 역사를 기록한 데서 유래하여 史書를 가리킨다.
395) 纍纍는 연속한 모양, 여러 겹으로 쌓인 모양이다.
396) 鶺鴒(脊令)은 할미새인데, 『詩經』「小雅」〈常棣〉에 "할미새는 언덕에 있고, 형제는 급할 때에 구제하네. 늘 좋은 벗이 있어도, 더욱이 길게 탄식만 하네.(脊令在原 兄弟急難 每有良朋 況也永歎)"라는 대목이 있다.

저물녘에 슬픈 바람이 일어나네.
너의 누이 유씨(柳氏)의 부인[397]은
이미 침상에서 개미소리를 들음[398]은 면했단다.
병에 얽힌[399] 지 한 해가 되어 가는데도
그 형세가 위태로우니 이롭지 않다.
더욱이 지금 특별히 와서 알리니
네가 감을 어찌 그만둘 수 있으랴?
내가 혼자 있게 된다고 하여
우우(友于)[400]의 뜻을 놓치지 말라.
흔연히 행장을 차려 급히 갔으니
삼한(三韓)[401]의 한 군자로구나.
이미 쫓겨난 할아비를 모시더니
또 친누이의 죽음을 염려하네.
천리(天理)[402]가 본심에서 발동하니
빛이 천만년[403] 뒤까지 전해지리.

---

397) 柳氏는 柳沂를 가리킨다. 權近이 찬한 〈朝鮮牧隱先生李文靖公行狀〉에 따르면 李種德의 二女 중 맏이는 柳沂에게 시집갔는데, 그는 여말선초의 문신으로 본관은 瑞寧이다. 공양왕 때에 右正言을 지냈으며, 개국 직전에 趙浚·鄭道傳 등을 탄핵하여 유배시켰다. 개국 후 유배되었다가 太祖 말기에 소환되었으며, 太宗 즉위시에 공신이 되어 瑞寧君에 봉해졌다. 左散騎·觀察使를 지내다가 閔無咎·無疾의 옥사에 연루되어 태종 9년(1409)에 淸州에 유배되었다가 이듬해 정월에 사사되었다. 뛰어난 시인 柳方善은 그의 아들이다.

398) 聞床蟻는 침상 밑의 개미소리를 듣는다는 뜻으로 몸이 약함을 비유하는데, 『晋書』 권84 殷仲堪 列傳에서 늘 귀를 앓던 중감의 아버지가 침상 밑의 개미가 기어가는 소리를 듣고 소가 싸운다고 말하였다고 한 데서 연유한다.

399) 纏綿은 병이 오래 낫지 않거나 굳게 맺혀 풀리지 않는 것이다.

400) 友于는 우애함, 형제끼리 사이좋게 지냄을 뜻하는데, 『書經』「君陳」의 "효도하여야 형제에게 우애한다.(惟孝友于兄弟)"라는 구절에서 유래한 말이다.

401) 三韓은 우리나라의 별칭이다.

402) 天理는 사람으로서 지켜야 할 도리, 또는 宋代 性理學者들이 말하는 영원불변의 도덕법칙이다.

내가 이제 이 시를 짓지만
채택할지는 사관(史官)[404]에게 달려 있다네.

世敎重彝倫　人情尙恩義
兩塗或泛駕　禽獸固無異
爰從堯舜來　小大斯爲美
至親有相殘　纍纍照靑史
老我常痛心　掩卷歎不已
吟哦鶺鴒詩　落日悲風起
汝之柳氏妹　旣免聞床蟻
纏綿歲將周　其勢殆不利
況今特來報　汝行安可止
毋以我獨居　而墜友于意
欣然騰裝去　三韓一君子
旣侍祖翁貶　又恐親妹死
天理發於心　流光千萬祀
我且題此詩　採擇從史氏

12-35-066 경산[405]부의 동년 김판서께 부치다 *수[406]이다
12-35-066 寄京山府金判書同年 *隨

지척이 천리와 같은데

---

403) 千萬祀(禩)는 千萬年이다.
404) 史官은 옛날에 史書의 초고를 작성하는 관리인데, 광의로는 藝文館〔藝文春秋館〕의 修撰官 이하 모든 관리를 말하고, 협의로는 史草 작성과 時政記 찬술에 전념하는 供奉·修撰·直館을 가리킨다.
405) 京山은 지금의 경상북도 星州의 옛 이름으로 星山이라고도 하였다.
406) 金隨는 목은의 辛巳年(1341) 監試 동년이다.

천지 속에서 한 몸이 늙어 가네.
서로 만날 날이 언제일까?
앉아서 같은 방(榜) 속의 사람들을 헤아려 보네.

咫尺同千里　　乾坤一老身
相逢是何日　　坐數榜中人

12-35-067 장난삼아 짓다
12-35-067 戲題

마을사람들이 적선(謫仙)[407] 늙은이를 다투어 비웃는 것은
흠뻑 취해 들판의 피리소리 속에서 시골노래를 부르기 때문이네.
가령 돌아갈 수 있은들 무엇하랴?
이빨은 다 빠지고 눈마저 흐릿하다네.

鄕人爭笑謫仙翁　　泥醉村歌野笛中
縱使得還何所用　　齒牙落盡眼朦朧

12-35-068 하광조 서령[408]에게 준 시 *짧은 서를 붙이다
12-35-068 贈河光祖署令詩 *小序

내가 나이 열예닐곱이었을 때 구재[409]에서 노닐면서 처음으로 진

407) 謫仙은 唐의 시인 李白이 천거를 받아 翰林院에 들어갔을 때에, 賀知章이 '謫仙人'이라 한 데서 유래한 이백의 별칭인데, 여기에서는 시인 자신을 가리킨다.
408) 署令은 고려시대에 司繕署・奉醫署・掌服署・司設署 등 22개 署에 둔 으뜸 관직으로 정원은 1~2명, 품계는 정5품부터 정8품까지였다.
409) 九齋는 고려 말에 成均館에 두었던 아홉 개의 전문강좌인 四書齋와 五經齋의 합칭이다.

양[410]하씨 형제를 알았는데, 형님은 이미 과거에 급제하여 관직이 전교랑[411]으로 이른바 성상재[412]였고, 아우님은 제생[413] 가운데 세 번째 자리였고, 내가 바로 그 윗자리로 이른바 행이좌[414]였다. 밤낮으로 읊조리면서 매우 가까워져서 교의가 두터웠다. 이런 까닭으로 존공[415]을 아버지처럼 여기고 그 형을 나의 형처럼 여기니, 존공 또한 나를 아들처럼 여기셨다. 내가 하씨의 자손들을 만나면 가슴 속에 느낌이 있지 않은 적이 없었으니, 사람의 삶[416]이 얼마 되지 않는데도 그 할아버지와 아들과 손자를 아니 어찌 막연할[417] 수가 있겠는가? 이제 함창에 폄적되어 있는데, 광조가 출척사의 막관[418]으로 조정의 은사령[419]을 받들고 와서, 나에게 자신의 덕을 드러내어[420] 달라고 하기에, 내가 '광조'라는 이름으로 그 책임을 메운다.[421] 또 시를 요구하기에 사양하지 못하고, 곧 세교[422]를 서술하여 몇 구절을 엮어서 권면하거니와, 또한 옛사람이 충고하였던[423] 뜻이다.

---

410) 晋陽은 지금의 경상남도 晋州의 옛 이름으로 河氏의 본관이다.
411) 典校郎은 고려시대 圖書의 보관 및 인쇄에 관한 일을 관장하던 관부인 典校寺의 郎官으로 품계는 정7품이었다.
412) 城上齋는 監試에 합격하고 성균관에 입학한 생도인 上齋[上舍] 가운데 서열이 가장 높은 생도를 가리키는 듯하다.
413) 諸生은 成均館에 입학한 모든 生徒이다.
414) 行二坐는 監試에 합격하고 성균관에 입학한 생도인 上齋[上舍] 가운데 서열이 두 번째인 생도를 가리키는 듯하다.
415) 尊公은 남의 아버지를 높여 부르는 말이다.
416) 人世는 삶·인생, 또는 인간세상이다.
417) 漠然은 냉담하게 관심을 갖지 않는 것이다.
418) 幕官은 幕僚와 같은 말로 幕府에서 장수를 보좌하는 僚屬, 또는 지방 軍政官衙에서 文書·刑名·錢穀 따위의 공무를 도와 처리하는 사람에 대한 범칭이다.
419) 恩赦令은 임금의 등극이나 큰 경사가 있을 때 내리는 特別赦免令이다.
420) 表德은 덕을 표상한다는 뜻으로 字나 別號를 가리키는데, 北齊 顔之推의 『顔氏家訓』「風操」의 "옛날에는 이름으로 몸을 바르게 하고, 자로 덕을 표상한다.(古者名以正體 字以表德)"라는 글에서 유래한다.
421) 塞責은 겨우 책임만을 모면한다는 뜻으로, 자기가 하는 일에 대한 겸사이다.
422) 世交는 대대로 사귀어 온 교분이다.

予年十六七 游九齋 始識晉陽河氏兄弟 長公已科第 爲官典校郎 所謂城上齋也 弟公爲諸生第三坐 予乃居其上 所謂行二坐也 日夜嘯詠 甚親交誼篤 是以視尊公猶父 視其兄猶吾兄 尊公亦視予猶子也 予於河氏子孫遇之未嘗不有感于懷 人世幾何 而識其祖若子若孫 烏得漠然哉 今之貶居咸昌也 光祖以黜陟幕官 奉朝廷恩赦而來 問予表其德 予以光祖塞其責 又求詩 予不可辭 乃敍世交而綴數韻以勖之 亦古者忠告之義也

하씨는 진양(晋陽)의 빼어난 집안이라서
명망이 높은[424] 사람이 줄지어[425] 나왔다네.
밀직(密直)은 내가 직접 뵈었는데
풍표[426]가 진신(搢紳)[427]들을 압도하셨네.
진기(震器)[428]는 이른 때부터 기림을 받았는데
치관(豸冠)[429]을 쓰면 조신(朝臣) 가운데 우뚝하였네.
부절(符節)을 나눠받고[430] 또한 부월(斧鉞)[431]을 잡고서
가난한 이들에게 혜택을 주고 또 시끄러운 이들을 위압하였네.
공로를 쌓으시니 발휘함이 반드시 커서

---

423) 忠告는 眞心으로 권고함이다.
424) 聞人은 名望이 있는 사람이다.
425) 纍纍는 연속한 모양, 여러 겹으로 쌓인 모양이다.
426) 風表는 風度와 儀態[용모와 자태]이다.
427) 搢(縉)紳은 笏을 朝服의 大帶에 꽂는 것으로 벼슬아치나 顯貴한 이를 가리킨다.
428) 震器는 제왕의 그릇인데, 여기에서는 震男을 뜻한다. 震男은 『周易』「說卦傳」의 "진은 첫 번째로 찾아서 아들을 얻으므로 장남을 이른다.(震一索而得男 故謂之長男)"라는 글에서 유래하여 장남을 가리키며, 대개 상대방의 장남의 敬稱으로 쓰인다.
429) 豸冠은 執法官이 쓰던 관으로 전설상의 神獸인 獬豸가 曲直을 잘 분별한 데서 붙은 말이며 獬豸冠이라고도 한다.
430) 分符는 옛날에 使臣이나 地方守令이 왕에게서 임명의 증표로 돌·대나무·옥 등으로 된 符信[符節]을 나누어 받는 것이다.
431) 斧鉞은 임금이 출정하는 대장에게 주던 도끼이다.

두 아들이 지금 벼슬길에 올랐네.[432]
광조(光祖)는 내가 처음 보는데도
반갑기[433]가 본래 가까웠던 이와 같네.
후생이 참으로 두려워할 만하여
막부(幕府)에는 풍진[434]이 없다네.
더욱 부지런히 노력하면
공훈과 사업이 반드시 날로 새로워지리.
늙은 내가 삼대(三代)를 보았으니
시어가 어찌 진실하지 않으랴?

河氏晋陽秀　　亹亹多聞人
密直我及見　　風儀傾搢紳
震器早有譽　　獬冠竦朝臣
分符且持斧　　惠窮仍威嚚
積勞發必大　　二子方致身
光祖我始見　　懽然如素親
後生實可畏　　幕府無風塵
勉哉更努力　　功業須日新
老我見三世　　詩語寧不眞

12-35-069 출척사 영공께 부쳐 드리다
12-35-069 寄呈黜陟令公

432) 致身은 몸을 바치는 것으로 벼슬에 나아감을 가리키는데, 『論語』 「學而」의 "어버이를 섬김에 그 힘을 다하고, 임금을 섬김에 그 몸을 버린다.(事父母能竭其力 事君能致其身)"라는 글에서 유래한다.

433) 懽然은 즐거워하는 모양, 유쾌한 모양이다.

434) 風塵은 바람에 이는 먼지로 兵亂을 비유한다.

성은이 대궐[435]에서 내려오니
아름다운 혜택이 무늬 있는 깔개[436]에서 빛나네.
기뻐하며[437] 임금님을 뵈러 가면서
다만 주인(主人)[438]과 헤어짐을 불만스러워하네.

聖恩垂紫闥　　嘉惠賁文茵
踊躍朝天去　　唯慊別主人

12-35-070 출척사께 부치다 *신미년[439] 유월에 또 함창으로 유배되어[440] 짓다

12-35-070 寄黜陟使 *辛未六月又貶咸昌作

익재(益齋)[441] 문하의 장원랑(壯元郎)이
남기신 자취를 이어 묘당(廟堂)에 참여하였다네.
늙고 병들어서 문득 유락하는[442] 나그네가 되더니
다행히도 감당(甘棠)[443] 아래서 은혜로운 이슬에 젖음을 맞네.

---

435) 紫闥은 보랏빛의 宮廷의 작은 문으로 宮廷을 가리킨다.
436) 文茵은 수레 안에 까는 虎皮로 만든 깔개이다.
437) 踊躍은 기뻐서 뛰어오르는 것이다.
438) 主人은 管掌하는 사람이라는 뜻으로 黜陟使를 가리킨다.
439) 辛未年은 恭讓王 3년(1391)이다.
440) 貶咸昌은 목은이 恭讓王 2년 10월에 사면되어 개경으로 돌아갔다가〔『高麗史』는 年譜와 달리 11월에 京外從便되었다고 함〕 그 이듬해 6월에 다시 함창에 유배된 일을 가리킨다.
441) 益齋는 여말의 문신 李齊賢(1287~1363)의 호인데, 목은은 그가 主試한 禮部試의 장원 급제자이다.
442) 流落은 零落하여 객지를 떠돎이다.
443) 甘棠은 棠梨〔팥배나무〕로 召公이 그 밑에서 재판과 政事를 잘 처리하였으므로 소공이 죽은 뒤에 백성들이 베지 못하고 노래를 불렀던 데서 연유하여, 백성이 施政者의 덕을 앙모함을 비유한다.

益齋門下壯元郞　　得繼遺蹤列廟堂
老病却爲流落客　　幸逢恩露滴甘棠

12-35-071 권신재께 부치다
12-35-071 寄權愼齋

대성(臺省)[444]의 청요직(淸要職)[445]을 두루 거친 뒤에
향리로 물러나서 한가롭게[446] 지내시네.
응당 웃으시리, 목동(牧童)이 가득 차서 넘친[447] 나머지
더위 속에 달리느라고 땀을 흠뻑 흘리는[448] 것을.

歷徧省臺淸要　　退來鄕里優遊
應笑牧童滿溢　　暑天走汗交流

12-35-072 장난삼아 짓다
12-35-072 戲題

이름난 술은 가을에 잘 익는데
선창(禪窓)에는 밤에 참여하는 것이 좋다네.
잠에 빠지면 매번 새벽까지 이르는데
두 뺨은 취기로 여전히 붉다네.

444) 臺省은 御史臺와 中書門下省, 또는 거기에 속한 臺諫과 省郞의 합칭이다.
445) 淸要職은 지위가 높고 직책은 중요하지만 일이 한가한 관직이다.
446) 優遊(游)는 유유자적함, 한가로이 지냄이다.
447) 滿溢은 가득 차서 흘러넘치는 것이다.
448) 交流는 일제히 흐르는 것이다.

名酒秋多熟　　禪窓夜可參
耽眠每達旦　　兩頰尙紅酣

12-35-073 느낌이 있어
12-35-073 有感

소년시절에 벗들이 모일[449] 때에는
심담(心膽)을 토해 내면서도[450] 함부로 따르지는 않았네.[451]
이해(利害) 때문에 하루아침에 평소의 뜻[452]을 바꾸어 버리고
떠밀기도[453] 하니 어찌 헤어짐을 아쉬워하랴?

少年朋友盍簪時　　吐膽輸心絶詭隨
利害一朝移素志　　推擠寧肯惜分離

12-35-074 일을 적다
12-35-074 紀事

449) 盍簪은 벗들이 모여서 빨리 온다는 뜻으로 선비들의 모임을 가리키는데, 杜甫의 〈杜位宅守歲〉에 "모이는 벗들로 마판의 말들이 시끄럽고, 늘어선 횃불은 숲의 까마귀를 흩어 버리네.(盍簪喧櫪馬 列炬散林烏)"라는 구절이 있다.

450) 吐膽은 肝膽을 토하는 것으로 진심을 드러냄을 가리키고, 輸心은 진심을 드러내는 것인데, 둘을 아울러 吐肝露膽·吐膽傾心이라고도 한다.

451) 詭隨는 시비를 따지지 않고 함부로 남을 따르는 것인데 『詩經』「大雅」〈民勞〉에 "함부로 남을 따르지 말고, 어질지 않은 자를 엄격히 막으라.(無縱詭隨 以謹無良)"라는 구절이 있다.

452) 素志는 평소의 뜻이다.

453) 推擠는 밀어냄, 배제함인데, 韓愈의 〈柳子厚墓誌銘〉에 "함정에 빠져도 손을 내밀어 구제하지 않을 뿐 아니라, 도리어 떠밀고 또 돌을 던진다.(落陷穽 不一引手救 反擠之又下石焉者)"라는 대목이 있다.

유재상(柳宰相)의 종들이 두 집 있는데
정성스럽게도[454] 물을 건너서 수박을 가지고 왔네.
저들을 시켜서 안부를 물으심이 매우 쉽지 않은[455] 일이니
남아 있는 풍속의 순박함이 탄상(歎賞)할[456] 만하네.

柳相蒼頭有二家　　勤渠涉水送西苽
問安伊使尤難得　　淳朴遺風可歎嘉

12-35-075 오천[457]께 부치다(2수)
12-35-075 寄烏川

전에[458] 도성[459]에서 한창[460] 분주할[461] 때에는
관직에 따르는 과전(科田)[462]을 나도 잘못 많이 받았네.[463]
일개 백정(白丁)[464]이 되고 나니 참으로 시원하여[465]

---

454) 勤渠는 정성스러움이다.
455) 難得은 쉽지 않음이다.
456) 嘉歎(嘆)은 칭찬하고 감탄함이다.
457) 烏川은 지금의 慶尙北道 迎日郡 烏川邑 지역에 있던 縣으로 鄭夢周의 본관이다.
458) 向來는 從來·접때·지난번이다.
459) 京輦은 王京의 輦轂으로 都城·君王을 가리킨다.
460) 暫은 方始와 같은 말로 '이제 막'을 뜻하는데, 여기에서는 方, 즉 '바야흐로, 한창'으로 보아야 할 듯하다.
461) 奔波는 빠른 물결로 바쁘고 분주함을 비유한다.
462) 科田은 고려시대에 田柴科에 따라 文武兩班·軍人·閑人에 따라 18科로 나누어 지급한 田地이다.
463) 이 구절은 私田改革 반대파를 계속 탄핵하는 데 대한 느낌을 우회적으로 밝힌 것으로 보인다. 『고려사』에 따르면 威化島 회군에 이어 禑王이 폐위되고 昌王이 즉위한 후 趙浚을 비롯한 혁명파가 주장한 사전개혁 문제를 都評議使司에서 議定할 때에, 李琳·禹玄寶·邊安烈·權近·柳伯濡는 혁파를 반대하는 李穡의 의견에 찬성하였고, 鄭道傳·尹紹宗은 혁파하자는 趙浚의 의견에 찬성하였으며, 鄭夢周는 양자 사이에서 머뭇거렸다고 한다.
464) 白丁은 벼슬이나 지위가 없는 사람, 平民이다.

천년 전의 〈자지가(紫芝歌)〉[466]를 이어서 부르고 싶네.

向京來輩暫奔波　　職貽科田誤我多
一箇白丁眞灑落　　欲賡千載紫芝歌

중추가 되면 녹문(鹿門)[467]으로 가려고 하였더니
이 몸은 또 우리 속의 원숭이[468]가 되었네.
누가 임천(林泉)[469]으로 가도록 석방시켜[470] 준다면
산의 북쪽과 남쪽에서 마음대로 달리리.

擬向中秋上鹿門　　此身還似檻來猿
何人放出林泉去　　山北山南恣意奔

12-35-076 송헌께 부치다(2수)
12-35-076 寄松軒

교외의 들판에 가을이 드니 모습이 말쑥하게 바뀌어
개면 풍경[471]이 아름답고 또 비가 오면 기이하다네.

---

465) 灑落은 기분이 상쾌하고 시원함, 운치가 있고 속되지 않음이다.
466) 〈紫芝歌〉는 秦末에 避亂하여 商山에 은거하였던 商山四皓가 漢 高祖의 부름에 응하지 않고 붉은 芝草를 먹고 살면서 불렀다는 노래이다.
467) 鹿門은 湖北省 襄陽縣의 동남쪽에 있는 산으로, 漢末의 龐德公이 들어가 약초를 얻었고, 唐나라 孟浩然이 은거하였던 데서 유래하여 은거지를 代喩한다.
468) 還似檻來猿은 南朝 宋의 시인 鮑照의 문집 『鮑明遠集』 卷三〔『文選』 권28〕에 실린 5언고시 〈代東吟武吟〉의 "전에는 토시 위의 매와 같더니, 이제는 우리 속의 원숭이와 비슷하네.(昔如韝上鷹 今似檻中猿)"라는 대목의 下句를 변용한 것이다.
469) 林泉은 山林과 泉石으로 은거지를 비유한다.
470) 放出은 놓아 내보냄, 釋放함이다.
471) 物華는 사물의 빛, 또는 풍경이다.

태평시절의 낭묘(廊廟)[472]에는 고상한 모임[473]이 많을 텐데
매번 연꽃을 보러 함께 가는 이는 또 누구일까?

秋入郊原淑景移　　物華晴好雨仍奇
大平廊廟多高會　　每趣看蓮又是誰

세 번째 함창(咸昌)[474]에 오니 흥취가 더욱 새로운데
전처럼 또 물고기와 새와 서로 가깝게 지내네.
한산(韓山)[475]에는 내 선조들의 분묘가 있으니
중추가 되면 양친께 참배하고 싶다네.

三到咸昌興更新　　依然魚鳥亦相親
韓山有我先墳在　　欲及中秋拜兩親

12-35-077 삼봉[476]께 부치다(2수)
12-35-077 寄三峯

---

472) 廊廟는 廟堂과 같은 말로 궁전의 외곽 건물과 太廟로 朝廷을 가리킨다.
473) 高會는 고상한 모임이다.
474) 三到咸昌은 恭讓王 2년(1390) 4월에 함창으로 추방되고, 5월에 淸州獄에 갇혔다가 수해로 용서받고 장단에 이르렀다가 8월에 다시 함창에 유배된 데 이어, 이듬해 6월에 또 함창으로 유배된 일을 가리킨다.
475) 韓山은 지금의 忠淸南道 舒川郡 韓山面 지역에 있던 郡 이름으로 목은의 고향이다.
476) 三峯은 여말 선초의 문신 鄭道傳(1337~1398)의 호인데, 자는 宗之, 본관은 奉化이다. 云敬의 아들로 恭愍王 11년(1362)에 문과에 급제, 忠州司祿・通禮門祇候 등을 역임하였다. 李成桂의 천거로 成均館大司成에 올라 이성계의 右翼으로 전제 개혁을 단행하도록 건의하였고, 恭讓王 즉위 후에는 三司右使를 지낸 뒤 政堂文學 겸 三軍都摠制府 右軍摠制使로 병권을 잡고, 불교를 배척하고 구세력을 탄핵하여 조선건국의 기틀을 다졌다.

일찍이 선비가 되어 천명을 알았고
또 불교를 배워 몸을 잊었네.
머리를 도미원(都迷院)[477]으로 돌리노라니
삼봉(三峯)[478] 쪽에서 사람을 보내는 듯하네.

爲儒早知命　　學佛又忘身
回首都迷院　　三峯似送人

세상의 이익은 가을털[479]처럼 작은데
사귀는 정은 죽의 거죽처럼 엉켰다네.
어긋나는[480] 대로 맡겨 두더라도
물은 백번이나 꺾여도 동쪽으로 흐르리.[481]

世利秋毫小　　交情粥面濃
任教中齟齬　　百折水流東

12-35-078 도당에 올리다
12-35-078 上都堂

몸은 진흙에 붙어 버린 버들개지와 비슷하고[482]

---

477) 都(渡)迷院은 廣州牧治의 동쪽 십리의 북쪽 언덕인 渡迷遷에 있던 院이다.
478) 三峯은 三角山의 별칭인데, 서울 북쪽에 있는 산으로 北漢山이라고도 하는데, 白雲臺·萬景臺(國望峯)·仁壽峯의 세 봉우리가 있어서 붙은 이름이다. 여기에서는 鄭道傳의 호와 重義的으로 쓰였다.
479) 秋毫는 가을철이 되면 가늘어지는 짐승의 털로 매우 작은 것을 비유한다.
480) 齟齬는 위와 아래의 이빨이 서로 잘 맞지 않는 것으로 사물이 어긋남을 비유한다.
481) 水東流는 중국의 강물이 반드시 동쪽으로 흐른다는 뜻으로 事必歸正을 비유하며 水向東·水東去라고도 한다.

마음은 빗방울을 품고 있는 연잎과 같네.
묘당(廟堂)이 만약 기억해 주신다면
종편(從便)[483]을 허락한다는 서신을 보내리.
영해(寧海)[484]에서 친구를 찾고
한산(韓山)에서 조상께 절하리.
때때로 벽사(甓寺)[485]에서 놀면서
간절함을 드러내어 임금님의 장수를 빌리.[486]

身似粘泥絮	心同帶雨蓮
廟堂如見記	貼字許從便
寧海尋親舊	韓山拜祖先

482) 粘泥絮는 泥上粘·沾泥絮와 같은 말로 진흙에 붙은 버들개지라는 뜻이며, 마음이 고요히 가라앉아 다시 흔들리지 않음을 비유한다. 宋 趙令畤의 『侯鯖錄』 권3에 "東坡가 西州에 있을 때 參寥[道潛]가 錢塘에서 찾아왔는데, 東坡가 자리에서 한 기생에게 장난으로 시를 요구하게 하였더니, 參寥가 절구 한 수를 입으로 불러 이르기를, "술자리의 예쁜 기생에게 매우 감사하지만, 장차 꿈에 양왕이 고뇌하게 하기 좋으리. 참선하는 마음은 이미 진흙에 붙은 버들개지와 같아서, 미친 동풍을 위아래로 따르지 않는다네.(多謝尊前窈窕娘 好將幽夢惱襄王 禪心已作沾泥絮 不逐東風上下狂)"라고 하였다는 글이 있다.

483) 從便은 편의에 따른다는 뜻으로, 옛날에 죄인이 자신의 의사에 따라 거처를 정하여 살 수 있도록 해 주던 것을 가리킨다.

484) 寧海는 지금의 慶尙北道 盈德·英陽 지역에 있던 府로 목은의 外家가 있던 곳이다.

485) 甓寺는 驪州 神勒寺를 가리키는데, 경내의 東臺 위에 벽돌로 된 多層塼塔이 있어 생긴 이름이다. 목은은 祖母를 追福하려 했던 부친의 뜻에 따라 禑王 8년(1382)에 懶翁和尙의 門徒들과 합력하여 여기에 2층 大藏閣을 세워 大藏經을 봉안했다.

486) 祝堯年은 『莊子』「天地」에 나오는 다음 고사에서 유래하여 임금의 長壽를 비는 것을 가리킨다. 堯임금이 華에 갔을 때 그 封人이 임금의 長壽·富貴·多男을 빌자, 요가 사양하면서 "아들이 많으면 두려움이 많아지고, 부자가 되면 일이 많아지며, 오래 살면 욕이 많아지네. 이 세 가지는 덕을 기르는 방법이 아니기 때문에 사양하네.(多男子則多懼 富則多事 壽則多辱 是三者 非所以養德也 故辭)"라고 말하였다.

有時游覽寺　　　　歷懇祝堯年

12-35-079 느낌이 있어
12-35-079 有感

내가 한 번 크게 착각하여
천균(千鈞)[487]을 가볍게 들고자 하였네.
일에 임하면 두려워함[488]이 부족하고
또 사람을 알아봄에는 명감(明鑑)[489]이 어둡네.
비록 후회해도 또한 틀렸으니
만번 죽었다가 한 번 살아나면 다행이리.
홀로 앉아 늘 두려워하고 삼가면서
입을 오므리고서 때때로 말을 하네.[490]

我有一大錯　　　　欲擧千鈞輕
爲欠臨事懼　　　　又昧知人明
縱悔亦已矣　　　　萬死幸一生
獨坐每愓若　　　　縮口時出聲

487) 鈞은 三十斤에 해당하는 무게의 단위이다.
488) 臨事懼는 어려운 일에 부딪혀서 조심스러워하는 것으로, 『論語』「述而」의 다음 글에서 인용한 표현이다. 자로가 묻기를, '선생님께서 삼군을 통솔하신다면 누구와 함께 하시겠습니까?'라고 하니, 공자가 말씀하시기를, '맨손으로 범에게 달려들고 황하를 맨발로 건너는 사람과는 나는 함께 하지 않을 것이다. 나는 반드시 어려운 일에 임해서 두려워하고 미리 계획해서 성공하기를 좋아하는 사람과 함께 할 것이다.'(子路曰 子行三軍則誰與 子曰 暴虎馮河 死而無悔者 吾不與也 必也臨事而懼 好謀而成者也)'라고 하였다.
489) 明鑑은 사물에 대한 식별이 뛰어난 것이다.
490) 出聲은 말을 함, 소리를 냄이다.

12-35-080 나의 더부살이[491]
12-35-080 我寓

나는 보리사(菩提寺)에서 더부살이를 하면서
홀로 서쪽에 있는 주지(住持)의 방[492]을 차지하고 있네.
계곡물의 소리는 비가 보태져서 급하고
숲의 그림자는 바람을 머금어 서늘하네.
경계가 고요하니 좋은 풍치가 있고
마음이 비니 미묘한 향기가 생기네.
백의대사(白衣大士)[493]가 있기에
이 백성을 편안하게 하기를 바라네.

我寓菩提寺　　獨占西上方
溪聲帶雨急　　樹影涵風凉
境寂有佳致　　心空生妙香
白衣大士在　　庶與斯民康

12-35-081 유진천군[494]께 부치다
12-35-081 寄柳晉川君

일마다 전에 정해진[495] 대로 따르면서

491) 寓居는 더부살이를 함, 객지에 붙어사는 것이다.
492) 上方은 佛寺의 住持의 내실, 또는 佛寺이다.
493) 白衣大士는 觀世音菩薩을 가리키는데, 늘 흰 옷을 입고 흰 연꽃 가운데 앉아 있는 데서 생긴 말로 白衣觀音이라고도 한다.
494) 晉川君은 本貫이 晉州로 南京尹·藝文館大提學 등을 지낸 柳珣(1335~1398)의 봉호인 듯하다.
495) 前定은 미리 정함, 전세로부터 이미 정해진 인연이다.

때때로 옛 지기(知己)를 그리워하네.
도성(都城) 동쪽에서 답청(踏靑)[496]하면서
아마 또 시를 읊으셨으리.

事事由前定　　時時憶舊知
城東踏靑處　　倘得更吟詩

12-35-082 이첨[497] 승지에게 부치다(2수)
12-35-082 寄李詹承旨

반짝거리는[498] 별들[499]이 북극성(北極星)을 에워싸는데[500]
외로운 신하는 하늘 끝 먼 곳으로 유배되었네.
사방 한 치의 마음이 밤낮 어디로 돌아가는가?
다만 대궐[501]을 향하여 임금님께 축수드릴 뿐이네.

錯落星躔拱北辰　　天涯遠謫是孤臣
寸心日夜歸何處　　只向丹墀祝聖人

---

496) 踏靑은 봄에 파릇파릇한 풀을 밟으면서 거니는 것으로, 흔히 옛날에 淸明節에 교외를 거닐며 山水를 즐기는 일을 가리킨다.
497) 李詹(1345~1405)은 여말선초의 문신으로 자는 中叔, 호는 雙梅堂, 본관은 洪州이다. 공민왕 17년 목은이 讀卷官을 맡은 親試에 급제하여, 藝文檢閱·右正言을 거쳐 知申事에 이르렀다. 1392년에 金震陽 사건에 연루되어 結城〔洪州〕에 유배되었다. 조선조 개국 후에 두 번 明에 사신으로 다녀왔으며, 藝文館·集賢殿의 大提學을 지냈다. 시호는 文安, 『雙梅堂篋藏集』을 남겼으며, 『목은집』의 서문을 썼다.
498) 錯落은 閃爍, 閃耀와 같은 말로 번쩍번쩍 빛나는 모양이다.
499) 星躔은 별의 운행 궤도상의 위치이다.
500) 拱北極은 拱北·拱辰과 같은 말로 모든 별이 북극성을 에워쌈을 뜻하며, 사방의 백성들이 임금의 德化에 歸向함을 비유한다.
501) 丹墀는 붉은 칠을 한 궁전의 址臺로 궁궐·대궐을 비유하며 丹階라고도 한다.

아득한[502] 하늘은 말이 없는데
뒤숭숭한[503] 운명은 이미 다하였네.
조정 안에서는 다시 만나기 어렵겠지만
지하에서는 혹시 서로 만나겠지.
본래 일에 변고가 많은 탓이지
계책이 충직하지 않은 때문은 아니라네.
뒷날의 사서(史書)[504]에서는
나 혼자 늘 얼굴이 달아오르리.

杳杳天無語　　悠悠命已窮
朝中難再會　　地下倘相逢
自是事多變　　非由謀不忠
異時青史上　　我獨面長紅

12-35-083 충주목[505]의 황동갑께 부치다
12-35-083 寄忠州牧黃同甲

눈비가 내리는 가운데 중원(中原)[506]에 세 번 갔더니
만날 때마다 동갑께서는 가득 찬 잔을 권하셨네.
문득 나그넷길의 쓰라린[507] 맛을 잊었거니와

---

502) 冥冥은 아득함, 멂이다.
503) 悠悠는 종잡을 수 없음, 뒤숭숭함이다.
504) 青史는 종이가 없던 시대에 대[竹]의 青皮에 역사를 기록한 데서 유래하여 史書를 가리킨다.
505) 忠州는 지금의 충청북도 충주시 지역에 있던 고을로 고려시대의 八牧 가운데 하나이다.
506) 中原은 忠州의 신라 때 이름인데, 景德王 때에 國原小京을 中原京으로 고쳤다가 고려 太祖 23년에 忠州로 고쳤다.
507) 艱辛은 艱苦이다.

조물주의 계산[508]은 역시 묘하다네.

三到中原雨雪來　　每逢同甲勸深杯
頓忘客路艱辛味　　造物乘除亦妙哉

12-35-084 여흥[509] 권지군[510]에게 부치다. 2수
12-35-084 寄驪興權知郡二首

멀리 유배 다니느라고 자주 들렀거니와
늙고 병든 끝에 삶이 덧없어졌다네.
만약 남계점사(南計點使)[511]를 만나거든
나를 위하여 정성껏[512] 사례하여 주시게나.

遠謫經過數　　浮生老病餘
如逢南計點　　爲我謝勤渠

벽사(甓寺)는 흐르는 물을 누르고 있는데
불경(佛經)을 담은 상자에는 흰 먼지가 쌓였으리.

---

508) 乘除는 곱셈과 나눗셈으로 計算을 가리킨다.
509) 驪興은 지금의 경기도 驪州郡 지역에 있던 고을 이름인데, 忠烈王 31년에 驪興郡이 되었다가, 禑王 14년에 黃驪로 개칭하여 府로 승격시켰으며, 恭讓王 원년에 다시 강등시켜 驪興郡이라 하였다.
510) 知郡은 郡을 맡은 사람이라는 뜻으로 군수를 가리키는데, 권지군은 權總을 가리킨다.
511) 計點使는 고려 말기에 토지의 兼倂과 良人의 冒占 등으로 인하여 토지와 신분의 제도가 문란해지자, 이를 시정하기 위하여 임시로 파견하던 사신인데, 너무 빈번하게 差遣한 탓에 오히려 폐해가 더 심할 지경이었다. 남계점사는 목은의 문생 南在를 가리킨다.
512) 勤渠는 정성스러움이다.

깊이 보살펴[513] 주면 더욱 좋겠거니와
일찍이 거기에서 선인(先人)의 명복을 빌었다오.[514]

甓寺鎭流水　　經函棲素塵
更宜深照覰　　曾此祝先人

12-35-085 칠석에 주인인 대선사[515]께서 음식을 차렸다. 늙은 이는 취하여 누워서 소절[516]을 읊고서, 이튿날 기록하여 드리다(3수)

12-35-085 七夕 主人大禪師設食 老夫酣臥 吟得小絶 明日錄呈

하늘 위에서는 견우와 직녀가 좋은 만남[517]을 이루는데
인간세상에서는 스님과 선비가 고상한 모임[518]을 갖네.
헤어지고 만남은 예로부터 어려운 일이니
반드시 술잔을 주고받으며 즐거움[519]을 다해야 하리.

天上佳期牛女　　人間高會釋儒
離合古來難事　　獻酬要盡懽娛

513) 照覰는 돌봄, 보살핌이다.
514) 이 두 구절은 神勒寺에 大藏閣을 조성한 데 따른 당부의 뜻을 밝힌 것이다. 李崇仁의 〈驪興郡神勒寺大藏閣記〉(『陶隱集』 권4)에서는 목은의 부친 이곡이 부모님의 명복을 빌고자 이루려 하다가, 이루지 못한 일을 공무로 미루어 왔던 목은이 불도들의 독촉을 받은 나머지 나옹화상 문도들의 도움으로 착수하였고, 경신년(1380)에 시주를 받기 시작하여 신유년(1381) 4월에 『經律論』을 인출하는 등 계속한 끝에 계해년(1383)에 완성하였다고 하였다.
515) 大禪師는 禪宗의 禪師 바로 위의 法階이다.
516) 小絶은 絶句이다.
517) 佳期는 남녀가 만나기로 약속한 시기나 기약이다.
518) 高會는 고상한 모임이다.
519) 懽娛는 기뻐하고 즐거워함이다.

부슬거리던 산의 비는 문득 개고
가느다란 계곡의 바람은 갑자기 서늘해지네.
이미 몸을 시원한[520] 데 둔 것이 기쁘거늘
이렇게 빙장(氷醬)[521]까지 기울이니 즐겁도다.

山雨霏霏忽霽　　溪風細細俄凉
已喜致身蕭爽　　樂哉倒此氷醬

바야흐로 십우(十牛)[522]의 가송(歌頌)[523]을 배우거늘
어찌 다섯 마리의 말[524]이 찾아올 것을 기대하랴?
채소와 고기는 본래 도(道)와 상관이 없으니
장차 모름지기 속된 마음[525]을 깨끗이 씻어야 하리.

方學十牛歌誦　　何期五馬來尋
素肉本非關道　　且須淨掃塵心

12-35-086 이날 감군[526] 정공이 술을 가지고 찾아왔기에, 이

520) 蕭爽은 淸淨하고 閑適함, 상쾌함, 시원하고 자연스러움을 뜻한다.
521) 氷醬(漿)은 얼음을 넣은 漿水인데, 漿水는 맛이 약간 신 옛날의 음료이다.
522) 十牛는 十牛圖의 준말로 禪을 닦아 마음을 수련하는 순서를 나타낸 그림으로 廓庵志遠 또는 淸居가 지은 것이라고 하는데, 사람의 본심을 소에 비유하여, 소를 찾고 얻는 순서와 얻은 뒤에 주의할 것을 열 가지로 표현한 것이다. 그 순서는 尋牛・見跡・見牛・得牛・牧牛・騎牛歸家・忘牛存人・人牛俱忘・反本還源・入鄽垂手이다.
523) 歌頌은 功德을 讚頌하는 노래이다.
524) 五馬는 漢代에 太守의 수레를 다섯 필의 말이 끈 데서 유래하여 태수를 비유한다.
525) 塵心은 속된 마음, 名利에 급급한 마음이다.
526) 監郡은 郡縣을 監察함, 또는 그 일을 맡은 관리인데, 여기에서는 咸昌郡을 관할하는 尙州牧使를 가리킨 듯하다.

틑날 시로 사례하다
12-35-086 是日監郡鄭公 携酒來訪 明日以詩謝之

목은(牧隱) 선생은 쫓겨난 신하이거늘
총재(冢宰)[527]의 동족(同族)[528]이라 참으로 백성을 근심하시네.
먼 시골까지 술을 가지고 와서 위로해 주시니
응당 용두회(龍頭會)[529]에 속한 사람임을 생각하셨으리.

牧隱先生是逐臣　　華宗冢宰政憂民
遠村携酒來相勞　　應念龍頭會裏人

12-35-087 감군공이 보리 두 섬과 참깨[530] 다섯 말을 보내오다
12-35-087 監郡公 送麥二石脂麻五斗

늙은 목은(牧隱)은 지금 놀면서 먹고 사니
참으로 참새와 쥐[531] 같은 중이네.
원님[532]께서 시주(施主)가 되셨으니
늘 경권(經卷)[533]을 쪄서 먹어도 되리.[534]

---

527) 冢宰는 執政者로 首相을 가리킨다.
528) 華宗은 同族, 또는 同姓者에 대한 미칭인데, 여기에서는 守侍中인 鄭夢周의 一族임을 가리킨 듯하다.
529) 龍頭會는 과거에 狀元及第한 사람들이 가지는 모임이다.
530) 脂麻는 胡麻·油麻와 같은 말로 참깨이다.
531) 雀鼠는 참새와 쥐, 또는 큰 쥐로 곡식을 축내는 존재를 비유한다.
532) 遨頭는 宋代에 정월부터 4월까지 太守가 成都의 浣花溪에 나가서 놀 때에 士女들이 마음껏 구경하면서 이렇게 부른 데서 유래하여 태수를 가리킨다.
533) 經卷은 經書, 또는 經文을 적은 두루마리이다.
534) 이 구절은 모래와 돌을 쪄서 밥을 만든다는 뜻의 蒸沙成飯이라는 성어를 변용한 것이다. 『楞嚴經』 권6의 "이런 까닭으로 만약 아난이 음행을 끊지 않고 선정을 닦는 것은 모래와 돌을 삶아서 밥을 만들려는 것과 같아서, 백천겁이 지나더라

老牧今游食　　　　眞如雀鼠僧
遨頭作檀越　　　　經卷可長蒸

12-35-088 이산[535]의 신감무[536]에게 부치다 *정산[537]을 겸하고 있다
12-35-088 寄尼山申監務 *兼定山

새로 나온 매미의 첫 번째 소리가 들리는데
눈 앞에는 한산(韓山)으로 돌아가는 길이 비껴 있네.
중추가 되면 성묘하러[538] 가고 싶거니와
서로 만나 밝은 달을 함께 완상하기를 기대한다네.[539]

聞得新蟬第一聲　　　　韓山歸路眼中橫
拜墳欲及中秋去　　　　準擬相逢賞月明

12-35-089 오래 앉아서
12-35-089 久坐

오래 앉아 있노라니 허리와 다리가 시린데
나가고자 하여도 말발굽에 탈이 났다네.

도 다만 뜨거운 모래라고 이름할 뿐이다. 왜 그러한가? 이는 밥이 아니요, 본래부터 모래와 돌이기 때문이다.(是故阿難若不斷婬 修禪定者 如烝沙石 欲其成飯 經百千劫 祇名熱沙 何以故 此非飯 本沙石故)"라는 글에서 유래한 이 말은 성공할 수 없음을 비유한다.

535) 尼山은 지금의 충청남도 論山市 魯城面 지역에 있던 縣이다.
536) 監務는 고려・조선 초기에 縣監을 두지 않은 작은 縣의 수령으로 품계는 6품 또는 7품이었다.
537) 定山은 지금의 충청남도 靑陽郡 定山面 지역에 있던 縣이다.
538) 拜墳은 조상의 무덤에 參拜하는 것으로 掃墳・拜掃이라고도 한다.
539) 準擬는 희망함, 기대함이다.

걸어서 가려니 진흙길이 두렵고
가마꾼은 빌릴 길이 없네.
나아가고 물러남이 참으로 어려운데
끝내 사이(四夷)의 땅에 내쳐짐[540]을 달게 여겨야 하리.
새로 생긴 서늘한 기운에 점점 사람꼴이 되어 가니
몸이 건강해지면 요청에 따를 수 있으리.
언덕을 지나고 골짜기를 찾음을
마음대로 하면서 속세[541]를 벗어나리[542].

久坐腰脚酸　　欲出馬蹄病
徒步畏泥塗　　輿夫無從倩
進退諒惟谷　　終甘四夷屏
新凉漸可人　　身健隨所請
經丘與尋壑　　縱意出塵境

12-35-090 상주[543] 유학 교수관[544] 이여신[545]이 찾아왔는데, 나

540) 四夷屛은 『大學章句』 第十章의 "오직 어진 사람이라야 악한 사람을 몰아내어 사이에 물리쳐서 중국에서 더불어 살지 않는다. 이는 어진 사람이라야 사람을 사랑하며 사람을 미워할 수 있음을 이른다.(惟仁人 放流之 迸諸四夷 不與同中國 此謂惟仁人 為能愛人 能惡人)"라는 글을 뜻한 표현이다.
541) 塵境은 塵界와 같은 말로 속세이다.
542) 이 구절은 陶潛의 〈歸去來辭〉의 "간혹 수레를 몰게 하고, 간혹 외로운 배를 저어서, 깊은 골짜기의 시냇물을 찾고, 또 험악한 산길로 언덕을 지나가네.(或命巾車 或棹孤舟 既窈窕以尋壑 亦崎嶇而經丘)"라는 대목을 인용한 것이다.
543) 尙州는 지금의 경상북도 尙州市 지역에 있던 牧이다.
544) 儒學敎授官은 고려 말에 유생에게 학문을 가르치는 일을 담당하던 벼슬로 恭讓王 2년에 開京의 五部와 西北面의 府·州에 두고, 이듬해에는 각도의 牧·府에 두었다가 그 이듬해에 폐지하였으며, 얼마 뒤에 곧 다시 두었다.
545) 李汝信은 禑王 12년 목은이 知貢擧를 맡았을 때 孟思誠·吉再 등과 함께 등제한 문신인 듯하다.

의 문생이다
12-35-090 尙州□□□[546)]授官李汝信來訪 吾門生也

오늘날에는 묘당(廟堂)에서 선비들을 소중하게 여겨
여러 고을에 새로 교수관(敎授官)을 두네.
문생이 이에 뽑힌 것을 가장 기뻐하거니와
좌주는 본래 서로 살핌[547)]을 응당 안다네.
천고 뒤에 당우(唐虞)[548)]의 융성한 세상이 돌아오고
구한(九韓)[549)]에 수사(洙泗)[550)]가 남긴 풍속이 유행하네.
투각(投閣)[551)]한 자운(子雲)[552)]조차 배식(配食)[553)]되었으니

---

546) 원전의 결락된 글자는 12-35-103의 詩題 〈八月初三日 尙州儒學敎授官送膰肉〉으로 보아 '儒學敎'이다.

547) 相觀은 『禮記』「學記」의 "서로 살펴서 몸을 착하게 하는 것을 마라고 이른다.(相觀而善之謂摩)"라는 글을 인용한 것으로, 문생끼리 서로 면려하게 함을 가리킨다.

548) 唐虞는 堯舜으로 堯임금이 陶唐氏이고 舜임금이 有虞氏인 데서 생긴 말이다.

549) 九韓은 新羅와 인접하여 있었던 아홉 나라의 합칭인데, 『삼국유사』 권1에서는 安弘의 『東都成立記』를 인용하여 그것이 日本・中華・吳越・乇羅〔托羅〕・鷹遊・靺鞨・丹國・女眞〔女狄〕・穢貊이라고 하였고, 권3에서는 같은 책을 인용하여 善德女王 14년(645)에 慶州에 세운 黃龍寺의 九層塔이 그 재해를 진압하기 위해 세운 것이라고 하였다.

550) 洙泗는 孔子가 門徒를 모아 講學하였던 洙水와 泗水의 부근을 가리키는데, 『禮記』「檀宮 上」에서 曾子가 子夏에게 "나와 그대가 사수와 수수 사이에서 부자를 섬겼다.(吾與女事夫子於洙泗之閒)"라고 말한 데서 유래하여 孔子와 儒家를 가리킨다.

551) 投閣은 前漢의 학자 揚雄이 『太玄經』을 짓고 숨어살면서 寂寞으로 덕을 지킨다고 하더니, 뒤에 역적 王莽에게서 벼슬하다가 죄에 걸려 잡히게 되자 天祿閣에서 투신한 일을 가리키는데, 그것을 두고 당시 사람들이 '寂寞은 投閣이다.'라고 말하였다고 한다.

552) 子雲은 前漢의 학자 揚雄의 字이다. 어릴 때부터 책을 널리 읽고 詞賦에 능했으나, 晩年에는 經學에만 뜻을 기울였다. 『太玄經』・『揚子法言』・『方言』・『訓纂』・『州箴』 등을 저술하였는데, 특히 『太玄經』을 지으며 숨어 살면서 寂寞으로 덕을 지킨다고 하였다. 뒤에 역적 王莽에게 벼슬하다가 죄에 걸려 체포당하게 되자, 校書로 일한 곳인 天祿閣에서 투신하였다.

553) 配食은 合祀되거나 配享됨을 뜻하는데, 여기에서는 揚雄을 成都伯에 추봉하여 廟

사람에게 입언(立言)[554]이 어려움을 세 번 탄식하게[555] 하네.

廟堂今日重儒冠　　新置諸州教授官
最喜門生膺此選　　應知座主本相觀
唐虞盛世回千古　　洙泗遺風被九韓
投閣子雲猶配食　　令人三歎立言難

12-35-091 매미소리를 듣다. 2수
12-35-091 聞蟬二首

해마다 여름과 가을이 바뀔 때에는
극도에 달한 더위 속에서 약한 서늘함이 생긴다네.
이양(頤養)하는[556] 방법[557]을 얻지 못하여
마침내 비장(脾臟)과 위장(胃腸)이 상하고 말았네.
기분이 평안하여도 오히려 몸이 무겁거늘[558]
하물며 피곤하여 쓰러지려 함에랴?
날마다[559] 설사와 이질이 심하니
이미 무너진 담장과 같음을 알겠네.

廷에 종사시킨 일을 가리킨 듯하다. 元 陳桱의 『通鑑續編』 권9에 따르면 北宋 神宗 元豊 9년(1083) 5월에 孟軻를 孔子에 配食하게 하고, 荀況・揚雄・韓愈를 伯에 추봉하여 묘정에 종사시켰다.

554) 立言은 말을 세우는 것인데, 『左傳』 襄公 24년조에 "가장 높은 것은 덕을 세우는 것이고, 그 다음은 공을 세우는 것이며, 그 다음은 말을 세우는 것이다. 비록 오래 되더라도 없어지지 않을 것이니 이를 不朽라고 한다(大上有立德 其次有立功 其次有立言 雖久不廢 此之謂不朽)"라고 한 叔孫豹의 말이 실려 있다.

555) 三歎(嘆)은 재삼 감탄하거나 개탄함이다.

556) 頤養은 頤神養性의 준말로 마음을 가다듬어 정신을 수양함이다.

557) 得法은 정확한 방법을 얻음, 요령을 얻음이다.

558) 鄭仲(重)은 莊重함이다.

559) 連朝는 連日이다.

매미소리가 문득 마음을 풀어 주니[560]
다시 저 하늘을 부르지 않아도 되리.

年年夏秋交　　暑極生微凉
頤養未得法　　遂致脾胃傷
氣平尙鄭仲　　況乃困欲僵
連朝泄痢甚　　已覺如頹墻
蟬聲忽適意　　不復呼彼蒼

가을을 슬퍼함이 남아의 일이라더니[561]
갑자기[562] 늙은이가 되어 버렸네.
천공(天公)은 또 무슨 뜻으로
나를 매미소리 속에 앉아 있게 하는가?
천군(天君)[563]의 문에는 계단이 없으니
어떻게 하면 날아가는 기러기를 타랴?
귀를 막고 듣지 않으려 하여도
문득 쇠약한 몸이라고 업신여김을 알겠네.
만물은 각각 때를 얻는데도[564]
나는 또 부지런히 진한 술에 취하네.

560) 適意는 뜻에 맞는 것이다.
561) 悲秋男兒事는 그 출처를 『毛詩傳』에 둔 듯한데, 『詩經』 「豳風」 〈七月〉의 "女心傷悲"에 대하여 『毛詩傳』에서는 "슬퍼함은 일을 느낌이 괴롭기 때문이다. 봄에는 여자가 슬퍼하고, 가을에는 남자가 슬퍼한다.(傷悲 感事苦야 春女悲 秋士悲)"라고 하였다.
562) 倏忽은 갑자기·문득을 뜻하거나, 시간·행동이 빠름을 형용한다.
563) 天君은 天帝이다.
564) 得時는 時機를 얻음, 계절에 순응함이다.

悲秋男兒事　　倏忽成老翁
天公復何意　　坐我蟬聲中
君門天無階　　何由駕飛鴻
掩耳欲不聽　　更覺欺衰躬
萬物各得時　　我且勤醉醲

12-35-092 일찍 일어나서 소나무를 바라보며 느낌이 있어
12-35-092 早起望松有感

창을 여니 아침안개는 다 걷히고
푸른 소나무가 각각 나란히 서 있네.[565]
깨끗하여[566] 새로 목욕을 한 듯하고
장엄하여[567] 공경스럽게 읍하는 듯하네.
속된 얼굴[568]을 들고[569] 다님을 부끄러워하는 나는
높은 풍도(風度)를 미칠 수 없네.
어찌 좇아서 놀기를 바라지 않으랴?
늙고 쇠약하여 곡기를 끊기[570]가 어렵다네.
천년 전 사람인 유후(留侯)[571]를

---

565) 離立은 나란히 서 있는 것이다.
566) 潔淨은 깨끗함, 청결함이다.
567) 矜莊은 엄숙하고 莊敬함〔장엄하고 공경스러움〕이다.
568) 塵容은 속된 얼굴・모습이다.
569) 抗塵容은 세속에 물든 얼굴을 들고 다니는 것인데, 南朝 齊나라 孔稚珪의 〈北山移文〉에 "마름으로 만든 옷을 불태우고 연잎으로 된 옷을 찢고서, 속된 얼굴을 들어 속된 모습으로 달렸다.(焚芰製而裂荷衣 抗塵容而走俗狀)"라는 대목이 있다.
570) 絶粒은 辟穀과 같은 말로 道家에서 곡식을 먹지 않고 솔잎・밤・대추 따위를 먹으면서 수명을 늘이고자 하는 수양법인데, 여기에서는 『史記』 「留侯世家」에서 張良이 漢 高祖 말년에 이르러 "이젠 인간세상의 일을 버리고 적송자를 따라서 노닐고 싶을 따름이다.(願棄人間事 欲從赤松子游耳)"라고 말하고, 辟穀과 道引輕身을 배운 것을 가리킨다.

길이 그리워하며 부질없이 눈물만 뿌리네.

開窓罷朝霧　　青松各離立
潔淨如新沐　　矜莊欲祇揖
愧吾抗塵容　　高風不可及
豈不願從游　　老衰難絶粒
留侯千載人　　永慕空雨泣

12-35-093 안동 권신재가 서신을 보내어 차운한 시를 보여 주었기에 다시 앞의 운을 써서 부쳐 드리다
12-35-093 安東權愼齋書來見次韻 復用寄呈

명예와 이익은 참으로 한바탕 봄꿈과 같은데
강과 산은 점점 가을놀이를 하기에 좋아지네.
술을 마실 때에는 응당 달을 마주해야 하지만
시를 짓는 데 어찌 반드시 물에 가야 하랴?[572]

名利眞同春夢　　江山漸好秋游
飮酒應須對月　　賦詩何必臨流

12-35-094 큰 비에 대한 탄식

571) 留侯는 漢 高祖의 謀臣 張良(?~B.C. 186)의 封號인데, 韓의 재상 집안 출신으로 나라가 멸망하자 萬金을 던져 秦에 복수하는 데 사용했다. 高祖를 도와 漢나라가 천하를 평정하는 데 큰 공을 세웠으나, 공신을 봉할 때 齊나라의 食邑 三萬戶를 택하라는 제의를 거절하고, 조그만 고을인 留에 봉해지기를 원하여 留侯가 되었다.

572) 賦詩臨流는 陶潛의 〈歸去來辭〉의 "동쪽 언덕에 올라 조용히 읊조리고, 맑은 물에 이르러 시를 짓네.(登東皐以舒嘯 臨淸流而賦詩)"라는 구절을 인용한 것이다.

12-35-094 大雨歎

한밤중에 꿈을 깨니 비바람이 일어나기에
잠들지 못하고 자주 몸을 뒤척거리네.[573]
솔바람 소리와 빗물 소리에다 이게 또 무슨 소리인가?
갑자기 빈 섬돌에서 빗방울 소리[574]가 들리네.
올해에는 우리나라에 매우 일찍이 가뭄이 들더니
내가 처음 오던 날 저녁부터 비가 내렸네.
세차게 흐르는 물이 밭둑을 깎고 낮은 곳은 묻어 버리니
잘 된 벼[575]가 손상되어 참으로 안타까워할 만하였다네.
열흘 남짓 만에 날이 개어 햇곡식을 맛보게[576] 되니
농가에서는 헛되이 애쓰지는 않았다고 기뻐하였네.
나는 막 쉽게 빌[577] 수 있음을 스스로 다행스러워하면서
시골의 중과 함께 놀면서[578] 먹고자 하였네.
어찌하여 오늘 또 당초(當初)와 같아지는가?
갑자기 온갖 느낌이 가슴 속에 쌓이네.
늙은 아내와 어리석은 자식들은 모두 전답이 없거니와
가난한 집에 어찌 전에 쌓아 둔 것이 있으랴?
나와 같은 영세(零細)한 백성[579]이 마땅히 또 많을 텐데
아! 슬프게도 하늘은 캄캄하기만 하네.

---

573) 輾(展)轉反側은 몸을 뒤척거리면서 잠들지 못하는 것이다.
574) 點滴은 빗방울, 또는 빗방울이 떨어지는 소리이다.
575) 嘉禾는 옛 사람들이 길조로 여기던 특이한 모습의 벼인데, 흔히 잘 된 벼를 가리킨다.
576) 嘗新은 가을에 거둔 햇곡식을 먼저 조상의 祠堂에 올리고 먹는 일이다.
577) 匄(丐)求는 구걸하는 것이다.
578) 游食은 빈둥거리고 놀면서 먹고 사는 것이다.
579) 細民은 평민이다.

캄캄한 하늘이 어느 때에나 새로 개랴?[580]
소리를 삼키고[581] 눈물을 흘릴 뿐 목놓아 울지도 못하네.

夜半夢回風雨作	展轉不眠多反側
松聲水聲是何聲	忽聽空階有點滴
今年此邦頗早旱	有雨是我初來夕
暴流嚙田卑者沒	嘉禾損傷眞可惜
天晴旬餘得嘗新	農家喜不虛費力
我方自幸易匃求	欲與野僧共游食
乃何今日又如初	俄然百感堆胸臆
老妻愚子皆無田	家貧何曾有畜積
細民如我應更多	嗚呼嗚呼天昏黑
天昏黑放新晴在幾刻	淚落呑聲哭不得

12-35-095 이백[582]의 시를 읽다
12-35-095 讀李白詩

구름에 닿는[583] 호탕한 기상은 미칠 수가 없는데
문장을 토해 내면 불꽃[584]이 하늘에 가득하네.
그림자와 메아리[585]를 찾으려 해도 끝내 간 곳이 없는데

---

580) 新晴은 막 날씨가 갬, 또는 막 갠 날씨이다.
581) 呑聲은 소리를 죽이고 욺, 소리를 내지 않음이다.
582) 李白(701~762)은 盛唐의 시인으로 자는 太白, 호는 靑蓮居士, 별호는 謫仙人·騎鯨客이며, 후대에 詩仙으로 불리며 중국의 대표적 시인으로 칭송받아 왔다.
583) 凌雲은 구름에 닿을 듯이 높이 솟는 것이다.
584) 光焰은 불꽃으로 세찬 기세를 비유하는데, 韓愈의 5언고시 〈調張籍〉의 첫머리에 "이두의 문장이 남아 있는데, 불꽃이 높아서 만 길이나 되네.(李杜文章在 光焰萬丈長)"라는 구절이 있다.
585) 影響은 그림자와 메아리이다.

눈길을 다하여 하늘[586]을 바라보노라니 부질없이 애만 끊어지네.

豪氣凌雲不得□　　滿天光焰吐文章
欲尋影響竟無處　　極目大淸空斷腸.

12-35-096 이승길 중랑장[587]이 새로 빚은 술을 가지고 와서 대접한 것이 두 번째이기에, 애오라지 짧은 노래를 지어서 보답하고자 하다

12-35-096 李承吉中郎 以新酒來餉者再 聊作短歌 所以報之也

찌는 듯한 날씨로 쇠가 녹고 돌도 녹는데[588]
오래 빚은 술[589]은 맛이 변하여 마시기 어렵다네.
중랑장(中郎將)은 어떤 방법으로 새로 빚을 수 있었기에
하늘[590]처럼 맑게 싱싱한 기운[591]을 품게 하였는가?
향기가 절로 심원해지자[592] 맛은 더욱 순수하고 짙으니
한 잔 또 한 잔을 사양하지 못하네.
얼근히 취하니[593] 문득 무회씨(無懷氏)[594]의 백성이 되는데

---

586) 大淸은 太淸과 같은 말로 하늘을 가리킨다.
587) 中郎將은 고려시대 무관직으로 중앙군에서 장군 다음가는 계급으로 정5품관이다.
588) 流金鑠(爍)玉은 쇠나 돌을 녹여 흐르게 한다는 뜻으로, 몹시 덥거나 뜨거움을 비유한다.
589) 昔酒는 오래 동안 빚은 술이다.
590) 大空은 太空과 같은 말로 天空이다.
591) 靑春은 봄철·봄빛이다.
592) 香自遠은 향기가 저절로 심원해진다는 뜻인데, 蘇軾의 5언고시 〈酴醾〉에 "화장을 하지 않으니 아름다움은 이미 사라졌고, 바람이 불지 않으니 향기는 절로 심원해지네.(不粧豔已絶 無風香自遠)"라는 대목이 있다.
593) 陶然은 술이 취하여 흥이 나는 모양이다.
594) 無懷氏는 伏羲氏 이전에 있었다고 하는 중국 고대의 帝王으로 도덕으로 세상을 다스려 백성들이 모두 사욕이 없고 편안하게 되었다고 하는데, 陶潛의 〈五柳先生

강호(江湖)와 묘당(廟堂)이 설마 다른 두 곳이랴?
나아가든 물러나든 다 근심함[595]이 나의 뜻이니
어찌하면 백성들을 취향(醉鄕)[596] 속으로 옮겨 주어
홍얼홍얼[597] 노래하면서 다른 일이 없게 하랴?
늘그막에는 쫓겨남[598]이 곧 즐기는 것이니
기룡(夔龍)[599]이 구학(丘壑)[600]에 있었던 일과 무엇이 다르리요?

炎天金流玉亦鑠　昔酒味變難可酌
中郎何術釀得新　淸如大空涵靑春
香自遠兮味更醇　一杯一杯辭不得
陶然便作無懷民　江湖廟堂雖兩地
進退俱憂是吾志　安得移民醉鄕裏
歌呼嗚嗚無外事　白頭流竄卽行樂
何異夔龍在丘壑

12-35-097 우연히 짓다. 3수
12-35-097 偶題三首

傳〉 말미에 "술에 취하여 시를 지어 그 뜻을 즐기니, 무회씨의 백성인가? 갈천씨의 백성인가?(酣觴賦詩 以樂其志 無懷氏之民歟 葛天氏之民歟)"라는 대목이 있다.

595) 進退俱憂는 관직에 있을 때나 물러나 있을 때나 다 근심한다는 뜻으로, 北宋 范仲淹의 〈岳陽樓記〉에서 "묘당의 높은 곳에 있으면 그 백성을 걱정하고, 강호의 먼 곳에서 있으면 그 임금을 걱정한다. 이는 나아가도 걱정하고 물러나도 걱정하는 것이니, 그렇다면 어느 때에나 즐기랴?(居廟堂之高 則憂其民 處江湖之遠 則憂其君 是進亦憂 退亦憂 然則何時而樂耶)"라는 대목에서 인용한 것이다.

596) 醉鄕은 술에 취하여 정신이 맑지 않은 상태나 醉中의 별천지이다.

597) 嗚嗚는 노래하는 소리, 홍얼거리는 소리이다.

598) 流竄은 죄인을 변방으로 유배시킴, 죄인을 먼 곳으로 쫓아냄이다.

599) 夔龍은 舜임금의 신하인 樂官 夔와 諫官 龍의 합칭이다.

600) 丘壑은 언덕과 골짜기로 시골의 궁벽한 지역을 가리킨다.

전에는 담박(淡泊)함[601]으로 지켰고
이제는 시비(是非)를 다 잊어 버리네.
바른 노래[602]는 두보(杜甫)[603]와 이백(李白)을 본받고
그윽한 뜻은 복희씨(伏羲氏)[604]와 황제(黃帝)[605]에 이르네.
비가 내리는 베갯머리에는 시냇물 소리가 급하고
날이 갠 창에는 숲의 그림자가 서늘하네.
누대 위에 오르니 더욱 한가하여 좋음[606]은
푸른 산빛[607]이 옷에 방울지기 때문이네.

淡泊昔相守　是非今兩忘
正音師甫白　幽意到羲黃
雨枕溪聲急　晴窓樹影凉
登樓更閑適　山翠滴衣裳

저 재상들에게는 원래 유감이 없거니와
우리 임금님은 감히 잊지 못하네.
일찍이 어릴 때에 검은 빛과 흰 빛[608]을 분별하였는데
오랜 동안 검고 누른 빛[609]을 가지고 싸웠다네.

601) 淡泊은 묽고 엷은 것으로 욕심이 없고 마음이 조촐함, 명리를 좇지 않음을 가리킨다.
602) 正音은 純正한 음악, 또는 雅正한 시이다.
603) 杜甫(712~770)는 盛唐의 시인으로 자는 子美, 호는 少陵,이며, 詩聖으로 불리면서 중국의 대표적 시인으로 칭송받아 왔다.
604) 伏羲氏는 중국의 신화적 임금인 三皇 중의 하나로 羲皇・庖犧・包羲라고도 하며, 백성들에게 漁獵・農耕・牧畜을 가르쳤고, 八卦를 처음 만들었다고 한다.
605) 黃帝는 중국의 신화적 임금인 三皇 중의 하나로 軒轅氏・有熊氏라고도 하며, 文字・曆法・武器를 처음으로 만들고 算法・律呂를 정하였다고 한다.
606) 閑適은 한가하여 마음에 맞음이다.
607) 山翠는 푸른 산빛이다.
608) 皂(皁)白은 검은 빛과 흰 빛으로 옳고 그름을 비유한다.

구름과 비가 갑자기 여러 번 변하더니
하늘과 땅이 또 한 번 서늘해지네.
어찌하면 태평한 시절에
흠뻑 취하여 무지갯빛 치마[610]로 춤을 추랴?

彼相元無憾　　吾君未敢忘
少曾分皀白　　久矣戰玄黃
雲雨俄多變　　乾坤又一凉
何如大平日　　沉醉舞霓裳

천금의 무거움이 말 속에 있거늘
한 끼의 밥인들 은혜를 어찌 잊으랴?[611]

---

609) 玄黃은 검은 빛과 노란 빛으로 아름다운 빛깔을 가리키는데, 여기에서는 아름답게 장식한 문장을 비유한 듯하다. 漢 陸賈의 『新語』 卷上에 기교적 문장을 비판하는 가운데 "부회하여 단청을 붙이고, 검고 누렇게 아름다운 옥빛으로 꾸며서, 이목의 좋아함에 다 따르고 장인의 기교를 극도로 부린다.(傅致膠漆丹青 玄黃琦瑋之色 以窮耳目之好 極工匠之巧)"라고 한 대목이 있다.

610) 霓裳은 무지갯빛 치마라는 뜻으로 춤추는 이의 가볍게 나부끼는 옷을 가리키는데, 여기에서는 〈霓裳羽衣曲〉에 맞추어 춤추는 옷을 가리킨다. 〈霓裳羽衣曲〉은 唐代의 유명한 불교 법회에서 사용한 악곡으로 開元年間에 河西節度使 楊敬忠이 올린 것인데, 처음에는 〈婆羅門曲〉이라고 하다가 玄宗의 윤색을 거치고 가사를 만든 뒤에 이렇게 고쳐 부르게 되었다. 한편, 『開元天寶遺事』·『龍城錄』에 따르면 개원 6년(718) 8월 보름날 밤에 현종이 申天師와 함께 달나라의 궁전에 가서 牓을 보았더니 廣寒淸虛之府라고 하였는데, 아름다운 음악소리가 들려오는 가운데 계수나무 밑에서 흰옷을 입은 미녀들이 춤추고 담소하였으며, 이로 말미암아 〈霓裳羽衣曲〉을 지었다고 한다.

611) 이 두 구절은 『史記』 권92 〈淮陰侯列傳〉의 一飯千金 고사를 가리키고자 한 것이다. 韓信이 가난할 때에 빨래하는 아낙네[漂母]에게서 밥 한 그릇을 얻어 먹고서, "내가 반드시 그대에게 무겁게 보답하겠소.(吾必有以重報母)"라고 하였더니, 표모가 화를 내면서 "대장부가 스스로 먹고 살지 못하기에 내가 왕손을 불쌍히 여겨 밥을 주었을 뿐이지, 어찌 보답을 바라겠소?(大丈夫不能自食 吾哀王孫而進食 豈望報乎)"라고 하였는데, 한신이 漢나라 5년 齊王에서 楚王으로 옮긴 뒤에 그

평소에는 몸가짐을 삼가다가도
창황(蒼黃)할[612] 때에 일을 만나면 지나쳐 버리네.
빽빽한 골짜기에는 산빛이 어울리고
높은 누각에는 달빛이 서늘하네.
이제는 속된 생각이 다 사라졌기에
문득 연잎으로 만든 옷[613]을 입고 싶어지네.

說有千金重　　恩何一飯忘
持身愼平素　　遇事濟蒼黃
谷密山光合　　樓高月色凉
卽今塵慮盡　　便欲製荷裳

12-35-098 읊조리다
12-35-098 吟嘯

천연(天然)의 묘한 경지에 들어가서 나의 마음이 가라앉으면
그에 따라 붓의 힘으로 솥도 들[614] 수 있으리.
두공부(杜工部)[615]의 향기에 젖기를 바라지만
가장강(賈長江)[616]의 수척함을 배운들 무슨 상관이 있으랴?

표모를 불러 천금을 내렸다.

612) 蒼黃은 어찌할 겨를이 없이 매우 급하게 지나가는 것이다.

613) 荷裳은 연잎으로 만든 옷으로 隱士가 입는 것인데, 『楚辭』 〈離騷〉에 "마름과 연잎으로 저고리를 만들고, 연꽃을 모아 치마를 짓네.(製芰荷以為衣兮 集芙蓉以為裳)"라는 구절이 있다.

614) 鼎可扛은 솥을 들 수 있다는 뜻으로, 韓愈의 고시 〈病中贈張十八〉의 "용의 무늬를 새긴 백곡의 솥을, 붓의 힘으로도 홀로 들 수 있다네.(龍文百斛鼎 筆力可獨扛)"라는 구절을 변용한 것이다.

615) 工部는 성당의 시인 杜甫의 별칭으로 西川節度使 嚴武의 막하에서 工部員外郎을 지낸 데서 붙은 이름이다.

바다와 같은 꽃에서 비와 이슬로 몸을 적시고
항아리에 가득한 술로 강과 산을 마주하네.
태평시절에 만족하여 읊조릴 뿐이니
화려하고 썰렁함[617]을 따지지 마시라.[618]

天然入妙我心降　筆力從他鼎可扛
所欲霑芳杜工部　何妨學瘦賈長江
渾身雨露花如海　對面江山酒滿缸
得意大平吟嘯處　不論華麗與凉尨

12-35-099 기쁨을 기록하다
12-35-099 志喜

문득 가을서신[619]을 받아 보니 태평함을 알려 주는데
동문(東門)[620]에 가서 충성스러운 이들에게 상을 내리셨다네.

---

616) 長江은 중당의 시인 賈島의 별칭으로 長江主簿를 지낸 데서 붙은 이름이다. 그는 자가 浪仙으로 출가하여 법명을 無本이라고 하였으며, 韓愈에게 시재를 인정받고 환속하여 孟郊·張籍과 교유하였다. 語句의 彫琢과 寒苦한 시어 사용에 힘썼으며 『長江集』을 남겼다. 시풍이 孟郊와 유사하여 郊寒島瘦라는 말이 유행하였음이 蘇軾의 〈祭柳子玉文〉에 나타나 있다.

617) 尨凉은 잡색옷으로 서늘한 뜻을 나타낸다는 뜻으로 『春秋左氏傳』 閔公 2년조의 다음 기사에 유래한 말이다. 晋나라의 태자 申生이 조신들의 반대에도 불구하고 출정할 때에 왕이 잡색의 옷〔尨〕을 입혀 보냈더니, 태자의 御者 狐突이 잡색옷은 임금이 냉정한 뜻을 나타낸 것〔尨凉〕이라고 하면서 그 처사를 비판하였다.

618) 이 구절은 蘇軾의 고시 〈景純復以二篇 一言其亡兄與伯父同年之契 一言今者唱酬之意 仍次其韻〉의 "여러 번 무딘 칼로 보광〔옛 명검 이름〕과 같아졌는데, 또 화려한 옷을 입은 이를 만나니 방량이 빛나네.(屢把鉛刀齒步光 更遭華袞照尨凉)"라는 대목을 점화한 표현이다.

619) 凉信은 가을에 오는 書信이다.

620) 東門은 開京의 東大門으로 崇仁門을 가리킨다.

종래에는 삼한(三韓)에 이런 일이 적었으니
큰 붓[621]으로 빛나는 명성을 만고에 남기리.

忽得凉書報太平　　東門駕幸賞忠誠
三韓此事從來少　　大筆光垂萬古名

12-35-100 해주[622]의 족장[623]께 받들어 부치다
12-35-100 奉寄海州族長

피곤하여 서쪽창 가에 누워 나가지 않고 있노라니
가을날의 고요한 절에는 풀벌레 소리가 시끄럽네.
남쪽 누대 바로 아래에는 천 겹의 산인데
때때로 고개를 들어 해주(海州)를 바라보네.

困臥西窓不出游　　寂寥僧院草蟲秋
南樓直下山千疊　　矯首時時望海州

12-35-101 번민을 풀다. 김상장군[624]이 술을 가지고 와서 밤과 푸른 콩[625]을 권하다
12-35-101 遣悶 金上將携酒來 栗及青豆侑之

621) 大筆은 큰 붓으로 문사에 솜씨가 있어 大成한 사람이나 그 솜씨를 비유한다.
622) 海州는 지금의 황해도 海州 지역에 있던 牧이다.
623) 族長은 一族의 尊長이다.
624) 上將軍은 고려 중앙군의 최고 지휘관으로, 二軍六衛에 1인씩 소속되어 8인의 상장군이 편제되어 있는데, 무반으로서는 최고의 품계인 정3품이다. 그 중에서도 응양군의 상장군은 특히 班主라 하여 무반 전체의 대표자 노릇을 하였던 것으로 보인다.
625) 青豆는 푸른 빛 콩이다.

보노라면[626] 시끄러움과 고요함이 다른 길이 아니거늘
어찌하여 창을 들고 선비를 좇으려[627] 하였던가?
저녁녘에 깊숙한 거처에서 사람을 피하고 있노라니
높은 소리와 큰 고함을 내면서 성불도(成佛圖)[628] 놀이를 하네.
한가할 때 가르치는 동자가 주치(州治)[629]에 들어가더니
잔잔하게 사랑해 주는 친족이 술병을 가지고 오시네.
물 가에 집을 지음이 진실로 평소에 바라던 일이니
어찌 반드시 널따란[630] 오호(五湖)[631]로 갈 게 있으랴?

看來喧寂不殊塗　　胡乃操戈欲逐儒
晩景深居避人處　　高聲大叫成佛圖
閑教童子入州府　　靜愛族親携酒壺

626) 看來는 관찰하여 판단하는 것이다.
627) 操戈逐儒는 창을 잡고 선비를 좇는다는 뜻으로, 온 세상일을 잊고 살던 사람이 제 정신을 차리게 해 준 사람을 원망하거나 방법을 잘 모른 채 어떤 일을 추구함을 비유하며, 『列子』「周穆王」의 다음 고사에서 유래한다. 宋나라 陽里의 華子가 건망증으로 아무 것도 몰랐는데, 妻子가 재산의 반을 들여 魯나라의 유생으로 하여금 고치게 하여 정신을 차리게 되었다. 병이 나은 화자가 아내를 쫓아내고 아들을 罰한 다음에, 창을 들고 유생을 좇아가기에 宋人이 잡고 그 이유를 물었더니, "접때 내가 잊고 있을 때에는 내 마음이 호탕하여 천지가 있는지 없는지도 몰랐는데, 이제 문득 알게 되자, 지난 수십년 동안의 存亡得失과 哀樂好惡가 요란하여 만 가지 단서가 생겨나니, 나는 장래의 존망득실과 애락호오가 내 마음을 이처럼 어지럽힐까 두렵소. 잠시라도 다시 잊어버릴 수 있겠소?"라고 말하였다.
628) 成佛圖는 佛者들이 입문하여 成佛하는 과정을 이해하기 쉽도록 그림으로 그려서 만든 놀이인데, 『慵齋叢話』에 따르면 유자들의 從卿圖(陞卿圖) 놀이는 이를 모방한 것이다. 최근까지 우리나라 사찰에서는 정초에 이 놀이가 성행하였는데, 이는 西山大師가 전래되는 성불도를 약간 다듬어서 만든 놀이로 보인다.
629) 州府는 州의 長官이 駐在하여 다스리는 관아, 또는 그 소재지로 州治라고도 한다.
630) 浩蕩은 넓고 큰 모양, 또는 끝없이 넓고 멂이다.
631) 五湖는 太湖와 그 부근의 四湖를 합하여 일컫는 말로, 춘추시대 말에 越의 대부 范蠡가 越王 句踐을 도와 吳를 멸망시킨 뒤에, 벼슬에서 물러나 은거한 곳인 데서 유래하여 은거지를 가리킨다.

築室臨流眞素願　　何須浩蕩歸五湖

12-35-102 또 짓다
12-35-102 又

겹으로 된 껍질을 벗기니 찬란하게 빛이 나고
긴 꼬투리를 삶으니 가볍게 향기가 나네.
술잔 앞에 나란히 놓으니 부호와 같은데
수풀 밑에서 먼저 맛보려니 늙고 미친 사람임이 부끄럽네.
개구리가 우는[632] 벼논에서는 누런 빛이 들판을 비추고
올빼미가 쭈그린[633] 토란밭에서는 푸른 빛이 마당에 이어지네.
이제부터는 찬찬히 씹어 작은 몸을 배부르게 하면서
사물을 영탄하여 새로 읊느라고 나날이 바쁘리.

剝去重皮粲有光　　烹來長殼嫩生香
樽前竝進如豪富　　林下先嘗愧老狂
吠蛤稻畦黃映野　　蹲鴟芋圃綠連場
從今細嚼微軀飽　　詠物新吟逐日忙

12-35-103 팔월 초사흗날에 상주 유학 교수관이 번육[634]을 보내오다

632) 吠蛤은 개구리가 욺, 또는 우는 개구리인데, 蘇軾의 고시 〈宿餘杭法喜寺 寺後綠野亭 望吳興諸山 懷孫莘老學士〉에 “벼논이 서늘해지니 개구리가 비로소 울고, 버들이 늙자 책은 반쯤 벌레가 먹었네.(稻涼初吠蛤 柳老半書蟲)”라는 대목이 있다.
633) 蹲鴟는 큰 토란으로 쭈그리고 엎드린 올빼미처럼 생긴 데서 유래한 말이다.
634) 膰肉은 제사에 쓰는 익힌 고기인데, 여기에서는 鄕校의 釋奠에서 쓴 고기를 가리킨다.

12-35-103 八月初三日 尙州儒學敎授官送膰肉

벽옹(辟雍)[635]의 정제(丁祭)[636]에서는 선비[637]로 참여하였고
돌아와서 반궁(泮宮)[638]에서는 초헌관(初獻官)[639]을 맡았네.
궁벽한 시골에서 신이 주신 것에 절할 줄을 어찌 뜻하였으랴?
상산(商山)[640]의 번육이 술상에서 빛나네.

璧雍丁祭厠衣冠　　　歸忝泮宮初獻官
豈意窮村拜神賜　　　商山膰肉照杯盤

12-35-104 초이렛날에 출척사 영공께서 덕통[641]을 지나간다는 말을 들었는데, 병 때문에 몸소 가서 뵙지 못하고 서간을 대신하여 부치다

12-35-104 初七日 聞黜陟令公過德通 以疾不克躬造上謁 代書寄呈

깃발이 덕통(德通)을 지나간다는 말을 듣고서
뛸 듯이 흥이 나서 하풍(下風)[642]으로 달려가고자[643] 하였네.

---

635) 辟(璧)雍은 太學이다.
636) 丁祭는 2월과 8월의 첫째 丁日에 孔子께 지내는 제사로 釋奠이라고도 한다.
637) 衣冠은 의관을 차린 선비이다.
638) 泮宮은 泮水와 같은 말로 太學·成均館을 가리킨다.
639) 初獻官은 제사를 지낼 때에 첫 번째 잔을 올리는 일을 맡은 사람이다.
640) 商山은 경상북도 尙州의 옛 이름이다.
641) 德通은 고려시대의 聞慶郡에 속한 驛이다.
642) 下風은 남의 아래에 있거나 그 영향이 미치는 처지에 있음을 겸손하게 이르는 말이다.
643) 趨(趍)風은 급히 下風으로 가서 공경을 표시함을 뜻하는데, 『春秋左氏傳』 成公 16년조에 "각지는 세 번이나 초나라 임금의 군졸과 만났는데, 초나라 임금을 보면 반드시 수레에서 내려 갑옷을 벗고 하풍으로 달려갔다.(郤至三遇楚子之卒 見

마침 조그만 질병으로 부질없이 바라보기만 하거니와
어느 날에나 술통 앞에서 함께 담소하랴?

聞說旌旗過德通　　躍然乘興欲趨風
適因微疾空瞻望　　何日樽前笑語同

12-35-105 잠시자[644]가 개천사[645]로 돌아간다고 알리기에 주필하여 환암[646] 국사[647]께 부쳐 드리다
12-35-105 岑侍者告歸開天 走筆寄呈幻菴國師

긴 날에 찾아오는 사람이 없는 곳에
높은 다락에는 성불도(成佛圖)[648]뿐이네.
문득 잠시자(岑侍者)를 만나니
쇠약한 유생은 부끄러워 얼굴이 붉어지네.
현성(賢聖)[649]은 구름 사이의 번개요

楚子 必下 免胄而趨風)"라는 글이 있다.

644) 侍者는 老僧의 곁에서 시중드는 중이다.

645) 開天寺는 忠州의 淨土山에 있던 절로, 고려 역대 왕조의 실록을 보관하던 곳인데, 幻菴은 만년에 忠州 靑龍寺에서 은거하다가 입적하였고, 그 碑塔도 靑龍寺址에 남아 있다.

646) 幻菴(庵)은 麗末의 승려 混修(1320~1392)의 별호로, 성은 趙, 자는 無作, 시호는 普覺이다. 12세에 출가하여 繼松에게서 得道하고 忠惠王 원년에 禪選 上上科에 올랐으며, 禑王 9년에 國師가 되었다. 懶翁과 普雨의 법통을 다 이은 고승으로서 문장·서도에 능했다.

647) 國師는 임금이 禪宗의 고승에게 내리는 존호인데, 幻菴은 우왕 9년(1383)에 國師가 되었다.

648) 成佛圖는 佛者들이 입문하여 成佛하는 과정을 이해하기 쉽도록 그림으로 그려서 만든 놀이인데, 『慵齋叢話』에 따르면 유자들의 從卿圖(陞卿圖) 놀이는 이를 모방한 것이다. 최근까지 우리나라 사찰에서는 정초에 이 놀이가 성행하였는데, 이는 西山大師가 전래되는 성불도를 약간 다듬어서 만든 놀이로 보인다.

649) 賢聖은 佛道를 닦은 이름난 승려나 菩薩을 가리키는 불교어인데, 賢은 善으로 和

허공(虛空)[650]은 바다 위의 물거품이네.
어느 때에나 방장(方丈)[651]으로 가서
마주하면서 술병을 함께 기울일까?

永日無人處　　高樓成佛圖
忽逢岑侍者　　面赤愧衰儒
賢聖雲間電　　虛空海上漚
何時造方丈　　相對共胡盧

12-35-106 **백련회[652]가 끝난 뒤에 박영공[653]을 머물게 하여 중추의 모임을 가지다가 한밤중[654]이 지나서야 잠자리에 들었는데, 하늘이 밝아지기 전에 공이 떠났는데도, 나는 한창 깊이 자느라고 알지 못하였다. 새벽에 일어나서 읊다**

12-35-106 **白蓮會罷 留朴令公作中秋 過午夜就枕 天未明公去 吾方酣睡 不之知也 曉起吟**

천하가 어지러워지매 진(秦)나라가 몇 번이나 지나갔던가?[655]

하여 악을 벗어나고도 미혹된 마음을 끊지 못하고 凡夫의 성품에 머물러 있는 사람이고, 聖은 正으로 和하여 眞智를 발하여 진리를 證得하고 미혹된 마음을 끊어 범부의 성품을 버린 사람이다.

650) 虛空은 불교어로 만물이 존재하거나 物心의 모든 것을 받아들이는 공간, 또는 온갖 물체를 여의고 아무 것도 없는 공간을 가리키는데, 이는 다시 非色·無見·無對·無漏·無爲의 공간인 虛空과 是色·有見·有對·有漏·有爲의 공간인 空界로 나뉜다.

651) 方丈은 절의 주지가 거처하는 방이다.

652) 白蓮會는 李穡이 洪永通·李茂方 등과 함께 결성하였다고 하는 佛敎結社이다.

653) 令公은 中書令·節度使, 또는 종3품·정2품 관리에 대한 존칭이다.

654) 午夜는 한밤중, 子正 전후의 시간이다.

655) 이 구절은 王安石의 7언고시 〈桃源行〉의 끝 구절인 "순임금께서 한 번 가셨으니 어찌 다시 만나랴? 천하가 어지러워지자 진나라를 몇 번이나 겪었던가?(重華一

그윽하고 고요한 작은 마을은 속세에서 멀리 떨어져 있다네.
흰 연꽃의 결사 안에서 참된 부처를 찾고 나서
밝은 달이 비치는 술 잔 앞에서 옛 벗을 마주하였네.
다만 풍류로움이 전배들과 같음[656]을 깨달았을 뿐이요
어찌 쓸쓸함[657]이 나의 몸에 미칠 줄을 알았으리요?
공께서 급히 가실 때에 여전히 꿈에 빠져 있었거니와
아침밥을 먹고 나서 누각에 오르면 흥이 또 새로우리.

天下紛紛過幾秦　　小村幽寂遠風塵
白蓮社裏求眞佛　　明月樽前對故人
但覺風流似前輩　　那知蕭索屬吾身
公馳去矣猶酣夢　　食罷登樓興更新

12-35-107 송이[658]를 보내 주신 양산사[659]의 대선사[660]께 사례드리다

12-35-107 謝陽山大禪師送松芝

보리사(菩提寺)에서 하루 묵으시자 전부터 안 분인 듯하였는데

去寧復得 天下紛紛經幾秦)"라는 대목에서 인용한 것이다.

656) 風流似前輩는 東晋의 慧遠法師가 廬山의 虎溪 東林寺에서 慧永·慧持·道生 등의 승려, 劉遺民·宗炳·雷次宗 등의 名儒와 함께 儒佛結社인 白蓮社를 결성한 일을 가리킨다.

657) 蕭索은 蕭條와 같은 말로 쓸쓸한 모양이다.

658) 松芝는 松耳와 靈芝인데, 여기에서는 송이를 가리킨 듯하다. 松栮는 송잇과에 딸린 버섯으로, 자루는 둥근 기둥꼴이고, 갓의 거죽에 회갈색 또는 엷은 갈색 비늘이 있으며, 주로 솔잎이 쌓인 축축한 땅에서 나며, 맛이 좋다.

659) 陽山寺는 지금의 경상북도 聞慶市 加恩邑에 있는 절로 鳳巖寺라고도 한다.

660) 大禪師는 禪宗의 禪師 바로 위의 法階인데, 陽山大禪師는 鄭夢周의 〈贈陽山聽上人〉으로 보아 법명이 聽이었던 승려로 목은 주변의 사대부들과 가까웠던 듯하다.

작별하고 가더니 다음날에 송이(松栮)를 보내 주시네.
싱거우면서도 맛이 있음이 스님의 풍조(風調)[661]와 같기에
또 푸른 가죽신을 신고 비를 맞으면서 스님을 찾아가고 싶네.

一宿菩提似舊知　　別來明日送松芝
淡中有味同風調　　踏雨青鞋更訪師

12-35-108 첨서[662]에게 부치다
12-35-108 寄簽書

쓸쓸한[663] 밤비소리를 차마 들을 수 없는데
새벽에 창 가에서 근심스럽게 수많은 산의 구름을 바라보네.
잠깐 사이에 한 바탕의 큰 바람이 일어나니
붉은 노을[664]을 유쾌히 바라보면서 성군(聖君)께 축수드리네.

夜雨蕭蕭不忍聞　　曉窓愁對萬山雲
須臾一陣長風起　　快望丹霄祝聖君

12-35-109 일에서 느끼다
12-35-109 感事

친족이란 한 분의 몸에서 나누어졌기에

661) 風調는 사람의 品格과 情調이다.
662) 簽書는 고려시대 密直司의 종2품 관직인 簽書密直司事의 준말인데, 여기에서는 유배되어 있던 목은의 둘째 아들 種學을 가리킨다.
663) 蕭蕭는 비바람 소리가 쓸쓸한 모양이다.
664) 丹霄는 붉은 노을, 또는 노을진 하늘로 궁궐・조정・도성을 비유한다.

멀든 가깝든 정의(情意)가 참되네.
평안할 때에는 참으로 만나고자 하지만
환난을 당하면 도리어 원망하고 성내네.[665)]
하늘이 정해 준 친속[666)]도 오히려 이와 같거늘
하물며 월(越)나라와 진(秦)나라의 사이[667)]임에랴?
나의 마음은 옛날로 돌아가고 싶기에
풍속이 순박하게 되기를 바라네.
늘그막이라 이제 틀려 버렸는데도
부질없이 이렇게 정신을 수고롭게 하네.

親族分一身　　遠近情意眞
平安諒欲會　　患難還恚嗔
天屬尙如此　　何況越與秦
我心欲返古　　庶令風俗醇
老矣今已矣　　徒此勞精神

12-35-110 송헌께 부쳐 드리다
12-35-110 寄呈松軒

삼한(三韓)[668)]이 맞이한 운명은 해가 막 중천에 이른[669)] 듯한데

---

665) 恚嗔은 원망하고 성냄이다.
666) 天屬은 天然의 親屬으로 父子・兄弟 따위를 가리킨다.
667) 越秦은 중국 春秋戰國時代의 제후국인 월나라와 진나라를 가리키는데, 서로 거리가 매우 먼 데서 연유하여 무관심하게 서로 상관하지 않는 사람이나 일을 비유한다.
668) 三韓은 馬韓・辰韓・弁韓, 또는 高句麗・百濟・新羅의 三國으로 우리나라의 別稱이다.
669) 日方中은 해가 막 중천에 이른다는 뜻으로 한창 성함을 비유하는데, 『詩經』「邶風」 〈簡兮〉의 "해가 막 가운데에 이르는데, 前列 앞 머리에 있네.(日之方中 在前上

사귄 정은 물이 백번 꺾여도 동쪽으로 흐르는[670] 것과 같다네.
사악한 기운[671]이 저절로 사라지고 온화한 기운이 생겨남은
다만 황각(黃閣)[672]에 맑은 바람[673]이 있기 때문이리.

三韓迓命日方中　　百折交情水必東
乖氣自消和氣動　　只緣黃閣有淸風

12-35-111 포은께 부쳐 드리다
12-35-111 寄呈圃隱

공은 훌륭하여 할 일이 있으니 묘당(廟堂)에 계시고
나는 노쇠하여 쓸모가 없기에 고향에서 늙어 가네.
소중화관(小中華館)[674]의 일이 당초와 같이 되었는데도[675]
어찌하여 도사(陶舍)[676]를 오래 폐장시켜[677] 두는가?[678]

處)"라는 구절에서 유래하는 말이다.

670) 水必東은 중국의 강물이 반드시 동쪽으로 흐른다는 뜻으로 事必歸正을 비유하며 水東流・水向東・水東去라고도 한다.

671) 乖氣는 사악한 기운, 상서롭지 않은 기운이다.

672) 黃閣은 黃扉와 같은 말로 옛날에 丞相・相公의 문에 누렇게 칠을 한 데서 유래하여 재상 또는 재상의 관서를 가리킨다.

673) 淸風은 맑고 시원한 바람으로 고결한 인품이나 풍격을 비유한다.

674) 小中華館은 宋나라 때에 고려의 사신이 下馬하던 곳이다.

675) 이 구절은 李崇仁이 明나라에 사신으로 다녀와서 탄핵받았던 매매혐의에 대한 논의가 없어졌음을 지적하고자 한 것으로 보인다.

676) 陶舍는 여말의 문신 李崇仁의 호인 陶隱을 달리 이른 말이다.

677) 閉藏은 숨겨 둠, 거두어 갈무리함인데, 여기에서는 李崇仁이 공양왕 2년 11월 이래로 京外從便되어 있음을 가리킨 것이다.

678) 이 구절은 포은이 政變에 참여하여 건재한 데 반하여, 陶隱은 유배되어 수난당하고 있는 현실을 상기시키면서, 守侍中이라는 최고요직에 있는 포은이 도은의 오랜 유배상태를 방치하고 있음을 비꼬는 뜻을 담은 것으로 보인다.

公大有爲居廟堂　　吾衰無用老家鄉
小中華館如初作　　陶舍寧教久閉藏

금주음(衿州吟)[679]

12-35-112 홍무[680] 임신년[681] 여름 사월 열나흗날에 주상께서 사순랑[682]을 시켜 왕지를 전하시기를, '두 아들[683]이 일을 말한 것이 사실에 부합하지 않은[684] 죄에 해당하기에, 이제 모두 예에 따라 폄척한다. 경의 마음이 어찌 편안할 수 있겠는가? 강 바깥에서 거처함[685]을 허락한다.'라고 하셨다. 신 색은 춤추면서 은혜에 감사드리고, 곧 나와서 보현원[686]에 이르러, 비가 오기에 조금 머물렀다.

12-35-112 **洪武壬申夏四月十四日　上使司楯郎傳旨　二子與於言事失實之罪　今皆例貶矣　卿心豈得安　可居江外　臣穡蹈舞謝恩　卽出至普賢院　有雨小留**

나라의 주인께서는 연민[687]을 드러내시는데

---

679) 「衿州吟」은 李穡이 江外從便되어 衿州에 있었던 공양왕 4년(1392) 4월 14일부터 6월 초순까지 지어진 시 39제로 이루어져 있다.

680) 洪武는 明 太祖의 연호(1368~1398)이다.

681) 壬申年은 恭讓王 4년(1392)이다.

682) 司楯郎은 고려 말의 成衆官의 하나로 궁중에서 사용하던 방패를 만드는 일을 맡았다. 成衆官은 궁궐의 宿衛와 近侍의 일을 맡아보던 관원의 총칭으로 成衆愛馬라고도 한다.

683) 二子는 목은의 차남인 種學과 삼남인 種善을 가리킨다.

684) 失實은 사실에 부합하지 않음이다.

685) 居江外는 江外從便과 같은 말로 兩江 즉 臨津江·禮成江의 바깥에서 기거함을 허락함을 뜻한다.

686) 普賢院은 長湍에서 남쪽으로 25리 떨어진 곳에 있던 院이다.

서인(庶人)[688]은 이별에 익숙하다네.
황급(遑急)하여[689] 전송하는 사람이 없고
쓸쓸하게 따르는 손자는 있네.
응양(鷹揚)[690]의 칼은 밝은 달빛에 빛나고
푸른 이끼는 하마비(下馬碑)[691]를 파먹네.
비가 내리기에 잠시 쉬거니와
하늘 또한 천천히 떠나라고[692] 위로하시나 보네.

國主垂憐愍　　家人慣別離
蒼黃無客送　　寂寞有孫隨
明月輝鷹劍　　青苔蝕馬碑
雨來成小歇　　天亦慰遲遲

12-35-113 임진[693]의 김구련 판사[694]의 야장[695]에서 자다
12-35-113 宿臨津金龜聯判事野莊

---

687) 憐愍은 불쌍히 여김, 동정함이다.
688) 家人은 庶人, 또는 평민의 집이다.
689) 蒼黃은 어찌할 겨를이 없이 매우 급하게 지나가는 것이다.
690) 鷹揚軍은 고려시대의 중앙군사 편제인 二軍의 하나로 控鶴軍이라고도 하며, 龍虎軍과 함께 궁성을 호위하는 친위군으로서 한 개의 營을 보유하였는데, 여기에서는 종편되는 목은을 호위하던 군사를 가리키는 듯하다.
691) 下馬碑는 말을 탄 사람은 누구든지 내리라는 뜻으로 宮殿·陵墓·文廟 등의 입구에 세운 푯말로서 下馬牌라고도 한다.
692) 遲遲는 느린 모양, 천천히 가는 모양인데, 여기에서는 孔子가 魯나라를 떠날 때 부모의 나라라서 천천히 떠났다[去魯遲遲]는 『孟子』「萬章 下」의 글을 상기시키고자 한 표현이다.
693) 臨津은 長湍 남쪽 20리에 있던 縣이다.
694) 判事는 고려시대 都僉議使司·門下府·典客寺 등 諸寺司의 으뜸 벼슬로 품계는 종1품에서 종3품까지이다.
695) 野莊은 地主의 莊園으로 村莊·農莊이라고도 한다.

일찍이 얼음과 눈 속에서 이곳을 지나갔기에
강과 산도 나를 알아보는 듯하네.
땅이 기름지니 농사짓기에 좋고
사람이 적으니 오고감이 드무네.
도연명(陶淵明)[696]의 차조를 잘못 사모하였거니와
제갈량(諸葛亮)[697]의 집에는 깊이 부끄럽네.
말하노니[698] 김판사(金判事)께서는
나에게 거문고와 책의 즐거움[699]을 빌려 주시라.

氷雪曾過此　　江山似識予
地腴耕稼好　　人少往來疏
枉慕淵明秫　　深慚葛亮廬
寄言金判事　　借我樂琴書

12-35-114 보름날에 행주[700]의 유영공[701]의 야장에서 자다

696) 淵明은 東晋 말의 시인 陶潛(365~427)의 字인데, 『晋書』 〈陶潛傳〉에 따르면 彭澤令이 되어 "나로 하여금 늘 술에 취하게 하면 족하다.(令吾常醉於酒足矣)"라고 하면서 公田에 모두 차조〔秫〕를 심게 하려다가, 처자의 간청으로 일부에는 메벼〔秔〕을 심었다고 한다.

697) 諸葛亮은 蜀漢의 전략가・재상인데, 臥龍先生으로 불리면서 은거하다가 劉備의 三顧草廬로 출사하여 赤壁大戰에서 큰 공을 세웠고, 촉한이 선 뒤에 丞相으로 국정을 맡아 부국강병을 꾀했으나 對魏戰에서 전사하였으며 『諸葛亮集』을 남겼다. 그가 後主에게 올린 표에서 "성도에는 뽕나무 팔백주가 있고, 박전 십오경이 있어 자제의 의식은 본래 넉넉합니다.(成都有桑八百株 薄田十五頃 子弟衣食 自有餘饒)"라고 한 것으로 보아, 그의 집에는 생계를 유지할 농업적 바탕이 있었던 듯하다.

698) 寄言은 말을 전함, 또는 詩文에 사상・감정을 담아내는 일이다.

699) 樂琴書는 陶潛의 〈歸去來辭〉의 "친척들과 정답게 말하면서 기뻐하고, 거문고와 글을 즐기면서 근심을 달래네.(悅親戚之情話 樂琴書以消憂)"라는 대목에서 인용한 표현이다.

700) 幸州는 지금의 경기도 高陽市 幸州洞 지역에 있던 縣이다.

12-35-114 十五日 宿幸州柳令公野莊

일찍이 산꼭대기의 절을 말하더니
멀리 바닷가의 하늘에서 굽어보네.
나에게 와서 더위를 피하라고 권한 것이
손가락을 꼽아 보니 이미 여러 해가 지났네.
좋은 술에 정신이 쾌적해지고
맛난 음식에 구복(口腹)이 편해지네.
계집종이 부지런히 접대하니
다시 주인의 어짊을 깨닫네.

曾說山頭寺　　遙臨海角天
勸予來避暑　　屈指已經年
美酒精神暢　　嘉飡口腹便
女奴勤接待　　更覺主人賢

12-35-115 열엿샛날에 공암나루[702]를 건너다
12-35-115 十六日渡孔岩

수많은 소나무가 선 언덕 밑에 이씨네 마을이 있는데
건너고자 하여도 사람이 없기에 에돌아가서 문을 두드렸네.
공암(孔岩)[703]을 다 지나고도 심장이 아직도 두근거림은

701) 令公은 中書令・節度使, 또는 종3품・정2품 관리에 대한 존칭이다.
702) 孔岩(巖)津은 지금의 서울 江西區 加陽洞 지역에 있던 나루 이름인데, 물 가운데 우뚝 솟은 바위에 구멍이 뚫려 있어 붙은 이름으로 北浦라고도 하였다.
703) 孔岩(巖)은 지금의 서울 江西區와 陽川區 지역에 있던 縣으로 陽川이라고도 하였다.

빠른 바람으로 작은 배에 물결이 급히 솟구쳤기[704] 때문이네.

萬松岡下李家村　　欲渡無人枉叩門
過了孔岩心尙悸　　小舟風急浪花翻

12-35-116 이날 광주[705] 마을에 이르렀는데, 이곳은 나의 비복[706]들이 사는 곳이다. 며칠 동안 머물면서 짧은 노래를 짓다

12-35-116 是日至廣州村 是吾蒼頭赤脚居止處也 留數日 作短歌

금주(衿州)[707]의 북쪽이자 과주(果州)[708]의 서쪽인데
그 안의 한 구역이 광릉(廣陵)[709] 마을이라네.
얕은 산이 에워싸서[710] 나지막한 병풍을 이루고
초가(草家)[711] 몇 채가 그림과 같네.
마을사람들의 사는 형편[712]이 매우 써늘하여

704) 翻花는 말발굽이 급히 솟구치는 모양이다.
705) 廣州는 경기도 중앙부에 있는 고을로 백제・고구려・신라로 옮겨다니며 속하다가 신라 景德王 때에 漢州, 고려 太祖 때에 廣州로 바뀌고, 成宗 때에는 12牧 중의 하나가 되고, 顯宗 때에는 8牧 중의 하나가 되었다.
706) 蒼頭赤脚은 검은 머리와 맨발로 婢僕을 가리키며 蒼頭赤立이라고도 한다.
707) 衿州는 지금의 서울특별시 九老區와 경기도 安養市・光明市 지역에 있던 縣으로, 본래 고구려의 仍伐奴縣이었는데, 신라 景德王 때에 穀陽縣으로 고쳐서 栗津郡에 붙였고, 고려 초기에 衿州로 개칭하였으며, .黔州・衿川이라고도 하였다.
708) 果州는 지금의 경기도 果川市 지역에 있던 현으로 본래 고구려의 栗木縣이었는데, 신라 景德王 때에 栗津郡, 고려 초에 과주로 고쳤고, 顯宗 9년에는 廣州에 속하였다가 뒤에 監務를 두었다.
709) 廣陵은 廣州의 별칭이다.
710) 環合은 빙 둘러 에워싸는 것이다.
711) 茅茨는 띳집, 또는 띠로 지붕을 이는 것으로 草家를 가리킨다.
712) 生理는 生計와 같은 말로 생업이나 직업, 또는 살아 나가는 방도나 형편이다.

내가 말하고 싶어도 말을 보태기[713] 어렵네.
텅 빈 벽뿐이니 어찌 조금의 곡식인들[714] 있으랴?
학철(涸轍)[715]에서 산 『장자(莊子)』[716]의 물고기와 다르지 않네.
서쪽 언덕에 긴 수염을 지닌 군자가 사는데
이따금 늙은이를 봉양하라고 쌓아 둔 것을 주셨다네.[717]
한산(韓山)의 쫓겨난 나그네가 막 말에서 내리자
곧 마음을 쓰심에 힘입으니 얼마나 정성스러운가?
천리를 감에 한 선비와 어깨를 나란히 하고 서니[718]
서로 만남은 드물지만 도움을 주심은 은근하네.
내가 짧은 노래를 지어 이런 뜻을 펼치노라니
높은 하늘과 낮은 땅에는 오직 바람소리뿐이네.

衿州之北果州西　　中有廣陵村一區
淺山環合成短屛　　茅茨數點如畫圖

---

713) 注脚은 脚注와 같은 말로 낱말이나 문장의 뜻을 注解한 글이다.
714) 甔石은 작은 항아리의 곡식으로 적은 양의 곡식을 가리킨다.
715) 涸轍鱗은 涸轍鮒와 같은 말로 물이 마른 수레바퀴 자국에 있는 물고기를 뜻하며, 『莊子』「外物」의 다음 고사에서 유래하여 곤경에 처하여 빠른 원조를 기다리는 사람이나 사물을 비유한다. 수레바퀴 자국에 괸 물에서 숨을 헐떡이던 붕어가 장자에게 자신은 東海의 波臣인데, 斗升의 물을 주어 살려 달라고 애걸하였더니, 장자가 吳越의 王에게 가서 西江의 물을 끌어다 주겠다고 하니, 붕어가 두승의 물이면 되는데 그렇게 말하니 죽는 것이 낫겠다고 하였다.
716) 『莊子』는 戰國時代의 道家思想家인 莊周의 학설을 싣고 있는 책으로 『漢書』「藝文志」에서는 52편이라고 하였으나, 「內篇」 7편, 「外篇」 15편, 「雜篇」 11편 등 33편이 전해진다.
717) 推食은 推食解衣의 준말로 밥을 건네고 옷을 벗어 주는 것을 뜻하며, 극진하게 베푸는 은혜를 비유한다.
718) 이 구절은 『呂氏春秋』「觀世」의 "천하에는 비록 도를 지닌 선비가 있지만, 우리 나라에는 적어서, 천리를 가는 동안 한 선비만이 어깨를 나란히 하고, 여러 세대를 지나야 성인 한 분이 지나간 자취를 잇는다.(天下雖有有道之士 國猶少 千里而有一士 比肩也 累世而有一聖人 繼踵也)"라는 글을 인용한 것이다.

村人生理甚蕭索　我欲言之難注脚
壁空何曾有甔石　不異莊鱗居轍涸
西崖長髯君子居　養老往往推所儲
韓山逐客初下馬　便荷用意何勤渠
千里一士比肩立　相須之殷相遇疏
我作短歌舒此情　天高地下唯風聲

12-35-117 우연히 짓다
12-35-117 偶題

중서성[719]의 공격과 어사대[720]의 탄핵[721]이 곧장 오늘에 이르더니
오천(烏川)의 뜻밖의 화(禍)[722]가 사람의 마음을 놀라게 하네.[723]
바쁘게[724] 오고간들[725] 무슨 상관이 있으랴?
송헌(松軒)이 나를 사랑함이 깊음을 다시금 느끼네.

---

719) 中書省은 고려시대의 최고중앙정무기관으로 국정을 總轄하고 政案·詔勅의 초안을 작성하여 왕에게 상주하는 일을 맡아보던 관아로 中書門下省이라고도 하였는데, 정3품 이하의 소속관원인 省郎[郎舍·諫官]은 封駁과 諫諍의 권한을 행사하였다.
720) 御史臺는 고려시대에 時政을 논하고 풍속을 교정하며 백관을 糾察·彈劾하는 일을 맡아보던 관서이다.
721) 彈劾은 공직자의 부정이나 비행 따위를 들추어 糾彈하거나 책임을 추궁하는 일이다.
722) 奇禍는 뜻밖의 災禍이다.
723) 烏川奇禍는 鄭夢周가 李芳遠의 사주를 받은 趙英珪에게 살해당했다는 일을 가리키는데, 4월 4일에 있었던 사건을 4월 16일이 지나서야 언급한 것으로 보아, 자신이 前年 12월에 韓山府院君 領藝文春秋館事로 복귀하였다가 다시 從便된 것이 圃隱의 죽음을 계기로 한 政局의 역전 때문임을 즉시 알지는 못하였던 듯하다.
724) 屑屑은 부지런히 바쁘게 애쓰는 모양이다.
725) 屑屑往來는 부지런히 다닌다는 뜻으로 여러 차례에 걸쳐 각지로 유배되거나 종편되는 일을 가리킨다.,

省擊臺彈直到今　　烏川奇禍駭人心
往來屑屑何妨事　　更感松軒愛我深

12-35-118 현판서께 부치다(2수)
12-35-118 寄玄判書

한강(漢江)의 남쪽 기슭에 있는 광주(廣州)의 마을은
쓸쓸하게 몇 집이 서로 문을 마주하고 있다네.
서쪽 이웃에 군자(君子)의 집이 있지 않다면
늙은이가 어떻게 아침저녁을 넘기랴?

漢江南畔廣州村　　寂寞數家相對門
不有西隣君子宅　　老夫何以度朝昏

낭묘(廊廟)에서 함께 놀았던 일이 꿈결과 같은데
금주(衿州)의 북쪽 들판에서 문득 서로 만나네.
번거롭게도 음식[726]과 여물콩[727]를 대어 주시니
조물주도 응당 한 대머리 늙은이[728]를 가엾게 여기시리.

廊廟同遊似夢中　　衿州北野忽相逢
盤飧棧豆煩供給　　造物應憐一禿翁

12-35-119 동년 강판사[729] 댁의 벽에 쓰다. 나에게 맥을 짚어

726) 盤飧은 쟁반에 담긴 음식이다.
727) 棧豆는 여물에 들어 있는 콩이나 마굿간의 콩이다.
728) 禿翁은 대머리 늙은이로 늘그막에 벼슬이 없는 사람을 낮추어 가리키거나 그런 사람이 자신을 비웃을 때 쓰는 말이다.

달라고 청하시기에 놀린 것이다

12-35-119 書同年姜判事壁 請予看脈 故戲之云

그대의 여섯 맥[730]을 짚어 보니 지극히 기대한 바와 같아서
몸이 건강하고 마음이 화평함을 또한 알 수 있네.
또 하물며 무량수불(無量壽佛)[731]께 귀의하셨음에랴?
보양(保養)하면 응당 이승에서 백년을 누리시리.

看君六脈至如期　　身健心和亦可知
又況歸依無量壽　　此生應享百年頤

12-35-120 동년 강정헌 선생께 부쳐 드리다(2수)

12-35-120 寄呈同年姜靜軒先生

먼 조상 염정(廉貞)[732]께서는 아직 하늘에 계실 텐데
정헌(靜軒)을 사람들은 땅 위의 신선[733]이라고 말하네.
한 구역의 꽃들이 속세의 것과 매우 다른데
손이 오면 마음을 여는데[734] 술은 샘물과 같네.

---

729) 判事는 고려시대 都僉議使司・門下府・典客寺 등 諸寺司의 으뜸 벼슬로 품계는 종1품에서 종3품까지인데, 강판사는 다음 작품의 詩題에 언급된 姜靜軒을 가리킨 듯하다.

730) 六脈은 한의학에서 診脈하는 여섯 부위로 좌우 손목의 寸과 關 및 尺의 三脈인 浮・中・沈을 가리킨다.

731) 無量壽佛은 서방정토에 있는 부처인 阿彌陀佛의 意譯이다.

732) 廉貞은 품행이 방정하며 충성스럽고 올곧음을 뜻하는데, 여기에서는 姜靜軒의 先代 어떤 분의 시호를 가리킨 듯하다.

733) 地仙은 인간세계에 머물러 사는 신선, 또는 걱정 없이 안락하게 사는 사람을 비유하는 말이다.

734) 開懷는 마음을 여는 것이다.

遠祖廉貞尙在天　　　靜軒人道地行仙
一區花太非塵世　　　客至開懷酒似泉

멀리 하늘 끝까지 유배된 것이 몇 번인가?
사람들은 화(禍)의 뿌리[735]가 남대(南臺)[736]에 간 것이라고 하네.
이것은 모두 운명이니 내가 무엇을 한탄하랴?
매번 입을 벌리고 웃으면서 술통 앞에 앉는다네.

遠謫天涯問幾回　　　禍胎人道去南臺
是皆命也吾何恨　　　每向樽前笑口開

12-35-121 우거하는[737] 시골집[738]에서 짓다
12-35-121 題所寓村舍

위험한 길이든 순탄한 지경이든 다 느긋하니
조물주도 내가 여전히 완고함을 웃으리.
이미 처음에 나쁜 소문이 귀에 들어온 것을 잊었는데
선뜻 다시 부끄러운 기색이 얼굴에 뜨게 하랴?
금주(衿州)로 가는 길의 서쪽고개에는 흰빛이 가로지르고
관악산(冠岳山)[739]의 동쪽문에는 푸른빛이 방울지네.

---

735) 禍胎는 禍根이다.
736) 南臺는 남쪽의 臺城이란 뜻으로 明나라의 宮城인 金陵을 가리킨다. 臺城은 南朝 梁나라의 수도인 建康의 성곽인데, 이로 말미암아 六朝時代에는 흔히 禁城을 가리키는 말로 쓰였고, 나중에는 建康·金陵·南京의 별칭으로 쓰였다. 여기에서는 목은이 昌王 즉위년(1388)에 賀正使로 明나라의 수도 金陵[南京]에 간 일을 가리키고자 쓴 말이다.
737) 寓居는 더부살이를 함, 객지에서 붙어사는 것이다.
738) 寓舍는 임시로 거처하는 집이다.
739) 冠岳山은 지금의 서울시 冠岳區 新林洞 일대와 경기도 安養市 및 果川市의 경계

새로 내린 비가 보리밭과 벼논에 넉넉하니
이제부터는 먼지 속에서 달리기를 바라지 않으리.

危途順境兩閑閑　　造物依然笑我頑
已忘惡聲初入耳　　肯敎慙色再浮顏
白橫西阪衿州路　　翠滴東門冠岳山
麥隴稻田新雨足　　從今不願走塵間

12-35-122 형제

12-35-122 弟兄

아우와 형은 다른 현(縣)에 살고
지아비와 아내는 두 강[740]을 사이에 두고 있네.
땅은 가깝지만 천리와 같고
하늘은 멀어도 온 나라가 공유한다네.
줄곧 그리워하니 마음이 하나로 합쳐지고
홀로 거처하니 그림자가 짝을 이루네.
너희들은 나의 형편을 알겠느냐?
살진 물고기와 항아리에 가득한 술이 있단다.

弟兄居異縣　　夫婦隔重江
地近同千里　　天遙共一邦
永懷心合一　　獨處影成雙
汝輩知吾否　　魚肥酒滿缸

에 있는 산이다.

740) 重江은 겹친 강으로 開京과 衿州 사이에 있는 臨津江과 漢江을 가리킨다.

12-35-123 남경[741]윤[742]께 부치다
12-35-123 寄南京尹

강산에는 풍경이 아름답고
천지에는 성은이 깊네.
다만 부엌에 연기가 일지 않는 것이 괴상하거니와
응당 조그만 마음을 아시리.

江山風景好　　天地聖恩深
只怪廚烟冷　　應知一寸心

12-35-124 물고기를 보내 준 박돈지[743]에게 사례하고 아울러 회포를 적다(2수)
12-35-124 謝朴惇之饋魚 兼述所懷

비가 부슬부슬 내리는 오경(五更)[744]에 닭이 우는데
오랜 병과 새 근심으로 온통 쓸쓸하네.[745]
문득 전해지는 날치[746]와 서신[747]을 보노라니

---

741) 南京은 고려 文宗 때에 留守官을 둔 이래의 楊州(漢陽)의 별칭이다.
742) 尹은 고려시대 지방행정 단위의 하나인 府의 으뜸 관직으로 開城·平壤·漢陽·慶州에 두었으며 종2품 또는 정3품이었다.
743) 朴惇之(1342~1422)는 여말선초의 문신으로 본관은 密陽, 字는 季信, 초명은 啓陽이다. 1360년에 등제하여 藝文應教·祕書監을 거쳐 1388년 押物官으로 하정사 李穡을 수행하여 명나라에 다녀왔고, 귀국 후 비리로 유배되었다. 조선 太祖 때에 일본에 통신사로 다녀왔고, 太宗 때에는 명에 두 차례 사신으로 다녀온 뒤에 檢校參贊議政府事를 지냈다.
744) 五更은 오전 세 시부터 다섯 시 사이의 시간으로 五夜라고도 한다.
745) 寂寥는 고요하고 쓸쓸한 모양이다.
746) 飛魚는 바닷물고기인 날치이다.
747) 尺素는 한 자의 베로 간단한 서신이나 문서를 가리키며 尺牘·尺書라고도 한다.

무료(無聊)한[748] 이를 위로하는 옛 벗의 두터운 정이 느껴지네.

五更鷄叫雨蕭蕭　　舊病新愁共寂寥
忽見飛魚傳尺素　　故人情重慰無聊

너그러우신[749] 성은으로 강 가에 누워 있건만
아직은 삼한(三韓)의 부원군(府院君)[750]이라네.
시렁 위에는 허리에 매는 서대(犀帶)[751] 하나가 걸려 있어
사람이 멀리 곡봉(鵠峯)[752]의 구름을 바라보게 하네.

聖恩寬大臥江濆　　猶是三韓府院君
犀帶一腰懸架上　　令人遙望鵠峯雲

12-35-125 집 북쪽의 작은 산에 올라 사방을 바라보다
12-35-125 登舍北小山四望

하늘과 땅은 끝이 없이 매우 큰데
목은은 머리가 희고 얼굴이 창백한 늙은이라네.
장년에는 녹록하여[753] 훌륭한 계책[754]에 어둡더니
만년[755]에는 멍청하여[756] 전의 공을 없애네.

---

748) 無聊는 기댈 곳이 없이 매우 가난한 것이다.
749) 寬大는 너그럽고 厚德함, 도량이 넓음이다.
750) 府院君은 고려시대에 왕비의 아버지나 1품의 功臣에게 주던 封號이다.
751) 犀帶는 무소의 뿔로 장식물을 만들어 붙인 띠로 1품의 관원이 朝服 위에 두르던 것이다.
752) 鵠峯은 鵠嶺과 같은 말로 開京의 鎭山인 松嶽山의 별칭이다.
753) 碌碌은 평범한 모양, 남에게 붙좇는 모양이다.
754) 上策은 훌륭한 계책이다.
755) 晩節은 늙은 시절, 노년이다.

한 줄기 긴 강은 평평한 들판을 나누는데
천 겹으로 쌓인 산은 먼 허공에 닿네.
발을 씻고 옷을 터니[757] 높은 흥취가 생기지만
작은 마음은 끝내 팔선궁(八仙宮)[758]을 향하네.

大哉天地儘無窮　　白髮蒼顔是牧翁
碌碌壯年迷上策　　悠悠晩節棄前功
長江一派分平野　　疊嶂千層接遠空
濯足振衣高興發　　寸心終向八仙宮

12-35-126 송헌께 부쳐 드리다
12-35-126 寄呈松軒

왕경(王京)을 나서니 길이 아득한데
가는 곳마다 양식[759]이 적다네.
만약 산 속의 고을을 내려 주신다면
마음을 편안히 하고 만년[760]을 보내리.

---

756) 悠悠는 어두컴컴한 모양이다.
757) 濯足振衣는 屈原의 〈漁父辭〉의 "창강의 물이 흐리면 나의 발을 씻네.(滄江之水濁兮 加以濁吾足)"라는 구절과 "새로 몸을 씻는 사람은 반드시 옷을 털어 입네.(新沐者必振衣)"라는 구절에서 인용한 표현이다.
758) 八仙宮은 松嶽山 꼭대기에 있던 道敎의 祀廟로 八聖堂이라고도 하였던 듯하다. 『高麗史』「高麗世系」에서는 金寬毅의 『編年通錄』을 인용하여 唐 肅宗이 潛邸時에 松嶽 鵠嶺에 올라 "이 땅은 반드시 도읍이 되리라." 하니 從者가 "이 곳은 八眞仙이 사는 곳입니다."라고 했다고 하였고, 「列傳」〈妙淸傳〉에서는 八仙[八聖]이 太白仙人·六通尊者·天仙·平壤仙人·木覓仙人·震主居士·神人·天女라고 하였다.
759) 資糧은 糧食이다.
760) 夕陽은 저녁해로 老境을 비유한다.

出京迷道路　　到處少資糧
儻賜山中郡　　安心送夕陽

12-35-127 메기[761]를 보내 주신 현판서께 사례드리면서 느낀 바가 있어서. 3수
12-35-127 謝玄判書送鮎魚 因有所感 三首

전에는 봉황이 금난전(金鑾殿)[762]에 들어간 듯하더니
이제는 메기가 대나무 장대를 올라가는[763] 것과 같네.
사물을 대하면 회포가 일어남이 군자의 일인데
거처[764]를 구하려고 하여도 편안할 수 있는 곳이 없다네.

昔如鳳鳥入金鑾　　今似鮎魚緣竹竿
對物興懷君子事　　卜居無處可求安

오랜 병에 의관(醫官)이 나에게 자상하게 말하기를
비늘이 없는 물고기는 약과 서로 방해가 된다고 하였다네.
그대가 보내 주신 뜻에 감탄하거늘 어찌 저버릴 수 있으리요?

---

761) 鮎魚는 메기이다.

762) 金鑾殿은 唐나라 때에 翰林院이 있던 전각이다.

763) 鮎魚緣竹竿은 粘液이 있고 비늘이 없는 메기가 대나무 장대를 올라간다는 뜻으로, 歐陽脩의 『歸田錄』 권하의 다음 고사에서 유래하여 올라가기 어려움을 비유한다. 梅聖俞가 시로 이름이 알려진 지 30년이 되어도 館職을 얻지 못하다가, 『唐書』를 편수하라는 칙명을 받고서 그 아내 刁氏에게 "내가 『唐書』를 편수함은 원숭이가 포대에 들어감과 같소.(吾之修書可謂猢猻入布袋矣)"라고 하니, 조씨가 응대하기를 "낭군께서 벼슬하는 것이 또한 메기가 대나무 장대를 올라감과 무엇이 다르겠습니까?(君於仕宦亦何異鮎魚上竹竿耶)"라고 하였는데, 들은 이들이 모두 좋은 對偶라고 말하였다.

764) 卜居는 살 만한 곳을 가려서 정하는 것이다.

젓가락을 들고 맛을 보노라니 또한 두려움이 줄어드네.

久病醫官語我詳　　無鱗魚與藥相妨
感君來意何容負　　下筋還教少忌嘗

동방(東方)의 풍속은 중화(中華)에서도 사모하거니와
이웃이 순박하니 바라는 것을 쉽게 구할 수 있다네.
누군들 금주(衿州)의 현봉익(玄奉翊)[765]과 같으랴?
달마다 비는 날 없이 진기한 음식을 보내 주시네.

東方風俗慕中華　　淳朴比隣願易求
誰似衿州玄奉翊　　月無虛日送珎羞

12-35-128 관악산 선각암의 철수좌[766]가 나물반찬[767]과 석이[768]를 보내 주시다
12-35-128 冠嶽山禪覺菴澈首座 惠草佐飯石茸[769]

나는 강 가에서 달을 읊는데
스님은 고개 꼭대기에서 구름에 누워 계시리.
자취는 비록 다르지만

---

765) 奉翊大夫는 從二品 上에 해당하는 고려시대 文散階로 銀紫光祿大夫에서 바뀐 것이다.
766) 首座는 고려시대 教宗의 법계의 하나로, 최고법계인 僧統의 바로 아래이다.
767) 佐飯은 밥을 돕는다는 뜻으로 반찬을 가리킨다.
768) 石耳(栮)는 석잇과에 딸린 버섯으로 깊은 산 바위 위에서 자라며, 지름 3~10cm로 편평한 원반꼴이며, 겉은 잿빛에 반들반들하고 안은 검고 거칠거칠하다. 부드럽던 것이 말리면 가죽처럼 되며, 향기와 맛이 좋아 초를 쳐서 먹는다.
769) 원전의 '茸'은 '耳'의 착오인 듯하다.

음성이 들리는 듯하네.
다행스럽게도 지금 두터운 은택[770]을 내리시니
이제부터는 맑은 향기에 읍하리.
어느 날에나 몸이 건강해져서
바람이 불어오는 창 가에서 한밤중[771]까지 이야기하랴?

我吟江上月　　師臥嶺頭雲
蹤跡雖然異　　音聲似得聞
幸今垂茂渥　　從此揖淸芬
何日身強健　　風窓語夜分

12-35-129 즉석에서 짓다
12-35-129 卽事

전자(田字)로 생긴 창이 구자(口字)로 생긴 뜰에 임해 있는데[772]
아침저녁으로 밥 짓는 연기가 빈 대청을 가두네.
문을 나가면 길게 휘파람불 수 있는 것은
눈에 가득한 관악산(冠岳山)이 과분하게[773] 푸르기 때문이네.

田字窓臨口字庭　　炊烟朝暮鎖虛廳
出門可是舒長嘯　　滿眼冠山分外靑

---

770) 茂恩은 두터운 恩澤이다.
771) 夜分은 한밤중이다.
772) 이 구절은 사물의 모양과 글자의 모양을 연결한 교묘한 표현이라 할 수 있는데, 曺伸의 『謏聞瑣錄』에서는 俚語를 써서 작시한 예로 들었다.
773) 分外는 과분함, 분수에 넘침이다.

12-35-130 **관악산 신방암의 주지는 무급[774]의 동항[775]으로 북쪽에서 돌아와 이 암자에서 기거하고 있는데, 노숙[776] 아무개들과 함께 먹을 것을 가지고 와서 대접해 주시다**

12-35-130 **冠嶽新房菴主 無及之同行也 由朔方廻居是菴 與老宿某某 携食來餉**

단월(檀越)[777]이 스님을 대접함[778]은 예로부터 상례[779]인데
산승께서 속인을 대접하시니 놀라서 두려워할[780] 만하네.
눈처럼 쌓인 만두는 찌니 더욱 빛나고
기름이 엉긴 두부는 지지니 더욱 향기롭네.
다생의 인연이 두터운 탓이지 우연히 만난 것이 아닌데
한 끼 밥의 은혜가 깊음에 감당하기 어려울까 두렵네.
이러한 말을 적어서 천고(千古)의 뒤까지 전하고자 하거니와
하늘과 가지런한 석벽은 만 길이 넘는다네.[781]

檀越齋僧是故常　　山僧饗俗可驚惶
饅頭雪積蒸添色　　豆腐脂凝煮更香
緣厚多生非偶值　　恩深一飯恐難當

---

774) 無及은 법명이 信이었던 여말의 승려인 듯한데, 이 시뿐만 아니라 『목은시고』 권26 · 권29 · 권30에 관련시가 있는 것으로 보아 목은과 교유가 깊었던 듯하다.
775) 同行은 法歷이 같거나 비슷한 승려이다.
776) 老宿은 僧侶 · 道士 중에서 연로하고 덕행을 지닌 사람이다.
777) 檀越은 施主이다.
778) 齋僧은 齋에서 쓴 음식을 승려에게 주는 것이다.
779) 故常은 옛 規則 · 慣例 · 常例이다.
780) 驚惶은 놀라서 惶恐스러운 것이다.
781) 이 두 구절은 元結의 〈大唐中興頌〉(『次山集』 권6)의 말미에 나오는 "돌벼랑이 하늘과 가지런하여, 갈아서 새길 만하기에, 이 찬양의 노래를 새기니, 어찌 천만년만 전해지랴?(石崖天齊 可磨可鐫 刋此頌焉何千萬年)"라는 대목을 변용한 것이다.

欲書此語傳千古　　　石壁天齊萬仞強

12-35-131 오월 열이렛날에 숙휴[782] 진사[783]를 급히 보내어 왕경에 들어가서 일을 보게[784] 하고서, 영락함[785]이 이에 이름을 스스로 비웃으면서 1수를 읊다

12-35-131 五月十七日 馳叔畦進士入京幹事 自笑零丁至此 吟成一首

필부가 천하를 가지기도[786] 하고
만승(萬乘)[787]이 독부(獨夫)[788]가 되기도 한다네.
대체적인 추세는 예나 지금이나 같거늘
하물며 선비의 무리임에랴?
아침에는 매우 분주하게[789] 무리를 이루더니
저녁에는 아주 쓸쓸하여[790] 외롭네.
어찌 매우 탄식하는[791] 이가 없으랴?

---

782) 李叔畦는 목은의 둘째 아들인 種學의 제2자로서 成均生員을 거쳐 司水主簿를 지낸 사실이 확인된다.
783) 進士는 고려시대에 司馬試〔監試〕에 급제한 사람을 가리킨다.
784) 幹事는 일을 주관하는 것이다.
785) 零丁(伶仃)은 외롭고 落魄〔零落〕한 모양이다.
786) 匹夫有天下는 『孟子』 「萬章 上」의 "필부로서 천하를 가진 자는 덕이 반드시 순임금과 우임금과 같고, 또 천자 중에 추천하는 이가 있어야 한다. 그러므로 공자께서는 천하를 가지지 못하셨다.(匹夫而有天下者 德必若舜禹而 又有天子薦之者 故仲尼不有天下)"라는 대목에서 인용한 것이다.
787) 萬乘은 兵車 一萬輛으로 天子의 자리, 또는 천자를 가리킨다.
788) 獨夫는 포악무도하여 백성들이 배반하고 친척이 떠나간 천자인데, 『書經』 「太誓 下」에 "독부 수〔紂王〕가 크게 위압을 일삼았으니, 곧 너희들의 代代의 원수이니라.(獨夫受 洪惟作威 乃汝世讎)"라는 글이 있다.
789) 侁侁은 분주하게 오고가는 모양, 무리가 많은 모양이다.
790) 孑孑은 외로움, 쓸쓸함이다.
791) 況嘆(況歎)은 매우 탄식함, 또는 탄식함을 뜻하는데, 『詩經』 「小雅」 〈常棣〉에 "늘

말하고자 하다가 또 머뭇거리네.[792]
미약한 재주[793]로 어찌 일을 보랴?
짧은 부[794]가 하늘 높이 오를[795] 것은 아니라네.
대궐의 문[796]에 호소할 길이 없거늘
속마음[797]을 어찌 펼칠 수 있으랴?
운명이요 또 천수(天數)라면
장차 나의 나아갈 바를 삼가리.
장한(張翰)[798]의 농어는 멀고
왕교(王喬)[799]의 물오리는 아득하네.
할 수 있는 것도 없고 할 수 없는 것도 없는데[800]

좋은 벗이 있어도, 더욱이 길이 탄식하기만 하네.(每有良朋 況也永歎)"라는 구절에서 인용한 말이다.

792) 囁嚅는 말을 하려다가 머뭇거리는 모양인데, 韓愈의 〈送李愿歸盤谷序〉에 "발은 장차 나아가려고 하다가도 머뭇거리고, 입은 말하려 하다가도 우물쭈물하네.(足將進而趑趄 口將言而囁嚅)"라는 구절이 있다.

793) 弱材(才)는 재능이 보잘것없음, 또는 그런 사람이다.

794) 小賦는 漢末에 大賦에 이어서 나온 新體의 부로 길이가 비교적 짧고 서정적인 작품이 많았는데, 여기에서는 司馬試의 시험과목으로 사용된 부를 가리킨다.

795) 淩虛는 하늘 높이 올라가는 것이다.

796) 閶闔은 전설상의 하늘의 門으로 大闕의 문을 비유한다.

797) 心腹은 衷情·참뜻·속마음이다.

798) 張翰은 西晋時代의 吳郡人으로 문장에 뛰어나고 격식을 싫어하였으므로 사람들이 '江東步兵'이라 불렀는데, 惠帝 때 大司馬東曹椽으로 있다가 천하가 어지러워지자 고향에 돌아갈 뜻을 지녔는데, 마침 가을바람이 이는 것을 보자 吳中의 菰菜와 순채국과 농어회를 그리워하여, "인생은 뜻에 맞게 사는 것을 귀하게 여기거늘, 어찌 수천리 밖에서 벼슬하면서 명예와 작록을 바랄 게 있겠느냐?(人生貴得適志 何能羈宦數千里以要名爵乎)"라고 하면서 귀향하였다.

799) 王喬는 後漢 河東人으로 成帝 때 尙書令를 지내고, 明帝 때에 葉縣의 令이 되었는데, 매월 朔望마다 조정에 오기에, 수레도 없이 자주 옴을 괴상하게 여긴 황제가 太史에게 살펴보게 하였더니, 尙書官屬이 준 신발을 오리로 변하게 하여 타고 다녔다고 한다.

800) 이 구절은『論語』「微子」의 "나는 이와 달라서, 할 수 있는 것도 없고 할 수 없는 것도 없다.(我則異於是 無可無不可)"라는 孔子의 말을 인용한 것이다.

서늘한 바람이 자리 모퉁이에서 일어나네.

匹夫有天下	萬乘爲獨夫
大勢今古同	何況士之徒
侁侁朝頗衆	孑孑夕已孤
豈無況嘆者	欲言還囁嚅
弱材豈幹事	小賦非凌虛
無從叫閶闔	心腹安可敷
命也又天也	且愼吾所趨
悠悠張翰鱸	杳杳王喬鳧
無可無不可	凉風生座隅

12-35-132 **중현대부[801] 지안산[802] 정사운이 쌀 열 말과 말린 생선 열 마리와 술 두 병을 보내면서 이르기를 남계정사[803]가 청하였다고 한다. 안산은 경기[804]에 새로 부임하였고, 남군은 양광도[805]의 계정사인데, 어떻게 서로 통신하였을까? 반드시 두 사람이 서로 좋아하는 사이일 것이다. 이에 장난삼아 짧은 율시를 짓다**

12-35-132 **中顯知安山鄭士雲 送白米十斗乾魚十首酒兩瓶云**

---

801) 中顯大夫는 從三品下에 해당하는 고려시대의 文散階이다.

802) 安山은 지금의 경기도 安山市 지역에 있던 郡이다.

803) 計定使는 計點使와 같은 말로 고려 말기에 토지의 兼併과 良人의 冒占 등으로 인하여 토지와 신분의 제도가 문란해지자, 이를 시정하기 위하여 임시로 파견하던 사신인데, 너무 빈번하게 差遣한 탓에 오히려 폐해가 더 심할 지경이었다.

804) 京畿는 고려시대의 王京을 중심으로 하여 일정한 인근 지역을 포괄하는 지방행정 단위이다.

805) 楊廣道는 고려시대의 지방행정 구역인 五道의 하나로 지금의 경기도 남부 지역, 강원도의 일부, 충청남북도의 대부분의 지역에 해당한다.

南計定所請也　安山新京畿　南君楊廣計定使　何從而相通必二人相好者也 於是戲賦短律

양광(楊廣)[806]과 안산(安山)은 도(道)가 같지 않으니
정승지[807]와 남칙사[808]는 둘이 서로 좇을 길이 없으리.
틀림없이 지난날에 교정이 두터웠을 텐데
그래서 한산(韓山)에게는 복기(福氣)[809]가 짙어지네.
눈과 같이 흰 쌀은 또한 향기가 있고
허공처럼 맑은 술은 또 찌꺼기가 없네.
더욱이 숙어(鱐魚)[810]는 시제(時祭)[811]에 차리기 넉넉하니
말년에 안배해[812] 주시는 화공(化工)[813]께 감사드리네.

楊廣安山道不同　　鄭承南敕兩無從
必然昔日交情厚　　也是韓山福氣濃
米白有香還似雪　　酒淸無滓却如空
鱐魚又足供時祭　　末路安排感化工

12-35-133 날이 갬을 기뻐하며 숙휴를 위로하다
12-35-133 喜晴慰叔畦也

806) 楊廣은 楊州와 廣州이다.
807) 承旨는 고려시대에 王命의 出納과 宮中의 宿衛, 軍機의 正邪 등을 담당하던 官府인 密直司의 정3품 관직으로, 知申事・左承旨・右承旨・左副承旨・右副承旨가 있었다.
808) 敕(勅)使는 임금의 명령을 받은 사신이다.
809) 福氣는 有福할 氣脈, 행복을 누릴 명운, 행복이다.
810) 鱐魚는 乾魚이다.
811) 時祭는 계절마다 지내는 제사이다.
812) 安排는 지혜를 짜내고 공력을 들임, 마음과 힘을 써서 이리저리 짜맞춤이다.
813) 化工은 조화를 일으키는 존재나 힘, 또는 하늘의 조화이다.

이슬비와 비낀 바람 속에 네가 떠남을 전송하였더니
송산(松山)과 맑은 하늘빛[814]이 함께 기쁘게 맞이하리.
효자(孝子)에 순손(順孫)[815]이라 마음이 둘이 아니니[816]
황천(皇天)[817]에 계신 상제[818]께서 살피심이 매우 밝네.
의심이 많아서 교만히 날뜀[819]을 도울까 아직도 두려워하는데
어지러움이 극도에 달하면 태평을 회복한다고 다들 말하네.
천추(千秋)토록 종사(宗社)[820]의 위령(威靈)[821]이 계실 테니
반드시 해를 꿰뚫도록 충성하여 아름다운 이름[822]을 보전하라.

細雨斜風送汝行　　松山霽色喜相迎
順孫孝子心無二　　上帝皇天鑑甚明
尙恐疑多成跋扈　　皆言亂極復昇平
千秋宗社威靈在　　貫日忠當保令名

12-35-134 즉석에서 3수를 지었는데, 직술[823]이요 빈 말이 아니다(3수)

12-35-134 卽事三首 直述 非虛語也

비가 그치니 강 위의 구름이 바람을 따라 날리는데

814) 霽色은 맑은 하늘빛이다.
815) 孝子順孫은 부모와 선조께 효도하고 공경하는 자손이다.
816) 無二는 貳(二)心을 품지 않음, 배반할 마음이 없음이다.
817) 皇天은 하늘, 하느님이다.
818) 上帝는 天帝, 하늘이다.
819) 跋扈는 교만하게 날뜀, 억세고 사나움이다.
820) 宗社는 宗廟와 社稷의 준말로 국가를 가리킨다.
821) 威靈은 神靈, 神靈의 威力・威光이다.
822) 令名은 훌륭한 명예・명성이다.
823) 直述은 直敍와 같은 말로 있는 그대로 바로 서술하는 것이다.

물 위의 바늘과 같은 새싹은 푸른빛이 더욱 짙어지네.
나는 올해에도 춘경(春耕)을 하지 못하였으니
추수가 잘 되는 곳으로 사직(辭職)을 청하여 돌아가고 싶네.

江雲罷雨逐風飛　　針水新苗綠更肥
我又今年耕不得　　秋收好處乞身歸

기러기가 진흙에 자국[824]을 남기고 구름 속으로 날아가는데[825]
예로부터 고인(高人)[826]은 은둔하여 살찌기를[827] 바란다네.
욕심이 있기에 신룡(神龍)을 낚시질할 수 있었거니와[828]
장차 사호(四皓)[829]가 옷깃을 떨치고 감을 보시리.

鴻留泥爪入雲飛　　自古高人遁要肥

---

824) 爪는 날짐승의 발톱, 짐승의 발굽이다.

825) 이 구절은 蘇軾의 고시 〈和子由澠池懷舊〉의 서두에 나오는 "사람의 삶은 이르는 곳마다 무엇과 비슷한가? 응당 나는 기러기가 눈이 녹은 진흙탕을 밟는 것과 같으리. 우연히 진흙 위에 발자국을 남기거늘, 날아간 기러기가 어찌 다시 동쪽과 서쪽을 헤아리랴?(人生到處知何似 應似飛鴻踏雪泥 泥上偶然留指爪 飛鴻那復計東西)"라는 대목을 압축한 표현이다.

826) 高人은 世俗을 초탈한 사람, 志行이 고상한 사람으로 高士라고도 한다.

827) 肥遁은 은둔하여 살찐다는 뜻으로, 『周易』 遯卦 象辭의 "살찌는 은둔이니 이롭지 않음이 없다.(肥遁 無不利)"라는 글에서 인용한 것이다.

828) 이 구절은 元 劉瑾의 『詩傳通釋』에 인용된 『詩經』 「豳風」 〈狼跋〉에 대한 宋 范祖字의 주석인 "신룡은 간혹 물에 잠기기도 하고 간혹 날기도 하며, 커질 수도 있고 작아질 수도 있어서, 그 변화를 헤아릴 수 없다. 그래서 잡아서 개와 양처럼 기르는 것은 그것이 욕심을 가지고 있기 때문이다.(神龍或潛或飛 能小能大 其變化不測 然得而畜之若犬羊然 有欲故也)"라는 글을 뜻하고자 한 표현이다.

829) 四皓는 秦末에 避亂하여 商山에 은거한 東園公·綺里季·夏黃公·甪里先生 등 팔십세가 넘은 노인들로 漢 高祖의 부름에 응하지 않고 芝草를 먹고 살면서 〈紫芝歌〉를 읊었다. 뒤에 고조가 태자인 代王 盈을 폐하고 戚夫人이 낳은 趙隱王 如意를 세우려 할 때에 呂后가 張良의 계책을 써서 초빙하자, 그에 응하여 태자를 보필함으로써 漢室을 안정시키는 데 공헌하였다.

釣得神龍由有欲　　且看四皓拂衣歸

뜰[830]에 사람이 드무니 제비가 날기를 익히는데
비가 넉넉히 내린 연못[831]에서는 물이 막 불어나네.
기수(沂水)[832]에서 목욕할 높은 흥취가 느긋이 생기지만
누구와 풍영(風詠)하면서 돌아올까[833] 하고 스스로 탄식하네.

庭宇人稀燕習飛　　陂塘雨足水初肥
浴沂高興悠然動　　自歎與誰風詠歸

12-35-135 경치를 마주하며 회포를 쏟다
12-35-135 對景寫懷

조물주가 나의 마음이 평안하지 않음을 가엾게 여겨
일부러 맑은 경치들이 한꺼번에 아울러 있게 하네.
바람에 소나기[834]가 불려오니 동남쪽은 어둑하고
구름 사이로 저녁햇빛이 새니 서북쪽은 밝네.
머리 위에 있는 하늘은 원래 말이 없건만
가슴 속은 온갖 일로 저절로 바쁘네.[835]

---

830) 庭宇는 뜰, 집이다.
831) 陂塘은 池塘이다.
832) 沂水는 曾點이 저문 봄에 봄옷이 이루어지면 冠禮를 치른 이 5·6인과 동자 6·7인과 함께 목욕하기를 바랐던 곳인데, 『論語』 「先進」에 孔子가 子路·曾皙·冉有·公西華에게 "너희들을 알아 주면 어떻게 하겠는가?" 물었을 때, 曾點이 다른 세 사람과 달리 "저문 봄에 봄옷이 이루어지면 冠者 5·6인과 동자 6·7인과 함께 沂水에서 목욕하고 舞雩에서 바람을 쐬고 읊으면서 돌아오겠습니다."라고 답하자, 공자께서 감탄하며 "나도 點처럼 하고자 한다."라고 하였다는 글이 있다.
833) 風詠歸는 바람을 쐬면서 시를 읊으며 돌아오는 것이다.
834) 凍雨는 소나기, 또는 겨울철의 찬비이다.

시를 지음이 어찌 세인(世人)에게 전하기 위함이랴?
아손(兒孫)[836]들에게 남겨 주려고 이 행차를 기록한다네.

造物憐吾意不平　　故敎淸景一時幷
風吹凍雨東南暗　　雲漏夕陽西北明
頭上有天元默默　　胸中萬事自營營
題詩豈爲傳人世　　留與兒孫記此行

12-35-136 현판서에게 새 정자의 지붕을 덮을 띠를 구하여 달라고 하다
12-35-136 從玄判書 求茅蓋新亭

사방이 탁 트인 물이 가까운 작은 산에
새 정자를 얽고자 함은 곡봉(鵠峯)을 바라보기 위함이라네.
조금이라도 햇볕에 쬐고 비에 젖음은 반드시 피해야 할 텐데
누가 선뜻 삼중대광(三重大匡)[837]에게 흰 띠를 빌려 주랴?

小山臨水四方通　　欲結新亭望鵠峯
日炙雨霑須小避　　白茅誰肯借三重

12-35-137 남재[838]가 순채와 술과 주지[839]를 보내다

---

835) 營營은 끊임없이 왕래하는 모양, 마음이 조급하여 불안한 모양, 쉬지 않고 바쁘게 일함이다.
836) 兒孫은 子孫이다.
837) 三重大匡은 고려시대 文散階의 하나로, 忠烈王 때에 정1품의 품계로 신설되었고, 恭愍王 원년에 폐지되었다가 11년에 종1품 下階로 부활되고, 공민왕 18년에는 종1품의 上階로 바뀌었다. 목은은 우왕 원년(1375)에 삼중대광 韓山君에 올랐다.
838) 南在(1351~1419)는 여말선초의 문신으로 본관은 宜寧, 자는 敬之, 호는 龜亭,

12-35-137 南在送蓴酒奏紙

채윤(蔡倫)[840]의 문객(門客)은 천자[841]가 깨끗하고
장한(張翰)[842]의 수선(水仙)[843]은 풍미[844]가 맑네.
다행스럽게도 청주종사(青州從事)[845]까지 있으니
온화한 기운들을 합성시켜서[846] 참된 뜻을 그려 보리.

蔡倫門客天姿潔　張翰水仚風味淸
賴有靑州從事在　合成和氣寫眞情

12-35-138 광주[847]목사[848] 최서[849]에게 부치다

檢校侍中 乙藩의 아들이다. 恭愍王 20년에 등제하여 1389년에 右司議가 되고 1390년에 判典校寺事가 되었다. 아우 誾과 함께 개국파에 가담하여 回軍功臣이 되고, 廉問計定使로 楊廣道에 파견되었다. 조선조에서 開國功臣 1등에 오르고, 政堂文學을 거쳐 太宗 때에 領議政를 지내고 宜寧府院君에 봉해졌다. 『龜亭遺稿』를 남겼으며, 시호는 忠景이다.

839) 奏紙는 上奏文을 적는 종이이다.

840) 蔡倫은 後漢 桂陽人으로 宦官이었는데, 종이를 발명한 공로로 龍亭侯에 봉해졌다.

841) 天姿는 타고난 자질, 자연스러운 풍모와 자태이다.

842) 張翰은 西晋時代의 吳郡人으로 惠帝 때 大司馬東曹椽으로 있다가 가을바람이 일자 吳中의 菰菜와 순채국과 농어회를 그리워하여 귀향하였다.

843) 水仙은 물 속에 산다고 하는 전설상의 신선인데, 여기에서는 水蓮科에 딸린 蓴菜를 비유한다.

844) 風味는 風度·風采이다.

845) 靑州從事는 좋은 술을 가리키는데, 『世說新語』「述解」의 "桓公에게 술을 잘 가리는 主簿가 있어서 술이 있을 때마다 먼저 맛보게 하였는데, 좋은 것은 靑州從事라 하고, 나쁜 것은 平原督郵라 하였다.(桓公有主簿 善別酒 有酒輒令先嘗 好者謂靑州從事 惡者謂平原督郵)"라는 글에서 유래한다.

846) 合成은 둘 이상의 사물이 결합하여 하나의 물건을 이룸이다.

847) 廣州는 고려시대에 楊廣道에 속한 牧이다.

848) 牧使는 고려시대의 지방행정 단위의 하나인 牧의 長官으로 품계는 3품 이상이었다.

849) 崔恕는 여말의 관료로 본관은 全州, 完山君 宰의 아들이며, 護軍·全羅道按廉

12-35-138 寄廣州牧使崔恕

나는 지금 병으로 광주의 마을에 누워서 지내면서
채소[850]는 지주(地主)[851]의 은혜를 많이 입는다네.
다만 길이 멀어서 찾아뵙기 어려움을 안타까워하거니와
어느 날에나 조각배[852]를 창공(倉公)[853]의 문에 대랴?

我今病臥廣州村　　菜把多蒙地主恩
只恨路遙難上謁　　扁舟何日泊倉門

12-35-139 어제 안양사[854]의 도생[855] 승통[856]께서 부축을 받으면서 술과 음식을 가지고 와서 위로하시더니, 오늘 아침에는 종이를 보내 주시기에 시로 사례드리다

12-35-139 昨日安養道生僧統 扶携酒食來勞 今早送紙 以詩謝之

어제는 청주종사(靑州從事)와 함께 오셔서

使・廣州牧使를 지냈는데, 부친의 墓誌銘을 목은이 지었다.

850) 菜把는 菜蔬이다.

851) 地主는 고을의 수령의 별칭으로 城主라고도 한다.

852) 扁舟는 통나무를 파서 만든 작은 배로 고유어로는 쪽배라고 한다.

853) 倉公은 漢代의 名醫로 성은 淳于, 이름은 意였는데, 太倉長이었으므로 이렇게 불리었다.

854) 安養寺는 지금의 경기도 安養市 三聖山에 있던 절로, 고려 태조가 能正을 시켜 창건하였고, 禑王 7년에 侍中 崔瑩이 慧謙을 시켜 중건하였다.

855) 道生은 忠州 龍頭寺의 住持와 僧統을 지낸 사실이 확인되는 여말의 승려인데, 李崇仁의 〈送道生上人歸忠州龍頭寺〉(『陶隱集』 권2), 鄭摠의 〈送龍頭道生僧統〉(『復齋集』 권상)이 있다.

856) 僧統은 敎宗의 最高法階로서 大僧統으로 불리기도 하였으며, 王師나 國師가 될 자격이 부여되었다.

나에게 취하여 좋은 회포를 열게 하셨네.
또 저생(楮生)[857]이 산 속으로부터 오니
응당 취한 뒤에 새 시를 지어야 하리.

昨與青州從事來　　熏然令我好懷開
楮生又自山中至　　應要新詩醉後裁

12-35-140 사방을 돌아보아도 구름이 없기에 느낌이 있어 짓다
12-35-140 四顧無雲 有感而作

흰 구름은 다 날아가고 바람도 없이 고요한데
끝이 없는[858] 푸른 하늘에는 해가 중천에 이르려고 하네.
새벽의 맑고 밝은 기운[859]은 원래 작은 것이 아니니
우리 무리의 수양에 성과가 없음은 가엾게 여길 만하다네.

白雲飛盡靜無風　　何限青天日欲中
平旦淸明元不小　　可憐吾輩養無功

857) 楮生은 楮先生의 준말로 종이의 별칭인데, 文房四友를 의인화한 韓愈의 〈毛穎傳〉에서 비롯된 말이다.
858) 何限은 無限・無邊이다.
859) 平旦淸明은 새벽녘의 맑고 밝은 기운으로 본연의 善心인 良心을 기를 수 있는 기운을 가리키는데, 『孟子』「告子 上」의 다음 글에서 유래한다. "낮과 밤에 길러진 새벽녘의 기운에 좋아하고 미워함이 사람과 서로 비슷한 것이 어찌 적겠는가마는, 낮에 한 것이 어지럽혀져서 없어지게 되고, 어지럽히기를 반복하면 밤에 길러지는 기운이 보존될 수 없다. 밤에 길러지는 기운이 보존될 수 없다면, 금수와 다름이 멀지 않을 것이다. 사람이 금수를 보고 재질이 있은 적이 없다고 하니, 이것이 어찌 사람의 정이겠는가?(其日夜之所息 平旦之氣 其好惡與人相近也者 幾希 則其旦晝之所為有梏亡之矣 梏之反覆 則其夜氣不足以存 夜氣不足以存 則其違禽獸不遠矣 人見其禽獸也而以為未嘗有才焉者 是豈人之情也哉)"라는 글에서 유래한다.

12-35-141 잠시 뒤에[860] 가볍게 날리는[861] 흰 구름이 하늘에 가득하기에 또 1수를 읊다
12-35-141 少選 白雲片片滿天 又吟一首

약한 바람을 따라 흰 구름이 가볍게 날리는데
해를 쳐다보니 막 하늘 가운데를 지나고 있네.
물욕이 다시 생겨남이 잠시 사이[862]의 일일 따름이니
우리 무리가 어찌 전날의 공부[863]를 그만둘 수 있으랴?

白雲片片逐微風　　仰見日輪才過中
物欲復萌俄頃耳　　我曺焉可廢前功

12-35-142 양성[864]의 고감무[865]가 쌀 다섯 말과 술 두 병을 보내왔는데, 한식[866]에 한산[867]에 성묘하러[868] 갔다가 돌아올 때에 사평원[869]까지 호송하였던 사람이다
12-35-142 陽城監務高□□ 送白米五斗酒兩瓶 寒食拜掃韓山返程時 護送至沙平院者也

860) 少選은 잠시, 잠깐 동안이다.
861) 片片은 가볍게 날리는 모양, 또는 조각조각이다.
862) 俄頃은 잠시, 잠깐 동안이다.
863) 前功은 이전의 功夫, 이전의 功績·功勳이다.
864) 陽城은 지금의 경기도 安城市 陽城面 지역에 있던 縣이다.
865) 監務는 고려시대와 조선 초기에 작은 縣에 둔 수령으로 6품 또는 7품이었다.
866) 寒食은 節氣의 하나로 冬至가 지난 뒤에 105일째 되는 날인데, 양력으로는 4월 5·6일 쯤에 들며, 그 전일에 나라에서는 宗廟와 陵園에 祭享을 올리고, 민간에서는 조상의 무덤에 제사를 지내거나 성묘를 하였다.
867) 韓山은 지금의 忠淸南道 舒川郡 韓山面 지역에 있던 郡으로 목은의 고향이다.
868) 拜掃는 掃墳과 같은 말로 조상의 무덤에 參拜하는 것이다.
869) 沙平院은 廣州 지역을 흐르는 漢江의 남쪽 기슭에 있던 院이다.

고군(高君)은 한 번 보고서도 잘 아는 사람[870]과 같았는데
담소하면서 우스개를 해 보니 매우 기이한 것을 좋아하였네.[871]
산이 빽빽한 김제(金堤)[872]에서 처음으로 만났다가
물이 가로지르는 사평원(沙平院)에서 문득 헤어졌네.
사귀는 정은 반드시 깊고 얕음으로 따질 것이 아니지만
세상의 모습은 융성하고 쇠퇴함을 좇지 않음이 없다네.
천하에 이런 사람은 적으리라고 세 번 감탄하면서[873]
읊조려서 또 한 편의 시를 이루네.

高君一見似深知　　談笑詼諧頗好奇
山蜜[874]金堤初接泮[875]　　水橫沙院却分離
交情不必論深淺　　世態無非逐盛衰
三歎斯人天下少　　吟哦又是一篇詩

12-35-143 새 정자
12-35-143 新亭

새 정자가 비록 작지만 어슬렁거리기[876]에는 넉넉하기에
만년의 풍류를 남몰래 스스로 자랑하네.
어찌 배향(背向)[877]을 지리(地理)[878]에 따랐으랴?

---

870) 深知는 자기를 잘 알아 주는 사람이다.
871) 好奇는 남다른 것을 좋아함, 신기한 것에 흥취를 느낌이다.
872) 金堤는 지금의 天安市 木川 지역에 있던 金蹄驛을 가리키는 듯하다.
873) 三歎(嘆)은 재삼 감탄하거나 개탄함이다.
874) '蜜'은 '密'의 통자이다.
875) 원전의 '泮'은 문맥으로 보아 '伴'의 착오인 듯하다.
876) 婆娑는 逍遙함이다.
877) 背向은 앞과 뒤인데, 여기에서는 풍수설의 坐向을 가리킨다. 좌향은 등진 방위에서 정면으로 바라보이는 방향인데, 자세히 말하면 뒤쪽 등진 방위를 坐라 하고,

다만 평소[879]대로 경화(京華)[880]를 바라보고자 하였을 뿐이라네.
높고 낮은 여러 봉우리들은 예스러운 병풍이요
휘고 꺾이는 긴 강은 비스듬한 흰 천[881]이네.
개면 아름답고 비가 오면 기이하여 아무리 보아도 모자라니
오늘부터는 바로 이 곳을 집으로 삼으리.

新亭雖少足婆娑　　晩節風流默自誇
背向何曾從地理　　尋常只欲望京華
高低列岫屛風古　　曲折長江匹練斜
晴好雨奇看不足　　直從今日此爲家

12-35-144 근일에 동년 정헌공을 찾아갔더니 이르기를, '저의 아들 승려 청곡이 서신으로 곧 올라오려 한다고 알려왔으니, 반드시 공을 뵐 것입니다.' 하시기에, 내가 듣고 그의 기쁨을 알 만하였다. 어제 풍문을 들으니 청곡이 온 지 며칠 되었다고 하기에, 다행스럽게 순채 한 항아리를 얻어서 보내었는데, 부족하나마 어버이를 봉양하는[882] 별미[883]를 보태 주고자 함이다

12-35-144 近訪同年靜軒公云 吾子靑谷師書來報 近當比上 公必見之 吾聞之 喜可知也 昨風聞靑谷來數日矣 幸得蓴菜一缸送去 聊助侍養一味云

혈의 정면을 向이라고 한다.
878) 地理는 風水說이다.
879) 尋常은 늘・언제나, 또는 보통・평소를 뜻한다.
880) 京華는 都城이다.
881) 匹練은 펼쳐 놓은 한 필의 白布로 여울・강을 형용한다.
882) 侍養은 곁에서 시중을 들며 봉양하는 것이다.
883) 一味는 別味, 특별한 음식, 한 가지 음식이다.

청곡(青谷) 상인(上人)[884]이 왔다는 말을 어제 들었으니
응당 노래자(老萊子)[885]를 본떠서 색동옷을 입고 춤추리.
우연히 순채를 얻어 정결한 차림[886]에 보태거니와
추위를 누르려면 모름지기 석 잔의 술을 권해야 하리.

昨聞靑谷上人來　　應舞斑衣學老萊
偶得蓴絲助淸供　　壓寒須勸酒三杯

12-35-145 **판조계종사[887] 죽암[888] 진공께서 내원당[889]에서 물러나서, 주석하시던 억정사[890]로 돌아가다가 암곶[891]에 머무시는데, 반야탕[892]과 소채 오성합[893]을 가지고 오셔서, 내가 세 번 쫓겨난 것을 위로하셨다. 새 정자가 마침 낙성되었기에 함께 해 그림자가 옮겨질[894] 때까지 앉아 있다**

884) 上人은 知德을 갖춘 佛弟子인데, 보통 스님을 가리킨다.
885) 老萊子는 춘추시대 楚나라 사람으로, 70세에 부모 앞에서 채색옷을 입고 춤을 추어 마음을 기쁘게 하였고, 『老萊子』 15권을 지었다고 한다.
886) 淸供은 절일·제사 등에 쓰는 정결한 供物이다.
887) 判曹溪宗事는 고려시대 조계종의 최고승직으로 조계종을 관장하는 判事이다. 曹溪宗은 우리나라 禪宗의 총칭인데, 고려 宣宗 3년(1200)에 普照國師가 지금의 全羅南道 順天市 松廣山 吉祥寺에서 定慧社를 창설하였으며, 僖宗이 즉위하면서 산 이름을 曹溪山으로, 절 이름을 修禪寺로 고친 뒤부터 선종을 범칭하여 조계종이라고 부르게 되었다.
888) 竹菴은 여말의 승려 禪軫의 호이다.
889) 內院堂은 대궐 안에 둔 절로 內佛堂이라고도 하는데, 여기에서는 그 주지인 監主를 가리킨다.
890) 億政寺는 지금의 충청북도 忠州市에 있던 절로, 고려 초기에 세워진 것으로 추정되며, 언제 폐사되었는지는 미상이다.
891) 岩(巖)串은 衿川縣 북쪽 25里에 있는 곳으로 고유어로는 바위곶이라고 한다.
892) 般若湯은 佛家에서 술을 가리키는 隱語이다.
893) 五星合은 별 다섯을 수놓은 盒을 가리키는데, 盒〔盒子〕은 음식을 담는 놋그릇의 하나로 길고 넓적하며 뚜껑이 있다.
894) 移日은 해의 그림자가 옮겨지는 것으로 짧지 않은 시간을 가리킨다.

가 가시다

12-35-145 判曺溪事竹菴軫公 退院歸住所億政寺留岩串 以般若湯蔬菜五星 來慰吾三黜也 新亭適成 共坐移日而去

벌열(閥閱)[895]에서 태어난 공께서 금선(金仚)[896]을 좋아하셔서
조계(曹溪)[897]의 일미선(一味禪)[898]을 꿰뚫으셨네.[899]
만승(萬僧)의 영수(領袖)가 되시니 벽이 우뚝 선 듯하고[900]
육조(六祖)[901]를 본받아서 끝내 의발(衣鉢)[902]을 전수받으셨네.
염부(閻浮)[903]의 세상에서 명성이 높으신데
반야(般若)[904]의 탕 속에는 기미[905]가 온전하네.
회상해 보니 만금대(萬金臺)[906] 위로 달이 떠서

---

895) 閥閱은 공적을 써서 문에 거는 榜으로 閥은 왼쪽에 공적을 거는 것이고, 閱은 오른쪽에 경력을 거는 것인데, 흔히 閥族·門閥을 가리킨다.
896) 金仚(仙)은 부처·釋迦如來의 美稱이다.
897) 曺(曹)溪는 중국 廣東省 曲江縣 남쪽에 있는 땅이자 강의 이름인데, 佛敎의 禪宗 第六祖인 慧能禪師가 이곳에 寶林寺[南華寺]를 창건하고 禪風을 크게 드날린 데서 유래하여 禪宗을 가리킨다.
898) 一味禪은 참선하여 단번에 깨달음에 이르는 선법[頓悟之禪]이다.
899) 勘破는 속내를 꿰뚫어 알아차림이다.
900) 壁立은 墻壁처럼 우뚝 선 모양으로, 산이나 절벽이 높고 가파른 것을 형용한다.
901) 六祖는 禪宗의 여섯 번째 祖師로 初唐의 승려 慧能大師을 가리킨다.
902) 衣鉢은 佛家에서 스승이 제자에게 傳法의 증표로 주는 袈裟와 食器로, 스승에게서 전수받은 道法을 가리킨다.
903) 閻浮는 閻浮提(염부데)와 같은 말로 印度의 須彌山의 남쪽에 있는 閻浮나무가 무성한 大洲이다.
904) 般若는 불교어로 智慧·明·慧를 뜻하는 불교어이다.
905) 氣味는 情趣이다.
906) 萬金臺는09-26-002 〈同安政堂韓簽書 訪藥院龜谷大禪師 歸途謁慈恩祐世君 至十字街 分馬而歸〉의 제목과 본문의 "쓸쓸한 작은 사원이 송악을 등지고 있는데, 다시 오신 구곡은 아직도 건장한 얼굴이시네. 만금대 위에는 솔바람이 차가운데, 땅을 쓸고 앉으려니 진귀한 음식을 늘어놓으시네.(寥寥芮院負松巒 龜谷重來猶壯顔 萬金臺上松風寒 掃地欲坐羅珎飡)"라는 내용으로 보아 開京 근교에 있던 臺榭인 듯하다.

푸른 하늘에 걸려 있을 때에는 밤마다 서로 따랐지.

公生閥閱樂金谷　　勘破曺溪一味禪
領袖萬僧如壁立　　規模六祖止衣傳
閻浮世上聲名極　　般若湯中氣味全
回首萬金臺有月　　相隨夜夜掛靑天

12-35-146 죽암을 초청하여 변변치 못한 음식을 차렸는데, 마침 박판서·강판사·현판서가 오셨기에 담소하며 한껏 즐기다가 마치고서, 앞의 운을 써서 짓다

12-35-146 請竹菴設菲食 朴判書姜判事玄判書適來 談笑極歡而罷 用前韻

단약(丹藥)[907]을 만든다고[908] 꼭 신선이 될 수는 없거니와
면벽(面壁)한다고[909] 어찌 좌선(坐禪)[910]을 배울 수 있으리요?
다만 눈 앞에 그윽한 일이 넉넉함을 바랄 뿐인데
어찌 죽은 뒤[911]에 훌륭한 이름[912]이 전해지기를 기대하랴?
좋은 손님을 만남을 참으로 다행스럽게 여기는데다
아름다운 경치까지 펼쳐지니[913] 또한 온전하지 아니한가?
저물녘에 헤어져서[914] 말을 타고 떠나시고 나니

---

907) 丹藥은 丹砂를 精製하여 만든 약으로 먹으면 神仙이 되거나 長生不死한다고 한다.
908) 鍊丹은 丹藥을 만드는 것, 또는 그 약으로 鍊藥丹이라고도 한다.
909) 面壁은 坐禪할 때 잡념을 막기 위하여 벽을 향하고 앉아 있는 것이다.
910) 坐禪은 靜坐하여 參禪하는 것이다.
911) 身後는 死後이다.
912) 令名은 훌륭한 명예·명성이다.
913) 森羅는 온갖 것이 어지러이 늘어섬, 한없이 늘어섬이다.
914) 解携(攜)는 分手·離別이다.

저녁하늘에는 조각구름과 새 한 마리가 떠 있네.

鍊丹未必得爲仙　　面壁安能學坐禪
只要眼前幽事足　　何須身後令名傳
嘉賓邂逅眞爲幸　　美景森羅不亦全
向晩解携騎馬去　　片雲孤鳥夕陽天

12-35-147 손들이 간 뒤에 홀로 앉아서 강 가의 경치를 즐기며 차마 떠나지 못하고 있노라니, 마침 권홍주[915]가 이르기에 술을 가지고 오라고 해서 조금 마시다

12-35-147 客去獨坐 樂江上之景 而不忍去 權洪州適至 呼酒小酌

그대가 목사(牧使)로 나간다는 소식이 나를 근심하게 하는데
새 정자에서 길게 읊노라니 보리는 벌써 거둘 때가 되었네.
덧없는 세상의 공명이란 해진 신발과 같거늘
온 집의 늙고 어린 이들을 조각배에 맡기는구려.
이제 나는 자취가 조롱 속의 새와 같거니와
옛날에는 누가 마음이 바다 위의 갈매기와 같았던가?[916]
더욱이 그대는 장차 순리(循吏[917])의 열전[918]에 들어갈 테니

915) 洪州는 지금의 충청남도 洪城郡 지역에 있던 牧이다.
916) 이 연은 盛唐 張九齡의 『曲江集』 권3에 실린 5언고시 〈登樂遊原春望書懷〉의 "펼치는 날개는 조롱 속의 새요, 돌아가고자 하는 마음은 바다 위의 갈매기이네.(奮翼籠中鳥 歸心海上鷗)"라는 구절을 변용한 것이다.
917) 循吏는 법을 잘 지키며 도리를 따르는 관리이다.
918) 列傳은 紀傳體 史書에서 개인의 행적을 별도로 서술하여 모아 놓은 기록으로, 漢 司馬遷의 『史記』에서 처음으로 설정되었는데, 「循吏列傳」도 같은 책에서 유래한 集傳의 하나이다.

여항(閭巷)[919]의 백성[920]들을 근심시키지 마시게나.

聞君出牧使吾憂	長嘯新亭麥已秋
浮世功名同弊屣	全家老少寄扁舟
我今跡似籠中鳥	誰昔心同海上鷗
將子更參循吏傳	莫教閭巷小民愁

12-35-148 이튿날 죽암을 송별하는 데 가지 못하고 박판서[921]와 함께 권홍주의 우거[922]에 이르러서, 아침밥을 먹고 나니 매우 덥기에 배를 강에 띄웠는데, 부인의 배도 왔기에 술을 조금 마시고 저물녘에 마침내 헤어졌다. 이 날 현판서와 용산의 신판서 또한 술과 음식을 가지고 왔는데, 홍주를 전별하기 위함이었다. 3수

12-35-148 明日送竹菴不及 同朴判書到權洪州所寓 朝飡訖 熱甚 舟浮江中 夫人舡亦來小酌 向晩乃別 是日玄判書龍山辛判書亦以酒食來 餞洪州也 三首

죽암(竹菴)의 행차가 새벽닭이 울 때에 떠났거늘
가소롭게도 오활(迂闊)한[923] 선비는 잔뜩 취하여[924] 있었네.
동산에 해가 세 길이나 솟은 뒤에야 관즐[925]을 마치고 나니

919) 閭巷은 閭閻과 같은 말로 백성들의 살림집이 많이 모여 있는 곳이다.
920) 小民은 일반 백성, 庶民이다.
921) 判書는 고려시대 六司·六部의 장관으로 尙書라고도 하며 품계는 정3품이었는데, 朴判書는 恭愍王 11년에 치러진 禮部試의 장원 朴宜中을 가리킨 듯하다.
922) 寓居는 더부살이하는 집, 임시로 거처하는 집이다.
923) 迂闊은 사정에 어둡고 실용에 적합하지 않음이다.
924) 泥醉는 술이 잔뜩 취함, 고주망태가 됨이다.
925) 盥櫛은 얼굴을 씻고 머리를 빗는 것이다.

신세는 지금도[926] 꿈속에서 만족스러워하는 듯하네.[927]

竹菴行色趁晨鷄　　可笑迂儒醉似泥
與[928]櫛東峯日三丈　　只今身世夢蘧蘧

나뭇잎 하나와 같은 조각배를 강에 띄우니[929]
얼굴을 스치는 약한 바람에 문득 가을이 된 듯하네.
반쯤 취하여 사방으로 멀리 구름에 묻힌 산을 바라보노라니
지난날의 만곡(萬斛)[930]이나 되는 근심이 다 사라지네.

泛泛江中一葉舟　　微風拂面忽疑秋
半酣四眺雲山遠　　消盡從前萬斛愁

자리에 있는 여러 분들은 모두 훌륭한 사람[931]들인데
장원(壯元)의 풍채가 잠신(簪紳)[932]들을 압도하네.
지난해에 나와 짝하여 남대(南臺)[933]로 갔거니와[934]

---

926) 只今은 이제・현재이다.
927) 蘧蘧는 모습이 있는 모양, 느긋하게 스스로 득의하거나 만족하는 모양인데, 『莊子』「齊物論」에 "전에 장주가 꿈에 나비가 되니 분명한 나비였다. 스스로 생각하기를 '마음에 맞는구나, 주인 줄을 알지 못하겠다.' 하였다. 조금 뒤에 깨니 분명히 장주이기에, 주가 꿈에 나비가 된 것인가? 나비가 꿈에 주가 된 것인가? 하였다.(昔者莊周夢為胡蝶 栩栩然胡蝶也 自喻適志與不知周也 俄然覺則蘧蘧然周也 不知周之夢爲胡蝶與 胡蝶之夢爲周與)"라는 글이 있다.
928) 원전의 '與'는 '盥'의 착오인 듯하다.
929) 泛泛은 물에 뜬 모양이다.
930) 斛은 용량을 재는 기구〔휘〕, 또는 열 말이나 다섯 말의 부피이다.
931) 可人은 쓸 만한 사람, 감내할 만한 사람, 마음에 드는 사람이다.
932) 簪紳은 벼슬아치가 머리를 장식하던 비녀와 허리에 매던 띠로 관리・고관을 비유한다.
933) 南臺는 남쪽의 臺城이란 뜻으로 明나라의 宮城인 金陵을 가리키는데, 여기에서는 목은이 昌王 즉위년(1388)에 賀正使로 明나라의 수도 金陵〔南京〕에 간 일을 가리

오늘 마시는 한 잔 술은 참으로 진하네.

座上諸君盡可人　　壯元風采壓簪紳
去年伴我南臺去　　今日一杯眞飮醇

12-35-149 이튿날 피곤하여 누워서 나지막하게 읊다
12-35-149 明日困臥微吟

화려한 배[935]에 여러 어진 이들이 모여 노래하였으니[936]
머리가 희고 병이 많은 이 또한 즐거웠네.
돌아와서 피곤하여 누워서 괴로움[937]으로 뒤척거렸거니와
열흘을 이어서 실컷 마심[938]은 소년시절과 같다네.

畫舫絃歌集衆賢　　白頭多病亦欣然
歸來困臥飜惆悵　　痛飮連旬是少年

12-35-150 기탄의 긴 다리[939]에서 전사로 돌아가는 장원 박판서를 보내다
12-35-150 歧灘長橋 送判書朴壯元還歸田舍

키고자 쓴 말이다.

934) 이 구절로 보아 목은과 함께 明京에 갔던 문신이 『고려사』에서 말한 李崇仁·金士安·李芳遠·朴惇之 외에도 더 있었던 듯하다.

935) 畫舫은 화려하게 장식한 놀잇배이다.

936) 絃歌는 거문고를 타면서 노래를 부르거나 시를 읊는 것이다.

937) 惆悵은 실망하여 슬퍼하고 괴로워하는 것이다.

938) 痛飮은 술을 실컷 마심, 흠뻑 마심이다.

939) 歧灘橋는 衿川縣 북쪽 15里에 있던 다리로 漢陽에서 仁川·富平으로 통하는 곳에 있던 石橋이다.

주곤(酒困)[940]으로 몸에 병이 생겼는데
시마(詩魔)[941] 때문에 뼈는 신선[942]이 되려고 하네.
사람의 삶에서 이를 벗어나기 어렵기에
우리 무리들이 또한 표박한다네.[943]
가느다란 풀로 들판은 바다와 같은데
긴 다리는 무지개처럼 하늘에 걸려 있네.
다행스럽게도 전사가 가까우니
나중의 만남을 늦추지[944] 마시게나.

酒困身成病　　詩魔骨欲仙
人生難免此　　吾輩亦飄然
細草野如海　　長橋虹掛天
幸哉田舍近　　後會莫遷延

여흥음(驪興吟)[945]

12-35-151 유월 초이렛날에 강동년과 현인장[946]께 부치다
12-35-151 六月初七日 寄姜同年玄隣長

940) 酒困은 술을 과음하여 마음이 어지러운 것으로 酒亂이라고도 한다.
941) 詩魔는 시를 좋아함이 심한 것이다.
942) 仙骨은 神仙의 骨格·資質이다.
943) 飄然은 飄泊과 같은 말로 정처없이 떠돌아다니는 것이다.
944) 遷延은 망설이거나 시간을 오래 끄는 것이다.
945) 「驪興吟」은 李穡이 江外從便되었다가 驪興에 유배된 공양왕 4년(1392) 6월 7일부터 7월 15일경까지 지어진 시 20제로 이루어져 있다. 그는 같은 해 7월 17일에 朝鮮朝가 개국된 뒤 長興으로 이배되었다가, 10월에 解配되어 終身不齒에 처해졌다.
946) 隣長은 이웃의 長老이다.

이틀 동안 흘리던 침[947]을 거두지 못하는데
보리가을이라 수레 옆[948]에는 누런 구름[949]이 일렁이네.
끝내 연형(年兄)[950]과 인장(隣長)을 기억하면서
때때로 강 가의 누각에 기대어 길게 읊으리.

饞涎兩日不能收　　　俠路[951]黃雲動麥秋
終憶年兄與隣長　　　有時長嘯依江樓

12-35-152 열나흗날에 찾아오신 군수께 사례드리다
12-35-152 十四日 謝郡守來訪

늘그막의 형편[952]이 매우 종잡을 수 없어서[953]
홀로 누각에 기대어 있노라니 물도 멀고 산도 머네.[954]
어지신 자사(刺史)[955]께 풍류가 있지 않다면
어찌 한 잔 술을 얻어 온갖 근심을 흩어 버리랴?

老來情況儘悠悠　　　水遠山長獨倚樓
不有風流賢刺史　　　一杯安得散千愁

---

947) 饞涎은 식욕으로 입 속에 분비되는 침이다.
948) 俠(夾)輅는 수레 앞에 댄 橫木의 옆에 서는 것이다.
949) 黃雲은 누런 구름으로 넓은 벌판에 보리나 벼가 누렇게 익은 모습을 비유한다.
950) 年兄은 同榜끼리 서로 부르는 칭호이다.
951) 원전의 '路'는 '輅'의 착오인 듯하다.
952) 情況은 形便·狀況이다.
953) 悠悠는 종잡을 수 없음, 뒤숭숭함이다.
954) 水遠山長은 물도 멀고 산도 먼 것으로, 노정이 아주 먼 것을 비유하며 水遠山遙라고도 한다.
955) 刺史는 벼슬 이름으로 漢代에는 중앙에서 지방 수령들의 정사를 監察하기 위하여 파견하는 관원을 지칭하였으나, 후대에는 지방 수령의 직함으로 쓰였다.

12-35-153 열엿샛날에 문생 서양근[956]이 돗자리[957] 넉 장을 보내왔기에 이를 짓고, 아울러 전날에 어떤 승통[958]을 모시고 찾아온 것을 사례하다(2수)

12-35-153 十六日 門生徐楊根送凉席四張 作此幷謝前日携一僧統來訪

문교의 기풍[959]은 지금도 끊어지지 않고
나라의 혈맥은 예로부터 견고하네.
강루(江樓)의 모임을 그림으로 그리기를 기대하거니와
함께 논 분 중에는 훌륭한 스님도 있었다네.

文風今不絶　　國脈古來凝
須畫江樓會　　同遊有好僧

나를 금빛 꽃 속에 앉게 하는데
비단으로 만든 꽃[960]이 삼면으로 떠오르네.
갑자기 서늘한 바람이 자리에 가득하여
유월인데도 시원한 가을과 같네.

坐我金花上　　綵花三面浮
凉風俄滿座　　六月亦淸秋

---

956) 楊根은 지금의 경기도 楊平郡 楊平邑 지역에 있던 郡이다.
957) 凉席은 돗자리이다.
958) 僧統은 敎宗의 最高法階로서 大僧統으로 불리기도 했는데, 王師나 國師가 될 자격이 부여되었다.
959) 文風은 文德으로 교화하는 기풍이다.
960) 綵花는 綵絹으로 만든 꽃이다.

12-35-154 여흥군수가 배를 끌고와서 함께 뱃놀이[961]를 하자고 늙은이를 초대하였는데, 강 가운데[962]에서 사방을 돌아보니 즐길 만하였다. 흥겨워서 물을 거슬러 올라가서 노자암에서 조금 머물다가, 배를 돌려 물결을 따라 내려오니 정말 상쾌하였다. 진한 술을 마시고 생선을 먹으면서, 한 사람은 불고 한 사람은 감상하니[963] 참으로 흥미가 넉넉하였다. 저녁에 누각 위로 돌아오니 신선의 놀이를 하고서 집에 돌아온 듯하였기에, 이튿날에 붓을 잡아[964] 기록하다

12-35-154 驪興守 挐舟來邀老夫同泛 中流四顧可樂也 乘興遡流而上 鸕鶿岩小留 廻舟順流而下 信乎其快也 醇飮鮮飡 孤吹隻弄 實有餘味 晩歸樓上 如仙遊而還家也 明日援筆錄之

한 조각 강산에 사람은 옥과 같은데[965]
태수[966]께서 맑고 깨끗하시니[967] 절로 서로 친해지네.
하나는 연주하고 하나는 감상하면서 양부[968]를 비루하게 여기고
진한 술을 마시고 생선을 먹으니 팔진(八珎)[969]이 분명하네.[970]

---

961) 泛(汎)遊는 배를 타고 유람하는 것이다.
962) 中流는 江의 가운데이다.
963) 孤吹隻弄은 한 사람은 管樂器를 불고 한 사람은 玩賞하는 것이다.
964) 援筆은 붓을 잡는 것이다.
965) 玉人은 옥처럼 아름다운 사람이다.
966) 遨頭는 宋代에 정월부터 4월까지 太守가 成都의 浣花溪에 나가서 놀 때에, 士女들이 마음껏 구경하면서 이렇게 부른 데서 유래하여 태수를 가리킨다.
967) 蕭灑(洒)는 맑고 고상하여 탈속한 듯한 모습이다.
968) 兩部는 음악을 담당하던 두 部隊인 立部와 坐部를 합칭하는 말이다.
969) 八珎(珍)은 八珍味의 준말로 성대한 밥상에 갖춘다고 하는 淳母・淳熬・炮牂・炮豚・擣珍・熬・漬・肝膋 등 여덟 가지 진미인데, 龍肝・鳳髓・兎胎・鯉尾・鶚

문득 세찬 바람이 불어 서늘함이 뼛속까지 사무쳐서
한더위[971]에도 땀이 몸에서 걷힘을 자랑할 만하네.
돌아온 뒤에도 호방한 기운을 없애기가 어려운데
누가 또 신선이 속세 밖에서 놀았다고 말하는가?

一片江山似玉人　　遨頭蕭灑自相親
孤吹隻弄鄙兩部　　醇飮鮮湌眞八珎
忽有長風凉到骨　　可誇大暑汗收身
歸來豪氣難除却　　誰道仙遊更隔塵

12-35-155 보리사의 대선사께 부치다
12-35-155 寄菩提大禪師

한산(韓山)[972]의 아버지와 아들이 어떤 사람들이기에
뜰의 이끼를 밟으면서 첩건(氎巾)[973]을 더럽히셨던가?
늘 늙으신 선사의 도량[974]이 크심에 감탄하거니와
결코[975] 화를 내지 않고 웃음을 머금으신다네.

炙·猩脣·熊掌·酥酪을 들기도 한다.

970) 眞은 眞切로 분명함, 逼眞함을 뜻한다.

971) 大暑는 심한 더위, 酷暑이다.

972) 韓山은 지금의 忠淸南道 舒川郡 韓山面 지역에 있던 郡으로 목은의 고향인데, 韓山父子는 목은의 부친 稼亭 李穀과 목은을 가리키는 듯하다.

973) 氎巾은 올이 고운 모직물로 만든 두건으로 흔히 승려들이 쓰는 것인데, 南宋 陸游의 5언율시 〈又〉에 "도사의 푸른 짚신이요, 고승의 흰 첩건이네.(道士靑芒屨 高僧白氎巾)"라는 聯이 있고, 蘇軾의 5언고시 〈贈月長老〉에 "오늘밤에는 안타깝게도 손님이 많아서, 그대의 흰 첩건을 더럽히네.(今宵恨客多 汙子白氎巾)"라는 대목이 있다.

974) 心量은 도량·포부이다.

975) 斷然은 絶對이다.

韓山父子是何人　踏破庭苔汚氎巾
每感禪翁心量大　斷然含笑不生嗔

12-35-156 첨서[976]에게 보여 주다
12-35-156 示簽書

위에 있는 집과 남쪽 누각 사이에서 소요하노라면
푸른 골짜기의 솔바람으로 속세 밖[977]의 가을이란다.
모름지기 운명이 하늘에 달렸음을 스스로 믿어야 하리니
마음을 편안히 함이 약인데 또 무엇을 찾겠느냐?

逍遙上室與南樓　碧洞松風物外秋
有命在天須自信　安心是藥更何求

12-35-157 상원사[978]의 선사께 부치고, 아울러 김석해[979] 좌윤[980]께 기별하다
12-35-157 寄上院禪師 兼簡金石諧左尹

세속에서 도피하여도 네 겹의 은혜[981]는 잊기 어려운데

976) 簽書는 고려시대 密直司의 종2품 관직인 簽書密直司事의 준말인데, 여기에서는 유배되어 있던 목은의 次子 種學을 가리킨다.
977) 物外는 세상의 바깥으로 속세를 벗어남을 가리킨다.
978) 上院寺는 高敞·原州·平昌·春川·楊平 등 여러 곳에 있던 절인데, 여기에서는 驪興에서 가까운 양평의 龍門에 있던 절을 가리킨 듯하다.
979) 金石諧는 이 시의 左尹을 지낸 사실 외에는 사서·문집에 기록이 보이지 않는 사람인데, 다만 李存吾의 『石灘集』 下의 「附錄」 〈榜目〉에 본관은 咸昌, 父는 令同正 得寶, 祖는 侍生 瑾, 曾祖는 明法第 承瑞, 外祖는 戶長 金鎭[본관 尙州]이며, 28세이던 공민왕 9년의 예부시에 同進士로 급제하였다는 사실이 나타난다.
980) 左尹은 고려시대에 錢穀의 출납과 회계를 맡은 관서인 三司의 종3품 관직이다.

늙으신 양친의 띳집은 송문(松門)[982]에서 가깝다네.
이웃집에는 또 수염이 많은 늙은이가 있으니
담소하며 술을 같이 마신들 무슨 상관이 있으랴?

逃世難忘四重恩　　老親茅屋近松門
隣家又有髥翁在　　談笑何妨共酒樽

12-35-158 병률의 김판사께 받들어 부치고, 아울러 권판사께 기별하다
12-35-158 奉寄甁栗金判事 兼簡權判事

들이 평평하고 산은 먼 곳에 큰 시내가 가로지르는데
남쪽 언덕에는 새 정자가 있고 북쪽에는 옛 누각이 있다네.
나는 다행스럽게도 근래에 몸에 얽매임이 없으니[983]
물고기가 살찌고 벼가 익으면[984] 곧 좋은 놀이[985]를 가지리.

野平山遠大川橫　　南岸新樓北舊樓
幸我邇來身自在　　魚肥稻熟便高遊

981) 四重恩은 君王・父母・衆生・三寶[佛・法・僧]의 무거운 은혜를 가리키는 불교어이다.
982) 松門은 소나무로 기둥을 대신한 문, 또는 주위에 소나무가 있는 문으로, 흔히 절을 가리킨다.
983) 自在는 自由로움, 拘束이 없음이다.
984) 魚肥稻熟은 물고기와 벼가 풍부하여 부유한 지역을 뜻하는데, 蘇軾의 시 〈乘舟過賈收水閣 收不在見其子 三首〉의 제2수 頸聯에 "시와 술의 모임에서 뜻을 얻고, 물고기와 벼가 풍성한 고향에서 몸을 마치리.(得意詩酒社 終身魚稻鄕)"라는 대목이 있다.
985) 高遊(游)는 고상한 놀이, 성대한 모임이다.

12-35-159 향교[986]의 김소윤[987]과 황소윤에게 부치다
12-35-159 寄鄉校金少尹黃少尹

학당(學堂)[988]을 보고서 눈이 배나 환해졌거늘
하물며 영접하여 위로하여[989] 향촌의 인정을 펼쳤음에랴?[990]
이제 마침 가을바람이 일어날 때를 맞았으니
함께 놀면서 태평시절을 노래하기를 바라네.[991]

得見黌堂眼倍明　　　況於迎勞敍鄉情
如今正値秋風起　　　準擬同遊詠大平

12-35-160 권대로[992]와 이극명[993] 상서[994]께 부치다
12-35-160 寄權大老李克明尙書

푸른 계곡물은 내가 일찍이 건넜는데

---

986) 鄉校는 고려시대에 지방에 둔 유학 교육기관인데, 고려 초기에 三京・十二牧을 비롯한 郡縣에 博士・敎授를 파견한 데 이어, 인종 5년(1127)부터는 여러 州와 郡縣에 학교가 설립되었다.
987) 少尹은 고려시대의 開城府・殿中寺・殿中監・衛尉寺・禮賓寺・大府寺・小府寺・軍資寺・司宰寺 및 西京・東京・南京에 두었던 次官職으로 품계는 정4품이다.
988) 黌堂은 學堂・學校인데, 『周書』〈薛端傳〉에 "처음에 태학생이 되었는데, 당시에 횡당 안에는 벼슬이 없는 귀족이 많고, 배우기를 좋아하는 사람이 적었다.(初爲太學生 時黌中多是貴遊 好學者少)"라는 글이 있다.
989) 迎勞는 영접하여 위로함이다.
990) 敍情은 감정을 펼쳐 나타냄이다.
991) 準擬는 희망함, 기대함이다.
992) 大老는 덕망이 높은 노인, 연장자이다.
993) 李克明은 『高麗史』〈鄭地傳〉에서 정지가 合浦에서 왜적을 크게 무찌르자 禑王이 보내어 宮醞을 하사하게 하였다는 侍臣인 듯하다.
994) 尙書는 고려시대의 六司・六部의 장관으로 判書라고도 하였으며 품계는 정3품이다.

붉은 감을 보니 나는 돌아가고 싶네.
시골사람[995] 중에는 익히 아는 분이 많거니와
골짜기의 새도 놀라서 날아가지 않는다네.

澗碧我曾涉　　柿紅吾欲歸
野人多熟識　　谷鳥不驚飛

12-35-161 지군[996] 박공의 모친은 바로 나의 좌주[997] 송당[998] 선생의 따님인데, 지군이 봉양하며[999] 효도를 극진히 한다. 내가 다행히 소식[1000] 몇 가지를 얻어서 대접하였더니, 주인이 나를 이끌기에 배에 올라 더위를 피하다가 저녁이 되어 돌아오다

12-35-161 知郡朴公之母 實吾座主松堂先生之女 知郡迎養盡孝道 予幸得素食數味以饗 主人携予登舟避暑 及晩而歸

문생(門生)[1001]이 적어짐을 매우 안타까워하는데
외손(外孫)[1002]이 성취함을 지금 보네.

---

995) 野人은 庶人·平民·隱逸者이다.
996) 知郡은 郡을 맡은 사람이라는 뜻으로 郡守를 가리킨다.
997) 座主는 고려시대에 과거에 급제한 사람이 시험관을 높여서 부르던 말이다.
998) 松堂은 여말의 문신 金光載(?~1363)의 호인데, 그는 목은이 1341년에 監試에 급제할 때의 試官이었다.
999) 迎養은 부모에게 孝養을 다하는 것이다.
1000) 素食은 과일과 채소로 된 음식으로, 고기반찬을 갖추지 않은 밥을 가리킨다.
1001) 門生은 과거에 급제한 사람들이 考試官에 대하여 자신을 일컫거나, 그 고시관 밑에서 급제한 사람을 가리키는 말이다.
1002) 宅相은 外孫[外甥] 또는 장래에 잘 될 外孫을 가리키는데, 『晋書』 권41 〈魏舒傳〉에서 晋 武帝 때에 司徒에 이른 위서가 어릴 때 고아가 되어 외가 甯氏의 집에서 자랐는데, 영씨가 집을 지을 때에 相宅者가 "마땅히 귀한 외손이 나올 것이다.(當出貴甥)"라고 하니, 서가 "마땅히 외가를 위하여 이 집의 됨됨이[相]를 성취할 것

담박한 음식으로도 은의(恩義)가 두터워지거니와
밝은 해는 강을 환하게 비추네.

頗恨門生少	方看宅相成
淡滄恩義厚	白日照江明

12-35-162 문생 권첨서[1003]가 와서 그 생질[1004] 박아무개의 부친이 천녕[1005]에 사는데, 술을 가지고 가서 위로드린다고 하였다. 마침 봉암에서 지난날의 산하를 보면서 술을 한 잔 들기를 생각하고 있노라니, 박공이 이르시기에 흔쾌하게 농담하면서 잔을 주고받았다. 돌아가신 뒤에 군수가 청하기에 또 마시고 크게 취하다

12-35-162 門生權簽書來 其甥朴某之父在川寧 携酒相勞 方在鳳巖 顧舊山河 思擧一杯 而朴公至 欣然戱酬 及還 郡守求又飮大醉

배 위에서는 연달아 술병을 쓰러뜨리고
누각 안에서는 또 잔을 돌렸네.[1006]
천일 동안 취하고자[1007] 하는데

이다.(當爲外氏 成此宅相)"라고 말한 데서 유래한다.

1003) 簽書는 고려시대 密直司의 종2품 관직인 簽書密直司事의 준말인데, 권첨서는 목은이 동지공거를 맡았던 恭愍王 18년에 등제한 權近을 가리킨다.

1004) 甥은 누이의 아들, 딸의 아들, 사위, 처남, 매부 등 여러 가지 뜻을 지닌 말이다.

1005) 川寧은 驪州牧의 治所 서쪽 25리에 있던 縣이다.

1006) 飛斝는 飛翔과 같은 말로 술잔을 듦, 술잔을 돌림이다.

1007) 千日醉는 천일 동안 술에 취하여 있음을 뜻하는데, 晋 張華의 『博物志』 권5에 다음과 같은 설화가 실려 있다. 옛날에 劉玄石이 中山의 술집에서 千日酒〔中山人 狄希가 천일 동안 빚었다는 전설상의 술〕를 사서 마신 뒤에 깨어나지 않기에 가족들이 장사를 치렀다. 술집 주인이 나중에야 천일주에 대한 節度를 말하지 않았

더위 속의 바람이 얼굴에 시원하게 불어오네.

舟上瓶連臥　　　樓中斝更飛
欲成千日醉　　　灑面暑風淸

12-35-163 안부를 묻고 예물을 보내 주신[1008] 강릉[1009] 정영공께 받들어 사례드리다

12-35-163 奉謝江陵鄭令公問遺

벽사(甓寺)에 홀로 누워 있으면서
강릉(江陵)의 두터운 은혜[1010]를 입네.
맛난 해물(海物)[1011]이 참으로 여러 종류인데
지나온 산은 몇 겹이었으랴?
비린내는 찾아온 손님께 드리기에 좋고
채소맛은 머무는 스님과 함께 함이 옳으리.
얼굴을 뵙고[1012] 사례드림[1013]이 마땅하거늘
바람 앞에서 감격을 이기지 못할 뿐이네.

單身臥甓寺　　　厚意荷江陵
海味眞多品　　　山行知幾層
腥宜及來客　　　素可共居僧

음을 깨닫고 가족과 함께 가서 묘를 파 보았는데, 꼭 천일이 되자 깨어났다.

1008) 問遺는 문안하고 禮物을 보내 주는 것이다.
1009) 江陵은 지금의 江原道 江陵市 지역에 있던 府이다.
1010) 厚意는 남을 위하여 베푸는 두터운 마음씨이다.
1011) 海味는 식용으로 쓰는 해산물로 대개 진기한 해물을 가리킨다.
1012) 會面은 對面이다.
1013) 陳謝는 謝禮·謝過의 말을 하는 것이다.

會面當陳謝　　　　臨風感不勝

12-35-164 칠석
12-35-164 七夕

하늘 위에서는 만남이 잦건만
인간세상에서는 헤어짐에 익숙하네.
머리가 흰 나그네는 여흥(呂興)[1014]에서
홀로 앉아서 다만 시를 읊을 뿐이네.

天上頻遭值　　　　人間慣別離
呂興白頭客　　　　獨坐只吟詩

12-35-165 종선[1015]에게 보라고 부치다
12-35-165 寄示種善

운명이거늘 무엇을 한탄하랴?
나는 이제 자유를 얻었단다.
남쪽으로 가서 만나고 싶거니와
하물며 이렇게 계응(季鷹)[1016]의 가을임에랴?

1014) 呂興은 驪興이다.
1015) 李種善(1368~1438)은 목은의 셋째 아들로 字는 慶夫이다. 15세에 禮部試에 급제하여 臺諫職을 역임하였고, 1392년 鄭夢周의 일당으로 몰려 廢庶人되어 遠地에 유배되었다가, 개국 후에 풀려나서 知中樞院事에 이르렀으며, 효행으로 旌門이 세워졌다. 『牧隱集』을 편집・간행하였으며, 謚號는 良景이다.
1016) 季鷹은 西晋의 문인 張翰의 자인데, 그는 가을바람이 불자 고향의 줄풀나물〔菰菜〕・순채국・농어회가 그리워 관직을 버리고 고향으로 돌아갔다.

命也夫何恨　　吾今得自由
南游欲相見　　況此季鷹秋

12-35-166 수풀 밖에서 연꽃을 찾다
12-35-166 尋蓮林外

흥겨워서 스님을 데리고 연꽃을 감상하고자 하노라니
배는 또 바람이 불어오니 앞으로 나아가지 못하네.
얕은 산에서 해질 녘에 취하여 얼굴이 불그레한데
삿갓 쓰고 소를 탄 모습은 그림으로 그려서 전할 만하리.

乘興携僧欲賞蓮　　風吹船却莫能前
淺山落日紅酣處　　蒻笠騎牛畫可傳

12-35-167 흥법사[1017]의 당두[1018]께서 곧 내원당[1019]으로 들어가게 되어 벽사[1020]에 들르셨기에, 나와 고경 늙은이가 함께 배를 띄워 군의 못에서 연꽃을 감상하다
12-35-167 興法堂頭將入院 來過甓寺 予與古鏡翁 同浮舟 賞蓮

1017) 興法寺는 지금의 강원도 原州市에 있던 절을 가리킨 듯한데, 유물로 보아 新羅 말기에 창건된 것으로 보이며, 正祖 23년(1799)에 편찬된 『梵宇攷』에서는 폐사되었다고 하였다.
1018) 堂頭는 堂上과 같은 말로 禪寺의 우두머리인 主持, 또는 주지가 거처하는 방인 方丈을 가리킨다.
1019) 內院堂은 대궐 안에 둔 절로 內佛堂이라고도 하는데, 여기에서는 그 주지인 監主를 가리킨다.
1020) 甓寺는 驪州 神勒寺를 가리키는데, 경내의 東臺 위에 벽돌로 된 多層塼塔이 있어 생긴 이름이다. 목은은 祖母를 追福하려 했던 부친의 뜻에 따라 禑王 8년(1382)에 懶翁和尙의 門徒들과 합력하여 여기에 2층 大藏閣을 세워 大藏經을 봉안한 바 있다.

郡池

연꽃은 참으로 군자(君子)라서
꼿꼿이 서 있는 자세가 저절로 높다네.[1021]
어찌 수풀 밖의 고요함을 좋아하랴?
고을 안의 시끄러움을 피하지 않네.
쫓겨난 사람과 기쁘게 서로 만나는데
참선하는 늙은이는 묵묵히 말하지 않네.
향기를 맡고서 얻은 것이 있다면[1022]
한 평생의 어두움이 다 씻어짐이네.

蓮也眞君子　　亭亭勢自尊
豈耽林外靜　　不避邑中喧
逐客欣相遇　　禪翁默不言
嗅香如有得　　洗盡一生昏

12-35-168 환암께 부쳐 드리다
12-35-168 寄呈幻菴

배를 타고 새로 지은 작은 띠정자로 가서
앉아서 사방의 높다란 푸른 산[1023]을 바라보네.
만약 환암(幻菴)[1024] 늙은이께서 석장을 날려[1025] 들르신다면

1021) 이 연은 北宋의 周敦頤가 〈愛蓮說〉에서 "연꽃은 꽃 가운데 군자이다.(蓮花之君者也)"라 하고, "향기는 멀수록 더욱 맑으며, 우뚝하게 깨끗이 서 있다.(香遠益淸 亭亭淨植)"라고 한 표현을 변용한 것이다.
1022) 有得은 소득이 있음, 깨달음이 있음이다.
1023) 雲山은 높이 솟아 구름 속으로 들어가는 산으로 높은 산을 가리킨다.
1024) 幻菴(庵)은 麗末의 승려 混修(1320~1392)의 별호로, 성은 趙, 자는 無作, 시호

평생 동안의 깊은 취기가 단번에 깨리.

舟中新作小茅亭　　坐對雲山四面靑
倘得幻翁飛錫過　　百年沉醉一時醒

12-35-169 맹추[1026] 보름날[1027]에 일을 기록하며 느낌이 있어서
12-35-169 孟秋望日 記事有感

우란분(盂蘭盆)[1028]의 법회[1029]는 서천(西天)[1030]에서 생겼는데
진단(震旦)[1031]에서는 번역하여 해도현(解倒懸)[1032]이라고 하네.
온 나라 사람들이 달리면서 다만 뒤쳐질 것을 두려워하는데[1033]
나는 유락함[1034]이 아직도 전과 같음을 부끄러워하네.
두 병에 꽂힌 꽃술[1035]은 참으로 몇 개 되지 않지만[1036]

는 普覺이다. 12세에 출가하여 繼松에게서 得道하고 忠惠王 원년에 禪選 上上科에 올랐으며, 禑王 9년에 國師가 되었다. 懶翁과 普雨의 법통을 다 이은 고승으로서 문장·서도에도 능하였다.

1025) 飛錫은 錫杖을 날린다는 말로 중이 각지를 돌아다님을 비유한다.

1026) 孟秋는 가을의 첫 달로 음력 7월이다.

1027) 望日은 음력 보름날인데, 恭讓王 4년(1392) 7월 15일은 『태조실록』에서 李成桂가 壽昌宮에서 즉위하였다고 한 丙辰日의 이틀 전날인 甲午日이다.

1028) 盂蘭盆은 梵語 Ullambana의 音譯으로 거꾸로 매달린 것을 구제한다는 뜻이며, 음력 7월 보름날에 조상의 고통을 구제하기 위하여 음식을 차려 놓고 행하는 불사이다. 目蓮尊者가 餓鬼道에 떨어진 어머니를 구제하기 위하여 석가모니의 가르침을 받아 三寶에게 올린 공양에서 비롯되었다.

1029) 法會는 供佛·施僧·說法 등의 집회이다.

1030) 西天은 옛날에 中國에서 印度를 통칭하던 말이다.

1031) 震旦은 옛날에 印度에서 中國을 일컫던 말이다.

1032) 解倒懸은 梵語 Ullambana의 意譯으로 救倒懸이라고도 한다.

1033) 이 구절은 조정의 여론이 7월 12일에 恭讓王을 폐위시켜 原州로 보내고 李成桂를 추대하고자 한다는 소식을 접한 데 따른 느낌을 말하고자 한 듯하다.

1034) 流落은 零落하여 객지를 떠돎이다.

1035) 花蘂는 꽃의 수술과 암술의 총칭이다.

한 줄기 향의 연기[1037]는 두루 대천(大千)[1038]에 미치리.
다행히 조사당(祖師堂)[1039]에서 새로 나온 멥쌀을 얻어서
한낮[1040]에 백의선인(白衣仙人)[1041]께 절하고 바친다네.

盂蘭盆法出西天　　震旦翻爲解倒懸
擧國奔馳唯恐後　　愧吾流落尙如前
兩甁花蕊眞無幾　　一穟香烟徧大千
幸得祖堂新粳米　　日中拜獻白衣仙

12-35-170 서신을 대신하여 이향상께 받들어 답하다
12-35-170 代書奉答李向上

비를 만난 은어(銀魚)[1042]는 긴 시내를 거슬러 올라가고

1036) 無幾는 많지 않음이다.
1037) 香穟(穗)는 향을 태운 연기가 엉켜서 흩어지지 않는 모양이다.
1038) 大千은 大千世界의 준말로 三千世界 중 가장 큰 세계로 中千世界의 천배가 되는 세계이다. 불교 천문학에서는 須彌山을 중심으로 한 사방에 四大洲가 있고, 그 바깥을 大鐵圍山이 둘러싸고 있다고 하며, 이를 一世界[一四天下・小世界]라고 부른다. 일세계를 천개 합한 것이 小千世界이고, 소천세계를 천개 합한 것이 中千世界이고, 중천세계를 천개 합한 것이 大千世界라고 한다.
1039) 祖堂은 祖師堂의 준말로 祖師의 위패를 모신 집인데, 조사는 一宗一派를 세운 이, 一宗一派의 계통에 참예하여 후인의 존경을 받는 이, 절을 창건한 이, 역대 주지 등을 가리킨다.
1040) 日中은 正午이다.
1041) 白衣仙人은 불교의 三十三觀音 중의 하나로 늘 흰옷을 입고 흰 연꽃 가운데 앉아 있는 데서 생긴 이름이며, 白衣觀音・大白衣觀音・白衣觀自在母라고도 한다. 唐宋代부터 민간신앙화된 관음의 하나로, 머리에서 발끝까지 흰옷을 걸치고서 순조로운 출산과 어린아이의 생명을 보살펴 준다고 한다.
1042) 銀魚는 銀魚科에 딸린 물고기로 20~30cm의 길이에 등은 푸르고 배는 흰 은빛이며, 새끼 때에는 바다에서 살다가 봄에 강의 상류로 올라가서 살고, 가을에는 다시 하류로 가서 알을 낳으며, 맛이 매우 좋다.

소나무 밑에 새로 돋은 버섯은 풍미가 온전해지려 하네.
양곡(暘谷)[1043]에서는 만두를 찌기가 좋을 텐데
가을이 되면 남쪽으로 놀러가기를 바란다오.[1044]

銀魚得雨遡長川　　松下新芝味欲全
暘谷饅頭蒸得好　　南游準擬及秋天

1043) 暘谷은『書經』「虞書」〈堯典〉의 "희중에게 명령하여 동쪽 바닷가에 살게 하시니 양곡이라고 한다. 해가 뜨는 것을 경건하게 맞아서, 봄철의 농사를 고르게 순서 짓게 하였다.(分命羲仲 宅嵎夷 曰暘谷 寅賓出日 平秩東作)"라는 글에서 유래하여, 해가 뜨는 곳을 가리킨다. 여기에서는 시를 받을 이가 동해안의 어디에 살기 때문에 쓴 말인 듯하다.
1044) 準擬는 희망함, 기대함이다.

원시 제목 색인

항목 색인

【ㅁ】

【ㅂ】

【ㅅ】

【ㅇ】

【ㅈ】

【ㅊ】

【ㅌ】

【ㅍ】

【ㅎ】

■ 역주자 약력

여운필
서울대학교 인문대학 국어국문학과 졸업.
동 대학원 석사・박사과정 수료. 문학박사.
전 신라대학교 국어국문학과 교수.

성범중
서울대학교 인문대학 국어국문학과 졸업.
동 대학원 석사・박사과정 수료. 문학박사.
현재 울산대학교 국어국문학과 교수.

최재남
부산대학교 사범대학 국어교육과 졸업.
서울대학교 대학원 석사・박사과정 수료. 문학박사.
현재 이화여자대학교 국어국문학과 교수.

역주 목은시고 12

초판 1쇄 발행 2007년 4월 30일
초판 2쇄 발행 2016년 10월 10일

역주자 여운필・성범중・최재남

발행인 박성복

발행처 도서출판 월인
01047 서울시 강북구 노해로25길 61

등록번호 제6-0364호

등록일자 1998년 5월 4일

대표전화 (02) 912-5000

팩스 (02) 900-5036

홈페이지 http://www.worin.net

E-mail worin@worin.net / dramain@kornet.net

ISBN 978-89-8477-361-5 94810
ISBN 89-88297-78-4 (세트)

가격 24,000원